北京天则经济研究所编

# 中国经济学

执行主编

## 周业安　柯荣住　张斌

格致出版社　上海人民出版社

# Foreword

Zhou Ye-an, Ke Rongzhu and Zhang Bin

## China Economics in 2010 and This Book

Although theoretical research is supposed to be the main focus of economists, as social and economic problems become increasingly prominent, more and more Chinese researchers are willing to devote energies to the studies of economic policies. There are two main issues in the current Chinese economy: First, the stability and sustainability of economic growth; second, the growing inequality and other related public issues. Most recent studies contribute to our understanding on these two issues. Among the published papers in 2010, there are abundant papers investigating the fluctuation of macro economy, economic growth and related macroeconomic policies. However, high-quality papers are rare. There is a lack of basic theoretical investigations, in contrast to the research frontier overseas. Most researchers seem to be more interested in the evaluation and analysis of short-term macro-economic policies, rather than trying to establish unique logics and models that are specific for the China economy. As a consequence, even though researchers have been applying different fancy theoretical models to China's macroeconomic problems, they could

1

hardly reach the essence of issues, which is a bottleneck for China's macro-economic research.

Public issues like inequality in income distribution, environment and resources, and public health etc. are focal points in recent years, which have attracted a lot of attention from researchers. In particular, as micro-econometrics becomes a popular tool for young researchers, the study of public issues has switched focus to the exploration of the logical relationship between variables and relevant scientific evidence. The growing number of young scholars is an engine for the development of Chinese economics. They have obvious advantages in employing methods and tools in research. This advantage, once combined with the experience of elderly scholars effectively, will greatly facilitate the progress of the Chinese economics. Take research on public issues for example. High-quality papers have been emerging. We had a special section called income distribution for the 2009 version of this book series, which collects six papers representing the research status of the field at that time(see *China Economics—2009*). When editing this 2010 version, we are happy to find that the research on public issues is still excellent, and a number of articles in this field are recommended. Therefore, we decide to again make a special section—research on public issues and related policies, in order to highlight the efforts and accomplishments of researchers in these areas.

Meanwhile, there are still many researchers trying to explore some basic theoretical issues, which may be difficult to attract attention, but is the most important driving force for the progress of economics in China. The number of this type of studies is small, but they represent the academic pursuance of China's economic researchers. Three outstanding articles are chosen. The first paper, by Wu Yaowu, discusses weak instrumental variables. In general, domestic researchers tend to employ micro-econometric methods directly to study China's economic problems, without further discussion of methodological issues. Based on Chinese data, and starting from estimating the returns to education, Wu's paper discusses whether or not birth quarter is a weak instrumental variable, which not only is a bold attempt, but also provides a benchmark for later researches. The paper by Li Jinbo, Nie Huihua and Shen Ji, proves the existence of the collective reputation rent can alleviate the moral hazard problem in team production, using an interesting contract-theoretic model. This is a pure theory paper, the idea and the modelling techniques of which are both impressive. If more young scholars make comparable contributions, China's economics will be more promising. The last paper, by Guan Hanhui and Li Daokui, is related to economic history. They estimate the GDP and its structure of the Ming Dynasty. Domestic historical research typically takes the form of narration and documentation, and there are few quantitative analyses that interpret the logical relationship between historical events. Fortunately, a few scholars have started to fill in this gap in recent years. For example, Liu Ti estimated the GDP of the Ming and Qing Dynasties in some recent papers and books. Guan Hanhui and Li Daokui employ more sophisticated methods to estimate the total GDP and its structure of the Ming Dynasty. These studies make a big step forward for the research of China's economic history, and the related research can no longer rely on Madison's estimates only.

Overall, China's economic research in 2010 was very fruitful. The relevant academic journals supported our editting as usual. The total number of recommended papers is 51. We finally select 14 papers for *China Economics—2010*. Some excellent papers are not selected for four reasons. First, for one author, at most one paper can be selected; second, our own(the editors') papers are not considered; third, literature survey papers are not considered; fourth, papers with important shortcomings are not taken into account either. As before, we should claim that the selected papers are not necessarily better than those that are not chosen. This book could not fully represent China's economics. Yet we hope to showcase the progress of the China's economics from some aspects.

## An Overview of Selected Papers in this Serres

### The Topics of Public Issues and Related Policies

We categorize papers by research topics. Seven papers on public issues and related policies are edited into one section, These papers not only study particular public issues, such as the demand for tobacco and tobacco taxes, energy and income distribution, but also discuss about research methods combined with public issues. The papers demonstrate high academic standards. We need to emphasize that these papers have paid attention to the estimation of important parameters using scientific methods, and the provision of solid evidence for future discussion and public policymaking. Previous research on public issues have three disadvantages: first, neglecting evidence in the debate of different ideas, one of the consequences of which is that the policy suggestions are always empty and impractical; second, small sample estimation resulting in implausible policy implications; third, applying foreign methods or conclusions in a simple way without adapting them to the Chinese contexts. Fortunately, some scholars have now begun to do careful and scientific research and try to estimate the nature and extent of the relationship between some important variables, so as to provide a good platform for future debate on these issues.

Gao et al. (2010) is one of the representative papers. Based on panel data from the China Health and Nutrition Survey(CHNS), this paper estimates the demand for tobacco of Chinese residents and in particular estimates price elasticity of demand of tobacco using traditional demand model, short-sighted addiction model and rational addiction model. Based on this estimation, the authors further discuss the impact of tobacco taxes. Of course, this study has some shortcomings. For instance, the authors point out that this study does not use more reasonable 2SLS estimation. Zheng Xinye also comments on the article: The division of income levels in this paper is simple; the paper does not clearly distinguish price changes between different varieties of cigarettes; the theoretical assumptions are not clear and so on. We would like to emphasize that this is an outstanding paper that presents comprehensive estimates of China's domestic consumer price elasticity of demand. The discussion of China's economic issues in the past was most dependent on estimates of a variety of parameters by researches abroad, making the theoretical and policy discussions unable to get the essence of issues. The paper of Gao et al. is an attempt to fill in the gap. Although their methods and conclusions remain to be imperfect, there is much that researchers can learn from their efforts.

The following three papers all discuss income distribution, among which Fan and Zhang(2010) emphasizes on the aspect of fiscal transfer payments. The so called "using concentrated resources to do magnificent things" is usually considered an advantage of the centralized decision-making system over the decentralized mechanism. Nonetheless, Fan and Zhang(2010) offers a counter example to this. They find that the large-scale transfer payments by the central government, regardless in the form of fiscal subsidies or specific project investment, could be beneficial for the local economy only in the short run; while in the long run, the effect is negative, even measured by the simplest indicators of GDP and its growth. Applying panel data, they discover that the positive impact of transfer payments on local economies is largest in the second year, and decreases afterwards and becomes negative in the seventh year, with the largest negative effect in the 12th year, and then disappears gradually. This result is very surprising. If the recipients can even not really benefit in terms of economic and social development, taking into account incentive losses and other costs incurred to the paying parties, "using concentrated resources to do magnificent things" is virtually a loss-loss decision. This paper provides a valuable reference for policy-making. Nevertheless, the robustness of the estimates should be carefully checked. With data of only 11 years, the reliability of the inference out of the 11 year data needs further examination. Moreover, though discussed in the paper, the source of the inefficiency resulted from the fiscal transfers remains unclear.

Xing(2010) focuses on the possible impacts of inter-regional labor mobility on income distribution. Migration is not only an important decision for individuals and their families, but also plays a very important role in social reallocation of human resource. This decision will have significant economic consequences on both individuals and the society as a whole, in which the income inequality performs a pivotal role. However, it is not easy to estimate the impact of migration on income accurately, which is due to the endogenous selection problem. Because of the inherently different characteristics between migrants and non-migrants, the advantages of migration may not result from the decisions themselves. Using micro-level data, this paper separates the effects of migration from those of self-selection to estimate the impact of migration on income. The prominent part lies in the estimation of the counterfactual income distribution. A counterfactual inference attempts to find the hypothetical fact which never occurs, that is, what would be like at present if something that actually occurred has never taken place. By using two datasets with possible biases in opposite directions to mitigate biases, the author estimates the counterfactual distribution with advanced econometric methods.

The esmiation demonstrates that the migrants who obtained *Hukou* (household registration) would gain higher income even if they did not migrate to cities. In contrast, income for the workers from rural areas remains at the left tail of the income distribution even after their migration. The self-selection effect of urban immigrants with *Hukou* is more salient in the early stages of the reform. According to this estimate, migration seems to have reduced income inequality within rural areas, leading to efficiency improvement. On the other hand, migration has increased the degree of inequality between urban and rural areas. Utilizing the same datasets and methodology, researchers can investigate several other interesting topics in the future. For instance, does migration influence the allocative efficiency of human resources? Without the immigrants, will the labor participation rate in cities change? Does the higher income of urban immigrants come from the improvement of the welfare system or the increase of labor productivity? Can the ratio of the two be quantified? We look forward to more excellent studies.

Shao and Huang(2010) is concerned about the impact of

foreign direct investment (FDI) on income distribution. In recent twenty years, the continuing decline of the share of labor compensation in GDP has been attracting great attention. In *China Economics—2009*, Bai and Qian's paper(*Social Sciences in China* 2009) that investigates this issue is included. The research by Shao and Huang(2010) provides a novel rationale to explain the continuing decrease. The paper finds that, in the industrial sector, FDI has a considerable explanatory power in explaining the decreased share of labor compensation, which is approximately 30% to 40%. The authors believe that this negative impact mainly comes from the negative "wage spillover" effects. Foreign enterprises pay higher wages to attract talents with higher labor productivity, and reduce their mobility. Consequently, the rest of the companies can only employ workers with relatively lower productivity, with lower wages being paid. Using a comparison of different models, the authors treat this endogeneity problem very carefully, with the support of a tremendous amount of literature illustrating the possible impacts of FDI on income.

If the results are reliable, the paper provides valuable reference to assess the pros and cons of foreign investment. However, there are two questions worth further analysis with respect to the negative wage spillover effect. First, what is the underlying mechanism of the negative wage spillover effect? In foreign invested enterprises, why does the high wage lead to a lower proportion of labor income share? The reason should be due to that the profit margin is higher in such companies. Fur-

9

ther more, why can foreign enterprises attract high quality talents to create high profit margin while the domestic companies can not? Why domestic firms can not imitate such "high investment-high profit" model employed in the foreign counterparts? Are human resources exploited to a larger extent in foreign companies than in domestic firms? If the difference of productivity-wage ratios in foreign and domestic enterprises is verified, clearer patterns can be revealed. Second, the causal relationship may be reverse. It could be the case that foreign investment takes the advantage of cheap labor in China, rather than that the decline of income share follows the introduction of foreign capital. In this situation, it is necessary to pay attention to the sustainability of cheap labor supply. Under a mercantilist-oriented policy, the host country should be cautious about the risk of becoming a paradise with super-national treatments for foreign investors, lacking bargaining from labor unions and rigorous social securities.

Carbon emission is undoubtedly an important public issue. Effective protection of the environment requires efforts from individuals, families, the state, and nations. The climate problem involves the division of responsibilities of carbon emissions. Fan et al. (2010) tries to establish an analytical framework to measure the responsibilities of carbon emissions from ultimate consumption. They first calculate the cumulative consumption emissions of each country between 1950—2005, and find that the consumption of other countries contribute significantly to China's actual carbon emissions;

Second, they further calculate cumulative per capita consumption emissions of each country between 1850—2005, and find that the primary responsible parties for carbon emissions are developed countries. They propose a principle called common but differentiated carbon consumption rights, which takes into account both total and per capita carbon emissions. To briefly evaluate this paper, the issues discussed are important, and the conclusions are meaningful, but the disadvantages are also obvious. As Feng Junxin comments, the paper divides the economy into homogeneous consumption good sector and investment good sector, which is too simplified; moreover the calculation ignores sedimentary carbon emissions during capital accumulation, and assumes two extreme scenarios as the upper and lower limits of cumulative consumption emissions, making the calculation results not accurate.

China's public issues are largely related with the local government behavior. Existing research basically agrees that competition between local governments and the expenditure bias lead to issues such as insufficient supply and structural distortion of public goods, etc.. Zhou Li-an et al. (2004, 2005, 2007) try to explain these phenomena using a tournament theory, the core of which is that the evaluation system for governmental officials is GDP-oriented and relative performance of local economy is directly related to the officials promotion. This "officials promotion tournament theory", which is cited and expanded by a large number of researchers, has become one of the mainstream theories to explain China's economic development models and results. But scientific research should dare to doubt popular theories. Tao Ran et al. (2010) is the representative. Based on the paper of Zhou Li-an et al. , this paper makes three modifications: First, redefine the promotion, demotion and transfer of governmental officials in China's political hierarchy; second, supplement and update the data; and third, amend the period of data. This paper finds that the tournament hypothesis is rejected, i. e. there is not statistically significant and robustly positive correlation between political promotion and economic growth or economic performance. The conclusion seems be consistent with the facts of government officials' promotion in China. Since the division of work is different and the assessment is comprehensive, we can hardly conclude that GDP is the only factor to judge an official's capability. Some scholars have questioned the tournament hypothesis in recent years. However, the paper by Tao Ran et al. is worth more discussions. For example, apparently how to define the variables can greatly affect the regression results, as pointed out by Hong Fuhai and Zhao Wenzhe. Therefore the paper needs to test the result robustness.

Public policy research relies on micro-econometrics method, in which the endogeneity problems are often encountered and need to be attacked. The instrumental variable(IV) is a commonly used method. However, what kind of variables should be used as an IV? Is the IV strong or weak? Discussion on these issues directly affects the estimation results and policy implications. Wu (2010) tries to take into account these is-sues, which are often ignored in the literature. Birth quarter is usually used as a weak instrumental variable in estimating returns to education. However, this approach is often applied to data in developed countries, which may not be suitable for developing countries like China. Therefore, we need to reeval-uate the result. Using 1% sample survey data of China's popu-lation in 2005, the authors re-estimate the model and find that birth quarter is not a weak instrumental variable. Existing re-search use birth quarter as the weak instrumental variable without noticing the model setup and data quality. Therefore, the author clearly states that data quality is a key factor for empirical analysis and economists who conduct empirical analy-ses should be concerned about this issue. We believe that this paper and the above view are worth serious consideration of domestic academic circle.

### The Topics of Microeconomics and Development Economics

Microeconomics has been one of the concentrated research fields among domestic scholars. However, there are few pa-pers engaged in the fundamental analysis, which could be attributed to the inadequate theoretical training of majority of the domestic scholars. It is praiseworthing that more and more young talented scholars are involved in such researches, among which Li Jinbo, Nie Huihua and Shen Ji have presented an excellent paper entitled "Team Production, Collective Reputa-tion and Sharing Rule". They introduce a reputation mechanism into the teamwork model, which has the following features. First, if the whole team is treated as a decision maker, its behavior is analogous to the classical Holmstrom's Career Concerns Model. The decision maker's concern for future return results in today's working incentive, even though there is no explicit relationship between today's wage payment and efforts. Second, different from the classical model, this model assumes there is asymmetric information between market and the team. Third, career concerns are used as the incentives to deal with the free-rider problem within a group. Introduction of the group reputation helps to solve the free-rider problem, which acts similar to the role of breaking budget. Combining the teamwork together with the career concerns is an interesting theoretical research topic. From the practical perspective, organizations bear the "joint responsibility" more or less (Zhang and Deng, 2003), which makes the understanding of the interaction between the two have more realistic meaning.

There are two points of the model worth considering. First, when one party has information advantage, applicability of the Career Concerns Model may change. It is natural to question that why the principals do not construct certain mechanisms in the second period based on the output in the first period, so as to induce the agent to put more appropriate efforts in the first period. It is analogue to the principal-agent problem including moral hazard and adverse selection simultaneously(Faynzilberg and Kumar, 1997). Li, Nie and Shen(2010) argues that the perfect competition among principals allows the agents to obtain all of the profit, indifferent to that the principals abandon the possibilities to design better mechanism. One point to notice is that if some principal is able to make Pareto improvement, he can win in the competition, which will cause all the principals to follow the second best Pareto optimal mechanism under the incentive capability constraint in the market competition. However, the construction of this compensation mechanism is not discussed in their paper. The second concern is more technical. To simplify the analysis, ability is not incorporated into the production function in the first period, while it is included in the payoff or production function in the second period. Although it is understandable for the purpose of simplifying the model, whether the conclusion remains robust needs further discussion if the same production function is used in both periods.

Labor economics is one of the important branches in microeconomics. More and more researchers start to investigate theoretical problems considering the actual situation in China, such as previous selected papers. For the first time, Li et al. (2010) assesses the human capital in China employing the Jorgenson-Fraumeni's permanent income method, namely J-F measurement. Different measurements of human capital have their own advantages and disadvantages in terms of level of demanding on data's availability, accuracy and comprehensiveness of assessment, and intuitive economic implication of the indicator, etc. . Although the measurement of human capital remains as a controversial issue in the academia, providing a meaningful and quantitative indicator for reference is crucial for future study. An innovation of the paper is that it improves J-F method by combining Mincer Equation with the micro family survey. However, there are two points which need further discussion. First, many studies illustrate that since the 1990s, the wage increasing rate in China, remains below that of labor productivity, as stated in the paper (see Shao and Huang, 2010), which may affect the estimation of human capital. Second, as a form of capital, human capital should take into account depreciation. When one receives income, he consumes health, energy and other resources as well. Thus, there would be bias if only income is focused regardless of the cost. For instance, intensive work may increase the income, while actually it is the inefficient consumption of human capital. The revenue is virtually the human capital exhaustion. Certainly, the issue is an open-ended question without conclusive answer and needs further exploration.

Certainly, from China's perspective, it is inevitable to focus more on economic development when discussing micro-level problems. Development economics is one of the most active research areas in current economics studies. Lin, Wu and Xing(2010) investigates some issue of economic development in China. Since the market-oriented reform began in the 1980s, a bunch of literature recognizes the phenomenon of China economy so called as "disorder once relaxed", that is, when the production decisions are made by the decentralized individual companies, the outcome usually deviates from the social optimization level, leading to enormous waste of resources. Among these papers, Zhang and Ma(1999) is an excellent one that analyzes the malignant competition. Lin, Wu and Xing(2010) gives in-depth investigation of the herd-alike wave phenomenon. They think that the phenomenon can be explained by the fact that individual enterprises' failure in coordination and in capacity building and inability to know the exact number of enterprises within the industry lead to the ca-pacity-in-advance decision deviating from the optimal level.

There are two key points about the model: first, capacity building policies are made prior to production decisions. Second, the number of the competitors is unknown, which is equivalent to the uncertainty of opponents' decision of capacity strategies and the number of the opponents. The first point is an observation and subject to technical constraints, which can not be changed by the institution. The number of competitors can be adjusted through changing the institution or game set-ting. Different market structures and production technologies, measured by marginal or establishment costs, can lead to vari-ous outcomes, which are analyzed by the authors in details. What could be added to the paper are the comparisons of social welfares or the severities of resources waste under different circumstances. Under the technical constraints of advanced capacity building strategy, as long as there is uncertainty in the market, excessive production capacity or shortage would be inevitable to occur. Potential benefit from policy-making is to narrow down the difference between the optimized production capacity and the second best level resulted from the decentralized decision-making. If information about existing production capacity could be provided to the potential entrants, the information asymmetry can be considerably mitigated and the difference can be reduced as much as possible.

## The Topics of Macroeconomics

The recession of global economy in recent years makes the macroeconomics study one of the most popular research areas both domestically and abroad. However the quality of domestic studies has a lot of room to improve. We select three exceptional papers which, at least we think, could represent the level of domestic macro-economic studies. Xu et al. (2010) provides us a useful perspective for understanding the phenomenon of China's high investment and low consumption. Previous literature discussed this phenomenon based on the dual economy theory or the classical growth model. These studies have some explaining power but lack insights of how to solve the problem. By distinguishing the investments by types of ownerships, Xu et al. (2010) finds that China's investment and consumption do not present a substitution relationship as the general theory predicts. The change of shares of different ownerships' investments (such as, state-owned, FDI, collective-owned etc.) could lead to different levels of consumptions. By adjusting the investment structure, consumption could be effectively increased. This conclusion is consistent with China's reality and brings an innovatively theoretical analysis perspective.

Zhang Chengsi is a rising star of macro-economic research in recent years, and he has published several papers in leading international journals.

Zhang(2010) uses the vector cointegration method to analyze the nature of price transmission mechanism of different stages of production and consumption (upstream, midstream and downstream) and the driving mechanism of the money on different prices over the period of 1998 to 2009. Empirical results show that there is a long run equilibrium among the underlying prices. The prices in the early and intermediate stages have a significant casual relationship on the price in the latest stage, while the reserved price transmission occurs between the underlying prices. In addition, money supply imposes significant impact on the price of the early stage, but manifests no significant driving force on the price of the late stage. This finding implies that albeit money does not have direct pressure on consumer price, it can pass the pressure through the price in the early stage of processing, which provides important implications to the inflation forecasting and the policy making.

Macro-economic research inevitably involves the opening-up issue. Yao et al. (2010) is an outstanding one. There are controversies on the estimation of price elasticity and income elasticity of export. Different methods can produce rather different estimation results. One prominent problem of traditional estimate method is not considering the change of categories and quality of products. As there are dramatic changes in

19

China's export categories and quality, this gap is particularly relevant with the estimation of China's export demand equation. This paper proves that the traditional export equation, which utilizes the comparable quality export price index and quantity index, will underestimate the income elasticity of export. The paper reconstructs the export price and quantity indexes by including the changes of China's export categories and quality, and estimates China's export equations. They find that short term income and price elasticities of export are 2. 34 and −0. 65, respectively.

## The Topics of Economic History

In addition to the outstanding papers in hot research areas last year, there are some excellent papers in other areas. Guan and Li(2010) attempts to use the modern national accounts methods to study the economic history of the Ming Dynasty with the hope to provide a foundation and starting point for a comprehensive study of the history of Chinese economy. Based on the economic data documented by *Mingshilu* and other historical documents and the quantitative studies of previous researchers, this paper consolidates and estimates the main economic variables of the Ming Dynasty. The paper is the first one to use a Chinese dynasty as a study object, provide a general description of its economy, and compare it with the Britain before the Industrial Revolution. The paper finds that the average annual economic growth rate of the Ming Dynasty was only 0. 29%, and mainly from the increase in factor inputs.

The per capita income of the Ming Dynasty remained low, which was about 6 hectoliter of wheat(equivalent to 391 kg or $280 evaluated in 1990 US$ for the highest year); The Ming Dynasty is agriculture dominated, with the average proportion of the agricultural economy about 88%. These findings are helpful for understanding the history of the Ming Dynasty. Of course, the paper has some unresolved prolems. For example, the estimation relies heavily on the integrity of historical data, which are very scarce, and therefore the estimation results are not robust. Meanwhile, the estimation method could be improved.

# 目 录

# Contents

**The Topics of Microeconomics and Development Economics**

2

## The Topics of Macroeconomics

## The Topics of Economic History

# 前　言

周业安　柯荣住　张　斌

## 一、2010 年中国经济学的研究现状以及本辑编辑情况

对国内的经济学研究者来说，虽然开展基础理论研究是其职责所在，但随着社会经济问题的逐渐凸显，绝大多数研究者都更愿意把研究的精力投入到经济政策领域。就当前来说，首要的是两大方面：一是宏观经济的稳定性以及增长的持续性问题；二是日益严重的收入分配不平等现象以及其他公共问题。所以，研究者也大多趋向于探讨这两方面的问题。从整个 2010 年所公开发表的经济学类的学术论文看，讨论宏观经济波动、经济增长以及相关的宏观经济政策的论文仍然非常丰富，但我们在编辑的过程当中，发现高水平的论文却很是罕见。究其原因，可能是国内的宏观经济学研究一直缺乏在基础理论上的投入，和国外同领域的前沿研究相比，差距甚远。绝大多数研究者可能更关注短期宏观经济政策的评价和分析，并没有针对中国这样一种特定的经济体建立起独到的理论逻辑和模型。即便不断挖掘国外的不同理论模型来应用于中国的宏观经济波动和经济增长问题，但总显得有点隔靴搔痒之感。这可能是目前国内宏观经济研究存在的一个关键瓶颈。

最近几年,收入分配不平等、环境和资源、健康等公共问题凸显,吸引了很多研究者投身于这些领域当中。特别是微观计量经济学在年轻的研究者中开始普及,使得公共问题的研究一改过去问题—对策式的简单研究模式,转而寻求变量之间内在的逻辑关系和相关的科学证据。年轻学者队伍的不断扩大是提高中国经济学研究规范性和科学性的重要力量,他们具有明显的方法和工具方面的优势,一旦和长者的经验有效结合,必将大大促进国内经济学的进步。事实也证明如此。就公共问题的研究来说,高水平的论文不断涌现,为此在去年的文集中,我们专设了收入分配专题,收录和此相关的六篇论文,来代表当年的国内经济学研究状况(参见《中国经济学——2009》)。在编选本辑时,我们仍然欣喜地发现,有关公共问题的研究继续保持较高水平的状态,各期刊推荐的文章中该类文章占比较高,可选余地较大,为此,我们经过协商后决定,继续专设一个专题——公共问题及相关政策研究专题,以此来凸显和表征国内经济学研究者在这些方面的努力。

围绕社会经济中所发生的重大问题以及相关的政策的研究固然是热点,但还是有很多研究者在努力地探索一些基础理论问题,这类研究可能难以引起社会的关注,却是中国经济学进步最重要的推动力。这类文章数量虽不多,却已足以代表中国的经济学研究者在学术上的执著精神。经过有关期刊的推荐以及我们的仔细挑选,从中选出了三篇优秀的代表论文:一篇是吴要武关于弱工具变量的讨论,通常国内研究者一般是直接采用某种微观计量方法来研究中国问题,很少有进一步讨论方法本身的,而吴要武的论文基于中国的数据,从估计教育回报率着手,讨论了出生季度是不是弱工具变量的问题,不仅是一个大胆的尝试,而且也给后来者提供了一个标杆。另一篇论文来自李金波、聂辉华和沈吉,他们通过建立一个有意思的契约理论模型,证明集体声誉租金的存在可以缓解团队生产中的道德风险。这是一篇标准的纯理论研究论文,无论是模型构思还是模型技术本身都值得称赞,如果更多的年轻学者从事类似的研究工作,无疑是中国经济学未来的福音。最后一篇是有关经济史的,来自管汉晖和李稻葵,他们运用经济学的方法估算了明代 GDP 及结构。国内的历史研究大多采取叙述和记录的形式,很少通过定量分析来解读历史事件背后的逻辑关系,因而经济史的研究一直停滞不前。所幸最近几年有少数学者开始弥补这方面的工作,比如刘逖近两年发表的论文和著作初步估算了明清时期的 GDP,而管汉晖和李稻葵这次采取更为细致的方法估算了明代的 GDP 总量和结构,这些成果无疑将我国的经济史的研究推进了一大步,也使得相关研究不再仅仅依赖麦迪逊的估计数据。

总的来看,2010 年国内经济学研究保持着繁荣的态势,相关学术期刊一如既往地给予了我们大力的支持。其中,《中国社会科学》推荐了 3 篇,《经济研究》推荐了 10 篇,《管理世界》推荐了 8 篇,《世界经济》推荐了 9 篇,《经济学(季刊)》推荐以及我们从该刊自选共 6 篇,《世界经济文汇》推荐了 7 篇,《南方经济》推荐了 5 篇,《新政治经济学评论》推荐了 3 篇,一共 51 篇。我们经过谨慎挑选,最终选出 14 篇论文编入《中国经济学——2010》。一些好的论文没有选入,有四个原因:一是同一作者只能入选一篇论文,那么该作者的其他论文就不得不被舍弃;二是编者回避,作者中有编者参与的,即使经过杂志推荐和初选,在最终选定时也给予舍弃;三是带有综述性的论文,比如优秀的综述性论文,以及作者若干研究成果的汇集论文,也舍弃;四是论文虽好,但存在某些方面的重要不足,也予以舍弃。这样最终选定的就是读者将看到的版本。和过去一样,我们一再声明,入选论文的学术水平未必高过未选入的论文,我们仅仅是希望通过某些点以及自身的视角来体现中国经济学的进展,在一本小小的文集中不可能对中国经济学作出全面反映,但希望从这些点和视角能够折射出中国经济学家的努力和进步。

## 二、本辑所收论文简介

### (一) 公共问题及相关政策研究专题

我们按照所收录的论文的研究主题划分类别,把其中相近的七篇和公共问题及相关政策有关的组成一个专题,这些论文中有专门研究某些公共问题的,比如烟草需求和烟草税、能源、收入分配等,也有专门结合公共问题的探讨,进而深入讨论研究方法的。论文总体上体现出了作者们较高的学术水平。需要强调的是,这些论文开始重视运用科学的方法对一些重要参数进行估计,从而为今后公共政策的讨论和制定提供坚实的证据,这是非常难能可贵的。过去讨论公共问题,容易陷入三种困局:一是轻视证据,重在各种想法的争辩,使得政策研究仅仅停留在务虚的或者规范的研究层面,导致的后果之一就是所形成的政策往往空洞、缺乏针对性、不切合实际;二是虽讲证据,但只依赖小样本调查研究,忽略调查方法本身的科学性以及所采集证据的有效性,结果就导致了诸多似是而非的政策设计;三是简单套用国外的方法或者结论,来比照国内的事实进行研究,看似科学,其实并没有抓住公共问题的本质。所幸的是,现在已经有部分学者开始针对数据和方法本身进行细致而科学的研究,并试图估计出一些重要的变量之间关系的性质和程度,从而给今后有关这些问题的争论提供了一个良好的平台。

高松、刘宏和孟祥轶的论文《烟草需求、烟草税及其在中国的影响:基于烟草成瘾模型的经验研究》就是其中比较具有代表性的一篇。这篇论文基于中国健康与营养调查(China Health and Nutrition Survey, CHNS)的面板数据,从传统需求模型、短视成瘾模型和理性成瘾模型三个视角估计了中国居民的烟草需求,特别是估计了烟草需求价格弹性。基于这个参数估计,作者进一步讨论了烟草税的影响。这使得有关烟草税的争论有了一个科学的基础,从而避免过去那种围绕政策高谈阔论的尴尬困局。当然,这项研究也存在一些不足,如作者自己指出的,未采用更合理的2SLS估计。其他如郑新业博士在该文评论中指出的,该论文对收入水平的划分有点简单:未明确区分不同香烟品种的价格变化;所依据的模型背后的理论假设交代不清等。不过我们想强调的是,这是我们难得一见的全面地科学地估计中国国内消费者有关某类消费品需求价格弹性的论文。过去大家谈论中国的经济问题,多半依赖国外教科书上的各种参数的估计值,罕见国内的估计值,这就使得相关理论和政策讨论不免隔靴搔痒、流于表面,而高松等人的论文则弥补了这一缺憾。尽管其方法和结论有待商榷,但就其所作的努力,则是我们每个研究者所应该学习的。

接下来三篇论文都讨论了收入分配的问题。范子英、张军的论文《中国如何在平衡中牺牲了效率:转移支付的视角》重点讨论了转移支付问题。大规模的投资,所谓“集中精力(资源)办大事”是中央集权下政府的行为的一种重要特征。这个特征往往被认为是经济效率的来源,被认为比分权决策要更能实现资源配置的优化,但是范子英、张军的文章无异为这样一种行为提供了一个反例。中央政府的大规模的转移支付,不管是用财政补贴的方式,还是用定点项目投资的方式,在短期内可能对当地的经济有利,但在长期看,却对经济的效率有负面影响,哪怕这种经济效率只用最简单的 GDP 及其增长指标来衡量。该文用面板数据的方法，发现财政转移支付对当地经济的影响在第2年最大，然后递减，第7年以后变负，负面影响第12年达到高峰，而后逐渐消失，这是十分令人震惊的结论。如果财政转移中受益的一方，尚且不能真正在经济社会发展中获益，那么加上从财政转移支付中付出的一方由此而导致的激励损失与其他各方面的成本，所谓的集中资源办大事，实际上是一件双输的"坏事"。这个问题，具有重要的政策参照价值，而该文也非这个论题的终结。实际上，尽管结论与观点清晰，但作者们模型的估算数值并不非常稳定，而且总共的数据时间段只有11年，对于11年之后的外推预期，可靠性还有待于进一步检验。另外，文章对财政转移支付导致的无效率的来源，虽然进行了讨论，但实际上并没有真正区分。

邢春冰的论文《迁移、自选择与收入分配——来自中国城乡的证据》着重研究了劳动力区际之间的流动对收入分配可能产生的影响。迁移对个人及其所属家庭来说是一项重要的决策，对社会而言是人力资源的重新配置。这种决策对个体与整个社会将产生重要的经济后果，收入分配的不平等是其中重要的一项。然而，准确估计移民决策对收入的影响，并非易事。重要的原因是由于内生性选择问题，移民与非移民的特质可能有内在的不同，因此决策所带来的好处并非出于决策本身。该文利用微观数据，将迁移与自选择的效应分离，并估算迁移对收入分配的影响，具有理论与政策价值。文章最重要的部分在于反事实（counterfactual）收入分配分布的构造与估计。所谓的反事实，即事实上并没有发生的假设性事实，如果说"历史不存在假设"，反事实推断就是试图寻找那个不曾发生的"假设"，类似于，如果不发生某某事（事实上该事已发生），将会如何如何。作者巧妙地利用了两种偏差方向可能相反的数据来减少误差，同时也利用先进的计量方法来估计反事实分布。结论表明，对于那些获得城市户口的移民来说，即便他们不移民，他们在农村也能获得较高收入，而对于那些在农村的农民，即便他们移民到城市成为农民工，他们的收入也还是处于低端，城市永久移民的这种自选择效应在改革初期更为明显。根据这个估计，移民似乎减少了农村内部的收入不平等（也提高了效率），但同时却增加了城乡之间的不平等程度。利用同样的数据与类似的方法，今后还有一些重要课题值得研究。例如，移民带来的人力资源配置效率的变化。如果没有这些移民，那么城市的劳动生产率是否受影响？城市移民的高收入，是出于福利（租金）还是属于劳动生产率的提高？二者的比例是否可以量化？期待更多出色的研究。

邵敏和黄玖立的论文《外资与我国劳动收入份额——基于工业行业的经验研究》则关注外资对收入分配的影响。最近 20 年来，劳动者报酬占 GDP 的比重的持续下降引起学界与社会的广泛关注，如《中国经济学——2009》收入的文章中，便有白重恩和钱震杰 2009 年发表于《经济研究》的论文等。本次收入的邵敏和黄玖立的文章，为劳动收入份额的持续下降提供了一个新的来源。该文认为，在工业行业中，外资企业对劳动收入份额下降具有相当大的解释力，大约在 30%—40% 之间。作者认为，这种负向作用主要来源于负向的"工资溢出"效应。也即外资企业在表面上付出的工资更高，但是由于他们吸引了劳动生产率更高的人才（并降低流动性），导致剩下的企业只能雇用劳动生产率低的人员，结果使得其报酬降低。作者通过不同模型的比较，小心地处理了内生性问题，并引用大量文献来说明外资对劳动者报酬可能导致的影响。如果文章的结论可信，那么对于全面评估引进外资的得失是一个重要的参照。但是，对于负向的

"工资溢出"效应,可能有两个问题值得进一步分析:第一,负向效应背后的深层问题。为什么在外资企业中,员工工资高,却反而引起劳动收入份额下降?原因肯定在于,它们的利润率更高。进一步而言,为什么外资企业能够吸引高素质的人才,从而创造更高的利润率,而内资企业却不能有同样的做法?这相当于外资企业可以在用人方面高投入、高回报,而内资企业为何不能模仿?是不是因为人才在外资企业能得到更好的利用,而在内资企业却被白白损耗?或者有其他方面的原因?如果能在实证上匡算内外资企业在用人的收益成本率之间的差异,则有可能有更明确的信息。第二,从因果关系来看,如果外资看重的是廉价劳动力的优势,而不是反过来,则外资进入导致劳动者报酬份额下降,那么有必要注意廉价劳动力供给的可持续问题。警惕在具有严重的"重商主义"倾向的政策下,东道国成了外资的天堂(没有工会的"扯皮",没有严格的社会保障,还享受超国民待遇),但对本国劳动者来说,却获益甚少。

在公共问题方面,碳排放无疑至关重要。如何有效地保护环境,不是单个家庭甚至单个国家的事情,而是需要各国一起努力,才可能取得有效的结果,这就涉及碳排放责任的划分。樊纲、苏铭和曹静的论文《最终消费与碳减排责任的经济学分析》试图从最终消费出发建立一个衡量各国碳排放责任的分析框架,他们首先计算了1950—2005年各国的累积消费排放量,发现他国消费对中国的实际碳排放有明显贡献;其次,他们进一步计算了1850—2005年各国的人均累积消费排放量,发现从人均数看,碳排放的主要责任在于发达国家。具体地,他们提出了一个"共同但有区别的碳消费权"原则,即兼顾碳排放总量和人均数。这篇文章讨论的问题很重要,结论也很有意义,但不足也非常明显,如冯俊新在评论中所指出的,该论文仅仅把经济划分成了同质的消费品和投资品两大部门,过于简化该文计算中忽略了资本积累中所沉淀的碳排放,并且在计算累积消费排放量时,假设两个极端场景来作为累积消费排放量的上下限,使得计算结果不够稳健。

中国的公共问题很大程度上和地方政府的行为有关。现有的研究基本上同意,地方政府间的竞争、支出偏向等导致了公共品的供给不足、结构扭曲等问题。周黎安等人试图通过一个锦标赛理论来加以解释,其核心就是我国官员考核体系唯 GDP 取向,地方经济绩效的相对差异直接关系到官员晋升。这种"官员晋升锦标竞赛理论"现在已经成为解释我国改革以来经济发展模式和结果的主流理论之一,从而被众多的人引用和拓展,但科学研究就是要对流行的理论敢于怀疑和挑战,陶然等人的论文《经济增长能带来晋升吗?》正是这方面的范例。他们首先在周黎安等人的论文基础之上,做了三项校正:一是重新完善了中国政治权力层级结构中官员的提拔、降职和平调的定义;二是对原文部分数据进行了补充和更新;三是对数据期限进行了修正。在这三项校正的基础上,他们利用省级官员晋升数据对周黎安等人的文章进行了实证重估。重估结果发现,并不存在一个锦标赛假说,即政治升迁和经济增长或者经济绩效之间并不存在统计上显著的和稳健的正相关关系,这似乎符合我国官员升迁的实际情况。因为官员的分工不同,并且考核也是综合性的,并不存在所谓的 GDP 就能反映一个官员的能力,事实上近年来已经有一些学者开始质疑这个锦标赛假说。不过,就陶然等人的文章来说,也存在值得商榷的地方,根据陶然等人的文章的研究,很明显可以看出,这类研究的变量界定会对回归结果产生巨大影响,所以如赵文哲和洪福海在评论中所指出的,必须进行更细致的稳健性检验。

公共政策的研究依赖微观计量方法,但由于微观数据可能带来变量的内生性,因而需要采取一些方法来加以解决,工具变量方法是一个常用的方法之一。但用什么变量来做工具变量?该变量是强还是弱?关于这些问题的讨论直接影响到估计结果及其政策含义。过去国内的论文几乎不考虑这方面的问题,而吴要武的论文《寻找阿基米德的"杠杆"——"出生季度"是个弱工具变量吗?》则做了这方面的尝试。在教育回报率估计中常用出生季度作为弱工具变量,但这种做法是基于发达国家的数据,未必适合中国这种发展中国家。因此,需要对此重新做估计。通过使用2005年中国人口1‰抽样调查数据,作者重新估计后发现,出生季度本身并不是一个弱工具变量,现有的研究之所以把出生季度当做弱工具变量,实际上是因为没有注意到模型设定和数据质量的影响。因此,作者在文中明确提出:"数据质量是经验分析中无法替代的关键因素,从事经验分析的经济学家都应关注这个问题,只有对经验数据不断强调、重视和应用,经验分析才可能在中国经济学研究中真正成为主流!"我们认为,作者这篇论文的研究以及作者最后提出的这个观点值得国内经济学界认真思考。

（二）微观和发展经济学专题

微观经济学一直是国内学者重点研究的领域之一,不过通常从事基础理论研究的论文比较罕见,这可能与国内大部分学者的理论和方法训练不足有关。但仍然有一些年轻的学者开始涉足其中,值得赞扬,李金波、聂辉华和沈吉的论文《团队生产、集体声誉和分享规则》就是为数不多的精品之一,该文构建了一个将声誉机制引入团队生产的模型。模型具有以下几个特点:第一,如果把整个团队看成一个决策,团队的行为类似于经典的Holmstrom的职业生涯关注模型——决策者因为关心将来的回报而产生当期的激励,即使当期的回报与努力没有关系。第二,与经典的模型不同的是,外部市场与团队之间具有信息不对称,因而信息是不对等的。第三,职业关注被用来作为改变团队内部搭便车问题的激励。得出的结论是,集体声誉的引入有利于解决团队内部的搭便车问题,起到了类似于"预算打破"的作用。将团队生产与职业生涯关注结合起来无异是一个有趣的理论研究课题,而且从现实的角度看,组织或多或少都承担了"连带责任"(张维迎、邓锋,2003),从而增进对二者互动的理解也具有现实意义。

　　模型可能有两点值得考虑:第一,当一方有信息优势的时候,职业生涯关注模型的适用性可能有所改变。人们自然会追问,为何第二期的委托人不能进行某种机制设计,将报酬建立在第一期的产出之上,这样便能诱导代理人在第一期采取更恰当的努力,这更类似于同时具有道德风险与逆向选择的委托代理问题(Faynzilberg and Kumar,1997)。在该文中,作者认为委托人之间完全竞争,从而代理人得到全部产出,这等于委托人放弃了更好机制设计的可能。问题是,如果某个委托人能更好地设计制度(帕累托改进),那么这个委托人就会在竞争中胜出,因此市场竞争应该是所有委托人都采用激励相容约束下的帕累托有效的次优机制。这种回报机制的设计问题,该文没有进一步探讨。第二点是个稍微技术一点的问题,该模型在第一期的时候,能力不进入生产函数,但在第二期的时候,能力进入报酬函数/生产函数,可以理解为这是为了简化问题的分析,但是如果两期都具有同样的生产函数,也许结论是否具有稳健性是一值得进一步探讨的问题。

　　微观经济领域的一个热门分支就是劳动经济学。越来越多的研究者开始结合中国的实际情况思考理论难题,前面所选的论文如此,李海峥等人的论文亦如此。《中国人力资本测度与指数构建》一文首次采用 Jorgenson-Fraumeni 的终生收入法(简称 J-F 方法)来测度中国的人力资本。尽管在人力资本的测度方面,国内外的学界尚有争议,不同的方法对资料可获得性程度的依赖程度、度量方法的复杂程度与精确程度、指标的经济直观意义等各有利弊,但提供一个具有参照意义的量化指标,对于未来的研究具有重要的价值。该文的创新点还在于,将微观层次的家庭调查结合 Mincer 方程来改进 J-F 方法。可能有两点有待于进一步讨论:第一,有许多研究表明,20 世纪 90 年代以来,中国的工资的增加速度,持续低于劳动生产率增加的速度(例如邵敏和黄玖立的《外资与我国劳动收入份额》一文),这可能影响了对人力资本估计的偏差。第二,这可能跟 J-F 估算法有关,人力资本既然是资本,就有损耗与折旧问题。一个人在获得收入的同时,他也消耗了健康、体力以及其他的资源,因此在估算人力资本的时候,如果只看收入,不看损耗,就可能有偏差。例如,高强度的劳动可能提高了收入,但实际上是无效率地消耗人力资本,这种收入反而是人力资本的损耗。当然,这些问题本身是一个尚无定论的开放性问题,有待于进一步的探讨。

当然,站在中国的视角讨论微观问题,不可避免地更多关注经济发展。发展的微观经济学是如今经济学研究中火热的领域之一,国内这方面的领军人物就是林毅夫等人。林毅夫、巫和懋和邢亦青的论文《"潮涌现象"与产能过剩的形成机制》再次给出了他们关于中国经济发展的解答。从 20 世纪 80 年代开始市场化改革一来,就有不少文献关于"一放就乱"的描述。也即,当生产决策由分散的企业个体作出时,决策往往偏离所谓的"社会最优"水平,导致大量的资源浪费。张维迎和马捷(1999)大约是其中较出色的分析恶性竞争的一篇论文。林毅夫、巫和懋和邢亦青的这篇文章,对这种"一窝蜂"的潮涌现象进行了深入的分析,认为导致这种现象的本质是,个体企业无法在产能建设方面协调,无法确知行业内企业的数量,从而事先的产能决策可能事后偏离最优水平。模型的要点大约有两个:第一,产能决策先于生产决策作出;第二,企业的数目不可知(等价于对手的产能决策不可知,并且对手数量未知)。第一个要点是客观事实,受技术条件约束,是制度所无法改变的,但第二个要点是可以通过制度或者改变博弈的格局加以调整的。不同的市场结构和不同的生产技术(用边际成本或者建厂成本来衡量)都有可能产生不同的后果,作者们有详尽的分析。可能可以补充的是,该文可增加不同情况下社会福利或者资源浪费的严重程度的比较,因为在产能建设决策先行的技术约束下,只要有市场的不确定性,产能不足或过剩本身是难以避免的,能够做的是,产能的最优过剩(不足)的水平与分散决策导致的次优水平之间的距离有多大,这是政策运作的潜在收益。如果能尽量为潜在的进入者提供现有产能的信息,那么很大程度上可以弱化信息不对称,使这部分差距尽量缩小。

### (三)宏观经济学专题

这几年的全球经济不景气,使得宏观经济学研究一时间成为众多研究者追捧的对象,成为国内外最热的研究领域,不过就国内来说,研究热度虽极高,但研究深度并没有跟上。现有的这三篇论文是我们选出的精品,至少从我们的视角看,可以代表国内的宏观经济学研究水平。许月丽、战明华和史晋川的论文《消费决定与投资结构调整:中国的经验及其含义》为当前中国的高投资和低消费现象研究提供了有益的分析视角。过去有一些文章依托二元经济转型理论或者新古典增长模型,讨论中国的高投资和低消费现象,因为研究视角的关系,这些研究虽然具备一定的解释能力,但是在解决问题方面缺乏洞见。许月丽等人的文章区分了不同类型所有制的投资,讨论了不同类型投资对消费的影响。文章发现中国的投资与消费不具有一般理论所认为的替代关系。国有、外资、集体和个体与私人等形式的投资在总投资中比率的变化对居民消费率的提高具有不同的影响,通过调整投资结构可以有效提高居民的消费率。这是一个贴近中国国情,并且能够带来理论创新的分析视角。同样重要的是,这个分析视角会自然地佩戴丰富地、有针对性地政策参考价值。

张成思是最近几年冉冉升起的研究中国宏观经济问题的新星,其已经有多篇论文发表在国内外顶尖刊物上,这次收录的论文《长期均衡、价格倒逼与货币驱动——我国上中下游价格传导机制研究》同样是其力作之一。这篇文章运用向量系统下的协整分析方法,针对1998—2009年不同生产和消费阶段的上中下游价格的动态传导特征以及货币因素对不同价格的驱动机制进行分析。研究结果表明,我国上中下游价格存在长期均衡关系,并且上中游价格对下游价格具有显著动态传递效应,而下游价格对中游价格以及中游价格对上游价格分别存在反向传导的倒逼机制。另外,货币因素对上游价格的动态驱动效果最为显著,但并没有直接作用于下游价格。因此,虽然货币政策的现时变化可能在一段时间内不会直接反映在下游居民消费价格的变化上,但却可以通过影响上游价格进而传导到下游价格。这种间接的动态传导机制对通胀预测及政策制定具有重要启示。

研究宏观问题必然会涉及开放问题。姚枝仲、田丰和苏庆义的论文《中国出口的收入和价格弹性》就是这方面的精品。关于如何估计中国的出口收入弹性和价格弹性有很多争议,不同方法下得到的结果也大相径庭。利用传统方程估计面临的突出问题之一是没有考虑产品种类和质量的变化。这个缺陷对估计中国的出口需求方程而言显得尤其突出，因为中国出口结构正在迅速变化，中国出口增长很大程度上依赖于出口产品种类增加和质量提高。文章证明，根据按同质可比产品计算的价格指数和数量指数来估计出口需求函数，将低估出口的收入弹性，而且新产品进入市场的速度越快，低估的程度越大。这篇文章考虑了产品种类和质量变化对收入弹性和价格弹性的影响，对中国1992—2006年的出口需求函数进行估计，发现中国出口的短期收入弹性大约为2.34，短期价格弹性大约为−0.65。

### （四）经济史专题

2010年国内经济学研究除了在热点领域出现了许多优秀的论文外，在其他一些不被追逐的领域也出现了一些优秀的论文，管汉晖和李稻葵的论文《明代GDP及结构试探》就是这方面的代表作。该文尝试利用现代国民经济核算方法较为系统地研究明代经济史，以期为中国经济史的整体研究提供一个基础和起点。文章利用《明实录》及其他历史典籍对经济数据的记载，并借鉴前人定量研究的成果，整理和估算了明代的主要经济变量。该文是第一次以中国历史上的一个朝代为对象，对其经济进行总体描述，并和工业革命之前的英国进行比较。文章发现：明代经济年均增长率仅为0.29%，并且主要来自要素投入的增加；明代的人均收入较低，维持在6公石小麦上下（相当于今天的391千克，以1990年美元计值的人均收入，最高的年份也不到280美元）；明代是一个农业占主导的社会，农业经济的比重平均在88%左右。这些研究结果为理解明代历史提供了巨大的帮助。当然，作为探索性的文章，该文也存在诸多不足，比如这种估计严重依赖历史资料的完整性，但由于我国现存历史资料关于经济数据的部分非常稀少，所以也导致了估计的不稳健，同时，估计方法也有待完善。

# 公共问题及相关政策研究专题

# 烟草需求、烟草税及其在中国的影响：
## 基于烟草成瘾模型的经验研究

高　松

（中央财经大学中国公共财政与政策研究院）

刘　宏

（中央财经大学中国经济与发展研究院）

孟祥轶

（中央财经大学中国公共财政与政策研究院）

## 一、引　言

中国是烟草生产和消费的超级大国,烟草种植、烟草制品生产、烟草消费和吸烟人数均居世界第一。同时,中国政府从烟草行业所获得的财政收入也以世界第一的水平增长。据中国卫生部报告(2007),2007 年中国吸烟者达到了 3.5 亿人,占世界吸烟总人数的 1/3。2005 年,中国死于吸烟相关疾病的人数为 140 万人,造成直接经济损失为 1 665.6 亿元,非直接经济损失为 861.11 亿元—1 205.01 亿元,各种损失加起来远超过烟草行业所创造的政府税收收入(李玲等,2008)。

为了控制吸烟所带来的种种问题,2003 年中国加入了世界卫生组织烟草控制框架公约(FCTC),采取了一系列非价格手段的烟草控制措施,虽然取得了一些成绩,但效果并不十分显著,控烟形势依然非常严峻。2009年5月,财政部和国家税务总局发布公告上调烟草消费税率,虽然这只是针对烟草企业的"利改税"措施,尚未涉及烟草批发和零售价格的调整,但这标志着政府开始尝试用税收措施来控制吸烟,拉开了中国以税控烟的序幕。

在国际上,提高烟制品的税率和价格被普遍认为是最有效的控烟手段之一。那么,中国是否能够复制他国的成功经验呢?我们认为,关键的环节就在于微观个体对于烟草的需求价格弹性到底有多大。近年来很多文献也都认识到这一问题的重要性,运用不同数据来计算烟草价格弹性,以供决策部门的政策参考。但是,这些文献都存在一个共同的不足,即忽略了烟草消费行为的特殊性——成瘾性(行伟波,2009)。

消费成瘾是一种特殊的经济行为,由 Marshall(1920)首先提出,一直以来都是经济学研究的重要对象。美国卫生与人类服务部(U. S. Department of Health and Human Services, 1988)官方确认,吸烟是一种成瘾行为,吸烟者对烟草存在依赖性。Becker 和 Murphy(1988)在前人研究的基础上,发展了理性成瘾理论,并广泛应用于烟草消费研究领域。研究者发现,由于烟草具有成瘾性,其消费量不仅取决于当期的烟草价格,而且与前期烟草消费、预期未来烟草消费均有密切关联。如果忽略了烟草消费的这一成瘾性,会导致烟草需求价格弹性的有偏估计,影响税收政策的可行性和有效性。

有鉴于此,本文从烟草成瘾理论出发,构建微观主体的烟草消费行为模型,利用中国居民健康与营养调查数据,从经验研究角度出发:(1)计算中国居民长期烟草需求价格弹性;(2)分析中国吸烟者是否存在成瘾性?程度有多大?烟草成瘾行为是否存在性别差异、城乡差异、年龄差异和受教育程度的差异？（3）在经验分析的基础上，通过政策模拟，预测并评估中国烟草税调整政策能否有效地发挥控烟作用？对政府财政收入的影响有多大？

本文其他部分结构如下：第二部分为文献回顾，介绍烟草成瘾理论和相关经验研究；第三部分根据烟草消费的不同理论，构建相应的需求计量模型，运用中国健康与营养调查的面板数据，进行经验分析，讨论不同模型的回归结果；第四部分为政策模拟，预测烟草税调整的政策效应；第五部分是结论和政策建议。

## 二、文献回顾：烟草成瘾理论及相关经验研究

### （一）烟草成瘾理论

烟草成瘾的理论模型主要有三大类：不完全理性成瘾模型（imperfectly rational addiction model）、短视成瘾模型和理性成瘾模型。

不完全理性成瘾模型，是最早期的成瘾理论。该模型的核心假设为，个人的短期偏好与长期偏好具有稳定性，但并非一直不变。由于该模型在经验分析方面很难量化验证，因此绝大部分分析并不采用此模型，我们不再赘述。

短视成瘾模型，由 Houthakker 和 Taylor（1966，1970）提出。该模型的核心假设是，成瘾性物品的当期消费依赖于其前期消费，当期需求是前期累积需求的函数。但是，这一理论没有考虑预期未来消费与本期需求的关系，因此随后发展起来的理性成瘾模型逐渐成为烟草成瘾理论的主流。

理性成瘾模型，由 Becker 和 Murphy（1988）提出。他们认为，吸烟成瘾是吸烟者个人的理性行为。所谓理性，是指个体在

其生命周期内始终追求效用的最大化,并且个人偏好在不同时期具有一定的稳定性。在理性行为的假设条件下,该模型认为,个体在前期、当期及后期的吸烟行为以及烟草的需求量是相互依赖的;对未来预期折现程度(discount)越高的个体越容易吸烟成瘾。

Becker 和 Murphy(1988)还探讨了价格对成瘾性物品消费的影响。他们研究发现,相对于一般物品,成瘾性物品具有较高的长期需求价格弹性,而价格的短期波动对其需求并无显著影响。其根本原因在于,成瘾性物品的需求在不同时点具有一定的互补性,其互补的程度取决于成瘾程度的轻重。当成瘾行为达到强化程度(reinforcement)时,个体对成瘾性物品在当期、前期、后期的消费是互补的,这种关系可以通过各期价格机制的传导来实现(Chaloupka and Warner, 2000)。具体来说,当期烟草消费量不仅与当期价格呈负向关系,而且与前期和后期的价格也负相关,这就表明,永久性价格变动对烟草消费的长期效应要远大于其短期效应。这一理论发现,为各国政策制定者利用税收和价格杠杆来控制烟草消费提供了重要的政策参考依据。

**(二) 关于烟草税和烟草成瘾消费的经验研究**

Becker 和 Murphy(1988)理论的提出,将国际上关于烟草税和烟草消费的经济学经验研究划分成两个阶段:在此理论之前,研究者普遍认为吸烟者行为不受理性控制,在烟草需求的模型中并没有考虑烟草的成瘾性特征;在此理论之后,研究者纷纷将烟草成瘾引入需求行为模型,依据 Becker-Murphy 理论来进行烟草税的经验分析。

Chaloupka(1991)利用美国健康与营养调查的微观数据,检验了 Becker-Murphy 的理性成瘾模型。他们研究发现,烟草消费具有成瘾性,长期需求价格弹性为−0.48——0.27;重度成瘾者相对于轻度成瘾者具有更高的长期需求价格弹性；教育程度较低、年龄较小、男性吸烟者的香烟需求价格弹性相对较大。Becker 等(1994)利用 1955—1985 年美国各州人均香烟销售额的宏观数据，再次验证了 Becker-Murphy 理性成瘾理论。他们也发现，前期与后期的香烟价格会影响当期香烟消费，即香烟的长期价格弹性高于短期价格弹性，当香烟价格永久性增加 10%，会导致当期消费量在短期内减少 4%，而在长期内则会减少 7.5%。其他有关美国香烟需求的研究也发现了类似的结论，如 Baltagi 和 Griffin(2001)、Gruber 和 Koszegi(2001)等。

其他国家与地区的研究者也主要依据 Becker-Murphy 理性成瘾模型，来分析该国或地区的烟草及其他成瘾性物品的消费行为(Tiezzi，2005；Kan，2007)。大部分研究都发现吸烟具有成瘾性，但也有少数研究并未发现成瘾行为受理性控制(Chaloupka and Warner，2000)。

目前有关中国烟草消费的经验分析，主要关注烟草需求价格弹性的估计，但是采用的多是静态需求行为模型，并没有应用长期数据考察吸烟者在一段时间内吸烟量的变化，因此也就没有检测吸烟成瘾性以及烟草税政策的长短期影响。研究者使用不同的数据，包括宏观时间序列数据以及地区微观调查数据，发现香烟的价格弹性位于 $-0.84$ — $-0.507$ 之间(毛正中和蒋家林，1997a，1997b；毛正中等，2003；Hu and Mao，2002；Bai and Zhang，2005)。Lance 等(2004)使用中国健康与营养调查 1993—1997 年的微观数据，用社区固定效应模型，估计出的香烟价格弹性为 $-0.082$ — $-0.007$ 之间，远低于其他研究估计得到的价格弹性，说明不同的数据和估计方法会带来很大的需求弹性估计差异。

本文将使用长期面板数据，对烟草消费的成瘾行为进行分析,并估计相应的长期价格弹性以克服以往研究的不足,并在此基础上提供烟草税政策效果的分析框架,为未来烟草税的合理调整提供政策建议。

## 三、经 验 分 析

### (一)数据描述和变量定义

本文使用来自中国健康与营养调查(China Health and Nutrition Survey, CHNS)的微观面板数据。这种类型的数据可以克服宏观数据研究中人均值过于笼统的局限性,而直接控制微观个体的社会经济特征,并且分别考察具有不同人口特征的子群体的价格弹性。

CHNS是一项长期调查项目,分别在1989年、1991年、1993年、1997年、2000年、2004年和2006年组织问卷入户调查,目的在于追踪过去20年中国居民的健康、营养、人口及经济状况的变化。这项调查采用多阶段、随机归类过程采集样本,样本来自广西、贵州、黑龙江、河南、湖北、湖南、江苏、辽宁和山东9个省的选定区域,这些区域"在地理、经济发展、公共资源和健康指标方面存在实质性差异"(CHNS网站)。另外,为了从不同角度考察宏观政策对居民的影响,CHNS分别组织了社区调查、家庭调查和个人调查。CHNS问卷内容丰富,家庭调查问卷涵盖时间分配、收入及其分配、居住环境、耐用品拥有情况、医疗保健等方面的信息。个人调查问卷询问了有关个人活动以及生命周期、健康状况、保险状况、婚育史等方面的信息。社区调查收集了关于社区基础设施、服务及人口状况等方面的数据。

CHNS从1991年起开始询问与烟草消费有关的问题,从

1993 年起开始提供香烟价格数据。因此，剔除 1989 年和 1991 年的数据，我们建立了一个 5 期(1993—2006 年)的微观面板数据。该数据库不仅反映了这十几年间中国居民烟草消费的变化趋势，而且有助于我们从动态的角度考察成瘾理论的假说在中国是否成立。

本文的被解释变量是居民每日吸烟数量(支)。CHNS 询问了所有成年受访者以下有关烟草(包括手工卷烟、机器卷烟及烟斗)消费的问题：(1)你吸过烟吗？(2)你多大年龄时开始吸烟？(3)你现在还在吸烟吗？(4)每天吸多少支？(5)如果已戒烟，戒烟多长时间了？根据被调查者的回答，我们可以获得个人每日吸烟数量。不足的是，我们并不知道他们所吸香烟的品牌、香烟价格，吸的是手工卷烟还是机器卷烟。由于只掌握了机器卷烟的价格，我们把自报吸烟数量均视为机器卷烟，并以当地大众消费品牌香烟的价格来衡量。另外一个被解释变量是，居民是否吸烟，上面列示的问题(3)即反映了这个变量，如果吸烟，该变量则定义为 1，如果不吸则为 0。

关键解释变量是社区香烟价格(元/包)。CHNS 社区调查询问了社区(居委会、村)大型零售商店香烟价格(元/包)和自由市场香烟价格(元/包)，包括国内高端品牌红塔山、进口品牌万宝路以及当地大众消费品牌。我们使用当地大众消费品牌的自由市场价格作为烟草价格数据，它具有以下几点优势：(1)当地大众消费品牌更具有普遍代表性；(2)中国香烟价格具有较大的地域差异，便于我们利用社区价格计算香烟的价格弹性；(3)以往的研究由于数据限制，多使用吸烟者自报的香烟价格或估算的香烟价格，这样的价格变量会与个人的吸烟偏好相关，从而产生价格的内生性问题，而本文采用的社区层面香烟价格，对于个人吸烟行为而言属于外生变量；(4)这个变量在

CHNS 1993—2006 年的所有调查中都被问到,而且几乎所有社区都作了回答,数据质量较高。由于中国采用全国统一的烟草消费税率,我们在这部分的经验分析中暂时没有考虑烟草消费税。

另外一个重要的解释变量是每户人均净(可支配)收入,等于每户全年毛收入(收入来源包括工资、务农、种植、养殖、渔业、经商及其他)减去该户所报支出(包括经商、务农、渔业、种植、养殖成本等支出),再除以该户人口数。我们通过收入的百分位定义四个收入指标:收入在 25%以下、25%—50%之间、50%—75%之间以及 75%以上。这个变量用来反映在香烟消费中收入的作用。

其他解释变量还分别包括性别(男=1)、年龄(18—24 岁、25—44 岁、45—59 岁、60 岁以上)、婚姻状况(已婚=1)、居住地(农村=1)、民族(汉族=1)、家庭人口数、受教育程度(高中毕业或以上=1)、是否正在上学(当前在校=1)、工作状况(在岗=1)、受访者自评健康状况(非常好、较好、一般、较差)以及时间虚拟变量。

表 1(a 和 b)列示了 1993—2006 年所有变量的描述性统计信息,分析样本为 18 岁以上的成年人。据表 1 所示,1993—2006 年,居民总体吸烟率为 30%,人均日吸烟量为 16 支左右。

同时,我们在表 1 中,把样本分别按照性别、居住地、受教育程度、家庭人均收入水平以及年龄段进行分类,比较具有不同人口学特征子样本的异同,通过比较发现:(1)吸烟者多数为男性,且年龄在 25—59 岁之间的人居多,多数在岗并且健康状况较好,但是吸烟者的家庭人均净收入低于非吸烟者;(2)男性吸烟率为 57%,女性吸烟率仅为 4%;(3)农村地区大众消费香烟的每包价格,比城市地区低约 1.1 元人民币;(4)具有高中以上和

表 1(a)　样本的描述性统计 (1993—2006 年)

| | 总 体 | 吸烟者 | 非吸烟者 | 男 性 | 女 性 | 城 市 | 农 村 |
|---|---|---|---|---|---|---|---|
| 样本量 | 47 888 | 14 252 | 33 636 | 23 091 | 24 797 | 16 108 | 31 780 |
| 被解释变量 | | | | | | | |
| 正在吸烟 | 0.3 | 1 | 0 | 0.57 | 0.04 | 0.29 | 0.3 |
| 每日吸烟量（支） | 15.93 | 15.93 | 0 | 16.29 | 11.28 | 15.07 | 16.35 |
| 解释变量 | | | | | | | |
| 每包香烟价格（元） | 3.88 | 3.77 | 3.93 | 3.89 | 3.88 | 4.6 | 3.52 |
| 家庭人均净收入（元/年） | 5 063 | 4 855 | 5 151 | 5 136 | 4 995 | 6 875 | 4 143 |
| 男性 | 0.48 | 0.93 | 0.29 | 1 | 0 | 0.48 | 0.48 |
| 年龄（岁）(参照组:24 岁及以下) | 45.4 | 45.37 | 45.42 | 45 | 45.77 | 46.57 | 44.81 |
| 25—44 岁 | 0.41 | 0.43 | 0.4 | 0.41 | 0.41 | 0.39 | 0.42 |
| 45—59 岁 | 0.28 | 0.32 | 0.27 | 0.29 | 0.28 | 0.28 | 0.28 |
| 60 岁以上 | 0.2 | 0.17 | 0.21 | 0.19 | 0.2 | 0.22 | 0.18 |
| 已婚 | 0.8 | 0.83 | 0.78 | 0.8 | 0.79 | 0.79 | 0.8 |
| 农村 | 0.66 | 0.67 | 0.66 | 0.67 | 0.66 | 0 | 1 |
| 汉族 | 0.87 | 0.86 | 0.88 | 0.87 | 0.87 | 0.92 | 0.85 |
| 家庭人口数 | 3.96 | 4.01 | 3.94 | 3.96 | 3.97 | 3.68 | 4.11 |
| 高中毕业或以上 | 0.22 | 0.22 | 0.22 | 0.26 | 0.18 | 0.34 | 0.16 |

| | 总体 | 吸烟者 | 非吸烟者 | 男性 | 女性 | 城市 | 农村 |
|---|---|---|---|---|---|---|---|
| 求学中 | 0.02 | 0.01 | 0.03 | 0.02 | 0.02 | 0.03 | 0.02 |
| 有工作 | 0.69 | 0.78 | 0.65 | 0.75 | 0.63 | 0.58 | 0.74 |
| 健康状况（参照组:非常好） | | | | | | | |
| 较差 | 0.06 | 0.04 | 0.06 | 0.05 | 0.07 | 0.06 | 0.06 |
| 一般 | 0.28 | 0.25 | 0.29 | 0.25 | 0.31 | 0.31 | 0.26 |
| 较好 | 0.53 | 0.55 | 0.52 | 0.54 | 0.51 | 0.51 | 0.54 |

注:收入及香烟价格依据通货膨胀情况调整为 2006 年水平。

**表 1(b) 样本的描述性统计（1993—2006 年）**

| | 高中以上 | 高中以下 | 平均收入以上 | 平均收入以下 | 18—24 岁 | 25—44 岁 | 45—59 岁 | 60 岁以上 |
|---|---|---|---|---|---|---|---|---|
| 样本量 | 10 444 | 37 444 | 17 043 | 30 845 | 5 150 | 19 674 | 13 617 | 9 447 |
| 被解释变量 | | | | | | | | |
| 正在吸烟 | 0.3 | 0.3 | 0.28 | 0.31 | 0.22 | 0.31 | 0.33 | 0.26 |
| 每日吸烟量（支） | 15.29 | 16.12 | 15.87 | 15.97 | 13.08 | 16.56 | 17.03 | 13.61 |
| 解释变量 | | | | | | | | |
| 每包香烟价格（元） | 4.24 | 3.79 | 4.53 | 3.55 | 3.57 | 3.76 | 3.99 | 4.15 |

| | 高中以上 | 高中以下 | 平均收入以上 | 平均收入以下 | 18—24岁 | 25—44岁 | 45—59岁 | 60岁以上 |
|---|---|---|---|---|---|---|---|---|
| 家庭人均净收入（元/年） | 7 635 | 4 339 | 10 241 | 2 357 | 4 330 | 4 826 | 5 747 | 4 953 |
| 男性 | 0.58 | 0.46 | 0.49 | 0.48 | 0.52 | 0.48 | 0.49 | 0.47 |
| 年龄（岁）（参照组:24岁及以下） | 40.08 | 46.89 | 46.04 | 45.05 | 21.54 | 35.62 | 51.99 | 69.3 |
| 25—44岁 | 0.52 | 0.38 | 0.39 | 0.42 | 0 | 1 | 0 | 0 |
| 45—59岁 | 0.23 | 0.3 | 0.32 | 0.26 | 0 | 0 | 1 | 0 |
| 60岁以上 | 0.09 | 0.23 | 0.19 | 0.2 | 0 | 0 | 0 | 1 |
| 已婚 | 0.78 | 0.8 | 0.81 | 0.79 | 0.21 | 0.91 | 0.92 | 0.7 |
| 农村 | 0.48 | 0.71 | 0.52 | 0.74 | 0.69 | 0.68 | 0.66 | 0.62 |
| 汉族 | 0.92 | 0.86 | 0.92 | 0.85 | 0.85 | 0.88 | 0.86 | 0.89 |
| 家庭人口数 | 3.75 | 4.02 | 3.52 | 4.2 | 4.53 | 4.16 | 3.88 | 3.38 |
| 高中毕业或以上 | 1 | 0 | 0.34 | 0.15 | 0.31 | 0.28 | 0.18 | 0.1 |
| 求学中 | 0.05 | 0.01 | 0.02 | 0.02 | 0.11 | 0.01 | 0.01 | 0.01 |
| 有工作 | 0.73 | 0.67 | 0.67 | 0.7 | 0.74 | 0.86 | 0.7 | 0.27 |
| 健康状况（参照组:非常好） | | | | | | | | |
| 较差 | 0.03 | 0.07 | 0.05 | 0.06 | 0.01 | 0.03 | 0.07 | 0.14 |
| 一般 | 0.23 | 0.29 | 0.28 | 0.28 | 0.13 | 0.21 | 0.33 | 0.44 |
| 较好 | 0.56 | 0.52 | 0.51 | 0.54 | 0.63 | 0.59 | 0.5 | 0.37 |

注:收入及香烟价格依据通货膨胀情况调整为 2006 年水平。

以下学历的居民吸烟率不存在显著差异；(5)平均收入以下的居民吸烟率比较高收入居民高3%，同时他们所消费的烟草价格要比高收入人群低1元钱；(6)吸烟率在25—59岁年龄段中最高，达到32%；(7)较富有、中年、受教育程度高、城市居民与其各自的对照组相比，会消费较贵的香烟。这些发现说明，吸烟流行率和香烟消费趋势在具有不同人口特征的子样本中有着显著差异，因此分样本的回归分析非常必要。

(二) 模型检验和参数估计讨论

国际上关于烟草消费行为的经验研究有两种：传统静态需求模型（conventional demand model）和动态成瘾模型（addiction model）。[①]前者使用横截面数据，后者使用面板数据。传统模型的使用更为广泛，原因在于数据获取更为便捷，成本较低，成瘾模型要求多期数据，数据获得耗时且成本较高，但结果更为准确。

传统静态需求模型主要利用截面数据，分别计算微观主体的吸烟决策弹性（是否吸烟）和吸烟强度弹性（吸多少烟），以及二者相加的总弹性，但没有考虑烟草消费行为的成瘾性。

动态成瘾模型包括短视成瘾模型和理性成瘾模型。短视成瘾模型是建立在吸烟成瘾理论基础上的初步经验检验方法，需要至少两期的面板数据，对数据质量的要求比传统模型高，由于考虑了烟草当期消费对前期消费存在依赖这一部分成瘾行为的影响，其研究结果比传统模型结果更为可靠。

---

① 具体内容请见 World Bank 所编的 *Economics of Tobacco Toolkit*（Yurek li, A. and Beyer, J.）中的 Tool 3 "Econom ic Analysis of Tobacco Demand"（Wilkins, N. ; Yurek li, A. and Hu, T. W. ），可通过 http://www1. worldbank. org/to-bacco/pdf/Demand. pdf 查询。

理性成瘾模型全面考虑了烟草的前期、当期以及后期消费相互依赖的成瘾特质,是当前国际上研究烟草成瘾性的主流计量模型,可以用于估计烟草消费的长、短期价格弹性,为各国制定控烟政策提供依据,但是其对数据质量的要求最高,需要至少三期的面板数据。

本文将系统地从经济学角度分析烟草需求,对传统静态需求模型、短视成瘾模型和理性成瘾模型进行估计分析,以全面介绍并比较烟草需求领域的主要经验分析方法。其中,传统静态需求模型是分析的基础,成瘾模型是分析的重点,着重强调成瘾性在中国烟草消费行为研究中的重要性。在此经验分析的基础上,本文将主要依据成瘾模型的估计结果进行政策模拟。值得说明的是,理性成瘾理论的研究方法还可以应用到其他成瘾性物品的消费行为研究上,比如药物成瘾、上网成瘾等。目前世界上许多国家已经在这些领域应用这一研究方法来分析成瘾行为并进行有效的政策干预。

## 1. 传统静态需求模型

传统静态需求模型考察了烟草价格对吸烟者香烟消费量的影响,见式(1):

$$C_t = \alpha + \theta P_t + \beta X_t + \eta_t \tag{1}$$

其中,$C$ 代表了香烟消费量,$P$ 代表了香烟价格,$X$ 包括了吸烟者的收入水平和其他相关变量。在这一基础模型上,研究者使用两部模型来估计烟草需求弹性,即模型第一部分估计烟草价格对个体吸烟决策的影响(吸烟决策方程,式(2)),模型第二部分考察烟草价格对吸烟者消费量的影响(吸烟强度方程,式(3))。由于没有考虑烟草消费的成瘾性,所有变量都是当期的,即静态的,本文分析使用的具体两部模型如下(Hu, 2007):

$$\text{Prob}(CS_{i,t} = 1) = \frac{1}{1 + e_1^{-(\alpha_1 + \theta_1 \ln P_{i,t} + \beta_1 X_{i,t} + \eta_{i,t})}} \tag{2}$$

$$\ln(C_{i,t} \mid CS_{i,t} = 1) = \alpha_2 + \theta_2 \ln P_{i,t} + \beta_2 X_{i,t} + \eta_{2i,t} \quad (3)$$

其中，$CS_{i,t}$是一个二值变量（1或0），表示个人$i$在时间$t$是否有吸烟行为；$\text{Prob}(CS_{i,t} = 1)$表示的是个人$i$在时间$t$吸烟的概率；$C_{i,t}$指的是个人$i$如果存在吸烟行为的话，在时间$t$的烟草消费量（日吸烟量）；$P_{i,t}$是个人$i$在时间$t$所面对的烟草价格（元/包）；$X_{i,t}$是一组可观测的个体特征向量，包括人口特征、收入、受教育程度等社会经济变量（详见表1）；$\eta_{i,t}$是随机误差项；$t$所反映的时间分别为1993年、1997年、2000年、2004年和2006年。模型中的烟草消费量与价格均采用对数形式，是为了方便计算需求价格弹性（Hu，2007）。

个人$i$对烟草的总需求可表示为吸烟概率和条件烟草需求的乘积，总需求如下：

$$E(C_{i,t}) = \text{Prob}(CS_{i,t} = 1) \times E(C_{i,t} \mid CS_{i,t} = 1)$$

计算后的总价格弹性为：

$$PE = PE_1 + PE_2 = (1 - \overline{CS})\theta_1 + \theta_2$$

$PE$指的是总价格弹性，由$PE_1$（吸烟决策价格弹性）和$PE_2$（吸烟强度价格弹性）相加得出，$\overline{CS}$代表样本平均吸烟率，$\theta_1$和$\theta_2$分别是方程（2）和方程（3）里价格变量的系数。

本文在分析中利用混合截面数据，对吸烟决策方程（2）和吸烟强度方程（3）分别进行了 Log it 估计和 OLS 估计，并根据估计参数计算需求价格弹性。表2主要列示了不同样本情况下的价格估计系数和相应计算的价格弹性。因篇幅原因，其他解释变量回归结果没有给出。

如表2所示，总样本的吸烟决策价格弹性为－0.059，吸烟强度价格弹性为－0.022，两者在统计上均显著为负，与模型假设相符，总价格弹性为－0.081，也显著为负，表明香烟价格提高

**表 2 静态两部模型的参数估计及价格弹性**

| | 吸烟决策方程 | | | 吸烟强度方程 | | | 弹性总和 |
|---|---|---|---|---|---|---|---|
| | 价格系数 | Pseudo $R^2$ | 价格弹性 | 价格系数 | $R^2$ | 价格弹性 | |
| 总体 | -0.081*** (0.027) | 0.342 7 | -0.059 | -0.022* (0.012) | 0.064 9 | -0.022 | -0.081 (0.041) |
| 男性 | -0.028 (0.029) | 0.061 1 | -0.012 | -0.025** (0.012) | 0.040 5 | -0.025 | -0.037 (0.027) |
| 女性 | -0.362*** (0.069) | 0.084 6 | -0.347 | 0.035 (0.050) | 0.086 7 | 0.035 | -0.312 (0.108) |
| 城市 | -0.031 (0.046) | 0.323 1 | -0.022 | -0.049** (0.020) | 0.709 4 | -0.049 | -0.071 (0.046) |
| 农村 | -0.113*** (0.033) | 0.354 5 | -0.079 | -0.006 (0.015) | 0.051 2 | -0.006 | -0.085 (0.060) |
| 高中以上 | -0.065 (0.056) | 0.338 8 | -0.046 | -0.039 (0.028) | 0.072 4 | -0.039 | -0.085 (0.062) |
| 高中以下 | -0.089*** (0.031) | 0.346 3 | -0.063 | -0.016 (0.013) | 0.066 4 | -0.016 | -0.079 (0.049) |
| 平均收入以上 | -0.072 (0.045) | 0.321 6 | -0.050 | -0.049** (0.021) | 0.071 6 | -0.049 | -0.099 (0.054) |

| | 吸烟决策方程 | | | 吸烟强度方程 | | | 弹性总和 |
|---|---|---|---|---|---|---|---|
| | 价格系数 | Pseudo $R^2$ | 价格弹性 | 价格系数 | $R^2$ | 价格弹性 | |
| 平均收入以下 | -0.086*** (0.032) | 0.3545 | -0.062 | -0.009 (0.014) | 0.0658 | -0.009 | -0.071 (0.047) |
| 18—24岁 | -0.088 (0.083) | 0.3630 | -0.069 | -0.076* (0.046) | 0.0848 | -0.076 | -0.145 (0.094) |
| 25—44岁 | -0.052 (0.044) | 0.4311 | -0.036 | 0.009 (0.017) | 0.0403 | 0.009 | -0.027 (0.047) |
| 45—59岁 | -0.120** (0.049) | 0.3451 | -0.080 | -0.037* (0.021) | 0.0368 | -0.037 | -0.117 (0.072) |
| 60岁以上 | -0.106* (0.057) | 0.1908 | -0.082 | -0.049 (0.031) | 0.0753 | -0.049 | -0.131 (0.074) |

注：***、**、*分别表示在1%、5%、10%的水平上显著；括号内数值显示的是稳健标准误；各模型都控制了人口特征（性别、年龄、婚姻状况、居住地、民族、家庭人口数、工作状况）、经济学特征（家庭人均收入、受教育程度）和健康状况（结果未列示，备索；每个分组模型相应的分组特征变量则在分组回归中省略，下同。

10%将导致人均香烟消费下降0.81%。香烟消费的下降,其中72.8%(=0.059/0.081)是由于人们选择不吸烟而导致的,27.2%是出于当前吸烟者吸烟量下降。

总的来说,价格弹性在不同子样本中的差异巨大,位于-0.312——0.027间。按性别划分,女性的价格弹性最大(-0.312),男性的价格弹性最小(-0.037),而且前者弹性显著为负,后者的弹性并不显著。按地域划分,农村的价格弹性大于城市的价格弹性,但差异并不明显。按年龄划分,价格弹性在年轻人(18—24岁)中最大,中老年人(45+岁)中次之,在中青年(25—44岁)中最小。与以往的发现不太一致的是,按收入和教育程度分类的子样本中,较低收入或较低教育程度子样本的吸烟决策弹性较大,吸烟强度弹性却较小,导致总体价格弹性小于其对照组。

从表2可以看出,对于处于较低社会经济地位的人群,包括农村居民、低收入群体、低教育群体及女性群体,价格是影响其吸烟决策的关键因素。而价格对于社会经济地位较高人群的吸烟强度有较大影响,包括中青年群体、高收入群体、城市居民和男性群体。

2. 短视成瘾模型

短视成瘾模型的核心假设是,产品的当期消费($C_{i,t}$)依赖于其前期消费($C_{i,t-1}$),当期需求是前期累积需求的函数,即在这一模型中,前期消费($C_{i,t-1}$)对当期消费($C_{i,t}$)的作用为正,而当期价格$P_{i,t}$对当期消费$C_{i,t}$的影响为负,该模型还推断香烟的长期价格弹性大于短期价格弹性。根据 Tiezzi(2005)的研究给出模型:

$$C_{i,t} = \alpha + \gamma C_{i,t-1} + \theta P_{i,t} + \beta X_{i,t} + \eta_{i,t} \qquad (4)$$

与传统静态需求模型不同,短视成瘾模型加入了前期烟草消

费 $C_{i,t-1}$，$\gamma$ 表示前期烟草消费变量的系数，模型中其他符号的含义与静态模型相同，经过计算整理，短期与长期价格弹性分别为：

$$PE_S = \theta \frac{\overline{P}_t}{\overline{C}_t} \text{ 和 } PE_L = \frac{\theta}{(1-\gamma)} \frac{\overline{P}}{\overline{C}}$$

$PE_S$ 指的是短期价格弹性，$PE_L$ 指的是长期价格弹性，$\overline{P}_t$ 则是样本平均香烟价格，$\overline{C}_t$ 是样本平均香烟消费量。由于 $0 \leqslant \gamma < 1$，所以 $PE_L > PE_S$。

在该模型中，个人不可观测的风险偏好会同时影响当期和前期的香烟消费量（$C_t$，$C_{t-1}$），导致解释变量 $C_{t-1}$ 与误差项 $\eta_t$ 存在关联，从而产生内生性问题（Chaloupka，1991；Becker et al.，1994；Tiezzi，2005）。因此，除了 OLS 回归，我们也做了两阶段最小二乘（2SLS）回归，用来减少估计偏差。根据相关文献（Chaloupka，1991；Becker et al.，1994；Tiezzi，2005）的常规做法，我们采用滞后一期的每包香烟社区报告价格作为 $C_{t-1}$ 的工具变量。[①]

表 3 列出了短视成瘾模型（式（4））的参数估计结果以及价格弹性。OLS 和 2SLS 的结果均表明，当期香烟消费与当期香烟价格呈不同程度负相关。同时，前一期（$t-1$）香烟消费量对当期（$t$）香烟消费量有显著的正效应，并且在不同子样本中其影响大小略有差异。这一结果与短视成瘾模型的假设相符。同时，根据估计结果，我们分别计算了总样本的短期和长期价格弹性，由于大家更为关注长期价格弹性，所以短期价格弹性在此未报告，总样本的平均长期价格弹性为 −0.045，短期价格弹性为 −0.020，子样本的分析结果也是长期弹性大于短期弹性。此

---

① 有些文献只选择滞后一期的价格作为工具变量，而有些文献选择滞后多期的价格（最多为滞后四期）作为工具变量，工具变量法已经被烟草成瘾研究广泛采用。

**表 3　短视成瘾模型估计结果**

| | 样本量 | OLS | | | 2SLS | | | |
| --- | --- | --- | --- | --- | --- | --- | --- | --- |
| | | $t$ 期的价格 | $t-1$ 的香烟消费 | $R^2$ | $t$ 期的价格 | $t-1$ 的香烟消费 | $R^2$ | 长期弹性 |
| 总体 | 5 707 | -0.030** (0.012) | 0.383*** (0.015) | 0.214 9 | -0.086 (0.054) | 0.545** (0.250) | 0.196 9 | -0.045 |
| 男性 | 5 402 | -0.035 (0.024) | 0.377*** (0.016) | 0.197 | -0.099* (0.060) | 0.495** (0.237) | 0.181 8 | -0.046 |
| 女性 | 305 | -0.066 (0.088) | 0.526*** (0.062) | 0.346 4 | -0.049 (0.102) | 0.799 (2.881) | 0.265 7 | -0.075 |
| 城市 | 1 810 | -0.070* (0.039) | 0.456*** (0.025) | 0.263 2 | | | | |
| 农村 | 3 897 | -0.027 (0.026) | 0.367*** (0.018) | 0.192 2 | -0.029 (0.069) | 0.995*** (0.297) | 0.023 7 | -1.216 |
| 高中以上 | 1 258 | -0.079 (0.059) | 0.455*** (0.033) | 0.231 2 | -0.065 (0.079) | 0.125 (0.464) | 0.143 7 | -0.020 |

| | 样本量 | OLS | | | 2SLS | | | |
|---|---|---|---|---|---|---|---|---|
| | | t 期的价格 | t−1 的香烟消费 | $R^2$ | t 期的价格 | t−1 的香烟消费 | $R^2$ | 长期弹性 |
| 高中以下 | 4 449 | −0.035 (0.025) | 0.374*** (0.017) | 0.214 1 | −0.069 (0.061) | 0.757** (0.317) | 0.204 5 | −0.065 |
| 平均收入以上 | 1 122 | −0.066 (0.046) | 0.502*** (0.025) | 0.284 8 | −0.099 (0.071) | −0.011 (0.611) | 0.064 5 | −0.027 |
| 平均收入以下 | 3 057 | −0.011 (0.052) | 0.398*** (0.021) | 0.194 5 | 0.250 (0.192) | 0.326 (0.289) | 0.199 1 | 0.080 |
| 18—24 岁 | 157 | −0.139 (0.291) | 0.375*** (0.097) | 0.213 8 | | | | |
| 25—59 岁 | 4 478 | −0.052** (0.027) | 0.381*** (0.017) | 0.201 3 | −0.110* (0.061) | 0.422* (0.229) | 0.152 6 | −0.043 |
| 60 岁以上 | 1 072 | −0.090 (0.065) | 0.372*** (0.039) | 0.202 4 | −0.096 (0.202) | 0.108 (0.839) | 0.153 4 | −0.032 |

外,价格弹性在不同子样本之间有所变动,综合起来,长期价格弹性在-0.020和-1.216之间变动,农村居民与处于较低社会阶层人群的长期价格弹性较其他群体高,这与现有研究结果相符。一个特殊的现象是,平均收入以下人群表现出了正价格弹性,这与其他研究发现均有所矛盾,但与该组静态模型的吸烟强度弹性分析的结果类似,我们认为这主要是由于分析强调吸烟强度弹性而造成的。

在2SLS估计中,我们遇到的最大的问题是工具变量的缺失,由于使用滞后期的香烟价格的社区报告值作为工具变量,每一后续CHNS调查中观测值的缺失都会造成纵向数据样本容量变小,由于所用工具变量数据质量的限制,对一部分子样本(女性、高中以上、老年人),尽管我们报告了结果,但结果并不稳健,而城市和年轻人样本,则无法得出有效估计结果,所以我们不再做子样本间的详细比较分析。另外,我们也进行了工具变量的弱识别检验,检验结果也证明滞后期的香烟价格并不是非常好的工具变量,这一发现与现有国外的研究存在一定差异,主要原因还是所用面板数据的质量问题,因此我们不再对这部分分析结果进行赘述。由于使用社区层面的价格变量来做个体吸烟数量的工具变量,表3所有的回归结果均已进行了聚类(cluster)校正。

3. 理性成瘾需求模型

Becker和Murphy(1988)提出的理性成瘾理论认为,吸烟成瘾是吸烟者个人的理性行为,在理性行为的假设条件下,个人在前期、当期及后期的吸烟行为以及烟草的需求量相互依赖和影响,对未来预期折现程度(discount)越高的个体越容易吸烟成瘾。根据这一理论推导出的理性成瘾需求模型(Becker et al., 1994;Tiezzi, 2005)可以表述为:

$$C_{i,t} = \alpha + \gamma C_{i,t-1} + \theta P_{i,t} + \gamma \delta C_{i,t-1} + \beta X_{i,t} + \eta_{i,t} \quad (5)$$

其中，$C_{t+1}$代表后一期烟草消费量，$\delta$表示折现因子。经过计算整理，短期和长期价格弹性分别为：

$$PE_S = \frac{\mathrm{d}C_t}{\mathrm{d}P_t}\frac{\overline{P}}{\overline{C}} = \frac{2\theta}{[1 - 2\gamma\delta + (1 - 4\gamma^2\delta)^{1/2}]}\frac{\overline{P}}{\overline{C}} \quad \text{和}$$

$$PE_L = \frac{\mathrm{d}C_\infty}{\mathrm{d}P_\infty}\frac{\overline{P}}{\overline{C}} = \frac{\theta}{1 - \gamma(1 + \delta)}\frac{\overline{P}}{\overline{C}}$$

上述模型假设，前期消费 $C_{i,\,t-1}$ 和后期消费 $C_{i,\,t+1}$ 对当期消费 $C_{i,\,t}$ 的影响均为正，价格 $P_{i,\,t}$ 的影响为负。短期价格弹性 $PE_S$ 是在假设前期消费量不变的前提下，计算第 $t$ 期及所有未来各期香烟消费的变化率，长期价格弹性 $PE_L$ 则表示在价格永久性变动之后，所有时期香烟消费量的变化率（Becker et al.，1994）。根据 Becker 和 Murphy（1988），长期价格弹性大于短期价格弹性，这也是成瘾模型对研究消费成瘾行为和相关政策评估所做的巨大贡献。

表 4 列出了理性成瘾模型（式（5））的 OLS 估计结果和价格

**表 4　理性成瘾模型的 OLS 估计结果**

| | 样本量 | $t$ 期的价格 | $t-1$ 期的香烟消费 | $t+1$ 期的香烟消费 | $R^2$ | 长期弹性 |
|---|---|---|---|---|---|---|
| 总体 | 2 617 | −0.109 ** | 0.300 *** | 0.266 *** | 0.263 1 | −0.061 |
| | | (0.047) | (0.021) | (0.021) | | |
| 男性 | 2 489 | −0.110 ** | 0.299 *** | 0.261 *** | 0.245 8 | −0.058 |
| | | (0.047) | (0.021) | (0.021) | | |
| 女性 | 128 | 0.050 | 0.350 *** | 0.474 *** | 0.477 5 | 0.855 |
| | | (0.260) | (0.079) | (0.090) | | |
| 城市 | 847 | −0.151 *** | 0.349 *** | 0.344 *** | 0.343 0 | −0.144 |
| | | (0.058) | (0.035) | (0.038) | | |
| 农村 | 1 770 | −0.029 | 0.279 *** | 0.235 *** | 0.231 7 | −0.006 |
| | | (0.089) | (0.026) | (0.024) | | |

| | 样本量 | $t$ 期的价格 | $t-1$ 期的香烟消费 | $t+1$ 期的香烟消费 | $R^2$ | 长期弹性 |
|---|---|---|---|---|---|---|
| 高中以上 | 558 | −0.031 | 0.311*** | 0.276*** | 0.278 4 | −0.02 |
| | | (0.094) | (0.049) | (0.044) | | |
| 高中以下 | 2 081 | −0.128** | 0.294*** | 0.265*** | 0.263 8 | −0.068 |
| | | (0.055) | (0.023) | (0.024) | | |
| 高于平均收入 | 323 | −0.012 | 0.327*** | 0.291*** | 0.353 0 | −0.007 |
| | | (0.076) | (0.066) | (0.058) | | |
| 低于平均收入 | 1 137 | 0.006 | 0.317*** | 0.226*** | 0.256 4 | 0.003 |
| | | (0.115) | (0.034) | (0.031) | | |
| 18—24 岁 | 53 | −0.559 | 0.243* | 0.149 | 0.371 7 | −0.239 |
| | | (0.698) | (0.145) | (0.117) | | |
| 25—44 岁 | 1 061 | −0.146** | 0.307*** | 0.262*** | 0.244 7 | −0.077 |
| | | (0.066) | (0.032) | (0.027) | | |
| 45—59 岁 | 1 095 | −0.104 | 0.297*** | 0.303*** | 0.268 3 | −0.057 |
| | | (0.094) | (0.025) | (0.035) | | |
| 60 岁以上 | 408 | 0.003 | 0.262*** | 0.185*** | 0.252 3 | 0.001 |
| | | (0.094) | (0.057) | (0.061) | | |

弹性。我们发现，当期价格对当期消费量具有显著的负影响，这种影响在不同子样本中有显著差异，而前期与后期消费量的系数均显著为正，即当期吸烟量既受前期吸烟量也受后期吸烟量的影响，模型估计结果与理性成瘾理论一致，即吸烟者是理性决定自己的吸烟行为的。

结果还显示，农村居民、年轻人（18—24 岁）及低收入居民更加短视，他们的前期香烟消费会显著正向影响当期消费，而后期消费虽然正向影响当期消费，但是显著程度却大大降低。前期消费的显著影响说明了吸烟的成瘾性，而前期消费与后期消费估计系数的比值则表示他们的时间偏好率较高，即前期消费比后期消费对当期的影响更大,从而说明他们与其对照组相比具有短视行为,在烟草消费方面比较容易上瘾。

理论上,短视的人群会更容易受价格的影响,即价格弹性较大,因为他们对未来成瘾性物品的折现也大。但我们发现,中国的实际情况要比发达国家复杂。农村人群和低收入人群的价格弹性要比城市人群和高收入人群小,而年轻人(18—24岁)和高中以下受教育程度人群的价格弹性又比其参照组大。这里面的主要原因是,我们在理性成瘾分析模型中只考虑了当前的吸烟者($CS_{i, t=1}$),而未考虑未吸烟者。传统两部模型结果已经说明,短视的人群具有较高的吸烟决策价格弹性和相对较低的吸烟强度价格弹性,但总价格弹性还是比其对照组高。

另外一个特别的发现是,女性受前期或后期消费影响的程度更大,其价格弹性为正,也就是说价格并不是影响其吸烟强度的主要因素,这也与静态需求模型的发现一致。因为中国女性吸烟人口非常少,所以我们不再做具体分析。

以上结果带来的启示是,在国家制定烟草调控政策时,可以适时考虑政策对不同人群的具体影响,以便更高效地达到政策干预目标。

在理性成瘾模型的解释变量中,前期香烟消费 $C_{t-1}$ 和后期香烟消费 $C_{t+1}$ 与误差项 $\eta_t$ 中个人不可观测的风险偏好均存在关联性,即存在内生性。相关文献的解决方法是使用滞后期和未来期的香烟价格分别作为 $C_{t-1}$ 和 $C_{t+1}$ 的工具变量(Chaloupka, 1991; Becker et al., 1994)。但是由于 CHNS 的数据限制,表4没有报告理性成瘾模型的 2SLS 估计结果。理性成瘾模型本身需要连续三期的面板数据,而我们只获取了连续五期的社区层面报告的烟草价格数据,所以能作为工具变量的前后期烟草价格数据极为有限,大大降低了估计样本量,使得 2SLS

估计结果不可靠。尽管 OLS 的估计结果可能具有偏差,但它还是初步给出了各变量在理性成瘾分析中的影响方向。我们还是用 OLS 结果估算出总样本和所有子样本的长期和短期价格弹性,短期价格弹性在此未报告,总样本的长期价格弹性为 $-0.061$,短期价格弹性为 $-0.041$。

4. 回归结果总结

上述模型的估计结果,充分地说明了中国吸烟者的吸烟行为具有成瘾性,而且这种成瘾行为是理性的,即吸烟者在不同时期的吸烟量会相互影响。首先,短视成瘾和理性成瘾模型的估计结果都说明了烟草需求的长期价格弹性比短期价格弹性大。也就是说,在考虑到前后期香烟消费量的作用(即烟草的成瘾性)以及价格的长期影响后,实际的香烟价格弹性要比一直以来文献所估计的价格弹性高,即永久性价格变动对烟草消费影响的长期效应要远大于已经估计出的短期效应。因此,政策对烟草制品调控的影响力度也会比以往估计得大。其次,理性成瘾模型的估计弹性比短视成瘾模型大,这一点也可以从大部分的子样本比较中发现。这主要是因为前者考虑了未来烟草消费的影响。再次,成瘾模型的估计结果还表明,烟草成瘾行为在中国存在性别差异、城乡差异、年龄差异和受教育程度差异。

此外,在所有模型估计中,我们发现了一些共同的特点:①(1)价格对香烟消费的影响一直为负,但这种影响在不同子样本中有很大差异,在模型考虑了前后期香烟消费量之后,价格影响稍有所减弱;(2)家庭人均收入是影响香烟消费量($C$)的另一个重要因素,高收入可以增加香烟消费;(3)男性普遍比女性更倾向于吸烟和吸更多的烟;(4)年龄或者说烟龄会显著增加香烟消

---

① 这些发现不是本文的研究重点,而且与现有文献相符,限于篇幅原因,在表2—表4中没有列示,有兴趣的读者可向作者索取。

费量,这也从另一个角度说明了香烟的致瘾性;(5)较高的受教育水平(或者仍然在校读书)会大幅度减少吸烟量;(6)健康与吸烟量密切相关,健康状况良好的个人吸烟量明显少于健康状况差的人,二者之间是相互影响的关系。

## 四、政策模拟——提高烟草消费税率对
## 香烟消费和财政收入的影响

2009年5月财政部和国家税务总局联合出台了新的烟草税政策《关于调整烟产品消费税政策的通知》(财税[2009]84号),从以下几个方面对烟草税收结构进行调整:(1)甲类卷烟的从价消费税税率由原来的45%调整为56%;(2)乙类卷烟的从价消费税税率由原来的30%调整为36%;(3)甲乙类卷烟重新分类,甲类卷烟包括每包价格在7元以上(含7元)的卷烟,乙类卷烟包括每包价格在7元以下的卷烟,所有的价格均指卷烟的调拨价;(4)另外在卷烟批发环节加征一道从价税,税率为5%。没有发生变化的是继续征收每包0.06元的卷烟从量消费税。

在中国,卷烟的分类有两种:一种是按税收征收目的划分,分为甲类和乙类卷烟;一种是按定价分类,分为一类至五类卷烟。两种分类均以卷烟的调拨价划分。做了以上调整后,新旧香烟分类及税率结果如表5所示。

表5中2009年乙类香烟又分为B1和B2两种,是因为调拨价格在5—7元的卷烟,调整前的消费税率为45%,这次重新划归为乙类卷烟,征收36%的消费税。实际上,这次税率调整并不上调零售价格,即不影响消费者的香烟购买量,而实质上它是针对烟草公司的"利改税",即一部分利润将以税收的形式上缴国家。一方面,增加的税收可以弥补政府2009年因全球性的

表5　香烟分类及税率

| 每包调拨价（元） | 分类（税） | | 分类（价格） | | 从量税（元/包） | 从价消费税（%） | | |
|---|---|---|---|---|---|---|---|---|
| | | | | | | 生产环节 | | 批发环节 |
| | 2008 年 | 2009 年 | 2008 年 | 2009 年 | 2008—2009 年 | 2008 年 | 2009 年 | 2009 年 |
| [10，+∞) | 甲 | 甲 | 一 | 一 | 0.06 | 45 | 56 | 5 |
| [7，10) | 甲 | 甲 | 二 | 二 | 0.06 | 45 | 56 | 5 |
| [5，7) | | | 二 | | 0.06 | 45 | 36 | 5 |
| [3，5) | | 乙 | 三 | 三 | 0.06 | 30 | 36 | 5 |
| [1.65，3) | 乙 | | 四 | 四 | 0.06 | 30 | 36 | 5 |
| (0，1.65) | | | 五 | 五 | 0.06 | 30 | 36 | 5 |

注：调拨价格以区间形式表示，[10，+∞)表示的每包 10 元及 10 元以上，[7，10)表示的是每包 7 元及 7 元到 10 元，但不包括 10 元，其他分类也如此解释。

金融危机影响而减少的财政收入；另一方面，增税也表明了政府对控烟的积极态度，是对未来香烟零售价格调整的一个过渡。虽然我们没有观测到香烟市场价格的明显变化，但我们希望知道，一旦这种上调的税率被最终传递到真实的市场价格上，会对整个卷烟市场产生何种影响。

　　我们在此进行了政策模拟测算：第一，测算 2009 年中国政府因增税而实际增加的烟草税收，并与 2009 年实际的征收数额相印证；第二，假设税赋调整完全传递到零售价格上时，根据前文计算的各种价格弹性，测算香烟消费量将会如何变化，政府的烟草税收将会如何变化。在政策模拟中用到的假设变量包括：

　　（1）$A$ 是香烟每包调拨价格（包含了消费税但不包含增值税和其他附加税）；

　　（2）$a$ 是调批差率（调拨价与批发价之间的利润加成比例）；

（3）$b$ 是批零差率（批发价与零售价之间的利润加成比例）；

（4）$Pr$ 是香烟每包零售价；

（5）$Rt$ 是香烟生产环节从价消费税率；

（6）$Rtwh$ 是香烟批发环节从价消费税率；

（7）$specifictax$ 是香烟每包从量税；

（8）$Rtvat$ 是增值税率；

（9）$Rtc\ and\ e$ 是城市维护建设费及教育费附加率；

（10）根据财政部提供的信息，税率调整后，生产阶段的香烟消费税的税基比税率调整前增加了 2.6%。

卷烟生产环节消费税（$Tax\_pe$）、批发环节消费税（$Tax\_we$）、增值税（$Tax\_vat$）、城市维护建设费和教育费附加（$Tax\_c\ and\ e$）的计算见下：

$$Tax\_pe_i = (A_i \times Rt_i + specifictax) \tag{6a}$$

$$Tax\_we_i = A_i \times (1 + a_i) \times Rtwh \tag{6b}$$

$$Tax\_vat_i = Pr_i \times Rtvat \tag{6c}$$

$$Tax\_c\ and\ e_i = (Tax\_pe_i + Tax\_we_i + Tax\_vat_i) \times Rtc\ and\ e \tag{6d}$$

$$Tax_i = Tax\_pe_i + Tax\_we_i + Tax\_vat_i + Tax\_c\ and\ e_i \tag{6e}$$

$$Tax\_inci_i = \frac{Tax_i}{Pr_i} \tag{6f}$$

方程（6a）计算的是卷烟生产环节消费税，由调拨价乘以生产环节从价消费税率，再加上每包从量消费税构成；方程（6b）计算的是卷烟批发环节消费税，由批发价乘以批发环节消费税率构成；方程（6c）计算的是卷烟从生产到零售整个环节的增值税，由于增值税征收的特殊性，一次性计算不影响其征收额；方程（6d）计算的是卷烟各个环节的城市维护建设费及教育费附加；

方程(6e)计算的是卷烟各个环节的总体流转税额;方程(6f)计算的是卷烟每包税赋。方程中的 $i$ 则代表的是卷烟分类,我们分别计算每类卷烟每包的流转税及其税负,然后根据其市场份额加权计算所有卷烟的总体流转税。

根据计算(具体卷烟调拨价和零售价在此未列示,可以参考烟草专卖局网站;具体计算过程备索),2008 年和 2009 年每包卷烟的平均税负分别是 38.95% 和 47.65%。2008 年的卷烟流转税征收总额为 2 640.86 亿,即 2008 年的卷烟销售额约为 6 780.13 亿,由于 2009 年卷烟零售价格未变,我们假设 2009 年的卷烟销售额同样为 6 780.13 亿,那么 2009 年的卷烟流转税可达 3 230.73 亿,即比 2008 年多征收 589.87 亿元人民币。根据中国 2010 年 1 月 15 日公布的最新数据,与 2008 年相比,中国于 2009 年多征收了 631.69 亿的烟草利税。我们的测算与实际数字非常接近,但还存在以下两个问题:一是只计算了流转税,没有考虑到企业由于利润的下降而少缴纳的所得税,因此这部分的计算高估了税额;另一是假设 2009 年的卷烟销量不变,实际上,卷烟的销量每年都在以一定的幅度上升,因此这部分的计算低估了税额。二者相加,则不容易区分政策测算的最终影响方向,但我们的方法可以用于未来进行税收调整时的效果测定。

以上计算是建立在零售价不变的基础上,如果增加的税收传递到零售价格上,中国的卷烟消费和税收将会如何变化呢?前文提到消费税率于 2009 年增加,由于消费税是价内税,税率的增加势必要引起税基的增加,即调拨价的增加,而这个增加的比例是 2.6%。烟草专卖局采用了一些干预措施,使 2009 年卷烟零售价格未上升,但如果烟草专卖局不进行干预,那么这 2.6% 的增长就将从调拨阶段传递到批发阶段,最后传递到零售阶段。也就是说,香烟的零售价格将会比 2008 年增加 2.6%。

## 表6 成瘾模型下的卷烟税收模拟结果

| 长期价格弹性 | | 销量变化(包) | 销量变化比率 | 销售额(元) | 销售额变化 | 销售额变化比率 | 流转税总额(元) | 流转税变化(元) |
|---|---|---|---|---|---|---|---|---|
| 弹性为0 | | 0 | 0.00 | 0.00 | 6 956.41 | 176.28 | 0.03 | 3 266.04 | 625.18 |
| 短视成瘾模型 | 平均弹性 | -0.045 | -1.29 | 0.00 | 6 964.55 | 184.42 | 0.03 | 3 269.86 | 629.00 |
| | 最小负弹性 | -0.020 | -0.57 | 0.00 | 6 960.03 | 179.90 | 0.03 | 3 267.73 | 626.87 |
| | 最大负弹性 | -1.216 | -34.87 | -0.03 | 7 176.35 | 396.22 | 0.06 | 3 369.29 | 728.43 |
| | 正弹性 | 0.080 | 2.29 | 0.00 | 6 941.94 | 161.81 | 0.02 | 3 259.24 | 618.38 |
| 理性成瘾模型 | 平均弹性 | -0.061 | -1.75 | 0.00 | 6 967.44 | 187.32 | 0.03 | 3 271.22 | 630.36 |
| | 最小负弹性 | -0.007 | -0.20 | 0.00 | 6 957.68 | 177.55 | 0.03 | 3 266.63 | 625.77 |
| | 最大负弹性 | -0.239 | -6.85 | -0.01 | 6 999.64 | 219.51 | 0.03 | 3 286.33 | 645.47 |
| | 正弹性 | 0.855 | 24.52 | 0.02 | 6 801.77 | 21.64 | 0.00 | 3 193.43 | 552.57 |
| 弹性为-1 | | -1 | -28.68 | -0.03 | 7 137.28 | 357.15 | 0.05 | 3 350.95 | 710.09 |

注：税收模拟建立在调税后的价格比调税前价格提高2.6%的假设基础上。

考虑到价格弹性,卷烟销售也会受到影响,最终影响国家的烟草税收。以上所有计算均未考虑通货膨胀。

表 6 给出了这种假设下的模拟结果。我们根据成瘾模型所计算出的香烟价格弹性,结合 2008 年全国香烟销售量和销售额额,计算出每一类卷烟消费量变化及税收收入变化。这些计算基于一个假设,即不同等级的香烟具有相同的价格弹性。中国 2008 年全国卷烟总销量是 1 102.95 亿包,在平均弹性为 -0.045 的情况下,价格增长 2.6% 会增加卷烟流转税收 629 亿;在平均弹性为 -0.061 的情况下,价格增加 2.6% 会增加卷烟流转税收 630.36 亿,随着弹性的增大,卷烟的销量也随之降低,但是同时由于卷烟平均价格上涨,最终导致卷烟销售额增加和卷烟流转税的增加。除模拟了两个平均价格弹性下的情况之外,我们还模拟了短视成瘾模型和理性成瘾模型的最小、最大弹性下的情况,还有两个模型下出现正弹性的极端例子。

以上分析均证明,适当提高卷烟价格不但可以降低卷烟的使用量,同时还能增加政府财政收入。当然,卷烟销量的降低有可能会影响卷烟厂家和劳动力就业。因此,如何发展正常的烟草工业和提高全民健康,中国还面临着很长的一条路,怎么样一步步采取正确有效的政策,还需要更深一步的研究。

## 五、结论与政策建议

本文用中国健康与营养调查的面板数据,估计了烟草需求方程,重点考虑了吸烟的成瘾性特征并估计了不同子样本的烟草需求价格弹性。烟草的总需求价格弹性在具有不同社会经济地位的子群体中存在显著差异,社会经济地位较低群体对价格变动的反应集中在吸烟决策上,然而社会经济地位较高群体对价格变动的反应更多体现在烟草消费量上。在中国,提高卷烟价格,能够更多地影响低社会经济地位群体的吸烟决策,从根本上减少其吸烟的可能性,也同时能够减少高社会经济地位群体的吸烟量,从而达到控烟目的。总的来说,我们的估计结果支持吸烟是理性成瘾这一假设。考虑吸烟的理性成瘾特性,可以更好地理解个人的香烟消费行为。对于年轻人或低教育人群来说,前期消费显著影响当期消费而后期消费影响则减弱的结论,支持了这些人群的短视行为,他们更易上瘾并且总价格弹性较高,即提高烟价更易在这群人中产生控烟效果;同样对年长者或高教育人群来说,前后期消费的显著关联说明他们更有远见,相对来说不易上瘾,而且总价格弹性较低,即在这群人中用价格举措进行控烟效果并不显著。因此,中国应该区分重点人群制定有效地控烟政策。

本文还估计了 2009 年烟草税政策调整的影响,此次烟草消费上调,会在 2009 年大幅增加国家税收收入达 589.87 亿元人民币。如果我们假设此次税改最终传递到卷烟零售价格上,卷烟的销量和烟草税收收入都会产生变化。在成瘾模型下,全国卷烟销量将会降低 1.29 亿—1.75 亿包,但国家税收却会增加 629 亿—630.36 亿元。这是相对保守的估计,因为该模型只估计了吸烟强度弹性,如果加上吸烟决策弹性,随着总体弹性的增加,卷烟销量和税收收入的变化将更为明显。值得说明的是,中国政府于 2010 年 1 月 15 日公布,2009 年的烟草税调整政策增加了国家税利总和达 631.69 亿元人民币,与我们的计算结果相当接近,我们假设了 2009 年烟草销售量没有任何变化,而实际上中国烟草销售量每年都在稳步增加,这就使得我们的模拟结果偏小,未来计算我们会考虑这个因素。

本文的结果表明,提高烟草税和香烟零售价格,能够有效地降低香烟消费,还能够提高国家的烟草财政收入,达到很好的控烟效果和经济效果。但在当前中国以及世界经济出现转折的时期,中国一方面需要维护烟草行业的稳定及就业,保证国家财政收入;另一方面要逐步减少烟草消费,提高全民健康水平,达到中国 2020 年"健康中国"提出的目标,如何制定出行之有效的渐进的烟草税政策是未来面临的挑战。本文在一定层面上提供了有效的研究框架,但还需要更深层次的研究探讨。

我们的研究还存在一定的局限性,因为缺乏有效的前、后期价格工具变量,我们没有对理性成瘾模型进行 2SLS 估计,所以结果具有偏差。因此,如果要开展进一步研究,我们需要覆盖时间更长的、间隔时间一致的以及样本量足够的数据。

## 参考文献

李玲、陈秋霖、贾瑞雪、崔玄(2008):《中国的吸烟模式和烟草使用的疾病负担研究》,《中国卫生经济》第 27 期。

毛正中、蒋家林(1997a):《卷烟需求与价格政策》,《中国卫生经济》第 6 期。

——(1997b):《卷烟需求及其影响因素:一个断面资料模型》,《中国卫生事业管理》第 5 期。

毛正中、杨功焕、马继民等(2003):《中国成人的卷烟需求及其影响因素研究》,《卫生软科学》第 2 期。

行伟波(2009):《烟草税的实证分析与制度设计研究》,《财贸经济》第 3 期。

中国卫生部(2007):《2007 年中国控制吸烟报告》,卫生部履行《烟草控制框架公约》领导小组办公室。

Bai, Y. and Zhang, Z. "Aggregate Cigarette Demand and Regional Differences in China." *Applied Economics*, 2005, 37, pp. 2523—2528.

Baltagi, B. H. and Griffin, J. M. "The Econometrics of Rational Addiction: the Case of Cigarettes." *Journal of Business and Economic*

*Statistics*, 2001, 19(4), pp. 449—454.

Becker, G. S. and Murphy, K. M. "A Theory of Rational Addiction." *The Journal of Political Economy*, 1988, 96(4), pp. 675—700.

Becker, G. S.; Grossman, M. and Murphy, K. M. "An Empirical Analysis of Cigarette Addiction." *American Economic Review*, 1994, 84(3), pp. 396—418.

Chaloupka, F. "Rational Addictive Behavior and Cigarette Smoking." *The Journal of Political Economy*, 1991, 99(4), pp. 722—742.

Chaloupka, F. and Warner, K. "The Economics of Smoking," in J. Newhouse; A. Culyer, eds., *The Handbook of Health Economics*, 2000, Chapter 29, pp. 1539—1627.

Gruber, J. and Koszegi, B. "Is Addition 'Rational'? Theory and Evidence" *The Quarterly Journal of Economics*, 2001, 116(4), pp. 1261—1303.

Houthakker, H. S. and Taylor, L. D. *Consumer Dem and in the United States*, 1929—1970 *Analyses and Projections* Cambridge(MA): Harvard University Press, 1966.

____. *Consumer Demand in the United States*, 1929—1970: *Analyses and Projections*. 2nd ed. Cambridge (MA): Harvard University Press, 1970.

Hu, T. W. and Mao, Z. "Effects of Cigarette Tax on Cigarette Consumption and the Chinese Economy." *Tobacco Control*, 2002, 11(2), pp. 105—108.

Hu, T. *Tobacco Control Policy Analysis in China: Economics and Health*. Singapore: World Scientific Printers, 2007.

Kan, K. "Cigarette Smoking and Self-Control." *Journal of Health Economics*, 2007, 26, pp. 61—81.

Lance, P. M.; Akin, J. S.; Dow, W. H. and Loh, C. "Is Cigarette Smoking in Poorer Nations Highly Sensitive to Price? Evidence from Russia and China" *Journal of Health Economics*, 2004, 23(1),

36

pp. 173—189.

Marshall A. *Principles of Economics*. 8th ed. London: Macmillan and Co, 1920.

Tiezzi, S. "An Empirical Analysis of Tobacco Addiction in Italy." *European Journal of Health Economics*, 2005, 6(3), pp. 232—243.

U. S. Department of Health and Human Services. *The Health Consequences of Smoking: Nicotine Addiction. A Report of the Surgeon General*, 1988.

(原载《世界经济》2010 年第 10 期)

# 对《烟草需求、烟草税及其在中国的影响：基于烟草成瘾模型的经验研究》一文的评论

郑新业

（中国人民大学经济学院）

总体而言，作者运用较为可靠的经验研究工具与质量较高的数据库，评估了一个非常重要的问题，具有重要的现实政策意义和应用价值，本文的初步研究结果能给这方面的政策制定带来一定启示。另外，从学术积累的角度看，作者运用长期面板数据进行模型估计，估计结果支持了"吸烟成瘾"假说，相对以往对这一问题只用静态数据进行分析的情况，本文无疑填补了这一领域的研究空白。

综合而言，本研究对年轻的中国经济学人如何做经验研究有一定的示范作用：第一，作者详尽地介绍了理论与经验回归等式的背景，而后规范地讨论经验估计的过程和结果；第二，作者以一种合理的方式展现了如何将其经验研究结果应用到政策评估。

在前半部分，作者首先讨论了回归等式的背景，这对人们理解其研究结果具有重要意义。从静态两部模型分析，到短视成瘾模型，最后是理性成瘾模型分析，作者由简及繁地介绍并比较了烟草需求领域的主要经验评估方法。在作者看来，静态两部

模型是分析的基础,成瘾模型是分析的重点,着重突出成瘾性在中国烟草消费行为研究中的重要性,这一思路对给未来的研究具有重要的借鉴意义。在数据部分,本文所选择的数据库更加微观详实,可以具体到个人的吸烟行为细节和家庭人口经济背景。从估计技术的角度看,数据中独特的卷烟价格使得作者能解决以往研究中存在的内生性问题,这就大大降低了研究结果的偏误。另外,研究更是采用了连续五期的数据,使得理性成瘾分析模型的基本结构得以形成。作者的发现为利用税收来降低烟草消费量提供了研究支持。

在后半部分,作者把前半部分的经验研究结果应用到政策评估当中,估计了新烟草税政策下,中国烟草消费税的增加幅度。由于中国实行烟草专卖制,一直以来,学术界对于如何确定烟草零售价、如何计算烟草各项赋税、如何估计烟草税与卷烟价格之间的比例都有着很大的争议,本文第一次清晰地给出了相关测算公式,其测算结果与 2009 年国家烟草税收的真实增幅相差不多,因此对未来相关问题研究有着重要借鉴意义。

当然,这一研究有几个明显的问题:第一,作者对收入的处理难以令人满意,一般而言,价格弹性估计结果和收入水平如何设定高度相关,本文只将收入进行了简单划分,未来的研究可以尝试按百分位等多标准划分。第二,CHNS 数据中是低收入者多,而烟草价格的变动多是高价烟,作者对烟草价格那一段的介绍需要加强。第三,作者对于动态面板估计采用的 IV 方法交代不足,尽管文中已经提到这种方法在国外研究中普遍采用,由于我国的研究刚刚起步,深入讨论将会更有意义。第四,理性成瘾模型有一些特殊假设,不同假设将直接影响估计结果,文中作者并没有详细交代,以后的研究可以针对不同假设再做估计并进行差别比较。第五,由于作者使用了动态面板数据,是否可以在统计描述时对数据进行按时间的趋势分析,将帮助读者更好理解我国吸烟流行趋势和相应的经济人口特征。最后,作者也在文中提到,鉴于数据限制,理性成瘾模型没有进行 2SLS 估计,而 2SLS 估计才能提供更加准确的结果。因此,未来的学者同人们可以尝试使用更加合适的数据库进行该种估计。

# 中国如何在平衡中牺牲了效率：
# 转移支付的视角

范子英

（华中科技大学经济学院）

张 军

（复旦大学中国社会主义市场经济研究中心）

## 一、引　　言

中国经济在过去 30 多年中取得了令人骄傲的成绩，但收入差距也随之上升，基尼系数从 1983 年的 0.28 上升到 2001 年的 0.447，中国已经从一个经济发展最平衡的国家变为最不平衡的国家之一（Naughton，2007）。如果将这种差距进一步细分，我们会发现城乡之间和地区之间的差距占据主要地位，而城市内部和农村内部的收入差距并不明显。由于非农收入造成了农村内部差距的扩大，使得农村收入差距一直高于城市（Knight and Song，1993；Rozelle et al.，1998；Yang and Zhou，1999；Yao and Zhang，2001）；而地区之间的收入差距逐渐演化为东部和中西部地区之间的差距，中国的地区经济慢慢收敛于这两个俱乐部，俱乐部内部差距缩小的同时，地区之间的差距却在急速扩大（Yao，2000；Yao and Zhang，2001）。从动态上看，地区差距相对于城乡差距增长更快,其在总体差距的增量中将占据更大比重(王洪亮和徐翔,2006)。

1994 年实行的分税制显著提高了中央政府的收入份额,然而出于效率的考虑,大部分的支出责任还依然由地方政府来负责。比如 2007 年国家财政收入中地方政府仅占 45.9%,而地方政府的支出却占全国财政支出的 76.9%,有近 1/3 的地方政府支出要依赖于中央政府的转移支付。从图 1 可以看出,在1995 年之后,以人均财政收入基尼系数表示的税收差距一直在扩大,但是以支出基尼系数反映的财政能力却基本维持在一个固定的水平,这表明中央对地方的转移支付有着平衡地方财政能力的考虑(见图 1)。

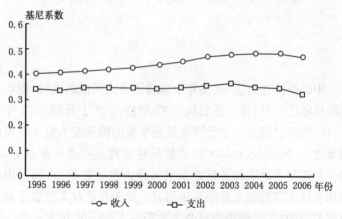

**图 1 人均财政收支的基尼系数**

中国在 1999 年实行了旨在缩小地区差距的"西部大开发"战略,这一战略通过财政政策对西部地区进行支持。首先是垂直的重点项目投资,比如 2000 年 6 月开始的青藏铁路建设、西电东输、西气东输以及大规模的退耕还林;其次是在财政上加大

42

对西部省份的转移支付,中央对西部 12 省份①的转移支付比重,从 1995 年的 32.9% 上升到 2001 年的 41.6%。②2000 年以来,这种平衡区域经济差距的政策演化为中央政策的核心,比如在 2003 年提出了"振兴东北老工业基地"战略,2004 年又提出"中部崛起",随之而来的是两地财政支持的力度加大,从图 1 可以看出在 2000 年之后,地方政府财政能力的差异有一定程度的上升,中央政府的转移支付开始偏好于这些特定的地区。

然而这种旨在缩小的区差距的战略需要进一步的讨论。理论上有如下几个方面值得考虑:首先,新经济地理学指出集聚效应会提高整体经济的产出,从发达国家的经济发展史来看,集聚也是经济发展过程中不可避免的现象;③研究中国城市和区域经济的文献也指出,中国的城市规模和集聚效应偏小,中国的经济密度应该进一步向东部大城市集中(Fujita et al.,2004;Au and Henderson,2006;陆铭和陈钊,2008)。政府的转移支付使得资源从东部向内陆地区转移,将会降低集聚的程度,因而与集聚经济的规律是相逆的。其次,财政分权理论认为将权力下放给地方政府能够改善经济效率,因为地方政府在每一单位的经济发展中获得的好处增加了,于是会更加积极地发展本地经济,分权也被认为是中国与俄罗斯经济发展差异的主要因素(Shleifer and Vishny,1998)。目前政府间转移支付实施的前提是财政的集权,以保障中央政府有富余的财力进行转移支付,因而与分权理论也是相逆的。

---

① 《国务院关于实施西部大开发若干政策措施通知》中指出西部大开发将主要集中在重庆、四川、贵州、云南、西藏、陕西、甘肃、宁夏、青海、新疆、内蒙古、广西 12 个省市自治区,为了行文方便,后文将统一用省代表该级行政区。
② 如未特殊说明,本文的数据均来自各年的《中国统计年鉴》和《中国财政年鉴》。
③ 见 2009 年《世界银行发展报告》。

转移支付是否必然促进当地经济的长期增长是不确定的。曾军平(2000)、马栓友和于红霞(2003)都强调平衡性的转移支付,这一倾斜性政策在 2000 年之后开始实现。从正面作用来看,转移支付能够促进当地的基础设施建设,使得技术能够溢出到欠发达地区(Abramowitz,1985);然而负面作用也是存在的,政府支出过大会对私人投资产生"挤出效应",欠发达地区由于能够获得大量的转移支付,地方政府缺乏发展地方经济的动力,如果中央政府更多地是以无条件转移支付援助欠发达地区,那么反而会形成一个低水平的均衡。

与以往的研究相比,本文的主要特色表现在:首先,从理论角度来说,转移支付是否能够带来效率①的改善是不明确的,本研究回答了中央地方之间的转移支付是否存在与新经济地理学和分权的理论冲突;其次,我们还没有发现有关转移支付和地方经济增长之间关系的经验研究,特别是考虑转移支付产生的滞后效应,需要较长的时间样本来区分短期和长期效应,本文的样本和采用的分析框架能够计算两种效应的大小;最后,本文梳理了转移支付与经济增长之间的作用机制,并为进一步的改革提供了建议。

本文的安排如下:第二部分是介绍分税制改革以来转移支付的增加,以及由此导致的地方政府支出结构的变化;第三部分是检验转移支付和经济增长的关系;第四部分是进一步讨论转移支付起作用的机制;最后是本文的结论。

---

① 本文所讲到的效率是卡尔多-希克斯效率,即从总量上来说,如果一项政策能够带来总体产出(福利)的增加,则认为是有效率的,即使其中某一部分人或地区在短期内会因此遭受损失(Kaldor,1939;Hicks,1939)。平均意义上,如果转移支付能够提高长期的经济增长率,那么就是有效的;在转移支付量给定的情况下,如果改变支出结构,比如给予西部地区更大的份额,能够带来更多的经济增长,则也是有效率的。

44

## 二、转移支付和地方政府支出结构的演化

1980—1993 年,中国实行的是财政承包制,俗称"大包干",这一制度在激励地方政府发展经济的同时也导致地方政府刻意隐瞒财政收入,或者将预算内收入转为预算外收入,以将更多的财政资源保留在地方政府手里。这使得中央政府在这段时间内经常入不敷出,很多年份甚至还要地方政府"作贡献"以维持基本的运转,因而也没有多余的财力进行转移支付。为了扭转中央财力下降的趋势,1994 年实行的分税制开始从法律上统一规定中央分享的部分,将原有的收入分享改革为税收分享。分税制从三个方面改变了中央与地方政府之间的关系:首先,统一的税率和税收分享机制保证了中央承诺的可信度;其次,国税与地税分开征收降低了地方政府隐瞒收入的动机;最后,大规模的垂直转移支付使得中央政府有能力进行宏观调控,以及有目的的平衡地区经济差异①(Ma,1997)。真正意义上的转移支付也是在 1994 年之后才出现的,中央给予地方的净转移支付从 1994 年的 1819 亿元增加到 2006 年的 12 714 亿元,年均增长 17.6%,超过了同期中央财政收入的增长幅度;财政转移占当年中央财政支出的比重也从 43.9%上升到 54.1%。从图 2 可以看出,在 2000 年之前,虽然转移支付总额一直在增加,但所占比重并没有变化,说明财政支出安排在这段时间内并没有大的调整,转移支付仅仅保持与中央财政收入相同的速度增加;而 2000 年之后,转移支付以更快的速度增加,并且其占当年中央支出的比重也显著提高,转移支付的这种变化是随着

---

① 关于实行分税制的规定曾明确指出分税制的一个目的就是为了平衡各地的财力,通过财政转移支付,扶持经济不发达地区的发展和老工业基地的改造(见《国务院关于实行分税制财政管理体制的决定》国发〔1993〕85 号)。

经济战略调整而出现的。

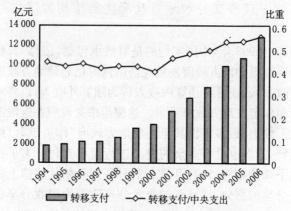

图2 历年的转移支付和所占份额

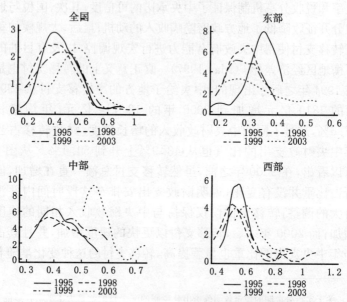

图3 全国和三大地区的财政转移力度的核密度

然而,转移支付的增加在地区之间并不平衡。图 3 表示的是各省所获得的转移支付占其财政收入的比重,这个比重剔除了各自经济实力的差异,可以用来表示转移支付对于当地经济的影响。1995 年的平均转移支付力度为 44.5%,其中很大一部分是给予东部发达地区的两税返还,以保证这些地区的财政收入不低于之前年份的水平。1998 年的平均转移支付力度为 41.6%,相比于 1995 年略有下降,但省份之间的差异更加明显,这种对比说明分税制初期的转移支付与地区的财政收入是正相关的,那些财政收入低的省份所获得的转移支付也较少,因为名义上贡献给中央的部分也少,反之亦然,所以初期的转移支付更像是为了推行改革的折中方式。但在分税制的设计中,中央将会从未来的增长中拿走大部分,因而长期来看,中央的收入比重会持续上升。虽然 1998 年的平均转移支付力度有所下降,但是开始出现结构性差异。1999 年的转移支付力度随着"西部大开发"而增加,但同时这种针对性的转移支付也使得地区之间差异扩大。2003 年,随着"振兴东北老工业基地"战略的提出,转移支付的力度进一步提高,地方政府越来越依赖于上级政府的财力支持。然而,有意思的是 2003 年的分布图开始出现两个波峰,这意味着一部分地区获得了相当多的转移支付,而另一部分地区几乎没有获得转移支付。1995—2003 年转移支付力度的演化也证实了中央政策从初期的妥协慢慢转变为自主性的宏观调控。

　　这一猜想在图 3 的分地区子图中得到印证,三大地区[①]在

---

[①]　西部地区包括广西、四川、贵州、云南、西藏、陕西、甘肃、青海、宁夏、新疆和内蒙古 11 个省市自治区,由于重庆在 1997 年才独立为直辖市,所以我们的数据没有包括重庆,因而这与国家关于"西部大开发"的定义是一致的;中部地区包括山西、吉林、黑龙江、安徽、江西、河南、湖北和湖南 8 个省份;东部则有北京、天津、河北、辽宁、上海、江苏、浙江、福建、山东、广东和海南 11 个省市。

1995年所获得的转移支付比重在地区内部以及地区之间都没有很大的差异,基本都在40%—50%之间。东部地区所获得的转移支付力度自1995年以来一直下降,2003年的分布之所以右倾,是因为我们这里将辽宁也作为东部省份,而辽宁是2003年"振兴东北老工业基地"战略的重点支持对象。有意思的是,西部省份在1999年之前所获得的转移支付居然也是下降的,如果结合中部省份存在的这一趋势来看,说明这段时间中央的垂直转移支付比重在下降,而代之以大型项目的直接投资。这一趋势在1999年开始被扭转,2003年的平均转移支付力度是最高的。然而我们也观察到,2003年的西部省份之间所获得的转移支付差异更大,这是因为更多的转移支付给予了民族省份,比如西藏、宁夏、新疆等(王绍光,2004)。中部地区在1999年之后所获得的转移支付力度也在上升,2003年达到55.8%,但同时地区内部差异在扩大,并且出现两个波峰,这是因为吉林和黑龙江也得到振兴老工业基地战略的政策倾斜。

转移支付相当于增加地方政府的财政收入,因而允许地方政府降低实际税率,同时增加公共服务的提供(Scott,1952;Wilde,1971),所以转移支付会改变地方政府的支出结构。我们这里依据贾俊雪和郭庆旺(2008)的做法,将政府支出划分为经济性、社会性和维持性支出,分别用基本建设支出、科教文卫支出和行政管理支出占当地总支出的比重来表示。经济性支出与转移支付之间是U型的关系,从图4的散点图来看,大部分的省份处于U型线的左边,表明大部分省份的经济性支出随着转移支付的增加而减少,经济性支出较多的省份处于U型线的两端,即获得较少转移支付的省份(如沿海地区)与获得大量转移支付的省份(如西部地区)的经济性支出比例都很高。就西部地区来看,转移支付将促使其改善基础设施的水平。

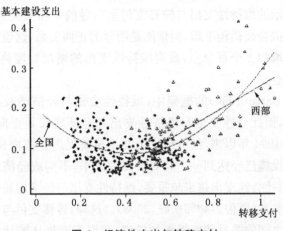

**图 4　经济性支出与转移支付**

就更长远的经济增长来说，教育和医疗等社会性支出更加重要，这会提高人力资本的水平，进而带来内生的经济增长（Romer，1986；Lucas，1988）。然而从图 5 来看，没有证据表明转移支付有利于缓解社会性支出的不足，以教科文卫表示的社会性支出比例反而会随着转移支付的增加而减少，并且这种负向的关系在西部地区更加明显。这表明西部大开发等经济战略的实施提高了对这些地区的财政支持力度，但这些地区社会性的支出并没有同步增加。从右边的图来看，以行政管理支出

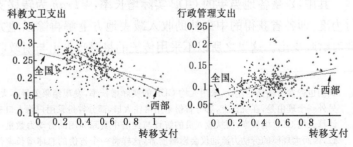

**图 5　社会性支出、维持性支出与转移支付**

比例表示的维持性支出与转移支付呈明显的正相关关系,虽然西部的拟合线稍稍平坦,但依然是明显的正向关系,这说明转移支付每增加1个百分点,政府维持性支出的增加幅度将超过1个百分点。

在 Barro(1990)的框架中,维持性支出与经济增长是反向的关系,而社会性支出和经济性支出与经济增长是正向关系。中国自 1994 年以来,经济性支出并不显著促进经济增长,中国的基础设施已经达到一个相对较高的水平,不构成经济发展的约束,而社会性支出越来越重要,维持性支出与经济增长呈显著的负向关系(贾俊雪和郭庆旺,2008)。这样,转移支付与长期经济增长之间的关系就变得更加模糊,我们下面将从统计上判断两者之间的关系,并试图解释这一系列结果产生的机制。

### 三、转移支付与长期经济增长

由于我们的立足点是经济增长,而不仅仅是地方之间财力的平衡,因而增长模型在这里更合适,为此建立如下模型:

$$Y_{it} = \alpha + \sum_{j=1}^{n} \beta_j Tran_{i,\,t-j} + \gamma X_{i,\,t-1} + \eta_i + e_{it} \qquad (1)$$

其中,$Y$ 是各地当年的 GDP 实际增长率,[1]$Tran$ 为转移支付力度,即各省获得的中央补助收入减去地方上解再除以地方政府财政支出。这里之所以不采用传统的将财政支出与财政收

---

[1]　我们也曾参考陆铭的建议,采用人均 GDP 的实际增长率,发现结果差异不大。另外一个理由是,在统计上,部分省份采用常住人口,部分省份采用户籍人口来计算人均 GDP 增长率,而从业人员的统计与经济中实际利用的劳动力数量一致,因而大规模的劳动力流动仅会影响前者,这样将一个省份的总体增长率作为产出的衡量显得更具合理性。

入的缺口作为转移支付,是因为后者包含了太多的噪音,如地方政府的国债和基金收入等,这些与中央的财力转移基本无关。$\eta$是地区固定效应,用来反映地理条件等对经济增长的作用。$X$包含我们要控制的其他变量,我们考虑的因素如下:

劳动力($labor$):虽然劳动力不构成地方经济增长的约束,但是我们依然将其作为一个控制变量,这里采用的是从业人员占总人口的比重。人力资本($edu$):这里用高等和中等学校在校人数占总人口的比重来度量,以反映人力资本投资对经济增长的贡献。投资($invest$):我们采用的是全社会固定资产投资占GDP的比重。通货膨胀($cpi$):这里采用居民消费者价格指数来反映真实的通货膨胀率。城市化水平($urban$):我们采用城镇人口比重代表当地的城市化水平。对外开放度($open$):我们采用进出口占GDP的比重来代表对外开放度。税收负担($tax$):我们用地方政府财政收入占GDP的比重来代表一般意义上的税负。

变量的描述性统计①显示 GDP 的增速在地区之间是有系统差异的,劳动参与率在地区之间差异不大,可能暗含着劳动力本身并不构成地区经济发展的约束;投资的比重中部最低,西部最高,这可能是缘于东部自身投资率高,而西部又获得大量的上级政府转移支付,简单的对比可以看出转移支付造成了地区之间投资的差异;城市化率、人力资本投资水平和开放度显示了地区之间巨大的差异,东部地区遥遥领先,西部地区最差;通货膨胀水平全国基本一致;东部的税负最高,西部其次,中部最低,东部地区高税负是因为中央政府将其资源进行了转移支付,而西部地区高税负可能是因为地方经济总量较小,而政府开支依然

---

① 出于篇幅考虑,此表未附上,有需要的读者可向作者索要。

庞大,于是相对的税负比较高;西部地区的转移支付远高于东部地区,而中西部之间差异并不大。

我们依据模型(1)采用固定效应进行计算,考虑到样本的有限性,自由度损失过多势必造成部分变量不显著,因而我们逐步添加滞后项。在计算过程中,所有的自变量都自动滞后1期,以缓和变量的内生性。转移支付的内生性是一个需要解决的问题,我们遵从Knight(2002)的做法,利用工具变量的方法消除转移支付的内生性。我们整理出第十四届、第十五届和第十六届中央委员的数据,这些数据年限对应了本文的样本时间,其中我们将中央委员曾在某省有工作经历的省赋予1,最后将某年中央委员中在该省有工作经历的人数进行累加。我们发现第一阶段的回归并不显著,表明在中央有谈判能力的人数并不会显著改变各地所获得的转移支付数额。我们对此的解释是,转移支付由税收返还、财力性转移支付和专项转移支付构成,前两者占转移支付的绝大部分,如2004年税收返还和财力性转移支付占全部转移支付的64%,并且这一比重近两年还有所上升。绝大部分的税收返还和财力性转移支付都是按照标准化公式计算的,其分配一般都相对外生于地方政府的行为,因而转移支付在加总的意义上是相对外生的。①为了简化,表1仅报告最终的结果。

---

① 税收返还的标准是按照《国务院关于实行分税制财政管理体制的决定》(国发〔1993〕85号)和《国务院关于印发所得税收入分享改革方案的通知》(国发〔2001〕37号)制定的,其中增值税和消费税的基数以1993年为基数,递增比率按照全国增值税和消费税的平均增长率的1:0.3系数确定,所得税返还2002年按照五五分成,2003年之后按照六四分成;财力性转移支付按照客观指标计算出地方政府的财力缺口,再按统一的转移支付系数进行分配(李萍,2006)。另外,本文并不否定专项转移支付具有一定的内生性,但其仅占全部转移支付的一小部分,使得其在加总意义上不明显。内生性检验的表格由于篇幅原因未列出,有需要的读者可向作者索要。

表 1　模型(1)的计算结果

| 变量 | (1) | (2) | (3) | (4) | (5) | (6) | (7) |
|---|---|---|---|---|---|---|---|
| tran | 3.891*** | 2.757* | 3.179** | 4.988*** | 3.867** | 3.925** | 3.539** |
| | (1.388) | (1.447) | (1.392) | (1.535) | (1.548) | (1.568) | (1.596) |
| L1 tran | | 3.750** | 4.260*** | 4.663*** | 4.668*** | 4.169*** | 4.181*** |
| | | (1.489) | (1.458) | (1.475) | (1.476) | (1.504) | (1.536) |
| L2 tran | | | 1.884 | 2.420 | 3.653** | 4.080*** | 4.856*** |
| | | | (1.466) | (1.528) | (1.472) | (1.481) | (1.503) |
| L3 tran | | | | 0.439 | 2.554* | 2.693* | 4.015*** |
| | | | | (1.487) | (1.496) | (1.507) | (1.479) |
| L4 tran | | | | | -2.926** | -0.831 | 1.238 |
| | | | | | (1.460) | (1.545) | (1.557) |
| L5 tran | | | | | | -4.435*** | 1.337 |
| | | | | | | (1.617) | (1.798) |
| L6 tran | | | | | | | -6.461*** |
| | | | | | | | (2.341) |
| labor | -3.653 | -0.181 | 1.602 | 2.599 | 3.197 | 2.319 | 0.989 |
| | (3.264) | (3.242) | (3.187) | (3.296) | (3.233) | (3.261) | (3.201) |
| invest | 7.706*** | 8.794*** | 9.331*** | 10.663*** | 12.247*** | 12.985*** | 10.442*** |
| | (1.259) | (1.338) | (1.424) | (1.606) | (1.701) | (1.831) | (1.909) |

| 变量 | (1) | (2) | (3) | (4) | (5) | (6) | (7) |
|---|---|---|---|---|---|---|---|
| cpi | 0.162*** | 0.132*** | 0.010 | -0.088 | -0.142** | -0.176** | -0.203*** |
| | (0.020) | (0.032) | (0.050) | (0.064) | (0.064) | (0.068) | (0.073) |
| urban | 6.173*** | 4.594** | 3.073 | 3.038 | 3.130 | 3.245 | -0.306 |
| | (2.165) | (2.184) | (2.194) | (2.368) | (2.492) | (2.817) | (3.163) |
| open | -1.252 | 18.643** | 30.384*** | 32.790*** | 27.857*** | 17.558* | 19.739* |
| | (6.603) | (7.756) | (7.870) | (8.487) | (8.194) | (9.935) | (10.923) |
| tax | 45.802*** | 23.667* | 7.926 | 3.064 | -5.481 | -1.735 | -10.684 |
| | (12.735) | (13.808) | (13.829) | (15.131) | (15.439) | (16.144) | (18.038) |
| edu | 46.889*** | 39.094*** | 41.705*** | 40.073*** | 32.382*** | 31.064*** | 23.816** |
| | (10.388) | (10.568) | (10.582) | (11.041) | (10.930) | (11.209) | (11.387) |
| $R^2$ | 0.557 | 0.618 | 0.677 | 0.685 | 0.670 | 0.639 | 0.571 |
| 样本量 | 360 | 330 | 300 | 270 | 240 | 210 | 180 |
| AIC | 3.792 | 3.686 | 3.571 | 3.565 | 3.447 | 3.392 | 3.260 |
| SC | 4.202 | 4.135 | 4.065 | 4.111 | 4.057 | 4.077 | 4.041 |

注：括号中数据为标准误，*、**和***分别表示10%、5%和1%的显著性水平。下表同。

在仅仅放入滞后1期的转移支付时(表1第2列),我们看到转移支付显著促进了地方的经济增长,转移支付的比重每上升1个百分点,将使得次年的经济增长速度提高0.039个百分点,这说明短期的经济增长效应是存在的。当我们继续添加转移支付的滞后项时(表1第3列),发现2期滞后项都显著为正,当期的效应开始下降,同时滞后1期的效应更大。这说明转移支付对经济增长的短期效应主要发生在次年,这一点在之后的大部分计算中都成立,每增加1个百分点的转移支付,将使得当年的GDP增速提高0.028个百分点,而次年的增速将上升0.038个百分点。我们在第3列基础上继续添加滞后2期的转移支付,结果显示2期滞后项的作用不显著,当期和滞后1期的效应依然显著。

另外一个有趣的发现是,当我们继续在固定效应模型中添加转移支付的滞后项时(表1第6列),前3期的转移支付对经济增长是正向的作用,第4期仅在10%水平下通过检验,然而第5期的转移支付却与经济增长负相关,表明从中期来看,转移支付反而可能有损于当地的经济增长。我们依据AIC准则继续添加滞后项,最后选定为滞后6期,我们发现随着滞后项的添加,最后1期滞后项的负面作用越来越大,系数从-2.926到-6.461,说明即使在样本损失的情况下,增加当年的转移支付虽然能够在短期内带来经济增长的提速,但是在更长的时间内将会出现负面作用,并且负面作用会越来越大。每增加1个百分比的转移支付力度,将使得当地的经济增长速度发生变化,次年的GDP因此增加0.035个百分点,第3年至第5年分别增加0.042、0.049和0.04个百分点,第6年和第7年正面作用和负面作用相互抵消,而到了第8年,负面作用开始变得显著,第8年的GDP增速也因此而降低0.065个百分点。

表 1[①] 共列出了 7 个回归结果,劳动力在这些回归中都不显著,表明劳动力并不构成当地经济发展的约束,不过资本的稀缺却是一个明显的约束,投资比重在所有回归中都显著为正,投资率每增加 1 个百分点,将使得经济增速提高 0.077—0.122 个百分点;开放程度越高,越能约束政府的行为,形成一个有效的市场经济,因而在回归中基本都与经济增长呈正向的关系;通货膨胀在部分回归中是正向的,而在第 5 个回归中为负向,价格因素并不显著影响各地的经济发展;城市化水平基本是不显著的,城市化水平带来的人力资本和过度的公共开支的效应相互抵消;税负与经济增长之间的关系并不明显。

虽然模型(1)的计算结果显示转移支付在短期和长期的作用存在差异,但是从转移支付的构成来看,中西部地区和东部地区之间存在明显的差异,东部地区更多的是两税返还,而中西部省份则以财力性转移支付和专项转移支付为主,这会导致各地方政府支出效率的差异,进而由转移支付带来的经济增长也会存在差异。基于此,我们分地区进行回归,由于样本损失较多,仅报告了滞后 4 期的结果(表 2)。每增加 1 个百分比的转移支付力度,将会使得东部地区次年的经济增长提高 0.12个百分点,而对中西部地区的即期效应较小。值得注意的是,转移支付滞后 4 期的效应仅仅在东部地区显著为负,这说明从中期来看,转移支付的负面作用主要来自于东部地区,而中西部地区在各年都保持了非负的增长效应,并且西部地区较中部地区更好。

---

① 出于稳健性的考虑,我们也采用传统的方式度量转移支付,即用地方政府当年的财政支出减去财政收入,再除以当年的财政支出,同样按照模型(1)进行计算,结果与表 1 类似,表明这一指标的构建是稳健的。

表 2　分地区的模型(1)的计算结果

| 变　量 | 东　部 | 中　部 | 西　部 |
|---|---|---|---|
| *tran* | 11.689** | 4.606* | 6.929** |
| | (4.625) | (2.433) | (2.878) |
| L1 *tran* | −3.970 | 5.600** | 6.482*** |
| | (5.014) | (2.353) | (2.341) |
| L2 *tran* | 2.921 | 4.878** | 6.717*** |
| | (4.987) | (2.370) | (2.538) |
| L3 *tran* | 12.054** | 3.799 | 5.644** |
| | (5.969) | (2.459) | (2.572) |
| L4 *tran* | −13.550*** | 1.691 | −2.430 |
| | (4.233) | (2.466) | (2.440) |
| *labor* | 4.658 | −7.224 | 3.010 |
| | (4.011) | (7.015) | (8.367) |
| *invest* | 11.702*** | 11.540*** | 16.391*** |
| | (2.745) | (3.833) | (2.806) |
| *cpi* | −0.396*** | 0.067 | −0.199* |
| | (0.124) | (0.109) | (0.112) |
| *urban* | 7.225** | −9.157 | −26.775*** |
| | (2.750) | (9.811) | (8.999) |
| *open* | 30.833*** | −139.485 | −43.288 |
| | (10.916) | (121.726) | (55.917) |
| *tax* | −11.513 | −3.495 | 32.249 |
| | (23.097) | (28.423) | (36.489) |
| *edu* | 51.286** | 25.737* | 55.517* |
| | (23.118) | (14.443) | (29.947) |
| within $R^2$ | 0.706 | 0.775 | 0.741 |
| 样本量 | 88 | 64 | 88 |

　　综合来看,我们的增长模型计算结果表明,转移支付在短期内都促进各地方的经济增长,并且短期增长效应在中部更

加明显。然而当我们将考察时间跨度扩大到 5 期之后,转移支付开始减缓经济增长的速度。分地区的计算标明,转移支付的中期负面作用主要来自于东部地区,而这一负面作用在中西部地区的出现可能需要更长时间。

在上述回归中,我们实际上假设滞后项的作用是线性的,这有可能使得我们的计算有偏,并且随着滞后项的添加,自由度损失太多也使得我们无法得到滞后 7 期之后的效应,因而无法计算准确的长期效应和累积效应。于是我们采用 Mitchell 和 Speaker(1986)提出的框架,该方法有两个优点:一是允许线性和非线性的递减滞后效应,并且采用了类似于 Almon(1965)的无限期滞后,避免了人为的识别问题;二是可以采用简单的 OLS 进行估计。基准模式为:

$$Y_{it} = a + \sum_{j=0}^{\infty} w_j Tran_{i,\,t-j} + \gamma X_{i,\,t-1} + \lambda_t + \eta_i + e_{it} \qquad (2)$$

模型(2)与模型(1)的区别在于权重,权重 $w$ 采用如下形式:

$$w_j = \sum_{\tau=2}^{n} \frac{b_\tau}{(j+1)^\tau},\ j = 0,\ 1,\ \cdots,\ \infty \qquad (3)$$

式(3)中的 $b$ 是我们将要估计的系数,$j$ 是滞后的阶数。我们将式(3)代入式(2),得到:

$$Y_{it} = a + \sum_{\tau=2}^{\infty} b_\tau \sum_{j=0}^{t-1} \frac{Tran_{i,\,t-j}}{(j+1)^\tau} + \sum_{\tau=2}^{n} \sum_{j=t}^{\infty} \frac{b_\tau Tran_{i,\,t-j}}{(j+1)^\tau}$$
$$+ \gamma X_{i,\,t-1} + \lambda_t + \eta_i + e_{it} \qquad (4)$$

当 $t > 8$ 时,式(4)右边的第三个式子将趋近于 0,可以忽略不计。于是式(4)可以展开为:

58

$$Y_t = a + b_2 \left( Tran_{it} + \frac{1}{2^2} Tran_{i,\,t-1} + \frac{1}{3^2} Tran_{i,\,t-2} + \cdots \right.$$

$$\left. + \frac{1}{m^2} Tran_{i,\,t-m+1} \right) + b_3 \left( Tran_{it} + \frac{1}{2^3} Tran_{i,\,t-1} \right.$$

$$\left. + \frac{1}{3^3} Tran_{i,\,t-2} + \cdots + \frac{1}{m^3} Tran_{i,\,t-m+1} \right) + \cdots$$

$$+ b_n \left( Tran_{it} + \frac{1}{2^n} Tran_{i,\,t-1} + \frac{1}{3^n} Tran_{i,\,t-2} + \cdots \right.$$

$$\left. + \frac{1}{m^n} Tran_{i,\,t-m+1} \right) + \gamma X_{i,\,t-1} + \lambda_t + \eta_i + e_{it}$$

$$= a + b_2 PIL_2 + b_3 PIL_3 + \cdots + b_n PIL_n$$

$$+ \gamma X_{i,\,t-1} + \lambda_t + \eta_i + e_{it}$$

$$\text{(5)}$$

我们最终采用式(5)来估计各系数,然后将系数代入式(3)求得 $w$ 的值,则可以知道转移支付的当期影响 $w_0$ 和对以后每期产出的滞后影响 $w_i (i = 1, \cdots, \infty)$,以及累积影响 $\sum_{i=0}^{\infty} w_i$,这样我们就可以利用该模型来估计每增加 1 单位的中央转移支付,对地方经济的短期影响和长期影响的大小。

在实际估计之前,还有两个参数的设置。首先是 $n$ 的值,即多项式的个数,由于不知道真实的模型形式,选择 $n$ 的方法依赖于模型本身的拟合能力。从式(4)可以看出,随着 $n$ 越大,相邻项之间的共线性越严重,于是采用 Mitchell 和 Speaker(1986)以及 Schmidt(1974)的做法,从最高位的 $n(n = 7)$ 开始,逐步删除不显著的多项式。

另外就是参数 $m$ 的大小,我们参照 Wan 等(2006)的做法,假定 $m = 9$,即在估计具体的 $b$ 时,我们认为第 8 期之后的效应很小,不会造成估计的有偏性。

为了获得稳健性的结果,我们同时采用单向固定效应和双向固定效应,以及是否控制因变量的滞后项3种方法来计算。[①] 表3中第2列的结果是不加其他控制变量的单向固定效应的结果,多项式的维度越高,相邻多项式之间的相关性就会越大,第6和第7个多项式之间由于相关性太高而自动舍弃,第6个多项式(PIL)显著,各PIL值本身没有直接的经济学含义,需要通过式(3)计算之后得到各期的滞后效应。当我们在第2列的基础之上加入控制变量时(第3列),多项式的系数没有发生大的变化。我们接着在第3列基础之上控制年度虚拟变量(第4列),多项式的系数和显著性都发生了较大变化,全部6个多项式都显著通过检验,并且各系数也较之前更大,不过在进一步控制因变量滞后项时(第5列),并没有出现大的变化,Hausman检验的结果也支持固定效应模型。

表3　模型(5)的计算结果

| 变　量 | (1) | (2) | (3) | (4) |
|---|---|---|---|---|
| PIL2 | −749.111 | −662.353 | −1 056.728 * | −1 033.032 * |
|  | (520.042) | (499.842) | (543.979) | (544.534) |
| PIL3 | 9 870.978 | 8 514.323 | 12 285.57 ** | 12 042.69 ** |
|  | (5 996.906) | (5 491.659) | (5 890.738) | (5 986.087) |
| PIL4 | −39 379.28 * | −34 220.49 | −47 381.68 ** | −46 561.3 ** |
|  | (23 133.53) | (20 721.06) | (22 607.19) | (22 623.62) |
| PIL5 | 60 546.03 * | 53 261.74 * | 72 403.04 ** | 71 284.98 ** |
|  | (35 280.27) | (31 255.96) | (34 157.94) | (34 178.54) |

---

① 我们这样做的目的主要是看不同形式的估计是否会导致差异,以得出一个较稳健的结论。

| 变 量 | (1) | (2) | (3) | (4) |
|---|---|---|---|---|
| *PIL6* | −30 282.86* | −26 890.21* | −36 248.35** | −35 731.97** |
| | (17 628.15) | (15 531.16) | (16 991.07) | (17 000.06) |
| *laborpaticip* | | 0.707 | −1.046 | −1.040 |
| | | (3.242) | (3.304) | (3.304) |
| *invest* | | 13.295*** | 12.688*** | 12.632*** |
| | | (2.836) | (3.230) | (3.231) |
| *cpi* | | 0.249** | 0.143 | 0.158 |
| | | (0.103) | (0.183) | (0.184) |
| *urban* | | −8.422* | −7.021 | −6.790 |
| | | (4.723) | (4.839) | (4.845) |
| *open* | | 28.321 | 11.493 | 14.090 |
| | | (17.750) | (22.223) | (22.377) |
| *tax* | | −38.081 | −36.936 | −36.034 |
| | | (24.540) | (25.084) | (25.101) |
| *edu* | | 13.388 | 13.891 | 13.485 |
| | | (11.926) | (11.845) | (11.852) |
| $R^2$ | 0.224 | 0.492 | 0.528 | 0.535 |
| 样本量 | 120 | 120 | 120 | 120 |
| Y 的滞后项 | 否 | 否 | 否 | 是 |
| 年度虚拟变量 | 否 | 否 | 是 | 是 |

我们依然参照前面的思路,为了得到转移支付在各地不同的效应,进行分地区回归,结果见表4。中部和东部地区并没有表现出很明显的滞后作用,这可能缘于自由度过少,但是有意思的是,西部地区的滞后项显著通过了检验,各多项式都在5%的水平下显著,这表明转移支付在西部和中东部地区通过完全不同的机制发挥作用。我们还可以看出,中部地区的资本受约束程度最大,而东部和西部地区相对较好,城市的集聚效应在西部还没

有显现出来,较小规模的城市浪费了更多的资源,导致经济增速下降,这一点与我们之前的研究结论一致(范子英和张军,2009)。

表4 分地区的模型(5)的计算结果

| 变 量 | 东 部 | 中 部 | 西 部 |
|---|---|---|---|
| PIL2 | −110.410 | −101.568 | −1 823.622** |
|  | (412.572) | (1 522.322) | (824.074) |
| PIL3 | 1 427.231 | 2 401.448 | 20 485.860** |
|  | (2 739.936) | (15 964.84) | (8 416.775) |
| PIL4 | −3 495.699 | −13 804.11 | −75 516.34** |
|  | (5 433.483) | (57 715.19) | (30 469.59) |
| PIL5 | 2 195.621 | 27 378.14 | 111 002.3** |
|  | (3 113.625) | (83 777.34) | (45 019.45) |
| PIL6 | — | −15 840.76 | −54 140.24** |
|  |  | (40 528.06) | (22 158.84) |
| *labor paticip* | 2.953 | 4.344 | −3.101 |
|  | (4.598) | (10.318) | (9.351) |
| *invest* | 7.941 | 24.205** | 7.681 |
|  | (6.067) | (9.116) | (4.637) |
| *cpi* | −0.268 | 0.272 | 0.478*** |
|  | (0.265) | (0.175) | (0.156) |
| *urban* | −4.486 | −46.865 | −39.440** |
|  | (6.374) | (32.197) | (18.084) |
| *open* | 40.897 | −164.666 | 83.818 |
|  | (33.708) | (156.991) | (122.142) |
| *tax* | 14.797 | 27.088 | 214.029** |
|  | (72.641) | (51.325) | (94.303) |
| *edu* | 45.981 | 9.684 | −52.811 |
|  | (37.141) | (15.128) | (86.462) |
| $R^2$ | 0.552 | 0.826 | 0.667 |
| 样本量 | 11 | 32 | 44 |

将上述获得的多项式的参数估计值按照式(3)计算各期作用和累积的影响值。图6是不控制年度虚拟变量和因变量滞后项的相应值,其中虚线和实线分别是转移支付的各期作用和累积作用,其中我们还添加了西部地区的作用。财政转移支付占当地财政收入比重每增加1个百分点,将使得当年的 GDP 增速上升 0.03 个百分点,次年的作用最大,达到0.04,在第 3 年之后其作用开始持续递减,第 7 年开始出现负向作用,负向作用在第 12 年最大,此后收敛于 0。如果综合看转移支付的正向和负向作用,其对经济增长的累积作用在第25 年开始为负,假如将观察期延长到 30 年,则每增加 1 个百分点的转移支付力度,将会使得当地经济的长期增长率下降0.03个百分点。西部地区的累积作用是最大的,每增加 1 个百分点的转移支付力度,将使得西部地区的经济增长在 30 年内一共下降 0.37 个百分点。虽然在表 3 中,多项式的系数值在控制与不控制时间趋势时有差异,但计算后的转移支付效应趋势是一致的,转移支付的累积作用最终都是负向的,差异

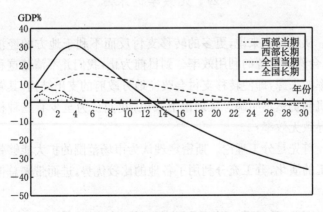

**图6 全国和西部转移支付的短期和长期效应**

仅仅在于负向作用何时出现。①

将按照前面两种方法计算的结果进行对比表明我们的估计具有一致性,图 6 中的结果和表 1 第 8 列之间的相关系数达到 0.744,并且在 5％显著性水平下通过检验,如果仅看两种方法计算的西部地区效应,两者滞后 5 期的效应值的相关系数达到 0.956,并且在 1％的水平下通过检验。这说明 Mitchell 和 Speaker 的框架不仅可以计算长期的累积效应,而且短期效应的估计也与传统的方法取得了一致。

这里的结论与前面基本一致,转移支付的短期效应是正向的,不同的是从长期来看,对经济增长的作用从第 7 期开始转变为负值,并且将一直负面影响地方的经济增长,累积的效应也会从正向转变为负向。长期来看,这种转移支付并没有带来卡尔多—希克斯效率的改善,从平均意义上来说,将资源进行的任何转移支付都会有损于效率,在给定转移支付水平时,给予落后地区更多的转移支付会进一步降低效率。

## 四、无效率的来源

从统计上来说,更多的转移支付反而不利于地方的经济增长,会降低资源的利用效率。到目前为止,我们并不清楚这种无效率的来源,即使转移支付会改变地方政府的支出结构,其背后的机制仍然不明确。从理论上来说,我们认为至少有三种机制会导致无效率:

首先是分工理论。斯密定理认为市场范围的扩大能够带来分工的演化,分工充分利用了各地的比较优势,进而带来总体效

---

① 利用表 3 第 4 和第 5 列的多项式估计值计算的滞后效应,累积的滞后效应在第 12 年就出现负值,这一计算结果加强了图 6 的结论。

率的改善(Young,1928)。但是在现实中,不进行分工协作的现象不仅在国别间随处可见,而且在一国内部也经常出现,即使是在今天鼓吹自由贸易的英国和美国,早期也是通过贸易保护来扶持自己的弱势产业(Chang,2002)。这种看似不理性的行为构成了国际贸易领域中的"动态比较优势",即一国在短期内选择不进行分工,违背自身的比较优势进行生产,虽然在短期是没有效率的,但可能在未来会逆转目前不利的比较优势,只要未来获得额外收益的折现值大于短期内不分工的损失,低技术地区就会选择违背比较优势进行生产,即使不能成功逆转动态上的比较优势,短期内不进行分工也可能会提高其未来的议价能力(Redding,1999;陆铭等,2007)。从这个维度来说,通过在当期转移一部分发达地区的收入到欠发达地区,能够在一定程度上降低欠发达地区这种抵制策略分工的激励,进而促进分工在不同地区的演化,提高总体经济的长期效率,因而这种机制暗示着,地区之间的转移支付有利于总体的经济增长。

就中国而言,特殊的"市场维护型的财政联邦主义"提高了地方政府发展经济的积极性(Jin et al.,2005),地区之间的竞争增加了基础设施的建设,硬化了地方政府的预算约束。但是这种竞争也带来了地区割据现象,重复建设和地方保护主义使得中国更像是一个"诸侯经济",各省之间的贸易往来甚至要小于其与外国之间的贸易流(Poncet,2003;王永钦等,2007)。整个国内市场形成了一种地方政府控制下的"零碎分割的区域市场"(Young,2000)。这种市场分割的一种解释就是财政收入,各地方政府不参与分工是为了现在或者未来获得更多的财政收入,因而中央政府的转移支付能够在一定程度上降低地方保护主义的激励,促进区域间分工,带来整体效率的提高(陆铭等,2004,2007)。这一点在图 7 中得到证实,市场分割与滞后 1 期的转移支付(缓和内生性)呈现显著的负向关系,给予地方政府更多的转移支付,会降低其地区次年市场分割的程度,使得欠发达地区融入整体的分工体系。由于这些地区处于分工的下游,其在经济增长中所占有的相对份额将减少,因而从长期来看,反而不如分割状态下的增速,这在范子英和张军(2010)中也得到了验证。

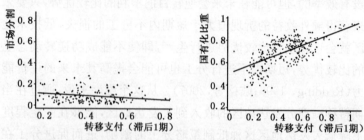

数据来源:市场分割指数来源于桂琦寒等(2006),国有化比重是采用国有单位职工人数占总职工人数的比重来表示。

**图7　市场分割、国有化比重与转移支付**

其次是公共支出理论。政府的转移支付能够增加地方的公共支出,一种观点认为这会增加总需求,提高利率水平,使得资本的价格上升,最终降低私人投资的水平,产生"挤出效应"(crowding-out);另一种观点认为政府支出可能带来"挤入效应"(crowding-in),特别是基础设施的投资,能够带来私人资本回报的增加,鼓励私人投资。但考虑到政府支出会带来税收负担,长期来看,政府支出的增加会降低投资水平,进而影响经济增长(Barro,1990)。大部分经验研究都认为政府支出与投资和经济增长是负向的关系,即使遵循 Barro(1990)的思路,将政府支出细分为生产性的支出和非生产性的支出,大部分的研究也都证实非生产性支出有损于经济增长,但生产性支出与经济增长的关系并不明显（Landau，1983；Kormendi and Meguire，1985；Grier and Tullock，1989；Barro，1991）。虽然理论上比较容易区分支出的类型，但是在经验分析上，对生产性支出定义的争论也使得众多结论产生分歧（Aschauer，1989；Easterly and Rebelo，1993；Argimon et al.，1997）。考虑到国家之间的差异，政府支出与投资和经济增长的关系，在发达国家中并不显著或者是负向的，这一效应仅仅在发展中国家可能是正向的（Easterly and Rebelo，1993；Miller and Russek，1997；Argimon et al.，1997；Ahmed and Miller，2000）。因而从理论上说，转移支付能够带来地方政府支出的增加，但政府支出既有可能带来经济增长，也有可能阻碍经济增长，两者之间的关系并不明显。

大部分关于中国各省公共支出和私人投资的经验研究都发现国有经济的比重与当地私有经济的发展负相关，国有经济比重越高，政府越需要进行更多的投资，在资本、原材料以及劳动力等方面给予优先权，最终限制私有经济的发展（Sachs and Woo，1994；Chen and Feng，2000）。从图7可以看出，当年更多的转移支付伴随次年更大的国有经济比重，转移支付可能使得地方政府有更大的动员能力，插手一些本该由市场来掌控的领域，进而挤出私人投资，降低了资源的利用效率。

最后是分权的激励理论。财政分权的实质是将经济发展的好处放权到地方政府，这种经济激励使得各地政府扮演了扶持之手，也成为中国和俄罗斯经济发展差异的一个重要原因（Shleifer and Vishny，1998）。扶持之手的作用在于地方政府对市场建设的推动力度，比如国有部门的改革和非国有部门的发展等。但是中国各省在市场经济建设的表现上存在差异，这种差异与其在财政收入中的边际留存比率是正相关的（Jin et al.，2005)，因而地方政府从每1单位经济发展中获得的收益越大，则其推动经济建设的激励越大，反之，如果中央政府从发达省份转移过多的财政收入到欠发达省份，势必会降低这些地区的努力程度。

地区之间的转移支付虽然能够增加当地的物质资本存量，特别是基础设施的改善，可以提高落后地区吸收发达地区技术的能力，产生追赶效应，最终使得地区之间的经济发生收敛（Abramowitz，1985；Basu and Weil，1998)，但是这种转移支付可能同时改变落后地区和发达地区的激励结构，进而有损于两地长期的经济增长。从发达地区来说，由于上级政府抽取了比维持政府运转更多的利润，本级政府从每1单位当地经济增长中的获益减少了，因而降低了本级政府发展经济的边际激励（Zhuravskaya，2000；Jin et al.，2005)；从落后地区来看，由于上级政府的转移支付占据本级政府支出的很大比重，本级政府的收益与当地的经济发展并无很大关联，于是政府没有激励来发展当地经济，特别是在一些公共品的提供上，如教育、医疗和基础设施等的投资严重不足，也缺乏足够的激励来建立一个完善的市场经济。这一点在图5中得到验证，更多的转移支付伴随更低的社会性支出比例，而相应的维持性支出却呈正比例增加。

以上三种机制的存在都可能使得转移支付与经济增长呈负向关系，短期内，公共投资对私人投资的挤出效应会使得这种转移支付对经济增长产生负面作用；长期内，转移支付能够带来地区之间分工的演化，降低欠发达地区在经济增长中占有的份额，同时也间接改变转出地和转入地政府的激励结构，降低政府发展当地经济的积极性，使得长期的经济增长潜力下降。①

---

① 我们非常感谢评审人指出这三种机制在短期和长期中作用的差别。

# 五、结　　论

理论上,关于财政转移支付与地区经济增长之间的关系是存有争议的。经济增长理论认为两者是正向的关系,资本的边际回报递减意味着更加平衡的分配会有利于效率的提高;然而新经济地理学则认为资源的集聚能够带来规模效应,资源在地区之间的平衡分布并不是最优的,过度的平衡反而会有损于效率;分权理论也暗示着两者之间是负向的关系,更多的转移支付要求财政的集权,集权则意味着降低地方政府发展经济的激励,因而有可能从"援助之手"滑向"攫取之手"(陈抗等,2002)。

伴随中国1994年分税制改革的是中央政府财政收入的大幅度增加,政府有目的性的宏观调控和平衡地区差距的措施也变得可行,1999年倾斜性的"西部大开发"以及之后的"振兴东北老工业基地"和"中部崛起"等战略,中央政府都在财政转移上给予特殊的照顾,但在十多年之后的今天,我们依然没有看到地区差距的缩小。本文采用不同的方法和模型对这一作用进行估计,发现虽然数量上中西部地区获得了更多的财政转移支付,但是这种转移支付仅仅在短期内对经济增长有正面作用。长期来看,这种针对性的转移支付反而对经济增长有消极影响。

目前的转移支付更多的是平衡性的,转移支付仅仅平衡了地方政府财政能力的差异,而没有达到促进当地经济发展的目的。这与已有结论不同的是,即使政府已经进行更多的倾斜性的转移支付(曾军平,2000;马栓友和于红霞,2003),转移支付本身的结构会对地方经济产生直接作用,并且由于地方政府支出行为发生了改变,转移支付也会通过间接机制对长期的经济增长产生作用,比如分工、激励结构和挤出作用等。因而转移支付要尽量避免对地方政府的激励产生扭曲,比如要限制地方政府进入竞争性的行业,社会性的支出要保持同比例甚至更快的速度增加等。

## 参考文献

陈抗、Arye L. Hillman、顾清扬(2002):《财政集权与地方政府行为变化——从援助之手到攫取之手》,《经济学(季刊)》第 2 卷第 1 期。

范子英、张军(2009):《财政分权与中国经济增长的效率》,《管理世界》第 7 期。

——(2010):《财政分权、转移支付与国内市场整合》,《经济研究》第 3 期。

桂琦寒、陈敏、陆铭、陈钊(2006):《中国国内商品市场趋于分割还是整合?——基于相对价格法的分析》,《世界经济》第 2 期。

贾俊雪、郭庆旺(2008):《政府间财政收支责任安排的地区增长效应》,《经济研究》第 6 期。

李萍(2006):《中国政府间财政关系图解》,中国财政经济出版社。

陆铭、陈钊(2008):《在集聚中走向平衡——城乡和区域协调发展的"第三条道路"》,《世界经济》第 8 期。

陆铭、陈钊、严冀(2004):《收益递增、发展战略与区域经济的分割》,《经济研究》第 1 期。

陆铭、陈钊、杨真真(2007):《平等与增长携手并进》,《经济学(季刊)》第 6 卷第 2 期。

马栓友、于红霞(2003):《转移支付与地区经济收敛》,《经济研究》第 3 期。

王永钦、张晏、章元、陈钊、陆铭(2007):《中国的大国发展道路——论分权式改革的得失》,《经济研究》第 1 期。

王洪亮、徐翔(2006):《收入不平等孰甚:地区间拟或城市间》,《管理世界》第 11 期。

王绍光(2004):《顺应民心的变化:从财政资金流向看中国政府政策

调整》,《战略管理》第 2 期。

曾军平(2000):《政府间转移支付制度的财政平衡效应研究》,《经济研究》第 6 期。

Abramowitz, Moses "Catching Up, Forging Ahead, and Falling Behind." *Journal of Economic History*, 1985, 66, pp. 385—406.

Ahmed, H. and Miller, S. M. "Crowding-out and Crowding-in Effects of the Components of Government Expenditure." *Contemporary Economic Policy*, 2000, 18(1), pp. 124—133.

Almon, S. "The Distributed Lag between Capital Appropriations and Net Expend itures" *Econometrica*, 1965, 33, pp. 178—196.

Argimon, I; Gonzales-Paramo, J. M. and Roldan, J. M. "Evidence of Public Spending Crowding-out from a Panel of OECD Countries" *Applied Economics*, 1997, 29, pp. 1001—1011.

Aschauer, D. A. "Does Public Capital Crowed Out Private Capital?" *Journal of Monetary Economics*, 1989, 24, pp. 171—188.

Au, Chun-chung and Henderson, J. Vernon. "Are Chinese Cities too Small?" *Review of Economic Studies*, 2006, 73, pp. 549—576.

Barro, R. J. "Government Spending in a Simple Model of Endogenous Growth." *Journal of Political Economy*, 1990, 98, pp. 103—125.

——. "Economic Growth in a Cross Section of Countries" *Quarterly Journal of Economic*, 1991, 106, pp. 407—444.

Basu, S. and Weil, D. N. "Appropriate Technology and Growth." *Quarterly Journal of Economics*, 1998, 113(4), pp. 1025—1054.

Chang, Ha-Joon. *Kicking away the Ladder: Development Strategy in Historical Perspective*. London: Anthem Press, 2002.

Chen, B. and Feng, Y. "Determinants of Economic Growth in China: Private Enterprise, Education, and Openness." *China Economic Review*, 2000, 11, pp. 1—15.

Easterly, W. and Rebelo, S. "Fiscal Policy and Economic Growth: An Empirical Investigation." *Journal of Monetary Economics*, 1993, 32, pp. 417—458.

Fujita, Masahisaj; Henderson, J. Vernon, Kanemoto, Yoshitsugu and Mori, Tomoya. "Spatial Distribution of Economic Activities in Japan and China", in J. Vernon Henderson and J. F. Thisse, eds. , *Handbook of Urban and Regional Economics*. North-Holland, 2004, 4, pp. 2911—2977.

Grier, K. B. and Tullock, G. "An Empirical Analysis of Cross-national Economic Growth, 1951—1980. " *Journal of Monetary Economics*, 1989, 24, pp. 259—276.

Hicks, J. R. "The Foundations of Welfare Economics. " *Economic Journal*, 1939, 49(196), pp. 696—712.

Kaldor, Nicholas. "Welfare Propositions in Economics and Interpersonal Comparisons of Utility. " *Economic Journal*, 1939, 49 ( 195 ), pp. 549—552.

Kormendi, R. and Meguire, P. "Macroeconomic Determinant of Growth: Cross-country Evidence. " *Journal of Monetary Economics*, 1985, 16, pp. 141—163.

Knight, Brian. "Endogenous Federal Grants and Crowd-out of State Government Spending: Theory and Evidence from the Federal Highway Aid Program. " *American Economic Review*, 2002, 92(1), pp. 71—92.

Knight, J. and Song, L. "The Spatial Contribution to Income Inequality in Rural China. " *Cambridge Journal of Economics*, 1993, 17, pp. 195—213.

Jin, H. ; Qian, Y. and Weingast, B. R. "Regional Decentralization and Fiscal Incentives: Federalism, Chinese Style. " *Journal of Public Economic*, 2005, 89, pp. 1719—1742.

Landau, D. "Government Expenditure and Economic Growth: A Cross-country Study. " *Southern Economic Journal*, 1983, 49, pp. 783—792.

Lucas, Robert E. "On the Mechanism of Economic Development. " *Journal of Monetary Economics*, 1988, 22(1), pp. 3—42.

Ma, J. *Intergovernmental Relations and Economic Management in China*. Basingstoke: Macmillan, 1997.

Miller, S. M. and Russek, F. S. "Fiscal Structures and Economic Growth. " *Economic Inquiry*, 1997, 35, pp. 603—613.

Mitchell, D. W. and Speaker, P. J. "A Simple, Flexible Distributed Lag Technique. " *Journal of Econometrics*, 1986, 31, pp. 329—340.

Naughton, B. *The Chinese Economy: Transition and Growth*. London The MIT Press, 2007.

Poncet, S. "Measuring Chinese Domestic and International Integration. " *China Economic Review*, 2003, 14(1), pp. 1—21.

Redding, S. "Dynamic Comparative Advantage and the Welfare Effects of Trade. " *Oxford Economic Papers*, 1999, 51, pp. 15—39.

Romer, Paul. "Increasing Returns and Long-run Growth. " *Journal of Political Economy*, 1986, 94(5), pp. 1002—1037.

Rozelle, S. ; Park, A. ; Benziger, V. and Ren, C. "Targeted Poverty Investments and Economic Growth in China. " *World Development*, 1998, 26(12), pp. 2137—2151.

Sachs, J. D. and Woo, W. T. "Structural Factors in the Economic Reforms of China, Eastern Europe, and Former Soviet Union. " *Economic Policy*, 1994, 18, pp. 101—145.

Scott, A. D. "The Evaluation of Federal Grants. " *Econometric*, 1952, 19, pp. 377—394.

Schmidt, P. "A Modification of the Almon Distributed Lag. " *Journal of American Statistical Association*, 1974, 69, pp. 679—681.

Shleifer, A. and Vishny, R. W. *The Grabbing Hand: Government Pathologies and Their Cures*. Harvard University Press, Cambridge, MA, 1998.

Wan, G. ; Lu, M. and Chen, Z. "The Inequality-Growth Nexus in the Short and Long Runs: Empirical Evidence from China. " *Journal of Comparative Economics*, 2006, 34(4), pp. 654—667.

Wilde, James A. "Grants-in-aid: The Analytics of Design and Response. " *National Tax Journal*, 1971, 24, pp. 143—156.

Yang, D. T. and Zhou, H. "Rural-urban Disparity and Sectoral Labour Allocation in China." *Journal of Development Studies*, 1999, 35 (3), pp. 105—133.

Yao, S. "Economic Development and Poverty Reduction in China over 20 Years of Reforms." *Economic Development and Culture Change*, 2000, 48(3), pp. 447—474.

Yao, S. and Zhang, Z. "Regional Growth in China Under Economic Reforms." *Journal of Development Studies*, 2001, 38(2), pp. 167—186.

Young, A. "Increasing Returns and Economic Progress." *Economic Journal*, 1928, 38, pp. 527—542.

——. "The Razor's Edge: Distortions and Incremental Reform in the People's Republic of China." *Quarterly Journal of Economics*, 2000, 115, pp. 1091—1135.

Zhuravskaya, E. V. "Incentives to Provide Local Public Goods: Fiscal Federalism, Russian Style." *Journal of Public Economics*, 2000, 76(3), pp. 337—369.

(原载《世界经济》2010 年第 11 期)

# 对《中国如何在平衡中牺牲了效率：转移支付的视角》一文的评论

**洪福海**

（上海财经大学经济学院）

范子英和张军的《中国如何在平衡中牺牲了效率：转移支付的视角》（《世界经济》2010 年第 11 期）运用省级面板数据，研究了来自中央的转移支付与地方经济增长之间的关系，发现转移支付对于地方经济增长有负面作用。

1994 年的分税制改革深刻塑造着此后的中国政治与经济。随着分税制带来的中央财政收入的增加，中央也增加了对地方的财政转移支付。这种财政收入的再分配，一方面增加了中央对于经济的控制力，另一方面也有助于区域之间发展的平衡。但是分税制带来的这种财政集权如何影响经济效率，需要经济学界作出全面的评估。范子英和张军所探究的转移支付与地方增长之间的关系，就是全面评价分税制的一个重要环节。文章发现，转移支付虽然在短期内能够促进经济增长，在长期对增长的效应却是负的。这一发现，有助于激发学界对于中国的转移支付政策，以及"西部大开发"、"振兴东北"等战略性政策的总结和全面评价。

如何理解文章的这一基本发现？文章第 4 部分讨论了转移

支付降低增长的三种可能机制：对私人投资的挤出、改变分工结构与改变转出地和转入地的激励。在这里，我认为图5所体现的一种机制也值得考虑，即转移支付如何影响公共支出的结构。图5表明，转移支付在增加官僚成本（扩大行政性开支）的同时，并没有带来作为人力资本投资的公共支出的增长（教科文卫等社会性支出随着转移支付的增加而递减）。

关于文章中可能存在的内生性：为了处理内生性的问题，文章选取曾在一省任职的中央委员的人数作为工具变量。其背后的想法是，曾在一省任职的中央委员人数体现该省在转移支付中的谈判能力。遗憾的是，这并不是一个合格的工具变量。根据本文研究的问题，一个合格的工具变量必须满足两个条件：第一：该变量影响转移支付；第二，该变量不通过转移支付以外的渠道影响被解释变量即经济增长。有任职经历的中央委员数不满足任何一个条件。第一，如作者所言，第一阶段的回归并不显著，表明在中央有谈判能力的人数并不显著地影响转移支付［《世界经济》2010(11)，第125页］，即第一个条件不满足。第二，没有证据表明，一省在中央的谈判能力不会通过转移支付以外的渠道影响该省的经济增长。例如，谈判能力可能通过影响中央对一省的政策或者大型项目直接投资（这不包含在转移支付内）等渠道来影响增长，所以第二个条件未必满足。由于文章没有找到合格的工具变量，读者有理由怀疑文章结论的稳健性。作者采用滞后项一定程度上缓解了逆因果（reverse causality）的问题。

关于文章中出现的区域划分问题：这篇文章沿用了国内学界酷爱的东、中、西三个区域的划分。学界对于分省研究有个爱好：就是分中东西部。这种简化的确有时能够凸现中国经济的一些特征性事实，在对区域发展不平衡的研究中有其长处，但是未必适用于所有研究。在具体研究中，需要对区域的划分给出更多的论证。在这篇文章中，辽宁属于东部地区，黑龙江和吉林属于中部地区。作者可能是以经济发展水平或是否沿海来区分辽宁和黑吉的。但是，黑吉辽在地理、历史、人文、经济诸方面，都属于人们心目中的"东北"，让它们分属于东部和中部地区未必合适。特别地，三省都是"振兴东北老工业基地"的对象，而"振兴东北老工业基地"又是转移支付政策的一个重要内容。把黑吉辽划分入不同的地区再做回归有可能会模糊掉转移支付政策可能有的经验特征。

总结性评论：本文的选题无疑十分重要，经验回归对于转移支付与增长的关系也作出了很有益的探索，有助于激发学界和政策制定者对转移支付政策乃至整个分税制改革作出更全面的评估。

未来的研究建议：第一，转移支付扩大了地方行政性开支，短期内给地方的经济绩效也相当于打上了一剂强心针，因而转移支付中可能出现的寻租问题（例如中央政府的再分配带来的租金的耗散）值得研究。第二，这篇文章对于转移支付影响增长的机理作了有益的探讨。学界可以在经验上进一步检验和探究这些机理。

最后，也许值得代作者交待一下：本文的回归中转移支付采取的是小数，而增长率采用的是百分数。这或许有助于读者理解对回归系数的解释。

# 对《中国如何在平衡中牺牲了效率：转移支付的视角》一文的评论

马光荣

（北京大学国家发展研究院、中国经济研究中心）

改革开放以来，在"让一部分人、一部分地区先富起来"的政策指引下，中国经济实现了三十余年的高速增长，但地区间的差距却正在日渐扩大。最近十多年来，中央政府逐渐认识到地区发展的不平衡，并将政策重点逐步由"效率"向"平衡"转变，实施了"西部大开发"、"振兴东北老工业基地"和"中部崛起"等几项发展战略，近年来更是批准建设了若干个国家级"改革试验区"。中央政府对特定地区的扶持力度越来越大，除政策层面的优惠之外，也在财政资源分配上向落后地区倾斜。特别是随着分税制改革之后财政收入的不断集权，中央财政收入占财政总收入的比重越来越高，中央也有足够的资源实现对地方的转移支付补助。

但是，这些以平衡为目的的转移支付是否真的有利于缩小地区差距呢？范子英和张军的这篇文章就考察了转移支付对地区经济增长的影响。文章发现，转移支付虽然能带来地方财政支出水平的提高，但是却没有带来支出结构的改善，并且还带来了经济效率的损失。该文的实证工作显示，这种效率损失是相当大的。转移支付占地方财政支出的比重每增加 1 个百分点，将使得地方经济的长期增长率降低 0.03 个百分点，这种无效率的水平在西部地区更是达到 0.37 个百分点。公共政策试图用转移支付的手段来平衡地区差距，但却不自觉地造成了很大的效率损失。

从本质上说，经济增长依赖于要素投入的增加和全要素生产率(TFP)的增长，而整个经济体 TFP 的增长不仅来源于由企业创新或技术引进而带来的生产率提升，还在很大程度上来源于资源由生产率低的企业流向生产率高的企业(也即资源的优化配置)。中国的政府掌握着相当庞大的财政资源，2009 年"大口径"下财政收入占 GDP 的比重已经达到 30.0%(满燕云、郑新业，2010)，但是这些财政资源却很大程度上没有配置到它最应该流向的地方，从而最终导致了效率损失。首先，大量的中央政府转移支付支出流向了中西部地区，但是这些转移支付在很大程度上提升了地方维持性支出而不是基本公共服务支出，而只有基本公共服务才对企业生产率有正外溢性，因此转移支付无法有效提升落后地区企业生产率的提升。其次，转移支付使得地方有更大的财力资源插手本该由市场掌控的领域，使投入要素无法按照市场原则配置到生产率最高的企业上，从而也导致了严重的资源误置。Hsieh 和 Klenow(2009)发现，与美国相比，中国存在严重的资源误置，如果中国要素配置水平能够与美国相当，TFP 会提高 30%—50%。毋庸置疑，由转移支付扩大导致落后地区地方政府掌控过多资源、过度干预经济，是导致资源误置的一个重要因素。

从激励理论看，转移支付规模的扩大也对地方政府提供优质公共服务产生了负向激励。一方面，对于落后地区来说，地方财政很大程度依赖于上级地区的转移支付，地方财力的不足总是由上级政府最终买单，因此它们在财政上面临着"软预算约束"的问题，从而削弱了它们改善公共服务和公共品质量的内原动力。另一方面，对于发达地区来说，经济增长带来的财政收入增加，很大程度上被归入中央财政。地方财政所获分成比例的减少，也会使地方发展经济的努力程度下降。2002年开始的所得税分享制度改革，将企业所得税由地方享有改为中央和地方"六四分成"，由此而产生的中央财政收入增加被用于对中西部地区的转移支付，就是财政集权和转移支付扩大的重要例证。这使得地方财政收入和支出之间的不对等现象愈加严重，地方财政更加依赖于中央的转移支付。2009年，地方财政支出中仅有53.4%来自地方财政收入，其余46.6%来自中央对地方的转移支付，转移支付规模扩大导致的激励不相容问题愈加突出。

除了选题上具有的重大现实意义外，这篇文章还在既有文献基础上作出了众多方面的创新。首先，它丰富了目前关于财政分权与经济增长之间关系的研究。以往研究两者之间关系的文章通常使用"人均地方财政支出（收入）与人均中央财政支出（收入）之比"这一指标来衡量财政分权的程度。但事实上，转移支付的增加是地方财政自主性下降的过程，从而本身是一个财政集权的过程。本文的结论证明1999年之后财政集权程度的加大会损害经济增长。其次，本文也丰富了公共经济学中关于转移支付的研究，既有文献大都关注于对"粘蝇纸效应"的实证检验，考察转移支付对税收和地方财政支出水平的影响，但是却忽略了对资源配置效率和经济增长的影响。最后，本文从方法上也作出了较大的创新，不仅考察了转移支付的短期增长效应，还考虑了转移支付产生的滞后效应。

当然，这篇文章也还存在一些有待改进之处：首先，文中认识到了转移支付可能存在的内生性,并试图用"在该省有工作经历的中央委员人数"作为工具变量,但遗憾的是该工具变量的一阶段回归不显著。这表明,中国的转移支付不太依赖于各个地区的政治谈判力,或者各个地区的政治谈判力不太可能用"中央委员数量"来表示。对于内生性问题的解决,将是这一研究领域将来发展的重心。其次,文中没有区分不同类型转移支付的差异。中央对地方的转移支付由税收返还、专项转移支付和财力性转移支付构成,其中税收返还比较特殊,它不是中央为了平衡各地区财力而进行的转移支付,相反它是分税制改革出台时为了激励各地区努力收税的一项安排。因此,税收返还对经济增长的影响与其他转移支付可能存在差异。

　　这篇文章体现了经济学家与生俱来对效率的强烈关注,但这并不代表我们不关注平等,不关注地区发展的不平衡,那么应该如何更有效地缩小地区差距呢?首先,在提倡"基本公共财政服务均等化"的同时,应该改善激励机制,改变西部地区严重依赖转移支付造成的激励扭曲。最近,中央政府也日益注意到转移支付扩大带来的弊端。财政部在 2010 年提出,针对负担较重的县乡财政,实行"以奖代补"形式,对于县级财政给予激励性奖励和保障性奖励。其次,应对必要性的转移支付资金使用进行严格管理,不断优化地方财政支出结构,防止大规模的转移支付被用于行政管理开支。最后也是最根本的,地区差距的缩小不能仅仅依赖于上级的财政补助,而应该依赖于要素的自由流动和进一步的市场化改革。以劳动力市场为例,应当逐步消除城乡和地区移民的壁垒,当劳动力可以真正实现在各地区的自由迁徙时,地区之间的收入差距才能从根本上得以缩小。

**参考文献**

Hsieh, C. and P. J. Klenow, 2009. "Misallocation and Manufacturing TFP in China and India." *Quarterly Journal of Economics*, 124 (4): 1403—1448.

满燕云、郑新业,2010,《该不该减税,该减什么税?》,《第一财经日报》。

# 迁移、自选择与收入分配
## ——来自中国城乡的证据*

（北京师范大学经济与工商管理学院、
收入分配与贫困研究中心）

## 一、引　　言

　　近年来，日益扩大的城乡收入差距和大规模的城乡移民已成为研究人员和政策决策者非常关注的问题。[①]很显然，迁移是收入差距的结果。正因为收入差距的存在，才有了大规模的迁移；与此同时，迁移也被视为减少收入差距的重要途径。然而，可能存在的反向的因果关系往往被忽视了：迁移也可能是城乡收入差距扩大的原因。本文要强调的是，农村人口不是同质的，

---

* 本研究得到了教育部人文社科青年项目"城乡劳动力流动与收入差距"（编号 08JC790008）、IDRC/CIGI中国青年学者贫困研究网络，以及北京师范大学劳动经济学创新群体项目的资助，在此一并致谢。文责自负。

① 1990年，我国城乡人均年收入的比例是 2.2∶1，到 2004 年该比例已上升至 3.2∶1（National Bureall of Statistics, 2005；同时可参见李实和岳希明，2004）。期间，农村向城市的迁移也大幅增加了。根据农业部的数据，农村的迁移人口（主要指农民工）已从 1982 年的 200 万上升至了 2004 年的 1.02 亿（Cai and Wang, 2007）。

他们自我选择迁移与否。迁移是否缩小了收入差距，在很大程度上取决于谁在迁移以及迁移的模式。如果农村移民主要是由有能力和受过更多教育的人组成（"正选择"），同时这部分人能很好地融入城市劳动力市场不再返乡，城乡差距可能会增加（因为剩余的农村人口的收入水平降低了）。如果移民是随机地从农村人口中选择出来的，迁移则更有可能缩小城乡收入差距。

迁移中自我选择的模式同样也是理解城乡内部收入差距变化的关键。如果移民是农村人口的随机子样本，那么在技能价格不变的假设下①，留在农村地区的人口的收入分配将保持不变。但如果移民并非随机产生，在相同的假设条件下（即技能价格不变），收入分布的形状就会发生改变。同样，移民的特征对城市居民的收入分配也有重要影响。如果迁移存在明显的"负选择"效应，伴随低技能劳动力的增加，城镇地区的不平等有可能会增加。②本文接下来的重点就是讨论移民的选择性及其与城乡收入差距以及农村地区收入分配间的关系。

尽管已有许多研究探讨了迁移对不平等和减少贫困的影响，③仍有一个基本问题尚待回答："如果没有迁移，这些实际的

---

① 当然，这是一个很强的假定。当一些农村居民迁移出来，均衡的技术价格也许也会改变，特别是当技能分布在正选择的情况下改变时。但是，我们需要这个假设条件来构造反事实的收入分配。这个假定在 DiNardo 等（1996）以及 Chiquiar 和 Hans on（2005）中也被使用过。

② Borjas（1987，1999）讨论了国际迁移过程中的选择性问题，并作了全面的总结。

③ Du 等（2005）发现迁移户的人均家庭收入比非迁移户平均高 8.5%—13.1%。由于大部分穷人都没有迁移，迁移对于贫困的影响很小。他们还发现，移民将很大一部分收入汇回家，满足其他家庭成员的需要。李实（1999）也发现汇款对于迁移家庭的人均收入起着重要的作用。相关的研究还有 Cai 和 Wang（2007）。

移民在他的家乡会得到多少收入?"对于本文研究的主题来说,这个问题非常重要。例如,研究迁移对农村地区内部收入差距的影响,本质上是要作一项事实(factual)与反事实(counterfactual)的比较。事实就是我们观察到的农村留守者的收入差距;而要构造反事实的收入差距,农村样本中必须包括已迁移的农村居民(已成为城市工人),因为如果不迁移,他们将在农村地区工作。本文更感兴趣的是他们的反事实收入,而非他们在城市中的实际收入。同样的逻辑也适用于研究城乡收入差距问题。事实乃是农村留守者与包含移民尤其是永久移民在内的城市工人间的收入差距;而为了构造反事实,必须知道如果不迁移,这些移民在农村能够得到的收入。

本文利用了 DiNardo, Fortin 和 Lemieux(1996)(后面简写为 DFL)的框架来构造反事实收入分布,基本思路如下。农村留守者的收入分布由农村地区的收入结构(技能价格)以及留守者的特征分布决定。移民的反事实收入则对应农村地区的收入结构以及移民的特征。两者的区别仅在于特征分布的差异。为了得到移民的反事实分布,我们只需为农村留守者的收入样本重新设置权重,以反映移民与他们的特征差异,即可得到移民的反事实分布(具体内容见第四部分)。DFL 方法构造反事实的思路与 Oaxaca(1973)提出的方法在概念上是一致的。Oaxaca 分解主要基于"具有平均特征水平的移民如果留在农村将会得到多少收入"这样的反事实。DFL 方法与 Oaxaca 方法的区别在于,后者仅集中研究平均水平,而前者研究整个分布。仅集中研究平均水平将掩盖许多信息:有可能分布改变了而均值保持不变。而 DFL 方法可以确切地分析出到底是收入分布的哪个部分受迁移影响最大。①

　　本文利用了2002年的CHIP数据中的三个数据集（见数据介绍部分）来考察哪些人迁移到城市，以及这些人的技能和收入与那些留在农村地区的人相比有何不同。已经有很多研究考察了移民的特征，并将他们与城市居民以及农村留守者比较②然而，现存的大多数文献的研究对象是那些迁移到城市但是没有获得城市户口的人，那些成功地获得了城市户口的移民很多时候被忽略了③。本文的特点之一就是同时考虑了两种类型的移民：临时移民和永久移民。我们将永久移民定义为那些获得了城市户口的移民，而临时移民则指没有获得城市户口的移民（即通常所说的农民工，下文中我们交替使用农民工和临时移民，两

---

① 另一个值得注意的方法是 Machado 和 Mata(2005) 提出的（简称 MM 方法），它也可以用来构造整个反事实分布。这种方法以刻画收入的条件分布（分位回归）为基础，为了构造反事实，他们使用重新采样程序得到与条件模型（conditional model）和协变量密度（covariate densities）一致的边缘分布（marginal distribution）。显然，因为使用了参数模型，MM 方法必须受到限制，重新采样的程序也可能比较麻烦。相比之下，DFL 方法采用的是非参数的核密度方法，所受限制较少，并且容易实现。

　　事实上，DFL 和 MM 方法在概念上非常类似，使用这两种方法的研究者并没有发现其中任何一个方法显著优于对方。一个典型的研究是 Autor 等 (2005)，他们扩展了 MM 方法来考察工资不平等变化的组成（composition）效应和价格效应。将其结果与 Lemieux(2006) 比较，他们发现两种方法本身的差异并不足以导致不同的结论（他们的确得出了不同的结论，但并不是因为使用的方法不同）。但在本文中，DFL 再加权（re-weighting）方法更容易用来计算反事实的不平等，而且很容易修改此方法来考察劳动参与的差别。因此，本文只使用 DFL 方法。

② Zhao(2005) 给出了很好的总结。总的来看，农村移民比非移民更年轻且受过更多的教育，他们中的大多数为中学或小学学历，女性和少数民族比例较低。但这些总结只适用于临时移民。

③ Deng 和 Gustafsson(2006) 是少数几个例外之一。

者是同一含义）。①描述性统计和计量分析结果都表明，这种区分对于了解迁移对城乡内部以及城乡之间的收入分配的影响都非常重要。结果表明永久移民比临时移民更具有选择性。他们受过更高的教育，迁移到城市是为了获得更高的工资和技能价格，如果留在农村他们将更集中地处于收入分配的中上部分。②此外，本文还发现永久移民的组成也有明显的改变。相比之下，临时移民的选择效应几乎可以忽略不计，它对农村收入水平和不平等水平都没有显著的影响。

本文由以下几部分组成：第二部分介绍和说明本文使用的数据；第三部分介绍了构造反事实收入分布的方法；第四部分给出了基本的实证结果，同时探讨了迁移对农村地区收入分配和城乡收入差距的影响；最后总结全文。

## 二、数据和描述统计

本文所使用的数据来自 2002 年中国家庭收入调查（CHIP），它由中国社会科学院与国家统计局在 2003 年初合作完成。其中共有三个数据集，即城市住户调查、农村住户调查和城市农民工调查。城市住户调查涵盖了 2 个直辖市和 10 个省份中 77 个城市的 6 835 个家庭户的信息。农村住户调查涵盖 22 个省份的 122 个县的 9 200 户家庭。应当注意，农村和城市样本的抽样对象均为拥有本地户口的户籍人口。与此同时，无

---

① 两种类型移民的划分与中国的户籍制度密切相关。一些文章对中国城乡迁移的制度背景尤其是户籍制度作了很好的介绍和分析，本文不再赘述。感兴趣的读者可参考 Zhao(2005)、Deng 和 Gustafsson(2006)、Wang 和 Cai(2006)等。
② 李实和岳希明(2004)以及其他许多研究中国收入分配变化的文章都发现城乡收入差距扩大了，而农村内部的收入差距变化不大甚至微有降低，本文的结果与这些发现是一致的。

论是城市还是农村的数据都随机来自国家统计局调查的更大样本。因此,本文使用的数据具有全国代表性(见 Deng and Gustafsson, 2006)。城镇和农村调查数据分别涵盖了 20 632 个和 37 969 个个人信息,分别占整个样本的 35.21% 和 64.79%,这与国家统计局 2005 年提供的数字 39.09% 和 60.91% 非常接近。①

## (一) 两个临时移民(农民工)样本

为研究城乡迁移问题,CHIP 数据中包含了一个城市农民工调查,它涵盖了与城市住户调查相同辖区内的 2 000 个迁移家庭中的 5 327 个人。然而,这个数据集对于本文的研究有两点不足。首先,由于调查的所有移民都是农村户口,它不包括永久移民。其次,样本可能更能代表迁移时间较长的农民工,这种代表性偏差缘于 CHIP 移民调查的抽样过程。正如 Deng 和 Gustafsson(2006)评论该数据集时所言:"住在宿舍和工地的农民工很难找到,而那些有住房条件的农村移民与城市登记人口一样,更容易被取样。"

为了克服第二个缺点,我们从农村住户调查中识别出另一个农民工样本。2002 年的农村调查显示,37 969 名农村居民中大约有 3 800 个农村居民在外打工,我们也称其为临时移民或农民工。②但是,这个样本也有代表性问题。首先,很难辨认这些移民是到其他农村地区还是城市地区。其次,来自农村住户调查的移民样本可能无法涵盖那些已经迁出去很长时间和那些举家搬迁的移民。幸运的是,虽然上述两个农民工样本都存在

---

① 农村和城市样本能够代表全国人口对于本文的分析非常重要。构造反事实工资密度时,很幸运本文使用的样本具有代表性。为了保证结果对此问题具有稳健性,我们尝试过调整样本大小,从城市调查中随机删除某些样本,以使两者的比例与统计局提供的数字一致,但结果并没有太大改变。

② 这里"外出"的判断标准是常住人口的外出务工收入是否大于零。

代表性问题,但误差是呈相反的方向。由于这两个数据集并非是相互排斥的,我们可以分别考察这两个移民样本。如果两个样本得到的结果差异不大,那么样本的代表性问题就不严重。为方便起见,有时将来自城市农民工调查的临时移民记为第一类移民,来自农村住户调查中的记为第二类移民;而将接下来构造的永久移民样本记为第三类移民。

### (二) 永久移民

在 2002 年的城市调查中,城镇居民会被问到:"你是什么时候获得城市户口的?"那些回答了具体年份的样本就是之前为农村居民后来获得城市户口的人。我们利用这条信息来识别永久移民。从表 1 可以看到,约 20% 的城市居民不是与生俱来的城市户口,其中又有一半以上是近 20 年才获得城市户口,这与改革开放以来户籍制度逐渐放松的事实是一致的。

表 1 利用城市调查数据识别的永久移民

| 获得城市户口时间 | | 获得城市户口途径(%) | | | | | | | |
|---|---|---|---|---|---|---|---|---|---|
| | | 升学 | 提干 | 参军 | 土地被征 | 购房 | 其他 | 缺失 | 总计 |
| 城市本地人 | 16 278 | — | — | — | — | — | — | — | — |
| —1950 | 133 | 18.05 | 8.27 | 15.79 | 2.26 | 9.02 | 37.59 | 9.02 | 100 |
| 1951—1960 | 509 | 28.29 | 4.91 | 13.36 | 0.59 | 3.93 | 40.86 | 8.06 | 100 |
| 1961—1970 | 484 | 18.18 | 3.93 | 31.82 | 1.45 | 2.27 | 33.88 | 8.47 | 100 |
| 1971—1980 | 839 | 23.6 | 4.53 | 14.18 | 2.86 | 1.91 | 49.7 | 3.22 | 100 |
| 1981—1990 | 1 312 | 33.16 | 1.45 | 5.34 | 8.08 | 3.96 | 43.45 | 4.57 | 100 |
| 1991— | 884 | 16.52 | 0.68 | 2.71 | 12.44 | 7.81 | 53.05 | 6.79 | 100 |
| 缺失 | 193 | | | | | | | | |
| 总计 | 20 632 | | | | | | | | |

根据获得城市户口的不同方式,我们将这些移民划分为两组:通过正规途径(升学、提干或者参军)获得城市户口的和通过非正规途径(买房或者"失地"①)获得城市户口的。②可以看到,升学是人们获得城市户口最重要的渠道,参军是第二大渠道,只有一小部分永久移民采用最后两种非正式渠道。不同渠道在不同时期发挥的作用亦有不同。首先,升学在大多数时期都起着最显著的作用。其次,改革开放以后,提干和参军都不再是成为永久移民的主要渠道。再次,到 20 世纪 90 年代,越来越多的农村居民通过在城镇地区购房而获得城镇户口;同时也有越来越多的农村居民在土地被占用以后获得城市户口。

　　永久移民的特征与他们是何时、以何种方式获得城市户口密切相关,本文的附录表 A1 给出了具体的统计描述。这些统计结果提醒我们,即使在永久移民组内,移民也不是同质的。永久移民由不同的力量驱动、面临不同的制度约束,这很大程度上也反映了中国发展和转型的特点。因此,在接下来的分析中考察不同的组别是非常重要的。在实证分析的主体部分,我们依据样本获得城市户口的年份,将样本划分为不同的小组。为了反映转型过程中一些重要的转折点,我们没有按照本部分采用的年份来分组,而是以一些关键年份来作为分组的依据。

　　另外值得一提的是,永久性迁移的过程是有选择性的,那些有高学历、高收入、高能力或那些住在近郊的人更有可能被选中(或自行选择)来获取城市户口。这种选择既可能发生在作为迁

---

① 那些因土地被征用而获得城市户口的人不一定非得迁移,我们将他们归类为永久移民是由于他们户籍身份的转变。后文将再回到这个问题。

② 应该注意的是,CHIP 数据中关于户口途径的信息很不充分。近一半的永久移民没有回答获得城市户口的确切方式(见表 1 中的其他或缺失),本文只考察了回答了这个问题的样本。

移起始地的农村，也可能发生在作为迁移目的地的城市。人们可能首先选择没有城市户口也迁往城市，之后再成功地获得城市户口，因此，永久移民与临时移民之间的区别并非十分清晰。然而，这一缺陷并不是致命的：首先，很大比例的永久移民是通过升学或者参军获得城市户口的，在这些情况下，很多人在迁移之前就已经作出了决策。其次，直到近期，临时移民获得城市户口才变得相对容易。对大多数临时移民而言，如果不是通过特定的正规渠道（上文中提到的）迁到市区，他们必须保持农村户口身份。最后，本文的重点是观察永久移民和临时移民的自我选择效应，我们的结论并不依赖于他们何时何地获得城市户口。

## （三）农村居民、城市居民和移民

### 1. 个人特征

在接下来的分析中，我们将样本限定在 18 至 60 周岁并且已经不在校就读的个体。作这样的处理后，农村和城市样本的比例基本保持不变。为避免教育的内生性问题，我们删除了不到 16 岁就获得城市户口的样本。接下来我们比较四个样本组，前两个样本组（市区当地人和永久移民）有城市户口，后两个样本组（农村居民和农民工）[①]为农村户口。

表 2a 报告了男性的简单统计描述。城市本地人和农村居民两个群体在几乎每项特征上都有显著差异。城市当地人比农村居民受过更多的教育；与农村居民相比，他们平均年龄大、少数民族比例低、党员比例高；城市当地人中有工资收入的比例也远高于农村居民。从各项特征上看，永久移民与城市当地人更为相似，而农民工与农村居民的特征更为相似。这些都表明，永久移民具有较强的"正选择"效应，其选择性大于城镇农民工调查中的农民工样本。对女性而言，此结论同样成立（见表 2b）。

---

① 农村居民也包括一些临时移民（第二类移民），后面的分析中将分离出来。

表 2a 描述统计，男性（18—60 岁）

| | 城镇居民 | | | | 农村居民 | | 农民工（城镇农民工调查） | |
| | 本地人 | | 移民 | | | | | |
| | 均值 | 标准差 | 均值 | 标准差 | 均值 | 标准差 | 均值 | 标准差 |
|---|---|---|---|---|---|---|---|---|
| 受教育年限 | 11.14 | 2.99 | 11.67 | 3.46 | 7.76 | 2.41 | 8.32 | 2.62 |
| 教育水平[a] | | | | | | | | |
| 小学及以下 | 0.03 | — | 0.05 | — | 0.25 | — | 0.20 | — |
| 初中 | 0.29 | 0.45 | 0.20 | 0.40 | 0.56 | 0.50 | 0.56 | 0.50 |
| 高中 | 0.39 | 0.49 | 0.31 | 0.46 | 0.18 | 0.39 | 0.21 | 0.41 |
| 大学及以上 | 0.29 | 0.45 | 0.44 | 0.50 | 0.01 | 0.12 | 0.03 | 0.16 |
| 年龄 | 42.02 | 10.09 | 44.02 | 8.83 | 38.14 | 12.01 | 35.29 | 8.49 |
| 少数民族 | 0.04 | 0.21 | 0.03 | 0.18 | 0.13 | 0.34 | 0.09 | 0.28 |
| 党员 | 0.29 | 0.45 | 0.53 | 0.50 | 0.13 | 0.33 | 0.05 | 0.22 |
| 有工资收入 | 0.81 | 0.39 | 0.87 | 0.33 | 0.54 | 0.50 | 0.95 | 0.22 |
| 家庭人口数量 | 3.19 | 0.78 | 3.14 | 0.76 | 4.40 | 1.34 | 2.77 | 0.95 |
| 观测数 | 5 114 | | 1 291 | | 12 328 | | 1 977 | |

注：a.“高中”组包括了技校。

表 2b 描述统计，女性(18—60 岁)

| | 城镇居民 | | | | 农村居民 | | 农民工(城镇农民工调查) | |
| | 本地人 | | 移民 | | | | | |
| | 均值 | 标准差 | 均值 | 标准差 | 均值 | 标准差 | 均值 | 标准差 |
|---|---|---|---|---|---|---|---|---|
| 受教育年限 | 10.65 | 3.05 | 9.90 | 3.57 | 6.48 | 2.89 | 7.33 | 2.88 |
| 教育水平[a] | | | | | | | | |
| 小学及以下 | 0.06 | — | 0.13 | — | 0.45 | — | 0.34 | — |
| 初中 | 0.30 | 0.46 | 0.33 | 0.47 | 0.43 | 0.50 | 0.52 | 0.50 |
| 高中 | 0.42 | 0.49 | 0.35 | 0.48 | 0.10 | 0.31 | 0.13 | 0.33 |
| 大学及以上 | 0.22 | 0.41 | 0.19 | 0.40 | 0.01 | 0.09 | 0.02 | 0.12 |
| 年龄 | 41.54 | 9.70 | 42.38 | 9.44 | 37.56 | 11.63 | 33.80 | 8.30 |
| 少数民族 | 0.04 | 0.20 | 0.04 | 0.20 | 0.13 | 0.33 | 0.09 | 0.28 |
| 党员 | 0.18 | 0.39 | 0.18 | 0.39 | 0.02 | 0.15 | 0.01 | 0.10 |
| 有工资收入 | 0.63 | 0.48 | 0.62 | 0.49 | 0.22 | 0.41 | 0.76 | 0.43 |
| 家庭人口数量 | 3.15 | 0.80 | 3.22 | 0.90 | 4.46 | 1.34 | 2.85 | 0.89 |
| 观测数 | 5 481 | | 1 211 | | 11 372 | | 1 892 | |

注：a.“高中”组包括了技校。

很明显,劳动参与率在不同的样本组中差别很大,因而有必要着重研究有工资收入的样本。对于农村住户调查中有工资收入的样本,可进一步将其分为两组,即本地的工资获得者(local-wage earners)和外出务工者(第二类移民)。表 3a 和表 3b 分别对男性和女性工资获得者作了描述统计。一般来说,工资获得者的教育水平比整个样本略高,女性尤为如此。而城镇居民与农村居民、城市当地人与永久移民之间的比较与前面对所有居民的讨论类似。由于城镇居民和城镇调查的农民工(第一类移民)的劳动参与率相对较高,挣工资者的描述统计与表 2a 和表 2b 非常相似。因此,我们下面主要比较农村调查的农民工(第二类移民)和农村当地工人这两组样本。教育方面,第二类移民比农村当地工人有更高的受教育年限,但差距不大。如果把教育水平划分为四档,初中毕业的工人所占比重最大。但是,第二类移民中初中毕业生的比例远高于在农村本地务工者。对于年龄,第二类移民中男性和女性的平均年龄分别为 32 岁和 26 岁,比农村本地工人年轻近十岁;女性工人的平均年龄比男性工人年轻。至于党员的比例,当地工人比临时移民要高出许多,男女均是如此。

我们还计算了所有组别的年工作天数和日工作时间。城市居民,无论是当地居民还是永久移民都比农村当地工人和第二类移民的工作天数多,但是比第一类移民少,农村当地工人的工作天数最少。至于日工作时间,临时移民,尤其是第一类移民每日工作时间最长。

在本部分,需要提及的最后一点是,永久移民和临时移民几乎在每一方面都是截然不同的。先前那些只是将重点放在后者的研究,很有可能误导我们的理解。接下来讨论他们的收入(小时工资和人均收入)的差别。

94

表 3a 挣工资者的描述统计，男性(18—60岁)

| | 城镇居民 | | | | 农村本地就业工人 | | 农村居民 | | | |
| | 本地人 | | 永久移民 | | | | 农民工II (农村调查) | | 农民工I (城镇调查) | |
| | 均值 | 标准差 | 均值 | 标准差 | 均值 | 标准差 | 均值 | 标准差 | 均值 | 标准差 |
|---|---|---|---|---|---|---|---|---|---|---|
| 受教育年限 | 11.34 | 2.96 | 11.95 | 3.37 | 8.00 | 2.40 | 8.07 | 2.23 | 8.29 | 2.62 |
| 教育水平[a] | | | | | | | | | | |
| 小学及以下 | 0.02 | — | 0.04 | — | 0.21 | — | 0.18 | — | 0.20 | — |
| 初中 | 0.27 | 0.44 | 0.17 | 0.38 | 0.54 | 0.50 | 0.63 | 0.48 | 0.56 | 0.50 |
| 高中 | 0.39 | 0.49 | 0.31 | 0.46 | 0.23 | 0.42 | 0.18 | 0.38 | 0.21 | 0.41 |
| 大学及以上 | 0.32 | 0.47 | 0.47 | 0.50 | 0.02 | 0.14 | 0.01 | 0.11 | 0.03 | 0.16 |
| 年龄 | 41.56 | 9.24 | 43.07 | 8.48 | 40.91 | 10.43 | 31.63 | 9.88 | 35.27 | 8.40 |
| 少数民族 | 0.04 | 0.20 | 0.03 | 0.18 | 0.08 | 0.27 | 0.11 | 0.31 | 0.09 | 0.29 |
| 党员 | 0.30 | 0.46 | 0.54 | 0.50 | 0.20 | 0.40 | 0.06 | 0.23 | 0.05 | 0.21 |
| 工作天数/年 | 274 | 49 | 275 | 47 | 168 | 107 | 207 | 97 | 326 | 58 |
| 工作小时数/天 | 8.31 | 1.50 | 8.22 | 1.22 | 7.75 | 1.91 | 8.57 | 1.50 | 10.29 | 2.51 |
| 观测数 | 4 152 | | 1 129 | | 4 122 | | 2 543 | | 1 874 | |

注：a. "高中"组包括了技校。

**表 3b 挣工资者的描述统计，女性(18—60 岁)**

| | 城镇居民 | | | | 农村本地就业工人 | | 农村居民 | | | |
| --- | --- | --- | --- | --- | --- | --- | --- | --- | --- | --- |
| | 本地人 | | 永久移民 | | | | 农民工II(农村调查) | | 农民工I(城镇调查) | |
| | 均值 | 标准差 | 均值 | 标准差 | 均值 | 标准差 | 均值 | 标准差 | 均值 | 标准差 |
| 受教育年限 | 11.42 | 2.78 | 10.97 | 3.29 | 7.60 | 3.01 | 7.85 | 2.42 | 7.48 | 2.87 |
| 教育水平[a] | | | | | | | | | | |
| 　小学及以下 | 0.02 | — | 0.05 | — | 0.31 | — | 0.25 | — | 0.32 | — |
| 　初中 | 0.21 | 0.41 | 0.26 | 0.44 | 0.45 | 0.50 | 0.60 | 0.49 | 0.52 | 0.50 |
| 　高中 | 0.46 | 0.50 | 0.40 | 0.49 | 0.21 | 0.41 | 0.13 | 0.34 | 0.14 | 0.34 |
| 　大学及以上 | 0.30 | 0.46 | 0.29 | 0.45 | 0.02 | 0.16 | 0.01 | 0.11 | 0.02 | 0.13 |
| 年龄 | 38.99 | 8.43 | 39.19 | 7.95 | 35.88 | 10.20 | 25.53 | 7.75 | 33.46 | 7.90 |
| 少数民族 | 0.04 | 0.20 | 0.05 | 0.22 | 0.04 | 0.19 | 0.09 | 0.28 | 0.08 | 0.27 |
| 党员 | 0.21 | 0.40 | 0.22 | 0.41 | 0.07 | 0.26 | 0.01 | 0.10 | 0.01 | 0.11 |
| 工作天数/年 | 271 | 52 | 276 | 51 | 189 | 111 | 237 | 91 | 327 | 60 |
| 工作小时数/天 | 8.06 | 1.30 | 8.23 | 1.63 | 7.85 | 1.78 | 8.47 | 1.43 | 10.34 | 21.41 |
| 观测数 | 3 455 | | 748 | | 1 378 | | 1 072 | | 1 432 | |

注：a. "高中"组包括了技校。

## 2. 收入分配和收入差距

图1给出了农村本地工人、城市本地工人和三种类型移民的对数小时工资密度(左上和中上分别为男性和女性)。很明显,城市工人比农村当地工人有更高的工资水平,三种类型移民的工资分布各不相同。第一类移民,虽然他们取样于与城市工人相同的地区,他们的工资分布与城市工人并不相同,而与农村工人非常接近。第二类移民的工资水平甚至比农村工人还低些。相反,永久移民的工资分布几乎与城市当地工人的工资分布重叠。所有这些表明,不同类型的移民间有明显的异质性。用人均年收入的分布来代替工资分布也可以得到类似的结果(见图1的右上部分)。①即使在永久移民内部,也有着明显的异质性。正如图1中下面的两张图所显示的那样,不同组群的永久移民的工资分布差异很大。更近期的移民不仅工资水平较低,工资分布也更分散。以上描述对男性和女性都适用。

我们还计算了不同群体人均收入的均值以及不平等的各种指标(见表4)。第一行报告了各个群组的平均人均收入。前两列为农村居民和城市居民,直接计算城乡收入比为3 101:1。城市居民由城市当地人和永久移民两部分组成,这两组的平均收入是8 290元和7 678元。第一类移民既没有被包含在农村居民中,也不在城市居民之列,他们的人均收入是6 552元。下面几行是衡量不平等的各项指标。农村居民的不平等程度最

---

① 在2002年的城市调查中,每个有工作的人都被问到:你在2002年的总收入是多少? 收入包括基本工资、奖金、津贴等各种形式,我们将家庭中所有收入加总,用它除以家庭总人数就得到人均收入。农村家庭的收入数据较为简单,他们被问到:在2002年他们以家庭为基础的纯收入是多少。用纯收入除以家庭规模就可得到人均收入。另外需要注意的是第一类移民的收入分布,其年收入密度更接近于城市居民和永久移民,而不是农村居民。这在一定程度上是因为第一类移民的工作天数更多,并且每日的工作时间更长。

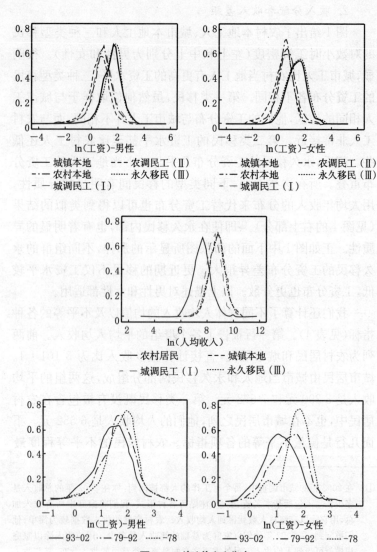

图1 工资(收入)分布

表 4　事实/反事实的人均收入水平及不平等程度

| | (1)<br>农村居民 | (2)<br>城镇居民 | (3)<br>城镇本地人 | (4)<br>永久移民<br>(Type Ⅲ) | (5)<br>城镇调查农民工<br>(Type Ⅰ) | (6)<br>(1)+<br>(4) | (7)<br>(1)+<br>(5) | (8)<br>(1)+<br>(4)+<br>(5) | (9)<br>(1)+<br>(4) | (10)<br>(1)+<br>(5) | (11)<br>(1)+<br>(4)+<br>(5) |
|---|---|---|---|---|---|---|---|---|---|---|---|
| | | | | | | 简单计算 | | | 重设权重计算 | | |
| 均值(元/年) | 2 715 | 8 174 | 8 290 | 7 678 | 6 552 | 3 196 | 3 248 | 3 623 | 2 814 | 2 712 | 2 798 |
| 不平等指标 | | | | | | | | | | | |
| 相对均值离差 | 0.262 4 | 0.232 8 | 0.233 5 | 0.228 9 | 0.245 8 | 0.298 5 | 0.294 6 | 0.311 2 | 0.267 7 | 0.261 9 | 0.266 6 |
| 变异系数 | 0.837 9 | 0.675 6 | 0.671 7 | 0.689 2 | 0.915 5 | 0.966 4 | 1.031 | 1.038 4 | 0.869 3 | 0.836 | 0.864 2 |
| 对数标准差 | 0.680 1 | 0.608 2 | 0.608 8 | 0.602 1 | 0.617 8 | 0.746 5 | 0.741 4 | 0.778 5 | 0.689 6 | 0.679 3 | 0.687 7 |
| Gini系数 | 0.368 3 | 0.327 8 | 0.328 | 0.324 5 | 0.348 4 | 0.412 7 | 0.408 6 | 0.427 5 | 0.375 5 | 0.367 6 | 0.374 0 |
| Mehran测度 | 0.487 6 | 0.444 2 | 0.444 5 | 0.440 6 | 0.459 3 | 0.534 9 | 0.531 5 | 0.554 1 | 0.494 8 | 0.486 9 | 0.493 3 |
| Piesch测度 | 0.308 6 | 0.269 6 | 0.269 8 | 0.266 4 | 0.292 9 | 0.351 7 | 0.347 2 | 0.364 2 | 0.315 8 | 0.307 9 | 0.314 |
| Kakwani测度 | 0.119 5 | 0.095 7 | 0.095 7 | 0.094 4 | 0.109 3 | 0.147 3 | 0.144 7 | 0.156 9 | 0.123 9 | 0.119 1 | 0.123 1 |
| Theil熵测度 | 0.244 1 | 0.183 2 | 0.182 7 | 0.183 2 | 0.238 2 | 0.308 8 | 0.31 | 0.332 3 | 0.256 3 | 0.243 2 | 0.254 1 |
| Theil对数偏差均值测度 | 0.233 6 | 0.182 7 | 0.182 7 | 0.180 3 | 0.207 9 | 0.290 7 | 0.286 9 | 0.314 2 | 0.242 7 | 0.232 8 | 0.240 9 |
| 熵测度 GE-1 | 0.321 3 | 0.230 4 | 0.231 4 | 0.223 2 | 0.245 5 | 0.402 2 | 0.397 3 | 0.445 | 0.333 | 0.320 2 | 0.330 7 |

注:(1)第 1 列中的农村居民包括了外出务工者(Type Ⅱ)但并不包括城镇调查中的农民工(Type Ⅰ);(2)城镇居民包括了永久移民。

高,基尼系数为 0.368 3。第一类移民的基尼系数位居第二,为 0.368 4。城市居民、城市当地人和永久移民的基尼系数很相似,也是最低的(低于 0.33)。

如果没有迁移,城乡收入差距和收入分配将会是怎样的? 一个简单但也不成熟的尝试是将迁移的样本从城市居民的样本中分离出来,合并到农村居民中去,然后再重新直接计算各种不平等指标。结果显示在表 4 的第 6、7、8 列。由于第一类移民和永久移民的平均收入水平均高于农村居民,不难看到合并后农村的收入水平和不平等指标都上升了。

说这种尝试不成熟,是因为农村居民、城市居民和移民面临不同的技能价格。如果移民没有迁移,他们就不会有作为移民时的收入水平。因此,需要回答的一个基本问题是:如果移民按照农村地区或者农村居民的标准获得收入,收入分布将会是怎样的? 我们将在第 4 部分中回到表 4。

### 三、构造反事实收入分布:方法①

我们用 $w$ 代表工资或收入,$f^i(w|x)$ 表示地区 $i$ 在给定一系列特征 $x$ 时的收入分布。$i$ 有两个可能的取值,Rural 和 Urban,分别为农村本地居民和移民(农民工或永久移民)。$f^{\text{Rural}}(w|x)$ 和 $f^{\text{Urban}}(w|x)$ 的差别反映了两个地区的技能价格的差异。一种了解这种差异的方法是估计各组的工资(收入)方程。从附录中的表 A2 可以看到,城市居民(包括本地居民和永久移民)比农村居民和临时移民有更高的教育回报率,经验、政

---

① 下面的部分在很大程度上参考了 DFL(1996)以及 Chiquiar 和 Hanson(2005)。

治地位以及民族身份的回报率也不同。[①]接下来，定义 $h(x \mid i = \text{Rural})$ 和 $h(x \mid i = \text{Urban})$ 分别代表农村居民和城市中移民的特征分布。两者的差异反映了移民和农村留守者的特征分布差异。

农村地区工人的收入分布就可表示为

$$g(w \mid i = \text{Rural}) = Q f^{\text{Rural}}(w \mid x) h(x \mid i = \text{Rural}) \mathrm{d}x$$

同样，城镇地区移民的收入分布可以表示为

$$g(w \mid i = \text{Urban}) = Q f^{\text{Urban}}(w \mid x) h(x \mid i = \text{Urban}) \mathrm{d}x$$

如果在城市工作的移民按照农村的技能价格获得收入，则其收入分布为

$$g_{\text{Urban}}^{\text{Rural}}(w) = Q f^{\text{Rural}}(w \mid x) h(x \mid i = \text{Urban}) \mathrm{d}x$$

这个反事实收入分布与农村留守者的收入分布的区别在于特征分布的不同。由于该分布观测不到，我们进一步将它改写为

$$g_{\text{Urban}}^{\text{Rural}}(w) = Q f^{\text{Rural}}(w \mid x) h(x \mid i = \text{Urban}) \frac{h(x \mid i = \text{Rural})}{h(x \mid i = \text{Rural})} \mathrm{d}x$$

$$= Q H^M f^{\text{Rural}}(w \mid x) h(x \mid i = \text{Rural}) \mathrm{d}x$$

其中，$H^M = \dfrac{h(x \mid i = \text{Urban})}{h(x \mid i = \text{Rural})}$。

DFL(1996)指出，通过引入一个可观测的收入样本（农村留守者的收入样本），对它重新赋予权重（以反映移民和留守者在

---

① 对条件分布的一种更完整的描述是利用分位回归，但这对于 DFL 方法并不是不可或缺的。我们认为工资方程的 OLS 方程估计足以说明，城市和农村地区的技能价格是不同的。

特征分布上的差异），反事实的密度便可以被估计出来。利用贝叶斯法则，有

$$h(x) = \frac{h(x \mid i = \text{Urban})\Pr(i = \text{Urban})}{\Pr(i = \text{Urban} \mid x)}$$

以及

$$h(x) = \frac{h(x \mid i = \text{Rural})\Pr(i = \text{Rural})}{\Pr(i = \text{Rural} \mid x)}$$

结合上述两个方程，可得到 $H^M$ 的表达式：

$$H^M = \frac{h(x \mid i = \text{Urban})}{h(x \mid i = \text{Rural})}$$

$$= \frac{\Pr(i = \text{Rural})}{\Pr(i = \text{Urban})} \cdot \frac{\Pr(i = \text{Urban} \mid x)}{\Pr(i = \text{Rural} \mid x)}$$

注意到式中的第一个比率 $\Pr(i = \text{Rural})/\Pr(i = \text{Urban})$ 由样本中移民和农村留守者的比率给定，第二个比率可以通过首先估计一个 Logit 或 Probit 模型，然后利用预测的概率计算，最终我们用 $H^M$ 的估计值作为权重进行核密度估计，从而得出反事实收入密度（本文后面的核估计均采用高斯核）：

$$\hat{g}(w) = \sum_{j=1}^{n} \frac{\hat{H}_j^M}{h} K\left[\frac{w - W_j}{h}\right]$$

利用农村本地工人的收入数据与 $H^M$ 的预测值，不仅可以计算出移民的反事实收入分布，还可以计算反事实收入不平等。假设永久移民和农村居民所占比例分别为 $s$ 和 $(1-s)$，所有农村居民的 $H^M$ 之和为 1。[①]从而反事实的基尼系数通常

---

[①] 农村居民样本对应的 H 不是一定总和为 1。如果不为 1，在直接使用 $(1-s)/N +$ $s \cdot \hat{H}_j$ 作为权重之前首先应该作一些调整。当有不止两组时，可以直接进行扩展。

102

可以利用农村居民的再加权样本估计得到。每个观测到的 $j$ 的权重是 $(1-s)/N+s\cdot\hat{H}_j^M$，其中 $N$ 是农村留守居民的观测数量。

在给出实证结果之前，作两点说明。首先，收入 $w$ 可以采取多种形式。本文的第一个选择是对数小时工资。但是，并非每个人都有工资，而且那些有工资的人并不是从全体人口中随机抽取的。因此，在下面的部分中，我们也尝试用人均收入来规避使用工资数据造成的样本选择问题，在那些练习中，$w$ 代表人均收入的对数。为简便起见，我们暂时忽略劳动参与的问题。其次，对地区 $i$ 的定义也需要进一步说明。这两个值（Rural 和 Urban）在不同的地方有不同的解释。当使用工资数据时，Rural 指的是农村本地工人，Urban 指的是不同类型的移民，如永久移民或两种类型的农民工。这意味着，当研究不同迁移样本的选择性时，农村本地工人总是被视为参照组。当使用人均收入数据时，Rural 指农村住户调查中的所有农村劳动力，包括外出打工者（第二类移民），因为他们也对其农村家庭收入有贡献。此时，Urban 只指永久移民或城镇调查农民工（第一类移民）。

## 四、构造反事实收入分布：实证结果

### （一）基本的实证结果

首先对合并之后的农村本地工人样本和永久移民使用上述方法。为了构造永久移民的反事实收入密度，我们用这个合并的样本估计了一个 logit 模型 $\Pr(i=\text{Rural} \mid x)$。预测出的概率可以用来计算权重 $[1-\Pr(i=\text{Rural} \mid x)]/\Pr(i=\text{Rural} \mid x)$。这个权重可以再用来构造永久移民的反事实工资密度。logit 模型中使用的变量包括受教育年限、经验、经验的平方、少数民族虚拟变量、是否入党虚拟变量等。图2报告了由性别、是否为党员、年龄、教育这些变量预测的作为农村本地工人的概率。显然，教育发挥着非常重要的作用，对于具有初中及初中以下文化程度者，成为永久移民的可能性几乎为零，年轻人和男性尤为如此。大专(含)以上学历的人成为永久移民的概率最高，随着年龄的增加这个概率也在增加。此外，共产党员更有可能成为永久移民；在保持其他变量(如年龄、是否为党员、教育水平等)不变的情况下，女性成为永久移民的可能性更高。

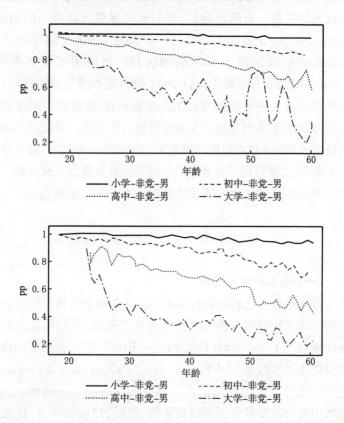

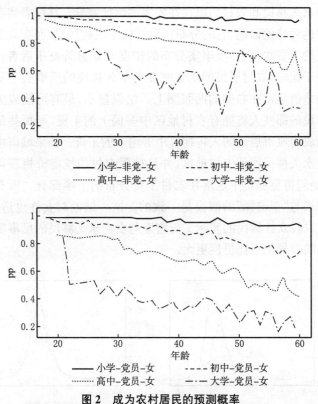

**图2 成为农村居民的预测概率**

本文最重要的实证研究结果见图3(上下两组图分别为男性和女性的情况)。左边和中间的图中黑色实线分别为永久移民(左)和农村本地工人(中)的工资核密度估计。同一性别的两组图中的虚线实际上是相同的,乃是永久移民的反事实核密度估计。可以清楚地看到,永久移民的反事实工资密度在它的实际密度曲线左方,这与农村地区的技能价格相对较低的事实相一致。然而,即使永久移民按照农村技能价格获得报酬,他们的反事实工资密度与农村居民的实际工资密度也相差很远,这意味着永久移民和农村居民存在较大的特征差异。在反事实工资密度达到峰值以前,它的分布密度均低于农村居民,而在高于其峰值的工资水平上,反事实分布的密度开始显著高于后者。为了便于比较,农村居民的工资密度与永久移民的反事实工资密度的差值显示在右侧的两张图上。结果显示,最有可能成为永久移民的那些人将拥有农村地区中等偏上的工资,而那些最不可能成为城市居民的人将拥有中等偏下的工资。如果城市中的男性永久移民回到农村地区,并且按照农村的技能价格获得工资,他们将更加集中地落在农村工资分布的上半部分。所有这些结果与"正选择"的假设是一致的。这一结论对女性也适用,并且农村女性居民的实际工资密度与女性永久移民的反事实密度间的差异似乎比男性更大。

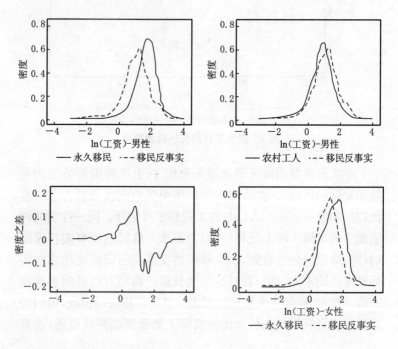

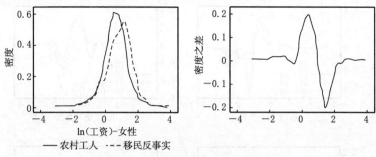

图3　永久移民的反事实收入分布

所有这些结果都表明,永久移民永久地迁移到城市地区,有可能会降低农村地区的不平等,并有可能阻碍城乡之间收入差距的降低。

**（二）稳健性检验**

1. 按年龄组和迁移组

考虑到中国所经历的快速发展和转型,本文作了一些其他的尝试,其中的一些亦可被看做前面结果的稳健性检验。首先我们将男女的合并样本都按照年龄划分为三组:18—30岁、31—45岁和46—60岁,结果见图4。我们并没有给出农村居民的实际工资密度和永久移民的反事实工资密度,而是直接列出了两者的差值。在详述之前,我们可以先将总的结论给出:如果永久移民返回到农村,并按照农村的技能价格获得工资,他们的工资将会更为集中地位于农村收入分布的上半部分。有趣的是,选择效应的程度随年龄组的不同而不同。对男性而言(图4的左上图),随着年龄增加,永久移民的反事实密度越来越接近农村居民的实际工资密度。女性的这种趋势没有男性那样明显(图4的右上图),这可能是由于女性样本较少的缘故。

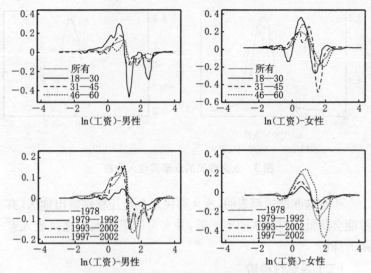

**图 4　农村事实分布与永久移民反事实分布的差值曲线**
**（按年龄分组和按移民年份分组）**

　　年轻组别的结果更支持"正选择"的结论（至少男性）。这与如下事实是相符合的：永久移民样本中的年轻组别主要通过教育获得城市户口，而年长组除了包含那些很久以前通过教育获得城市户口的样本外，还包括通过其他方式（如买房和/或"失地"）而获得城市户口的样本。我们也可以将结果解释为，随着年龄增长，选择效应逐渐消失了。由于这两种解释有着不同的政策含义，我们做了以下工作，以确定哪一解释是最可能的。

　　正如前文提到的，永久迁移过程在不同时期受不同的体制因素影响。因此，接下来的一个工作是将样本划分为四个迁移组，即在 1978 年之前、1979—1992 年间、1993—2002 年间和 1998—2002 年间取得城市户口的永久移民，这样分组是因为

108

1978年、1992年和1997年是中国转型进程中的三个关键年份。[1]可以清楚地看到,在工资分布的较高水平部分,永久移民的反事实密度依然高于农村留守者的实际工资密度,而在中间或者更低水平部分,却低于实际工资密度(见图4的下图),这说明"正选择"效应依然非常显著。然而,无论是男性还是女性,1979—1992年这一迁移组的正选择效应似乎更加显著,因为从图中看,对于大部分工资水平,零水平线与1979—1992年组的差值线之间的距离是所有分组中最大的(除了)1978组。1993—2002年组与1998—2002年组的差值线位于1979—1992年组与零水平线之间。事实上,1998—2002年组的差值线与零线非常接近,说明农村居民的实际工资密度与反事实密度非常接近(尤其是男性)。

上述结果表明,随着中国劳动力市场改革的深化,特别是伴随着1998年的户籍改革,永久性迁移的过程变得越来越没有选择性。当然,这也可能是与在近期许多农村居民的土地被占用,他们因此而获得了城市户口有关。这种永久迁移过程既不是基于诸如教育水平等个人特征,也不是基于收入或财富水平等社会经济地位,而仅仅是由于这些人居住的地方离城市较近。

2. 考虑劳动参与差异

上述分析的主要缺点之一是忽视了城乡居民劳动参与率的差异,本节采用由 Chiquiar 和 Hanson(2005)提出的方法来考虑城乡居民的劳动参与率相差很大的事实。我们仍然通过引入农村工人的观测密度,然后对它重新加权以反映城乡居民特征的差异以及劳动参与率的差异。需要修改权重,如下所示:

_____

① 见邢春冰(2007)。

$$H = \frac{\Pr(i = \text{Rural},\, D_i = 1)}{\Pr(i = \text{Urban},\, D_i = 1)}$$

$$\cdot \frac{\Pr(D_i = 1 \mid i = \text{Urban},\, x)}{\Pr(D_i = 1 \mid i = \text{Rural},\, x)} \cdot \frac{\Pr(i = \text{Urban} \mid x)}{\Pr(i = \text{Rural} \mid x)}$$

$D_i$ 是一个虚拟变量,表示个人是否挣取工资(是 = 1/其他 = 0),右边第一项由样本固定确定,不会影响我们的分析,最后边的一项就是之前章节中所估计出的。中间一项是新出现的,

$$H^P = \Pr(D_i = 1 \mid i = \text{Urban},\, x) /$$
$$\Pr(D_i = 1 \mid i = \text{Rural},\, x)$$

它被用来计算劳动参与的差异。[①]分别用农村和城市的样本估计 logit 模型,用估计出的概率构造 $\hat{H}^P$,然后用 $\hat{H} = \hat{H}^P \hat{H}^M$ 作为新的权重得出永久移民的反事实工资密度。

按年龄和迁移年份分组的结果显示在图 5 中,结论依然支持正选择的结论。将此结果与没有考虑劳动参与的结果相比较,差值曲线与零线的距离似乎更小。然而,模式很相似。对于男性的不同年龄组,18—30 岁组的差值线离零线最远,46—60 岁组最近。女性的结果与此类似,但不如男性清晰和明显。至于根据移民年份分组的结果,早期迁移组的结果更支持正选择的结论,迁移的年份越近,差值线离零线越近。这个结论对于男女均成立,尤其是男性。1998—2002 年组男性的差值线与零线非常接近,这意味着如果回到农村并且按照农村居民的标准获得酬劳,这些移民的收入分布将和农村留守者非常相似。然而对于女性,即使是 1998—2002 年组,永久迁移过程似乎也有较强的选择性(见图 5 中下图)。

---

① 更多细节可以参考 Chiquiar 和 Hanson(2005)。

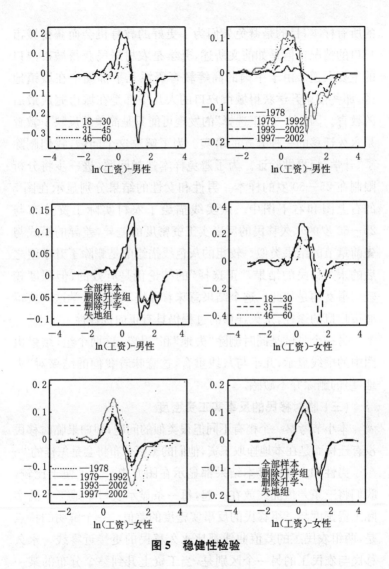

图5 稳健性检验

3. 教育的内生性和其他注意事项

在之前的分析中,我们删除了不到 16 岁就获得了城市户口的所有样本,目的是避免人们为了更好的教育机会而获得城市户口的情况。但是如前文所述,升学是农村居民获得城市户口的主要渠道。由于中国的高等教育资源几乎都集中在城镇地区,那些依靠升学获得城市户口的人几乎都是在城市完成最后的教育。因此上文"正选择"的发现可能只是简单地反映了教育是永久迁移的一种方式的事实。为了解决这个问题,我们删除了"升学"组再做验证。为了避免样本选择问题,进一步将分析限制在25—60岁的样本。男性和女性的结果分别显示在图5的右上图和右下图中。黑实线描绘了农村实际工资分布与25—60岁的永久移民的反事实工资密度的差异,差异的模式与先前章节的结果类似。较粗的灰色线描绘的是删除了升学组之后的永久移民的结果,"正选择"的结论仍是有效的,但程度较轻。男女均是如此。这个结果意味着即使不考虑升学这一获得城市户口的途径,永久迁移的过程仍具有正向选择性。

另一个尝试是同时删除"失地"和"升学"这两个组,结果由图中的虚线显示,几乎与灰线重合,这意味着我们的结果对"失地"组的删除并不敏感。

### (三)临时移民的反事实工资密度

本小节考察一个稍有不同但很类似的问题,即如果临时移民没有迁移而是在本地挣取工资,他们的工资分布将会是怎样的?

男性和女性的基本结果都显示在图6中。为了便于比较,我们将三条差值曲线放在一起,每一条显示农村本地工人的实际工资密度与三组移民的反事实密度的差值。一个鲜明的特点是,两组农民工的差值曲线都比永久移民的更接近零线。永久移民与农民工的另一个区别是,当工资上升到整个分布的某一点处之前,两组农民工的差值曲线都在零线下方,在那一点之后,都在零线上方。这意味着,如果留在农村,这两组农民工将

更集中地落入到农村工资分布的中下水平,而农村当地工人更
集中地位于分布的中部和上部。对比永久移民的"正选择",这
个结果更支持"负选择"。但如图 6 所示,农民工的负选择效应

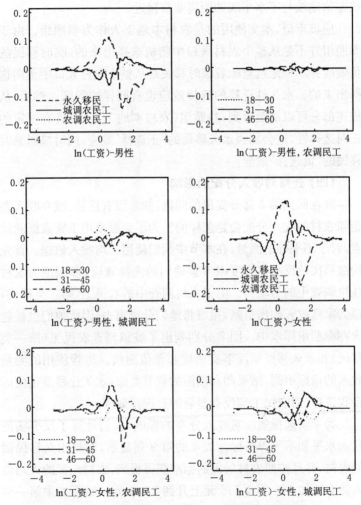

图6 农村工人的事实分布与农民工的反事实分布之差

不像永久移民的正选择效应那么显著，尤其是对于男性和城镇调查的农民工（第一组移民）。同时，我们给出了两组农民工根据性别和年龄分组的差值曲线（中间和右边）。一致的结论是这些差值曲线与零水平线的距离非常接近。

应该牢记，本文使用的是农村本地工人作为参照组。由于参照组并不是从整个农村人口中随机选择出来的，临时移民的负效应并不一定就意味着临时移民是从整个农村人口中负向选择出来的。永久性迁移的选择效应也有同样的问题。然而，从描述部分可以清楚看到，参照组（农村本地工人）也具有一定的正向选择性，这会加强永久移民的"正选择"效应，同时减弱临时移民的"负选择"效应。

**（四）迁移对收入分配的影响**

现在回到第 3 部分提出的问题：如果没有迁移，城乡收入差距和农村的收入分配会是怎样的？为了克服使用工资数据的缺点，对于不平等的测量，在本节中我们使用人均收入数据。首先构造移民的反事实密度以考察他们的选择效应，参照组为农村住户调查中的劳动力。由于农村调查中的农民工（第二类移民）也为家庭收入作出贡献，很难将他们分离出去，因此他们也被包含在参照组样本中。图 7 分别列出了城镇调查农民工（第一类移民）和永久移民的反事实密度和差值曲线。尽管使用的测量收入的指标不同，结果却和前面的章节类似：永久迁移是正向的自我选择，而农民工却没有显著的自选择效应。

为考察选择效应对收入分布的影响，我们计算了反事实的收入水平和不平等指标。表 4 的第 9 列显示，如果永久移民回到农村，并且按照农村居民的标准获得报酬，农村地区的人均收入将会增加 4％，从 2 715 元上升到 2 814 元。然而如果第一类移民回到农村，人均收入水平将会基本保持不变（第 10 列）。如

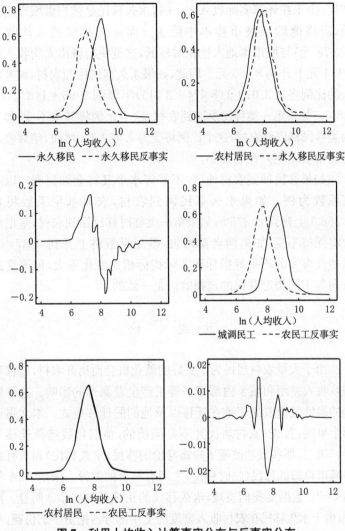

**图 7　利用人均收入计算事实分布与反事实分布**
**（上图：永久移民；下图：城镇调查的农民工）**

果两种类型的移民都回到农村，收入水平将变为 2 798 元（第 11

列)。由于在计算实际收入水平时,永久移民是被当做城市居民的,应将他们从城市样本中除去。而永久移民的人均收入(7 678 元)与城市本地人比相对较低,这就使得城市人均收入从8 174 元上升到 8 290 元。因此,如果永久移民回到农村,城乡收入的比例将从 3.01∶1(8 174∶2 715)下降到 2.95∶1(8 290∶2 814);如果第一类移民返回到农村,这个比例将基本不变;如果两类移民都回到农村,这个比例将变为 2.96∶1。然而,绝对收入的反事实差距并没有缩小。

如果移民回到农村地区,不平等水平又将会如何呢?以基尼系数为例。如果永久移民回到农村,农村基尼系数将从0.368 3 上升到 0.375 5;如果第一类临时移民回到农村,基尼系数将保持不变;如果两者都回去,基尼系数将上升到 0.374 0。虽然反事实的不平等指标和实际指标相比变化不大,但改变的方向与不同类型移民的选择效应是一致的。

## 五、结　　论

由于大量农村居民为了更好的就业机会而离开农村,迁移对城乡收入差距和城乡内部不平等正产生着深远的影响。这种影响的属性关键取决于谁在迁移以及他们的迁移模式。本文强调两个事实:首先,农村居民并不是同质的,他们自我选择迁移与否。第二,那些成功改变了户籍身份的移民(永久移民)和没有获得城市户口的移民(临时移民)之间有显著的差异。采用 2002 年的 CHIP 数据集我们发现,永久移民的正选择效应非常明显。同时,由于永久移民在农村收入密度的上半部分占据更多的份额,永久迁移使得城乡收入比上升。相反,临时移民的选择效应几乎可以忽略不计,因此它对农村收入水平和不平等都没有显著影响。

本文的政策含义是显而易见的。随着受过更多教育的农村居民离开,农村地区面临着人才流失的问题;移民的正选择性也同时意味着那些人力资本水平较低以及那些更需要帮助的人留在了农村。为了缩小城乡差距,我们需要多维度的发展战略而不仅仅是促进迁移。为了提高那些留下的农民的收入水平和生活水准,政府和相关组织机构应该为他们提供更多的公共服务。一方面,要努力提高他们的人力资本水平,进而提高他们的生产力。除了加强农村地区的教育以外,还要进一步开展各种形式的培训。另一方面,要进一步提高农村地区的社会保障水平和覆盖范围,缩小农村居民在这方面与城镇居民的差别。

　　本文也存在一些不足之处。当把重点放在自我选择时,我们没有强调迁移影响收入分布的其他几种重要渠道。当构造反事实收入密度时,我们假设了收入的条件分布并不依赖于个人特征的分布,这是一个很强的假设条件。在一般均衡框架下,随着个人特征分布的改变,它们的价格也随着变化,本文忽略了这个影响。①汇款是迁移影响农村收入分布的另外一个重要途径,许多研究者将重点放在其上(比如,李实,1999;Du et al.,2005)。本文将它忽略是因为我们没有永久移民的汇款数据,也因为它不是本文的重点。另外一点不足在于,我们只是考察了可观测的特征。然而,如果可观测的技能与不可观察的技能间呈正相关并且足够强,本文的结论对于不可观测的技能而言也同样适用。最后,我们假定了教育水平在农村居民决定迁移之前已经确定。然而,事实是更高的教育水平增加了迁移的可能

---

① 原因有两个:第一,一般均衡效果很难考察,许多研究都假设没有一般均衡效应(例如 DiNardo, et al., 1996;Chiquiar and Hanson, 2005)。第二,一般均衡效应可能不是一个严重的问题。直到近些年,农民工的工资仍然很低,这预示着在农村仍然有大量的剩余劳动力。由于有大量的过剩劳动力,农村地区的技能价格改变得很小。这种情况在 2004 年左右开始转变,一些沿海地区开始出现"民工荒"现象。人们才开始讨论刘易斯拐点是否到达。

性,这意味着迁移可能对农村居民的人力资本投资决策有激励效应。如果那些有相对较高教育水平的人没有完全成功迁出,迁移可能对农村的人力资本水平有积极的影响(如 Beine et al.,2001,2006)。① 尽管"智力外流"有可能被"智力获得(Brain2Gain)"抵消,在中国目前还没有这方面的研究。我们相信,"智力获得(Brain2Gain)"的问题是值得进一步研究的,但它不是本文的重点。

## 附 录

**表 A1a 永久移民的描述统计**

| 特征变量 | 获得城镇户口的途径 | | | | | |
|---|---|---|---|---|---|---|
| | 升学 | 提干 | 参军 | 失地 | 购房 | 其他 |
| 获得户口时的年龄 | 19.51 | 21.48 | 22.30 | 25.28 | 24.40 | 21.83 |
| | (5.52) | (6.98) | (7.05) | (12.07) | (13.47) | (11.17) |
| 受教育年限 | 13.40 | 10.70 | 10.20 | 8.40 | 8.81 | 8.82 |
| | (2.78) | (3.37) | (3.50) | (3.29) | (3.88) | (3.73) |
| 年龄 | 42.87 | 53.65 | 53.01 | 39.86 | 44.17 | 43.22 |
| | (13.06) | (12.09) | (11.16) | (13.87) | (17.78) | (15.73) |
| 性别 | 0.39 | 0.40 | 0.05 | 0.61 | 0.59 | 0.61 |
| | (0.49) | (0.49) | (0.22) | (0.49) | (0.49) | (0.49) |

注:通过升学获得城市户口的人教育水平最高,通过提干或参军获得城市户口的人教育水平相对低些,通过非正规途径获得城市户口的人教育水平最低。那些通过升学、提干和参军而获得城市户口的人在迁移时相对比较年轻。通过失地或者买房而获得城市户口的人不仅年龄较大,并且年龄分布比较分散。2002 年(展开这个调查时),拥有最高平均年龄的组别是"提干"组和"参军"组(分别是 53.7 和 53.0),平均年龄最低的是"失地"组。这种反差反映了"提干"组和"参军"群体中的大多数都是在 20 世纪 80 年代以前获得的城市户口,而"失地"却是一个相对新的现象。括号中为标准差。

---

① 智力获得 0 可能还会通过移民返乡或者知识外溢等方式出现。

## 表 A1b 永久移民的描述统计

| | 获得城镇户口的时间 | | | | | |
|---|---|---|---|---|---|---|
| | —1950 | 1950—1960 | 1960—1970 | 1970—1980 | 1980—1990 | 1990— |
| 获得户口时的年龄 | 17.22 (8.53) | 17.52 (7.09) | 18.56 (7.56) | 21.30 (7.68) | 22.09 (10.32) | 23.26 (13.05) |
| 受教育年限 | 7.41 (4.46) | 8.74 (4.26) | 10.20 (3.78) | 10.62 (3.62) | 11.36 (3.68) | 9.29 (4.01) |
| 年龄 | 69.41 (8.54) | 63.62 (7.46) | 54.05 (7.85) | 46.71 (7.97) | 38.47 (10.61) | 30.40 (13.23) |
| 性别 | 0.35 (0.48) | 0.44 (0.50) | 0.31 (0.47) | 0.40 (0.49) | 0.51 (0.50) | 0.62 (0.49) |

注:移民受教育的平均年限从"—1950 组别"的 7.4 年稳步上升到"1980—1990组别"的 11.4 年,这种上升趋势也在一定程度上反映了教育扩张的事实。有趣的是,这一趋势在"1990—"这一组别停止了,这可能是由于永久移民的组成发生了改变。括号中为标准差。

## 表 A2a 男性工资方程(OLS)

| | 城镇居民 | | 农村居民 | | |
|---|---|---|---|---|---|
| | 本地人 | 永久移民 | 本地务工 | 农民工II (农村调查) | 农民工I (城镇调查) |
| 受教育年限 | 0.084*** (0.004) | 0.059*** (0.007) | 0.022*** (0.006) | 0.023*** (0.008) | 0.045*** (0.007) |
| 经验 | 0.030*** (0.004) | 0.008 (0.010) | 0.029*** (0.005) | 0.048*** (0.005) | 0.024*** (0.006) |
| 经验平方/100 | −0.032*** (0.008) | −0.013 (0.019) | −0.049*** (0.009) | −0.071*** (0.011) | −0.050*** (0.013) |
| 少数民族 | −0.058 (0.047) | 0.014 (0.100) | 0.011 (0.060) | −0.017 (0.059) | 0.059 (0.057) |
| 党员 | 0.152*** (0.022) | 0.205*** (0.038) | 0.166*** (0.034) | −0.052 (0.065) | 0.045 (0.075) |

| | 城镇居民 | | 农村居民 | | |
|---|---|---|---|---|---|
| | 本地人 | 永久移民 | 本地务工 | 农民工Ⅱ<br>（农村调查） | 农民工Ⅰ<br>（城镇调查） |
| 移民年份 | | | | | |
| 1961—1970 | | −0. 476 ** | | | |
| | | (0. 198) | | | |
| 1971—1980 | | −0. 446 ** | | | |
| | | (0. 202) | | | |
| 1981—1990 | | −0. 528 ** | | | |
| | | (0. 206) | | | |
| 1990— | | −0. 637 *** | | | |
| | | (0. 212) | | | |
| 常数项 | 0. 541 *** | 1. 826 *** | 0. 620 *** | 0. 209 | 0. 615 *** |
| | (0. 074) | (0. 298) | (0. 117) | (0. 161) | (0. 131) |
| $R^2$ | 0. 266 | 0. 253 | 0. 094 | 0. 220 | 0. 095 |
| $N$ | 4 152 | 1 129 | 4 122 | 2 543 | 1 874 |

注：(1)控制了地区虚拟变量；(2)移民年份指获得城镇户口的时间；(3)括号中为标准误；(4) *、**、*** 分别代表在 10%、5% 和 1% 的水平上显著。

**表 A2b  女性工资方程（OLS）**

| | 城镇居民 | | 农村居民 | | |
|---|---|---|---|---|---|
| | 本地人 | 永久移民 | 本地务工 | 农民工Ⅱ<br>（农村调查） | 农民工Ⅰ<br>（城镇调查） |
| 受教育年限 | 0. 109 *** | 0. 077 *** | 0. 025 *** | 0. 026 ** | 0. 042 *** |
| | (0. 005) | (0. 010) | (0. 008) | (0. 011) | (0. 007) |
| 经验 | 0. 026 *** | 0. 029 ** | 0. 013 ** | 0. 007 | 0. 021 *** |
| | (0. 004) | (0. 012) | (0. 006) | (0. 009) | (0. 006) |

（续表）

| | 城镇居民 | | 农村居民 | | |
|---|---|---|---|---|---|
| | 本地人 | 永久移民 | 本地务工 | 农民工Ⅱ(农村调查) | 农民工Ⅰ(城镇调查) |
| 经验平方/100 | −0.020* | −0.067*** | −0.015 | 0.009 | −0.051*** |
| | (0.011) | (0.025) | (0.013) | (0.022) | (0.013) |
| 少数民族 | −0.012 | 0.008 | −0.266** | −0.125 | −0.018 |
| | (0.057) | (0.117) | (0.134) | (0.097) | (0.060) |
| 党员 | 0.135*** | 0.131** | 0.319*** | 0.624*** | 0.201 |
| | (0.029) | (0.060) | (0.079) | (0.223) | (0.138) |
| 移民年份 | | | | | |
| 1961—1970 | | 0.080 | | | |
| | | (0.169) | | | |
| 1971—1980 | | −0.072 | | | |
| | | (0.169) | | | |
| 1981—1990 | | −0.228 | | | |
| | | (0.177) | | | |
| 1990— | 0.159* | 0.817** | 0.478*** | 0.095 | 0.409*** |
| | (0.091) | (0.347) | (0.148) | (0.278) | (0.124) |
| 常数项 | 0.295 | 0.253 | 0.131 | 0.268 | 0.126 |
| | 3 455 | 748 | 1 378 | 1 072 | 1 432 |

注:(1)控制了地区虚拟变量;(2)移民年份指获得城镇户口的时间;(3)括号中为标准误;(4) *、**、*** 分别代表在10%、5%和1%的水平上显著。

## 参考文献

Autor, D. , L. Katz, and M. Kearney, "Trends in U. S. Wage Inequality: Reassessing the Revisionists", NBER Working Paper No. 11627, 2005.

Beine, M. , F. Docquier, and H. Rapoport, "Brain Drain and Economic growth: Theory and Evidence", *Journal of Development Economics*, 2001,

121

64(1), 275—289.

Beine, M. , F. Docquier, and H. Rapoport, "Brain Drain and Human Capital Formation in Developing Countries: Winners and Losers", Manuscript, IZA, Bonn, 2006.

Borjas, G. , "Self-Selection and the Earnings of Immigrants", *American Economic Review*, 1987, 77(4), 531—553.

Borjas, G. , "The Economic Analysis of Immigration", in Ashenfelter, O. , and D. Card(eds. ), *Handbook of Labor Economics*. Amsterdam: North Holl and, 1999, 1697—1760.

Chiquiar, D. , and G. Hanson, "International Migration, Self-Selection, and the Distribution of Wages: Evidence from Mexico and the United States", *Journal of Political Economy*, 2005, 113(2), 239—281.

Cai, F. , and D. Wang, "Impacts of Internal Migration on Economic Growth and Urban Develop-ment in China", Working Paper, Institute of Population and Labor Economics, CASS, 2007.

Deng, Q. , and B. Gustafsson, "Chinaps Lesser Known Migrants", IZA Discussion Paper No. 2152, 2006, http://ssrn. com/abstract=908236.

DiNardo, J. , N. Fortin, and T. Lemieux, (1996), "Labor Market Institutions and the Distribution of Wages, 1973—1992: A Semiparametric Approach", *Econometrica*, 64(5), 1001—1044.

Du, Yang, A. Park, and S. Wang, "Migration and Rural Poverty in China", *Journal of Comparative Economics*, 2005, 33(4), 688—709.

Lemieux, T. , "Increasing Residual Wage Inequality: Composition Effects, Noisy Data, or Rising Dem and for Skill?" *American Economic Review*, 2006, 96(3), 461—498.

李实,《中国农村劳动力流动与收入分配》,《中国社会科学》,1999 年第 4 期,第 16—33 页。

李实、岳希明,《中国城乡收入差距调查》,《财经》,2004 年第 3/4 期合刊,第 30—38 页。

Machado, J. , and J. Mata, "Counterfactual Decomposition of Changes in Wage Distributions Using Quantile Regression", *Journal of Applied Econometrics*, 2005, 20(4), 445—465.

National Bureau of Statistics, *China Statistical Yearbook 2005*. Beijing: China Statistical Press, 2005.

Oaxaca, R. , "Male-Female Wage Differentials in Urban Labor Markets", *International Economic Review*, 1973, 14(3), 693—709.

Park, A. , D. Wang, and F. Cai, "Migration and Urban Poverty and Inequality in China", Working Paper, Institute of Population and Labor Economics, CASS, 2006.

Wang, D. , and F. Cai, "Migration and Poverty Alleviation in China", Working Paper, Institute of Population and Labour Economics, CASS, 2006.

邢春冰,《经济转型与不同所有制部门的工资分布,从下海到下岗》,《管理世界》,2007 年第 6 期,第 23—37 页。

Zhao, Z. , "Migration, Labour Market Flexibility, and Wage Determination in China: A Review", Labour and Demography series 0507009, EconWPA, 2005.

(原载《经济学(季刊)》2010 年第 9 卷第 2 期)

# 对《迁移、自选择与收入分配
## ——来自中国城乡的证据》一文的评论

邓曲恒

（中国社会科学院经济研究所）

由于历史和现实的原因,中国存在着较大的城乡收入差距。如果以城乡居民在收入均值上的差异作为城乡收入差距的一个度量,那么中国的城乡收入差距居于全世界前列。城乡收入差距也是全国范围内收入不均等的重要原因。最新研究成果表明,在纠正收入定义、城乡价格指数、居民结构等因素导致的估计偏差之后,城乡居民收入比率从 2002 年的 2.2 倍上升到了 2007 年的 2.9 倍,而城乡收入差距对全国收入差距（以泰尔指数为度量）的贡献则从 2002 年的 30% 增加到 2007 年的 41%（Li et al. , 2011）。

学者们不仅仅满足于估计城乡收入差距的大小及其对全国收入差距的贡献,而且也试图理解城乡收入差距产生的原因。一些学者以微观数据为依托,对城乡居民在收入均值以及各个分位点上的差距进行了分解分析。但这些文献着重于分析教育、家庭人口规模、家庭人口结构等个人和家庭特征对城乡收入差距的作用。此外,还有文献分析了发展战略、城市化、城市偏向的教育投入政策等宏观层面的因素对城乡收入差距的影响。

邢春冰博士的论文《迁移、自选择与收入分配——来自中国城乡的证据》(以下简称邢文)则分析了劳动力流动对城乡收入差距的影响。这一选题不仅具有重要的理论意义,而且具有较强的现实意义。改革开放以来,随着户籍制度的放开以及劳动力流动限制的逐渐减弱,劳动力流动、迁移乃至农转非已经成为中国经济的特征性事实。劳动力流动以及迁移者的户籍变更无疑会使得城乡居民的结构发生变化,进而影响到城乡之间的收入差距。但要估计出这一影响的幅度却并非易事,需要获知劳动力不流动这一反事实状态下的城乡收入差距。邢文在这方面进行了努力。邢文借助科学可靠的研究方法和高质量的微观住户数据,成功地构建了不存在劳动力流动和迁移的反事实状态,估计了劳动力流动/迁移对收入分配格局的影响,分析结果具有高度稳健性。

邢文利用 2002 年的 CHIP 数据,使用 DFL 的分析方法构建了不存在劳动力流动与迁移的反事实状态,并将反事实状态与真实状态下的收入分布进行了比较,从而分离出了劳动力流动与迁移对收入差距的影响。邢文充分考虑了移民与农村居民的异质性,将移民区分为永久移民和临时移民。其中永久移民为实现了由农村户口转为城市户口这一户口变更的移民,而临时移民则为没有实现户口变更的移民。由于农村居民具有不同的特征,他们根据自己的特征做出永久性移民和暂时性移民的选择,这也意味着移民决策具有一定的自选择性。移民的自选择性同时也会影响到永久移民、暂时性移民和农村居民的收入。

邢文的研究结果表明,永久移民通常来自教育水平较高、处于收入分布高端的农村居民,具有很强的"正选择"效应。因此,永久移民会使得农村的收入水平和农村内部的不平等程度降低,但城乡收入差距会因永久性移民而扩大。而临时移民的选择效应微乎其微,临时性移民对农村的收入均值和农村内部的收入不平等都没有太大的影响。邢文随后考虑了多种可能会导致分析结果出现偏差的因素,并进行了细致的稳健性分析,从而证实了研究结论的稳健性。

邢文无疑是收入分配与劳动力流动方面的一篇重要文献,相关的后续研究或许可以在以下三个方面进行:

第一,邢文所构建的反事实状态为不存在劳动力流动和迁移这一状态,也就是说,户籍制度实现了对劳动力流动和迁移的完全控制。鉴于近年来户籍制度逐渐松动,对劳动力流动的限制也越来越少,一个饶有兴味的问题便是制度的逐渐宽松如何影响收入分配。回答这一问题需要构建不同政策环境下的反事实状态。通过政策模拟,研究者可以获知既有的以及未来的户籍制度改革会对收入分配产生何种作用。

第二,邢文考虑了因农村居民的可观测因素的不同而产生的对劳动力流动/迁移的自选择性,但能力等不可观测因素未纳入分析。后续研究可以探讨如何将能力等不可观测因素整合到DFL的分析框架之中。

第三,正如邢文所提到的,DFL方法有着较强的假定,即反事实状态下的技能价格与真实状态相同。后续研究可以通过构建结构式模型,放松这一假定,从而得到更贴近现实的研究结果。此外,结构式模型也能帮助研究者考察劳动力流动/迁移影响收入分配的机制。

**参考文献**

Li, Shi, Luo Chuliang and Terry Sicular, 2011, "Overview: Income Inequality and Poverty in China, 2002—2007", in Li Shi, Hiroshi Sato and Terry Sicular, eds., *Rising Inequality in China: Challenge to a Harmonious Society*, Book manuscript.

# 对《迁移、自选择与收入分配
## ——来自中国城乡的证据》一文的评论

史宇鹏

（中央财经大学经济学院）

近几年来,收入分配逐渐成为社会各界所关心的焦点问题之一,研究收入分配差距的变动趋势与来源也成为学术界研究的热点。在各种收入差距中,城乡收入差别尤其引人注目。伴随着中国经济的高速发展,城乡收入差别不仅没有消失,反而在不断扩大。《中国统计年鉴2010》的数据表明,从1990年到2009年间,城乡居民人均纯收入的比例从2.2∶1上升到3.3∶1。不断上升的城乡收入差别,导致了劳动人口大量从农村向城市流动,按照农业部的统计,其年规模已达到1亿人以上。有学者认为,伴随着劳动人口的迁徙,城乡之间的收入差别会得到缓解。但是,邢春冰的《迁徙、自选择与收入分配——来自中国城乡的证据》(以下简称《迁徙》)一文指出,这种观点也许过于乐观了,农村劳动力向城市的流动反而有可能扩大了城乡收入差距,因为迁徙本身就是一个内生的选择问题:迁徙者特别是那些改变了自己户籍身份的永久移民比农村留守人员通常具有更高的人力资本(此即文中所定义的"正选择"效应),因而这部分人的外流虽然使得农村内部收入差距变小,却使得城乡收入差距的

127

缩小变得更加困难。这是一个令人耳目一新的观点,同时也具有很强的政策含义。因为,如果这种观点是正确无误的话,那么缩小城乡收入差距的可选政策不仅包括放开劳动力流动的障碍,保证要素能自由地从农村流向城市等方面,更重要的应该是改善农村地区的就业环境,提高农村地区的要素回报率。

在《迁徙》一文中,对农村劳动力向城市流动使得城乡收入差距扩大的论证是通过两个环节实现的。首先,作者通过比较年龄、受教育年限等个人特征后指出,农村居民向城市流动并非随机现象,而是自我选择过程,他们会根据自己的特征来决定是否迁移。研究结果表明,最终没能改变户籍身份的临时移民(即通常所说的农民工)与农村居民的特征差别很小,但是永久移民与农村居民差别很大,通常具有更高的教育水平和更高收入。因此,流动并不是随机的,那些有高学历、高收入、高能力的人更有可能被选中(或自行选择)来获取城市户口。

在肯定了迁徙非随机的基础上,作者提出一个"反事实"(countfactual)的问题,即如果这些能力更高的永久移民留在了农村,对农村内部的收入分配和城乡收入差距而言具有何种影响? 对于"反事实"问题的处理历来是实证研究人员面临的一个棘手问题。对该问题的处理,显示出作者具有很强的理论功底。作者没有采用通常均值比较的方法,因为仅使用均值进行处理会损失大量的信息,而是采用了分布比较的方法,通过借鉴1996 年 DiNardo, Fortin, 和 Lemieux 的分析框架,使用农村地区的收入结构和移民的个人特征构造反事实的收入分布,进而通过收入分布的比较来明确指出,究竟收入分配的哪个部分受到迁移决策的影响最大。通过详细的计算和分析,作者指出:(1)永久移民的反事实工资密度位于实际密度曲线左方,这表明农村地区的技能价格确实相对较低。然而,由于永久移民和农

128

村居民存在较大的特征差异,因此即使永久移民按照农村技能价格获得报酬,他们的反事实工资密度与农村居民的实际工资密度也有很大差别。(2)最有可能成为永久移民的那些人将拥有农村地区中等偏上的工资,如果城市中的永久移民回到农村地区,并且按照农村的技能价格获得工资,他们将更加集中地落在农村工资分布的上半部分。所有这些结果与"正选择"的假设是一致的。(3)临时移民的工资分布与农村居民相差不大,表明在临时移民中,并不存在"正选择"效应。(4)通过计算作者指出,如果永久移民回到农村,那么农村人均收入将提高,农村内部收入差距变大,但城乡收入差距将减小:农村地区的人均收入将会增加4%,农村基尼系数将从0.368 3上升到0.375 5,城乡收入的比例将从3.01:1下降到2.95:1。

邢春冰的《迁徙》一文通过构建"反事实"的分布函数对农民工流动、收入差距这两个热点问题之间的关系给出了自己的回答,论证过程详细而严密,结论富有启发性,是一篇优秀的实证研究文献。但是,诚如作者在文章最后所说,还存在一些可以继续探讨的地方。就笔者看来,以下两个问题可能是比较重要的,在这里提出来和作者商榷:

首先,为了构建反事实的工资密度,必须首先估计相关居民特征对于农民成为农民工、永久移民等不同身份概率的影响,因而选择合适的特征变量就成为估计的关键。在文中,作者考虑了教育年限、经验、民族和是否党员等少数几个特征对身份的影响,显然这几个变量很难涵盖所有与移民决策相关的人口特征。事实上,按照文章中的说法,成为移民、特别是永久移民的途径包括升学、购房、土地被征等几个方面,特别是土地被征在1991年之后已经成为第二大改变身份的途径,显然这个特征并不能被教育、经验等上述指标所刻画。因此,设计出更加合理的刻画移民特征的指标,并在此基础上进行估计,可以是进一步完善的方向。

其次,作者承认,移民汇款是改变农村收入分配的一个重要途径,但是并没有进行相关的考察。本文在构建反事实工资密度的时候,这种忽略可以理解;但是,由于本文还有相当内容在论述迁移对收入分配的影响,这个时候忽略汇款问题可能就不太合适了。因为,根据国家统计局农调总队以及农业部全国农村固定观察点办公室的农村劳动力转移专项抽查数据,自20世纪90年代后期以来,农村转移劳动力的年平均汇款量在3 200元到4 600元之间,占其打工收入的53%到72%,而年总汇款量则大约在2 700亿元到5 200亿元之间(参见胡枫等,"中国的农民工汇款是利他的吗?",载于《金融研究》2008年第1期)。虽然这个数据是主要针对农民工等临时移民调查得到的,但是可以想见,作为收入更高的永久移民更有可能对流出地进行汇款。由于这样巨大的汇款量无疑会改变农村的收入分配结构,因此,一旦考虑到迁移人员的汇款行为,那么迁移扩大城乡收入差距的效果可能就会被高估。因而,如何结合移民的自选择与汇款行为来考虑劳动力流动对城乡收入差距的影响,是可以继续深入研究的方向。

# 外资与我国劳动收入份额
## ——基于工业行业的经验研究

邵 敏 黄玖立

（南开大学经济学院）

## 一、问题的提出

自 20 世纪 90 年代中期以来的十多年里，我国劳动收入占
GDP 的比重出现了持续下降的趋势。中国社会科学院工业经
济研究所编写的 2007 年企业蓝皮书《中国企业竞争力报告
(2007)——盈利能力与竞争力》指出，1990 年到 2005 年我国劳
动者报酬占 GDP 比例从 53.4%降至 41.4%，降幅高达 12 个百
分点；而同期营业盈余占 GDP 的比重却从 21.9%增加至
29.6%，增加了 7.7 个百分点。

这一现象已经引起了社会各界的广泛关注。中共"十七大"
报告指出"初次分配和再分配都要处理好效率和公平的关系，再
分配更加注重公平。逐步提高居民收入在国民收入分配中的比
重，提高劳动报酬在初次分配中的比重"。而国内一些经济学者
也对劳动收入占比下降这一现象表示忧虑。例如，赵俊康
(2006)分析指出劳动分配比例的下降会导致收入差距的扩大、
社会保障财政负担加重以及劳资冲突加剧。蔡昉(2005，2006)

指出 1998—2003 年资本收入份额逐年上升,势必会导致收入分配不均。李稻葵(2007)则指出一次分配中如果劳动者收入比重较低,则在很大程度上意味着该国最终消费比重不会很高,当劳动者收入比重下降时,最终消费也会下降。刘尚希和王宇龙(2007)指出,劳动所得是社会多数成员的主要收入来源,其在GDP 中的比重下降,说明大多数人没有同步享受到经济发展的成果。在这样一种趋势下,居民所得的不确定性加大,这必然强化储蓄意愿,使大多数居民的消费水平难以提升。

尽管劳动者报酬份额下降的现象受到广泛关注,但对该现象进行系统解释的文献并不多见。赵俊康(2006)认为劳动分配比例下降的主要原因在于重视节约劳动的技术的开发与使用、资本对劳动的相对价格持续走低与市场需求不足。李稻葵(2007)则认为三大因素导致了劳动收入份额的下降,即经济结构的改变、企业利润率的提高以及税收尤其是生产税净额在 GDP 中占比的提高。这两篇文献都是从定性分析的角度对劳动者报酬份额下降这一现象进行了解释。也有部分文献对劳动者报酬份额变化的影响因素进行了计量分析,如姜磊和王昭凤(2009)认为中国劳动分配比例的下降是由现代部门(第二产业+第三产业)劳动分配比例的下降引起的。作者利用 1996—2004 年中国省市级面板数据估计发现,现代部门劳动分配比例下降的主要原因在于就业压力、劳均资本和受教育水平的提高。白重恩等(2008)以及白重恩和钱震杰(2009)两篇文献均对我国工业部门劳动收入份额变化的原因进行了计量分析,估计结果表明国有企业改制和市场垄断能力的提高是导致工业部门劳动收入份额下降的主要原因。

上述文献都只是从国内因素出发寻找我国劳动者报酬份额下降的原因,却忽略了开放经济行为,尤其是引资行为对劳动者报酬份额的影响。我国凭借旺盛的国内市场需求、丰裕的劳动力资源等优势因素吸引了大量的外商直接投资。20 世纪 90 年代中期以来至 2005 年，各项经济指标中 FDI 所占的比重逐年提高，FDI 在我国经济中的重要性呈现出不断提高的趋势[①]。引资程度的提高与劳动者报酬份额的下降，二者间这种截然相反的变化趋势为我们的研究提供了激励。

本文的研究目的即在开放视角下研究吸引外资对我国劳动者报酬份额的影响。由于进入我国的 FDI 主要流向了工业行业，因此我们选择工业行业作为本文的分析对象。本文的研究表明工业行业外资进入程度的提高会导致该行业劳动者报酬份额的下降。这对已有研究 FDI 的文献来说是一个有益的补充。已有文献大都强调外资对东道国的技术外溢，并基于此提出扩大引资的政策。而本文的研究则表明，外资也会对东道国产生一些负面影响。因此，外资流入是一把"双刃剑"，引资政策的制定更应该关注其"净效应"。

本文的结构安排如下：第二部分首先从现实数据上分析了我国工业行业劳动者报酬份额的时间变化趋势及其存在的省市差异，并将外资的影响纳入分析框架；第三部分则基于已有经验文献建立计量模型和选取影响劳动者报酬份额的其他控制变量；第四部分为计量检验与实证分析，通过对估计结果的具体分析引出本文的基本结论，同时考虑内生性问题、外资变量的不同度量、异常样本点的影响以及被解释变量的不同度量对本文基本结论的影响；第五部分则对本文的主要结论进行了归纳总结，并基于此提出了相关的政策建议。

---

① 例如 1995 年至 2005 年，实际利用外资额占 GDP 的比重（外资依存度）、外商投资企业进出口贸易总额占我国进出口贸易总额的比重、城镇外资单位从业人员占城镇单位从业人员的比重等指标都呈现出逐年上升的趋势，2005 年以后上述各项指标所度量的外资进入程度都呈现出了下降的趋势，但由于本文的分析样本期间为 1998—2003 年，因此可认为引资程度在这段期间内呈现不断提高的趋势。

## 二、我国工业行业的劳动者报酬份额分析

《中国国内生产总值核算历史资料：1952—2004》中提供了1993—2004 年我国境内 31 个省区市按产业大类划分的国内生产总值按要素划分的情况。我们选择工业行业作为本文的分析对象，还基于如下考虑：首先，只分析工业部门要素分配份额的变化情况及影响因素可以在一定程度上弱化部门间产出构成不同对分析结果所可能造成的影响；其次，由于个体经济所有者所获得的劳动报酬和经营利润不易区分，所以在我国的国民收入核算体系中，劳动者报酬的统计范畴包括了个体经济所有者的劳动报酬和经营利润，这就会使劳动者报酬份额的计算产生向上的偏差，而采用工业部门样本则能在一定程度上减少这种偏差，因为工业部门中个体经济所占的比重是很小的；再次，我国工业行业增加值占 GDP 的比重一直较高，其劳动者报酬份额的变化对全国总体劳动者报酬份额的变化有着重要的影响（白重恩和钱震杰，2009）。[1]此外，由于收入法国内生产总值的核算在2004 年出现了两个变化（白重恩和钱震杰，2009），其中第一个变化即个体经济业主收入从劳动收入变为营业盈余，这导致了非农部门劳动收入份额在 2004 年陡降；同时由于本文的分析对象为工业行业，而工业行业的相关统计在 1998 年发生了重大变化，1998 年以前各年年鉴中"工业企业"的统计口径为"独立核算工业企业"，而 1998 年及以后统计口径变为"全部国有及规模以上工业企业"。为了剔除这两种统计核算方法的改变对要素分配份额

---

[1]　白重恩和钱震杰（2009）将全国总体劳动者报酬份额的变化分解为两部分：结构影响与产业影响，前者取决于产业结构转型是否发生在劳动者报酬份额差异较大的产业之间，而后者取决于经济比重较高部门的劳动者报酬份额变化。

的影响,我们将分析的样本期间确定为 1998—2003 年。

我们计算了 1998—2003 年间我国境内 31 个省区市工业行业国内生产总值中劳动者报酬($ls1$)、资本收入①($cs1$)和生产税净额($gs$)三者所占的份额,并将每一年 31 个省区市要素收入分配份额的均值置于表 1 中。

表 1　按省区市平均的 $ls1$、$cs1$ 和 $gs$(1998—2003 年)

| 年份 | 1998 | 1999 | 2000 | 2001 | 2002 | 2003 | 变化幅度 |
|---|---|---|---|---|---|---|---|
| $ls1$ | 0.394 7 | 0.391 4 | 0.374 1 | 0.370 3 | 0.362 8 | 0.346 9 | −12.11% |
| $cs1$ | 0.388 8 | 0.384 6 | 0.407 8 | 0.408 1 | 0.419 3 | 0.436 8 | 12.35% |
| $gs$ | 0.216 5 | 0.224 0 | 0.218 1 | 0.221 6 | 0.217 9 | 0.216 3 | −0.09% |

注:表中最后一列数值表示与 1998 年相比,2003 年相应指标的变化幅度。

从三者的水平值来看,1998 年和 1999 年劳动者报酬份额 $ls1$ 要大于资本收入份额 $cs1$,但 1999 年以后资本收入份额均要显著大于劳动者报酬份额,且两者间的差异呈逐年扩大的趋势;生产税净额份额为三者中最低,其大小基本维持在 0.22 左右。从三者的变化趋势来看,1998—2003 年劳动者报酬份额呈现出显著的逐年下降趋势,而资本收入份额则呈现出与之相反的变化趋势,生产税净额份额值波动较小。与 1998 年相比,2003 年我国工业行业的劳动者报酬份额平均下降了约 12.11%,而资本收入份额却上升了约 12.35%,劳动者报酬份额下降的幅度大约相当于资本收入份额上升的幅度。由此可知,1998—2003 年我国工业行业劳动者报酬份额的下降主要源于资本收入份额的显著上升,而生产税净额的影响较小。

———————————

① 资本收入为折旧与营业盈余之和。

为了更深层次地理解 1998—2003 年我国工业行业劳动者报酬份额下降的内在原因,我们将劳动者报酬份额 $ls1$ 进行分解。由 $ls1$ 的计算公式

$$ls1 = wL/PQ = w/(PQ/L)$$

得 $\ln(ls1) = \ln(w) - \ln(PQ/L)$,其中 $w$ 为平均劳动者报酬,$PQ$ 为工业行业国内生产总值,从而 $PQ/L$ 则为全员劳动生产率。进一步地,我们可以得到劳动者报酬份额变化的分解式

$$\Delta\ln(ls1) = \Delta\ln(w) - \Delta\ln(PQ/L)$$

$\Delta\ln(ls1) > 0$ 则意味着劳动者报酬份额为上升趋势。该式即将劳动者报酬份额的变化分解为平均劳动者报酬的变化与全员劳动生产率的变化,当 $\Delta\ln(w) > \Delta\ln(PQ/L)$ 即劳动者报酬的增长快于劳动生产率的增长时,劳动者报酬份额会上升,反之则会下降。由于《中国国内生产总值核算历史资料:1952—2004》中并没有统计各省区市工业行业从业人员($L$)数据,因此我们以《中国工业经济统计年鉴》中工业企业"全部从业人员年平均人数"作为 $L$ 的代理指标。将各指标数据代入劳动者报酬份额变化的分解式,计算得到 1998—2003 年我国境内 31 个省区市工业行业的 $\Delta\ln(ls1)$ 值、$\Delta\ln(w)$ 值与 $\Delta\ln(PQ/L)$ 值,具体计算结果见表 2。

表2　31 个省区市工业行业劳动者报酬份额变化的分解(1998—2003 年)

| | $ls1$ | 变化(2003 年值-1998 年值) | | |
| --- | --- | --- | --- | --- |
| | | $\Delta\ln(ls1)$ | $\Delta\ln(w)$ | $\Delta\ln(PQ/L)$ |
| 北　京 | 0.382 5 | $-0.026\ 1$ | 0.870 7 | 0.896 8 |
| 天　津 | 0.331 3 | $-0.425\ 5$ | 0.405 8 | 0.831 3 |
| 河　北 | 0.367 8 | $-0.163\ 5$ | 0.412 1 | 0.575 6 |

| | $ls1$ | 变化(2003 年值－1998 年值) | | |
|---|---|---|---|---|
| | | $\Delta\ln(ls1)$ | $\Delta\ln(w)$ | $\Delta\ln(PQ/L)$ |
| 山　西 | 0.338 5 | −0.179 3 | 0.552 6 | 0.731 8 |
| 内蒙古 | 0.436 6 | −0.207 6 | 0.784 4 | 0.992 0 |
| 辽　宁 | 0.328 8 | −0.362 1 | 0.375 5 | 0.737 6 |
| 吉　林 | 0.573 5 | 0.176 1 | 1.240 4 | 1.064 3 |
| 黑龙江 | 0.297 0 | −0.023 1 | 0.914 9 | 0.938 0 |
| 上　海 | 0.338 6 | −0.107 2 | 0.513 6 | 0.620 8 |
| 江　苏 | 0.422 6 | −0.001 0 | 0.662 1 | 0.663 1 |
| 浙　江 | 0.365 5 | −0.013 3 | 0.062 4 | 0.075 7 |
| 安　徽 | 0.312 4 | −0.181 6 | 0.502 3 | 0.683 9 |
| 福　建 | 0.381 8 | −0.158 1 | −0.015 9 | 0.142 2 |
| 江　西 | 0.489 4 | −0.167 7 | 0.737 2 | 0.904 9 |
| 山　东 | 0.329 5 | 0.163 1 | 0.718 6 | 0.555 5 |
| 河　南 | 0.317 4 | −0.223 3 | 0.463 1 | 0.686 4 |
| 湖　北 | 0.462 2 | −0.118 3 | 0.676 5 | 0.794 9 |
| 湖　南 | 0.475 3 | −0.045 8 | 0.567 5 | 0.613 3 |
| 广　东 | 0.427 3 | −0.180 8 | 0.152 9 | 0.333 7 |
| 广　西 | 0.441 2 | −0.150 3 | 0.443 5 | 0.593 8 |
| 海　南 | 0.237 9 | 0.179 8 | 0.868 1 | 0.688 3 |
| 重　庆 | 0.370 5 | −0.397 2 | 0.332 6 | 0.729 8 |
| 四　川 | 0.369 4 | 0.023 1 | 0.645 6 | 0.622 5 |
| 贵　州 | 0.397 4 | −0.330 3 | 0.319 1 | 0.649 3 |
| 云　南 | 0.223 1 | 0.007 2 | 0.438 4 | 0.431 1 |
| 西　藏 | 0.424 9 | 0.154 8 | 0.559 7 | 0.404 9 |
| 陕　西 | 0.379 6 | −0.196 8 | 0.776 1 | 0.973 0 |
| 甘　肃 | 0.422 0 | −0.358 1 | 0.170 7 | 0.528 7 |
| 青　海 | 0.323 8 | −0.404 6 | 0.643 5 | 1.048 1 |
| 宁　夏 | 0.354 0 | 0.009 4 | 0.868 7 | 0.859 3 |
| 新　疆 | 0.252 2 | −0.328 6 | 0.959 1 | 1.287 7 |
| 均　值 | 0.373 3 | −0.130 2 | 0.568 4 | 0.698 7 |

注:表中第 2 列数值为 1998—2003 年各省区市劳动者报酬份额的均值;"变化"为相应变量的 2003 年值减去 1998 年值;"均值"为对应指标按 31 个省区市平均的均值。

首先观察各省区市的 $\Delta\ln(ls1)$ 值。对于大部分省区市而言[①]，$\Delta\ln(ls1)$ 值都小于零，这说明与 1998 年相比，2003 年间大部分省区市工业行业的劳动者报酬份额均有了不同程度的下降，其中降幅最大的省区市为天津。大部分省区市的 $\Delta\ln(w)$ 值和 $\Delta\ln(PQ/L)$ 值均大于零，这说明样本期间内各省区市工业行业的劳动者报酬和劳动生产率均有了不同程度的提高，但 $\Delta\ln(w)$ 值小于 $\Delta\ln(PQ/L)$ 值，即劳动生产率的提高幅度大于劳动者报酬的增长幅度，由此导致了样本期间内 $ls1$ 的下降趋势。

1998—2003 年我国工业行业劳动者报酬与劳动者报酬份额的变化并不是同步的，即劳动者报酬增长幅度较大的省区市，其劳动者报酬份额的提高幅度却并不一定也较大。如劳动者报酬增长幅度排第二位的新疆，其劳动者报酬份额的提高幅度却较小，位列倒数第七位；而劳动者报酬增长幅度排倒数第二位的浙江，其劳动者报酬份额的提高幅度反而较小，位列第九位。这种差异产生的原因即在于各省区市工业行业劳动生产率的变化存在着较大的差异。

现在将外资的影响纳入分析框架。由劳动者报酬份额的分解式可知，外资影响我国工业行业劳动者报酬份额的途径有两种：一方面，外资能够通过影响 $\ln(w)$ 即工资增长[②]进而影响我

---

[①] 吉林、山东、海南、四川、云南、西藏、宁夏这 7 个省区市的 $\Delta\ln(ls1)$ 值大于零，这 7 个省区市工业行业的工资增长幅度基本高于全国平均水平，但劳动生产率的增长幅度却基本低于全国平均水平，从而 1998—2003 年这 7 个省区市工业行业的劳动者报酬份额总体上为上升趋势。这 7 个省区市中有 5 个属于中西部省区市。

[②] 主要指外资进入对东道国工资水平的直接效应与"工资溢出"效应。对于前者，已有经验文献得出了较为一致的结论，即外资企业支付的工资水平高于内资企业（如 Haddad and Harrison, 1993；Aitken *et al.*, 1996）。对于后者，已有研究表明，对于不同的东道国，外资企业的这种"工资溢出"效应也是不同的。对于有些发展中东道国，外资会产生正向的溢出效应，如 Lipsey and Sjoholm(2001) 对印度尼西亚的研究等；而对于有些发展中东道国，外资却会产生负向的溢出效应，如 Aitken *et al.*(1996) 对墨西哥和委内瑞拉两个发展中国家的研究等。

国工业行业劳动者报酬份额；另一方面，外资能够通过影响 $\ln(PQ/L)$ 即劳动生产率增长[1]进而影响我国工业行业劳动者报酬份额。假定 $\ln(w)_t = \alpha \cdot fdi_t$，$\ln(PQ/L)_t = \beta \cdot fdi_t$，$fdi_{t+1} = fdi_t + \Delta fdi$。从而，在第 $t+1$ 期时，$\ln(w)_{t+1} = \ln(w)_t + \alpha \cdot \Delta fdi$，$\ln(PQ/L)_{t+1} = \ln(PQ/L)_t + \beta \cdot \Delta fdi$。

进一步地，我们得到 $\ln(ls1)_{t+1} - \ln(ls1)_t = (\alpha - \beta) \cdot \Delta fdi$。

当 $\alpha > \beta$ 时，$\Delta fdi > 0 \Leftrightarrow \ln(ls1)_{t+1} > \ln(ls1)_t \Leftrightarrow ls1_{t+1} > ls1_t$。

即当外资对 $\ln(w)$ 的边际作用相对较大时，外资进入程度的提高能够增加东道国的劳动者报酬份额，反之则会使其降低。

本文接下来将在已有经验文献的基础上，结合我国实际，通过引入一些重要控制变量构建计量模型，对 $fdi$ 变量与 $ls1$ 变量间的关系进行较为细致的实证检验。

### 三、计量模型与数据来源

本文的主要考察对象为吸引外资对我国工业行业劳动者报酬份额的影响，故借鉴 Harrison(2002) 一文，设置如下同时包括截面特定效应与时间特定效应的线性模型：

$$ls1_{it} = c + ci + \lambda + \alpha \cdot fdi_{it} + \beta \cdot Z_{it} + \varepsilon_{it} \qquad (1)$$

下标 $i = 1, 2, \cdots, 31$ 为 31 个省区市，$t = 1998, 1999, \cdots,$ 2003 为样本期间。$ci$ 为省区市特定效应，控制不随时间变化的个体影响因素，如省区市的地理位置和期初的经济发展水平等对

---

[1] 主要指外资进入对东道国劳动生产率的直接效应与"技术外溢"效应。对于前者，已有经验文献得出了较为一致的结论，即外资企业的劳动生产率水平高于内资企业（如 Helpman *et al.*，2004；Decreuse and Maarek，2008）。对于后者，已有研究并未得出一致结论。

工业行业劳动者报酬份额的影响;$\lambda_t$ 为时间特定效应,控制技术进步或宏观经济环境变化对工业行业劳动者报酬份额的影响。

$ls1$ 为工业行业劳动者报酬份额。计算指标为劳动者报酬在工业行业 GDP 中的占比,数据来源于《中国国内生产总值核算历史资料:1952—2004》。

$fdi$ 为工业行业的引资程度。计算指标为三资工业企业工业增加值与内资工业企业工业增加值的比重,数据来源于《中国工业经济统计年鉴》各期。根据前文,该变量估计系数的预期符号并不能确定,它取决于外资对 $\ln(w)$ 与 $\ln(PQ/L)$ 的正向影响孰大孰小。当外资对 $\ln(w)$ 的正向作用相对较大时,外资变量 $fdi$ 的估计系数预期为正,反之则预期为负。

$Z_{it}$ 为影响各省区市工业行业劳动者报酬份额差异及变化的控制变量,具体包括 $\ln(K/L)$、$K/Y$、$female$、$state$ 这四个与行业特征相关的控制变量;$city$、$dual$ 这两个与地区经济结构相关的控制变量;$gov$、$open$ 这两个分别度量地方政府经济绩效竞争和地区贸易开放水平的控制变量。

$\ln(K/L)$ 为工业行业的要素投入比例,度量行业的资本密集度。计算指标为全部国有及规模以上非国有工业企业固定资产净值年平均余额与全部从业人员年平均人数的比重,数据来源于《中国工业经济统计年鉴》各期。借鉴蒋殿春和张宇(2009),本文以工业企业固定资产净值年平均余额作为企业资本存量 $K$ 的度量指标。根据 Harrison(2002),该变量估计系数的符号取决于资本投入与劳动力投入替代弹性 $\varepsilon$ 的大小。当 $\varepsilon < 1$ 时,该变量的估计系数预期为负;当 $\varepsilon > 1$ 时,该变量的估计系数预期为正;当 $\varepsilon = 1$ 时,该变量估计系数的符号不能确定,且不显著。

$K/Y$ 为单位产出的资本投入,为资本回报率的倒数。计算指标为全部国有及规模以上非国有工业企业固定资产净值年平均余额与工业总产值的比重,数据来源于《中国工业经济统计年鉴》各期。一般来说,资本回报率越高,则资本收入份额就越高,劳动者报酬份额则越低。因此,该变量的估计系数预期为正。

*female* 为工业行业女性就业人员比重。计算指标为城镇单位工业行业女性就业人员年末人数与就业人员年末人数的比重,数据来源于《中国劳动统计年鉴》各期。如果将 1999 年我国男性劳动力的工资设定为 100,则女性劳动力的工资为 70.1,女性劳动力的工资低于男性劳动力,此即为劳动力市场上的性别工资差异(李实和马欣欣,2006)。另有研究发现,在男性劳动力与女性劳动力工资的总差异中,54.4%要归结于个体特征差异的影响,45.6%要归结于歧视的影响(谢嗣胜和姚先国,2006)。因此,由于我国劳动力市场上存在着普遍的性别歧视,女性劳动力的平均工资水平要低于男性劳动力,从而女性劳动力所占比重越高,工业行业劳动者报酬份额就越低。该变量的估计系数预期为负。

*state* 为工业行业的国有化特征。采用两种计算指标:其一为国有控股工业企业全部从业人员年平均人数与全部国有及规模以上非国有工业企业全部从业人员年平均人数的比重 *state*1,其二为国有控股工业企业产品销售收入与全部国有及规模以上非国有工业企业产品销售收入的比重 *state*2。数据来源于《中国工业经济统计年鉴》各期。由于国有企业平均劳动力收入份额明显高于非国有企业(白重恩和钱震杰,2009),所以国有比重越高的行业,其劳动者报酬份额越高。因此,该变量的估计系数预期为正。

*city* 为各省市的城镇化水平。计算指标为城镇人口数与年底总人口数的比重,其中各省市城镇人口数来源于《新中国五十

五年统计资料汇编》，年底总人口数来源于《中国统计年鉴》各期。该比重值越大，则城镇化水平越高。城镇化水平的度量指标有多种，本文考虑到数据获得的便利性，采用城镇人口比重这一单一指标来衡量城镇化水平。虽然该指标在统计上有一定的不足和缺陷，但并不影响我们主要结论的得出，而且在单一指标法的城镇化水平计算方法中，尤以城镇人口比重指标法的计算结果最符合实际（王德成等，2004）。当工业发展落后于城镇化时，会造成"过度城镇化"，正规就业水平持续下降，进而导致工业行业劳动者报酬份额下降；当工业化与城镇化基本同步发展时，正规就业水平不断提高，进而会促进工业行业劳动者报酬份额的提高。[1]该变量估计系数的预期符号取决于我国的城镇化模式。

$dual$ 为各省区市的二元经济结构特征。计算指标为高帆（2007）中的综合二元反差指数 $dual = [(E_m/E_t) \times (W_t/W_m)]^{1/2}$，其中 $E_m$、$E_t$ 分别为现代部门（非农业部门）和传统部门（农业部门）的劳动生产率，其比值反映了部门劳动生产率差异，二元经济结构强度与这种差异正相关；$W_t$、$W_m$ 分别为传统部门和现代部门的劳动力占比，其比值反映了部门劳动力配置结构，二元经济结构与该比值正相关。相关数据皆来源于《中国统计年鉴》各期。二元经济强度与综合二元反差指数 $dual$ 正相关。二元经济强度的扩大会造成大量农村剩余劳动力的存在，这一方面会抑制工业行业工资的增长，使工业行业劳动者报酬份额下降；但另一方面又有利于发展劳动密集型制造业，提高工业行业劳

---

① 非正规就业的一个显著特点即为劳资双方没有签订正规的劳动合同。劳动者不能享受养老、医疗、失业、工作等各项福利待遇；其劳动报酬不受政府保护，也没有成为工会组织的维权对象，因此其劳动报酬具有不确定性。非正规就业水平越高，劳动者报酬份额就越低，也即劳动者报酬份额与正规就业水平正相关。

动者报酬份额；二元经济结构强度对工业行业劳动者报酬份额的最终影响取决于这两方面的综合作用。因此，该变量估计系数的预期符号不确定。

$gov$ 为地方政府间的经济绩效竞争特征。[①]改革开放以来，中央对地方官员的晋升标准由过去的政治表现为主转变为以经济绩效为主，而地方官员为了得到政治晋升，致力于辖区经济发展，进行着政治锦标赛（徐现祥、王贤彬和舒元，2007）。由于资本具有更好的流动性，地方政府倾向于将财政压力施加至劳动所得上，从而导致初次收入分配中劳动所得份额偏低（王贤彬和徐现祥，2009）。我们采用两种指标来度量地方政府间的经济绩效竞争：其一是 $\ln(pgdp)$，为各省区市的经济发展水平，度量指标为"人均 GDP（现价）"，数据来源于《中国统计年鉴》各期；其二是 $fenquan$，为各省区市的财政分权水平，借鉴周业安和章泉（2008），采用人均地方本级财政支出与总财政支出的比值度量，其中总财政支出等于人均地方本级财政支出与人均中央本级财政支出总和，数据来源于《中国财政年鉴》各期。这两个变量的估计系数预期为负。

此外，由于大量经验文献都验证了贸易开放对一国劳动者报酬份额的重要影响，如 Harrison（2002）、Finnoff 和 Jayadev（2006）、Decreuse 和 Maarek（2008）等，所以我们最后也在估计模型中加入贸易开放度变量 $open$。由于样本期间内外商投资企业贸易总额在我国贸易总额中平均约占 51.08%，因此在计算各省区市贸易开放度时，我们将外商投资企业的贸易额从我国贸易总额中剔除。最后，变量 $open$ 的计算指标为各省区市内资单位按经营单位所在地进出口总额（人民币）与各省区市

---

① 感谢评审人为本文指出这个变量。

## 表3 各变量的基本统计信息

| | 变量含义 | 样本数 | 均值 | 最小值 | 最大值 | 符号 |
|---|---|---|---|---|---|---|
| ls1 | 劳动者报酬在工业行业 GDP 中的占比 | 186 | 0.373 | 0.185 | 0.676 | ? |
| fdi | 三资工业企业工业增加值与内资工业企业比重 | 186 | 0.251 | 0.001 | 1.478 | ? |
| 与行业特征相关的控制变量 | | | | | | |
| ln(K/L) | 人均固定资产净值年平均余额对数值 | 186 | 2.334 | 1.662 | 3.411 | ? |
| K/Y | 资本回报率的倒数 | 186 | 2.486 | 1.166 | 5.900 | + |
| female | 女性就业人员比重 | 186 | 0.268 | 0.069 | 0.652 | − |
| state1 | 国有控股工业企业全部从业人员比例 | 186 | 0.627 | 0.079 | 0.936 | + |
| state2 | 国有控制工业企业产品销售收入比重 | 186 | 0.635 | 0.165 | 0.913 | + |
| 与省市特征相关的控制变量 | | | | | | |
| city | 城镇人口数与年底总人口数的比重 | 170 | 0.462 | 0.174 | 0.881 | + |
| dual | 高帆(2007)中的综合二元反差指数 | 186 | 2.483 | 0.635 | 5.480 | ? |
| ln(pgdp) | 人均 GDP(现价) | 186 | 8.937 | 7.759 | 10.752 | − |
| fenquan | 人均地方县级财政支出与总财政支出的比值 | 186 | 0.700 | 0.519 | 0.928 | − |
| open | 省区市内资单位进出口总额与 GDP 的比重 | 186 | 0.141 | 0.024 | 1.096 | ? |

注：表中最后一列表示各变量估计系数的预期符号，其中符号"?"表示相应变量估计系数的预期符号不能确定。

GDP(人民币)的比值,数据来源于《中国统计年鉴》各期。由于无法获得各省区市工业行业的贸易数据,我们只能用各省区市的贸易开放度指标来近似代表各省区市工业行业的贸易开放度。由于我国的贸易主要发生在制造业,因此我们认为这种替代是合理的。综合已有文献,该变量估计系数的符号并不能确定。[①]

上述各变量的基本统计信息见表3。各省区市工业行业的引资程度存在着较大差异,如样本期间内各省区市工业行业引资程度最小值为 0.001,对应着西藏自治区 2003 年的引资程度,而 2003 年 31 个省区市引资程度最大值为 1.478(福建省),其次为 1.468(广东省)。从整个样本期间内的均值来看,西藏自治区引资程度均值仅约为 0.002,而福建省和广东省引资程度均值分别达 1.280 和 1.246,约为西藏自治区的 640 倍,差异悬殊。后文将尝试将这些引资程度很高及很低的省区市从估计样本中剔除,以判断异常样本点的影响。

## 四、计量检验与实证分析

本部分将采用面板数据模型对模型(1)进行估计。我们选取的样本为 1998—2003 年我国境内 31 个省区市工业行业的面板数据。面板数据模型根据对截面特定效应的不同假设,划分为随机效应模型与固定效应模型,本文根据 Hausman 检验结果来判定选择哪种估计模型。本节将首先运用普通最小二乘法对模型(1)进行估计,并对基本估计结果进行具体分析,得出本文

---

① Harrison(2002)中贸易开放变量的估计系数显著为负,Finn off 和 Jayadev (2006)中贸易开放变量估计系数的符号随着估计样本的不同而不同,而 Decreuse 和 Maarek(2008)中贸易开放变量的估计系数并未通过显著性检验。

的基本结论；然后对估计结果的稳健性进行分析，主要考虑内生性问题、外资变量的不同度量、异常样本点以及被解释变量的不同度量对本文基本结论的影响。

**（一）基本估计结果**

表4报告了模型(1)的主要估计结果。表4中的第①列至第⑥列各列皆为一种具体的估计模型，各估计模型间的唯一区别即在于加入的控制变量不同。在第①列的估计模型中，我们只将工业行业劳动者报酬份额对外资变量进行回归，此后则在该估计模型的基础上，逐渐往模型中添加一些控制变量。由于部分省区市的部分年份 $city$ 变量数据存在少量的缺失，所以加入该变量后，参与回归的样本点由原来的 186 个减少为 170 个。由各列模型估计的 Hausman 检验结果可知，第①、②、③、⑤列模型应采用随机效应模型进行估计，而第④列和第⑥列模型应采用固定效应模型进行估计，表4所报告的结果为各列随机效应模型或固定效应模型所对应的估计结果。

我们首先关注外资变量的作用。在六个估计模型中，外资变量的估计系数基本为负，且基本在 1% 的显著性水平下显著（只有第一个估计模型中外资变量的估计系数未能通过显著性检验），该变量估计系数的大小在区间（−0.156，−0.063）内浮动。根据第二部分内容的相关阐述，我们将模型(1)中的被解释变量分别替换成 $\ln(w)$ 和 $\ln(PQ/L)$，并采用表4第⑥列的估计模型分别进行估计①，主要估计结果为：在被解释变量为 $\ln(w)$ 的估计方程中，外资变量的估计系数为 −0.404，且在 1% 的显著性水平下显著，相应的估计标准差为 0.117；在被解释变量为 $\ln(PQ/L)$ 的估计方程中，外资变量的估计系数为 0.062，

---

① 作者感谢匿名评审人为本文提出这一点。

**表 4　基本估计结果**

| | ① | ② | ③ | ④ | ⑤ | ⑥ |
|---|---|---|---|---|---|---|
| $fdi$ | -0.021 | -0.063** | -0.072** | -0.130*** | -0.082*** | -0.156*** |
| | (0.030) | (0.029) | (0.029) | (0.028) | (0.031) | (0.026) |
| $\ln(K/L)$ | | -0.132*** | -0.130*** | -0.150*** | -0.128*** | -0.160*** |
| | | (0.024) | (0.024) | (0.030) | (0.027) | (0.031) |
| $K/Y$ | | 0.134*** | 0.127** | 0.170*** | 0.135*** | 0.183*** |
| | | (0.023) | (0.023) | (0.031) | (0.023) | (0.032) |
| $female$ | | -0.051 | -0.025 | -0.000 4 | -0.011 | -0.048 |
| | | (0.058) | (0.057) | (0.063) | (0.059) | (0.060) |
| $state1$ | | -0.165** | -0.125* | | | |
| | | (0.067) | (0.066) | | | |
| $state2$ | | | | -0.323*** | -0.220*** | -0.395*** |
| | | | | (0.099) | (0.068) | (0.099) |
| $city$ | | 0.123*** | 0.123*** | 0.104*** | 0.129*** | 0.099*** |
| | | (0.030) | (0.029) | (0.039) | (0.030) | (0.038) |
| $dual$ | | | -0.025** | 0.005 | -0.026** | 0.005 |
| | | | (0.010) | (0.019) | (0.012) | (0.018) |
| $\ln(pgdp)$ | | | | -0.051 | | |
| | | | | (0.035) | | |

(续表)

| | ① | ② | ③ | ④ | ⑤ | ⑥ |
|---|---|---|---|---|---|---|
| *fenquam* | | | | | | −0.409* |
| | | | | | | (0.213) |
| *open* | | | | | 0.123* | 0.240*** |
| | | | | | (0.035) | (0.077) |
| province dummies | yes | yes | yes | yes | yes | yes |
| time dummies | yes | yes | yes | yes | yes | yes |
| prob>chi2 | 0.928 | 0.239 | 0.236 | 0.096 | 0.347 | 0.078 |
| adj-$R^2$ | 0.185 | 0.488 | 0.488 | 0.530 | 0.522 | 0.557 |
| 观测值 | 186 | 170 | 170 | 170 | 170 | 170 |
| 截面单位 | 31 | 31 | 31 | 31 | 31 | 31 |

注：括号内为估计系数的标准差。*、**、***分别代表 10%、5%、1%的显著性水平。Prob 值为时间固定效应联合检验的相伴概率。prob>chi2 值为 Hausman 检验的相伴概率值。

但未能通过显著性检验,相应的估计标准差为 0.084 。[1]由此可知,样本期间内外资进入程度的提高反而降低了工业行业的劳动者报酬,同时却并未对行业劳动生产率产生显著作用,这说明引资程度的提高对工业行业劳动者报酬份额的负向作用[2]主要源于其对行业劳动者报酬的负向作用。

外资企业支付的平均工资水平高于内资企业(以 2004 年为例[3],外资工业企业的平均劳动者报酬比内资工业企业多 812.39元),即外资企业对我国工业行业工资水平的直接效应为正,从而我们可以认为外资对行业劳动者报酬的负向作用主要源于其负向的"工资溢出"效应。因此,本文的估计结果支持了 Aitken 等(1996)对墨西哥和委内瑞拉两个发展中国家的研究结论。该文认为这种负向的"工资溢出"效应可能是由于外资企业为了避免劳动力的反向流动(turnover)而支付了高工资,劳动力流动限制使其技术外溢效应受到制约。而根据 Gordon 和 Li(1999),这种负向的"工资溢出"效应产生的可能原因在于,在东道国技能劳动力供给不足的情况下,由于外资企业支付的工资水平高于内资企业,技能劳动力或其他人才会向外资企业流动,使内资企业的平均工资水平下降。由于无法获得样本期间内除 2004年以外其余年份外资工业企业的报酬数据,所以这里我们无法对这种负向的"工资溢出"效应进行计量检验。

计算 $ls1$ 与 $fdi$ 每年按 31 个省区市平均的均值,并将该均值的 2003 年值减去其 1998 年值,得到样本期间内两个变量均

---

[1] 由于篇幅的限制,这里未将这两个估计方程中其他变量的估计结果列出,因为这并非本文关注的重点。

[2] 罗长远和张军(2009)运用 1987—2004 年省级面板数据对中国劳动收入占比下降的事实进行了实证分析,结果也表明 FDI 与劳动收入占比为负相关关系。

[3] 只有《中国经济普查年鉴 2004》中提供了按省区市划分的外资工业企业的劳动报酬数据。因此,这里我们只能以 2004 年的相关数据进行近似分析。

值的变化幅度,将 $fdi$ 变量的变化幅度乘以其估计系数得到样本期间内 $fdi$ 变量的变化所引起的 $ls1$ 值的变化,然后将该变化值除以样本期间内 $ls1$ 值的实际变化值,得到样本期间内外资变化对工业行业劳动者报酬份额变化的实际解释力。计算结果见表5。样本期间内我国工业行业劳动者报酬份额平均减少了约5个百分点,而由表中数据可知,样本期间内外资进入程度的扩大对我国工业行业劳动者报酬份额下降的实际解释力为15.70%—38.89%。

表5　外资变量的实际解释力(1998—2003 年)

| | ① | ② | ③ | ④ | ⑤ | ⑥ |
|---|---|---|---|---|---|---|
| $fdi$ | — | 15.70% | 17.95% | 32.41% | 20.44% | 38.89% |

再看控制行业特征的两个主要变量 $\ln(K/L)$ 和 $K/Y$ 的估计结果。变量 $\ln(K/L)$ 的估计系数在1%的显著性水平下显著为负,而变量 $K/Y$ 的估计系数则在1%的显著性水平下显著为正,与预期一致。前文的变量说明,我们可以由此得出结论认为我国工业行业资本与劳动力两种要素投入的替代弹性 $\varepsilon < 1$。白重恩等(2008)利用我国 1998—2005 年工业年报数据对工业行业资本收入份额的影响因素进行了计量检验,估计发现变量 $K/Y$ 的估计系数并不显著,从而得出结论认为,我国工业行业资本与劳动力投入的替代弹性应该在1附近。而本文的估计结果则进一步表明,我国工业行业资本与劳动力投入的替代弹性应该低于1。资本密集度变量与资本回报率变量的估计结果与李稻葵等(2009)对我国总体劳动者报酬份额下降的解释比较一致。

其他控制变量的估计结果分析具体如下:

女性就业人员比重变量 $female$ 的估计系数虽然为负,但都没有通过显著性检验。这说明样本期间内我国工业行业劳动者报酬份额的变化并不受其就业人员性别构成的影响。

两种度量指标下行业国有特征变量 $state$ 的估计系数基本在 10％的显著性水平下显著为负,与预期并不一致。白重恩和钱震杰(2009)利用 1998—2005 年 37 个工业行业的面板数据估计得到国有比重变量的估计系数显著为正。而李稻葵等(2009)基于我国省区市数据研究发现更多的国有企业也会降低 GDP 中劳动者报酬的份额,其原因主要在于国有企业盈利能力的提高。本文的估计结果支持了后者的结论。

城镇化水平变量 $city$ 的估计系数均在 1％的显著性水平下显著为正,这说明样本期间内我国城镇化进程基本遵循了"正规就业为主"的城镇化模式。二元经济结构强度变量 $dual$ 的估计系数符号及显著性并不稳定,因此将其分析放置在后文的稳健性分析中。

两种度量政府间经济绩效竞争指标的估计结果并不相同。变量 $\ln(pgdp)$ 的估计系数虽然为负,但未能通过显著性检验;而变量 $fenquan$ 的估计系数在 10％的显著性水平下显著为负,与预期一致。考虑到变量 $\ln(pgdp)$ 与模型中大多数控制变量都可能存在因果关系[1],我们用 $\ln(pgdp)$ 变量的滞后一期值替换其当期值后再进行回归,其估计系数仍未能通过显著性检验,我们还尝试用人均 GDP 年增长率变量替换变量 $\ln(pgdp)$ 进行估计,但其估计系数仍不显著。因此,经济发展水平变量的估计系数不显著的原因在于其还度量了很多其他非政府间经济绩效竞争因素的影响。与之相比,财政分权指标与政府行为具有更为直接的联系,其估计系数显著为负说明政府间经济绩效竞争

---

① 如城市化水平的提高会促进经济增长(如吴福象和刘志彪,2008),二元经济转型也有利于经济增长(邵宜航和刘雅南,2007)等。

降低了劳动者报酬份额。

贸易开放度变量 *open* 的估计系数在 5% 的显著性水平下显著为正。贸易后一国出口商品的相对价格会上升，根据 H-O 定理，一国出口商品密集使用的生产要素是其丰富要素，因此出口商品相对价格的上升，由斯托珀-萨缪尔森定理，将导致该国丰富要素的实际报酬上升。我国的丰富要素是劳动力，因为贸易开放度的提高会提高我国劳动者报酬份额。

## （二）估计结果的稳健性分析

本文接下来主要是检验外资变量与工业行业劳动者报酬份额间的这种负相关关系的稳健性。[①] 为了得到稳健性（robustness）的估计结果，本文以下分别考虑了不同情形对检验结果的影响。首先是内生性问题。内生性问题的产生可能源于两个方面的原因：其一是解释变量及各控制变量可能与残差项相关；其二是劳动者报酬份额也会影响外资的进入，即可能存在外资进入与劳动者报酬份额之间的双向因果关系。严重的内生性将使得模型的估计系数有偏和非一致。本节将分别对这两种内生性问题进行处理。其次是外资进入程度指标的不同度量方法。表4 的估计结果采用三资工业企业与内资工业企业工业增加值比重这一指标，后文采用了三资工业企业的就业人员和工业总产值两种不同度量指标，来考察行业外资进入程度的指标差异对估计结果的影响。然后我们将 31 个省区市中引资程度均值低于全部样本均值 10% 百分位数和高于其 90% 百分位数的省区市都从样本中剔除，以检验本文的主要估计结果是否受这些异常样本点的影响。最后，我们将被解释变量替换成按要素成本法定义的劳动者报酬份额 *ls2*，以检验外资变量与劳动者报酬份

---

[①] 估计结果的稳健性分析对象为表 4 中的模型⑥因而本文接下来的稳健性分析所采用的估计模型均为固定效应模型。

额间的这种显著负相关关系是否依赖于劳动者报酬份额度量指标的选取。稳健性分析主是基于表 4 中的第⑥列模型,即后文所指的"模型⑥"。

1. 内生性问题

如前所述,模型内生性问题的产生可能源于两个方面的原因:其一是解释变量与各控制变量可能与残差项相关。解释变量、各控制变量以及劳动者报酬份额可能会受到相同或相关的冲击,从而使得解释变量、控制变量与残差项相关,引致内生性问题。以模型⑥为检验模型,将模型中外资变量及各控制变量的当期项替换为其各自的滞后一期项,仍然采用固定效应模型对模型⑥重新进行估计,主要的估计结果见表 6 第二列。由于变量的滞后一期项与当期项存在较高的相关性,所以表 4 的估计结果仍然可信,且有效地避免了当期变量与当期残差项相关所引致的内生性问题。由滞后一期变量的估计结果可知,外资变量与工业行业劳动者报酬份额间仍然存在显著的负相关关系,只是这种负向的影响比模型⑥要小一些。采用与前文一致的方法,仍然计算外资变量的实际解释力。但由于此时参与回归的外资变量为 $fdi_{t-1}$,且由于统计口径变化,1997 年数据并不具可比性,所以样本期间内外资变量平均变化幅度的计算期间为 1998 年至 2002 年,而劳动者报酬变量的平均变化幅度的计算期间为 1999 年至 2003 年。最后计算得外资变量的实际解释力[①]为 31.49%,略低于表 4 中模型⑥的计算结果。

内生性问题产生的第二种可能原因是劳动者报酬份额的高低也会影响外资的进入,即可能存在外资进入与劳动者报酬份额之间的双向因果关系。例如,劳动者报酬份额较高的省区市,

---

① 具体计算方法见前文。

## 表6 OLS估计结果的稳健性分析

| | 滞后一期 | IV1 | femp | foutput | outliers | ls2 |
|---|---|---|---|---|---|---|
| fdi | -0.138*** | -0.522*** | -0.195*** | -0.277** | -0.503*** | -0.668*** |
| | (0.039) | (0.163) | (0.055) | (0.100) | (0.145) | (0.200) |
| ln(K/L) | -0.100** | -0.229*** | -0.185*** | -0.185*** | -0.134*** | -0.269*** |
| | (0.044) | (0.051) | (0.041) | (0.038) | (0.046) | (0.060) |
| K/Y | 0.115*** | 0.244*** | 0.189*** | 0.200*** | 0.170*** | 0.254*** |
| | (0.041) | (0.059) | (0.042) | (0.046) | (0.062) | (0.061) |
| female | 0.047 | -0.039 | -0.031 | -0.052 | 0.141 | -0.026 |
| | (0.139) | (0.075) | (0.062) | (0.067) | (0.109) | (0.093) |
| state2 | -0.385* | -0.536*** | -0.369*** | -0.422*** | -0.575*** | -0.600*** |
| | (0.163) | (0.134) | (0.034) | (0.110) | (0.126) | (0.156) |
| city | 0.074** | 0.035 | 0.080** | 0.057 | -0.006 | 0.102 |
| | (0.034) | (0.049) | (0.034) | (0.038) | (0.054) | (0.067) |
| dual | 0.031 | 0.053** | 0.031 | 0.035 | 0.051** | 0.048 |
| | (0.022) | (0.026) | (0.020) | (0.021) | (0.025) | (0.031) |
| fenquan | -0.451* | -0.448* | -0.384** | -0.339 | -0.399 | -0.724** |
| | (0.241) | (0.232) | (0.192) | (0.210) | (0.262) | (0.283) |
| open | 0.174** | 0.465*** | 0.158*** | 0.368*** | 0.336** | 0.615*** |
| | (0.086) | (0.153) | (0.074) | (0.107) | (0.158) | (0.188) |

| | 滞后一期 | IV1 | femp | foutput | outliers | ls2 |
|---|---|---|---|---|---|---|
| endog prob | | 0.009 | 0.004 | 0.022 | 0.022 | 0.007 |
| 观测值 | 140 | 143 | 143 | 143 | 113 | 143 |
| 实际解释力 | 31.49% | 77.39% | 35.36% | 46.16% | 57.00% | 68.65% |

注:括号内为估计系数的标准差。*, **, *** 分别代表 10%、5%、1% 的显著性水平。Prob 值为外资变量内生性检验的相伴概率。

155

其一般具有良好的社会环境,这会降低投资风险,从而吸引更多的外资进入。如果存在劳动者报酬份额对外资的这种正向引致作用,则表4中模型①至⑥会低估外资的进入对劳动者报酬份额的负向作用。将外资变量的滞后一期项替换当期项这一处理方法并不能消除这种双向因果关系所带来的低估偏差(Decreuse and Maarek,2008)。处理这种内生性问题的通常做法就是寻找与外资变量相关,但不受当期劳动者报酬份额影响的工具变量。大多数经验文献的通常做法是选择外资变量的滞后一期变量作为工具变量,如 Wang(2005)。本文也考虑将外资变量的滞后一期项作为外资变量的工具变量。

仍然采用固定效应模型,运用两阶段最小二乘法(2SLS)对模型⑥进行估计,同时对估计系数进行消除异方差处理,主要估计结果见表6的第三列。内生性检验(endog prob)是检验变量内生性的统计量,该检验的原假设为"变量应该是外生的"。首先看外资变量的内生性检验结果,由内生性检验统计量的相伴概率值可知,外资变量能够在5%的显著性水平下拒绝原假设,从而外资变量为内生变量,2SLS 估计结果是无偏且一致的。在 2SLS 估计结果下,外资变量的估计系数为 $-0.645$,且在5%的显著性水平下显著。①与模型⑥及滞后一期项模型估计结果相比,该系数的绝对值要大很多,约为两者的4倍。可见,劳动者报酬份额确实对外资存在着一种正向引致作用,从而使得 OLS 估计结果下外资变量的负向作用被严重低估。仍然计算外资变量的实际解释力,劳动者报酬变量的平均变化幅度的计算期间

---

① 在两阶段最小二乘估计方法下,将被解释变量替换成 $\ln(w)$ 和 $\ln(PQ/L)$ 后分别进行估计,主要估计结果与 OLS 估计下大致相同:$\ln(w)$ 估计方程中外资变量的估计系数显著为负,而 $\ln(PQ/L)$ 估计方程中外资变量的估计系数虽然为正,但未能通过显著性检验。

仍然为 1999 年至 2003 年,但外资变量平均变化幅度的计算起始年份也变为 1999 年至 2003 年,最后计算得到外资变量的实际解释力为 77.39%,约为模型⑥及滞后一期项模型计算结果的 2 倍。

2. 外资变量的不同度量

为了检验外资变量对劳动者报酬份额的这种负向作用是否依赖于外资变量度量指标的选取,我们采用另外两种常用度量方法,即外资工业企业与内资工业企业全部从业人员年平均人数之比 $femp$ 和工业总产值之比 $foutput$,仍然以外资变量的一期滞后项作为外资变量的工具变量,运用 2SLS 法对模型⑥进行估计,主要估计结果见表 6。

首先看外资变量的内生性检验结果,由内生性检验统计量的相伴概率值可知,两种度量指标下的外资变量均在小于或等于 10% 的显著性水平下拒绝"变量为外生"的原假设,从而两种度量指标下的外资变量均为内生变量,2SLS 估计结果是无偏且一致的。在两种度量指标下,外资变量均对工业行业劳动者报酬份额产生了显著的负向作用。采用与前文相同的方法,计算两种度量指标下外资变量对我国工业行业劳动者报酬份额变化的实际解释力,最终计算得到两种度量指标下外资变量的实际解释力分别为 35.36% 和 46.16%,均要比工业增加值度量指标下外资变量的实际解释力(77.39%)低。

3. 异常样本点的影响

由前文分析可知,31 个省区市中存在着引资程度很高与很低两组子样本,这两组子样本的平均引资程度均偏离 31 个省区市均值较远。如样本期间内西藏自治区的平均引资程度仅为0.002,约为 31 个省区市均值的 0.008 倍,而广东省和福建省的平均引资程度却达 1.47 左右,约为 31 个省区市均值的 5.856

倍。为了检验本文的主要估计结果是否受这些异常样本点的影响①,我们首先计算样本期间内 31 个省区市引资程度均值,然后计算其 10%和 90%百分位数,以这两个百分位数为标准将 31 个省区市中引资程度均值低于 10%百分位数和高于 90%百分位数的省区市都从样本中剔除,最后得到 25 个省区市样本。②在这 25 个省区市样本下运用 2SLS 法对模型⑥进行估计,其中外资变量的度量指标仍然采用"三资工业企业工业增加值与内资工业企业工业增加值的比重",主要估计结果见表 6。

外资变量的估计系数为 −0.503,且在 1%的显著性水平下显著。说明在将引资程度偏离 31 个省区市均值较远的省区市从样本中剔除后,引资程度的提高仍然会对工业行业劳动者报酬份额产生显著的负向作用。采用同前方法,计算 25 个省区市样本下外资变量的实际解释力为 57.00%。

总观表 6 的各列估计结果,发现各变量估计系数的大小及显著性均没有发生显著变化,估计结果比较稳健。对样本期间内我国工业行业劳动者报酬份额产生显著负向作用的变量包括行业引资程度变量 $fdi$、行业要素投入比例变量 $\ln(K/L)$、行业国有比重变量 $state$ 和财政分权变量 $fenquan$;而对我国工业行业劳动者报酬份额产生显著正向作用的变量包括资本产出比变量 $K/Y$ 和贸易开放度变量 $open$。计算这几个变量 1998—2003 年按省区市平均的均值如表 7 所示,并将各变量该均值的 2003 年值与 1998 年值相减得到样本期间内各变量的变动幅度。最后将各变量的变动幅度与其估计系数相乘便得到各变量对样本

---

① 作者感谢评审人提出这一点。

② 引资程度均值低于 31 个省区市均值 10%百分位数的省区市包括贵州、西藏和新疆 3 个省区,引资程度均值高于 31 个省区市均值的 90%百分位数的省市包括上海、福建和广东共 3 个省市。

158

期间内我国工业行业劳动者报酬份额变化的最终作用。由于不同的模型下,各变量估计系数的大小也不同,所以这里我们只关注各变量对 $ls1$ 最终作用的方向。样本期间内,我国工业行业劳动者报酬份额均值下降了约 5 个百分点,且下降的主要原因在于行业外资进入程度和行业资本密集度的提高,以及资本回报率的提高。样本期间内行业国有比重的下降以及地区财政分权程度的下降和贸易开放度的提高,均使得我国工业行业劳动者报酬份额得以提高。由此说明发展劳动密集型产业、国有企业改制、弱化地方政府间经济绩效竞争和扩大贸易均有利于我国劳动者报酬份额的提高。

表 7　各变量的平均变化幅度及其对工业行业
劳动者报酬份额的实际最终作用

|  | $ls1$ | $fdi$ | $\ln(K/L)$ | $state$ | $fenquan$ | $K/Y$ | $open$ |
|---|---|---|---|---|---|---|---|
| 2003—1998 年 | −0.048 | 0.119 | 0.556 | −0.098 | −0.010 | −0.176 | 0.093 |
| 估计系数 |  | − | − | − | − | + | + |
| 最终作用 |  | − | − | + | + | − | + |

4. 被解释变量为 $ls2$ 的估计结果

白重恩等(2008)及白重恩和钱震杰(2009)中均使用按要素成本法定义的要素分配份额作为被解释变量,即为了剔除间接税对劳动者报酬份额下降的影响,将生产税净额从增加值中剔除掉,此即为要素成本法增加值。虽然本文第二部分内容中已经证实了 1998—2003 年我国工业行业劳动者报酬份额的下降主要源于资本收入份额的上升,而生产税净额的影响较小,但为了检验外资变量与劳动者报酬份额间的这种显著负相关关系是否依赖于劳动者报酬份额度量指标的选取,我们仍然计算将生产税净额从增加值中剔除掉后的按要素成本法定义的劳动者报

酬份额 $ls2$。

以 $ls2$ 作为被解释变量，以工业增加值比重度量的外资变量为解释变量，仍然以外资变量的一期滞后项作为外资变量的工具变量，运用 2SLS 法对模型⑥重新进行估计，主要估计结果见表 6 的最后一列。表 7 所示的基本结论仍然没有改变。外资变量的估计系数仍然显著为负，但其边际影响变大了。计算样本期间内外资变量对 $ls2$ 值变化的实际解释力为 68.65％，略低于其对 $ls1$ 值变化的实际解释力。

## 五、结论及政策含义

本文分析了 1998—2003 年我国工业行业劳动者报酬份额变化的原因，重点探讨了外资的作用。本文的研究表明，1998—2003 年我国工业行业劳动者报酬份额平均降低了约 5 个百分点，其中外资进入程度的提高对工业行业劳动者报酬份额的降幅具有相当的解释力，而外资对劳动者报酬份额的这种负向作用主要来源于其负向的"工资溢出"效应。总的来看，1998—2003 年导致我国工业行业劳动者报酬份额下降的主要因素还包括行业资本密集度及资本回报率的提高。行业国有企业改制、地方政府间经济绩效竞争的弱化和贸易开放度的提高则会促进行业劳动者报酬份额的提高。

本文关于我国工业行业劳动者报酬份额变化原因的分析可以帮助我们更深入地探讨有关要素分配的政策建议和措施。

首先，本文虽然研究发现吸引外资与劳动者报酬份额间存在显著的负相关关系，但并不意味着要抑制引资。Decreuse 和 Maarek(2008)指出当东道国政府没能设计出合适的财政政策工具对外资企业征税时，大部分开放利益被外国投资者获得，导致劳动收入份额下降。而自 20 世纪 80 年代以来，我国对内外资企业所得税的征收实行了双轨制，采取了一些对外资企业倾斜的政策优惠。这种税收优惠政策诱发了许多虚假的外资或合资行为，造成了国家税收的大量流失。据统计，近几年来自维尔京群岛等避税港的 FDI 占我国 FDI 总额的比重飞速上升，从 2001 年的 50 亿美元增加至 2005 年的 90 亿美元，而本质上这些 FDI 的大部分均属国内资金外溢所致(中国科学院预测研究中心，2006)。因此，要弱化外资对我国劳动者报酬份额的负向作用，政府应该对外资企业合理征税，不能一味地依赖税收优惠政策吸引外资，地方政府应该在经济环境、市场前景、政策稳定性等方面不断加强。2007 年第十届全国人大五次会议通过了《中华人民共和国企业所得税法》，对内外资企业规定了统一的所得税税率 25％。实行新税法后，外资企业的税负略有上升。新税法的实行有利于弱化外资对我国劳动者报酬份额的负向作用。

其次，发展劳动密集型产业、继续深化国有企业改革、弱化地方政府间经济绩效竞争以及扩大贸易开放都将有利于提高工业行业劳动者报酬份额。林毅夫(2007)认为按照比较优势发展劳动力相对密集型产业，以及资本密集型产业中劳动力相对密集区段的生产活动，这样可以创造更多的就业机会，让更多具有劳动力的穷人加入到正式的就业市场，分享经济发展的果实。

社会财富不断增加，劳动者报酬占 GDP 的比例却逐年下降的现象表明，不断增加的社会财富越来越朝着少数人集中，社会贫富差距在不断扩大，发展的成果越来越为少数人所分享。目前我国劳动者报酬占 GDP 比例不升反降的非正常现象，实际上是社会不公在财富分配领域的折射，是收入分配不公的结果与反映。经济社会发展的最终目的是实现共同富裕，实现全社会

的相对公平,才能使社会和谐发展。要想达到这个目标,就必须
建立健全利益共享机制,在促进效率提高的同时也要注重促进
社会公平,提高劳动者报酬在国民收入初次分配中的比重。

## 参考文献

Aiken, B., A. Harrison, and R. Lipsey, "Wages and Foreign Ownership:
A Comparative Study of Mexico, Venezuela, and the United States", *Journal
of International Economics*, 1996, 40(3—4), 345—371.

白重恩、钱震杰,《国民收入的要素分配:统计数据背后的故事》,《经
济研究》,2009 年第 3 期,第 27—40 页。

白重恩、钱震杰、武康平,《中国工业部门要素分配份额决定因素研
究》,《经济研究》,2008 年第 8 期,第 16—28 页。

蔡昉,《实现最大化就业是社会和谐的经济基础》,《文汇报》,2006 年
10 月 24 日。

蔡昉,《探索适应经济发展的公平分配机制》,《人民论坛》,2005 年 10
月 17 日。

Decreuse, B., and P. Maarek, "FDI and the Labor Share in Develop-
ping Countries: A Theory and Some Evidence", Munich Personal RePEc
Archive Paper No. 11224, 2008.

Driffield, N., and K. Taylor, "FDI and the Labor Market: A Review
of the Evidence and Policy Implications", *Oxford Review of Economic
Policy*, 2000, 16(3), 90—103.

Finnoff, K., and A. Jayadev, "Feminization and the Labor Share of
Income", GEM-IWG Working Paper, 2006.

高帆,《中国各省区二元经济结构转化的同步性:一个实证研究》,《管
理世界》,2007 年第 9 期,第 27—47 页。

Gordon, R., and D. Li, "The Effects of Wage Distortions on the
Transition: Theory and Evidence from China", *European Economic Re-
view*, 1999, 43(1), 163—183.

Haddad, M., and A. Harrison, "Are There Positive Spillovers from Direct Foreign Investment? Evidence from Panel Data for Morocco", *Journal of Development Economics*, 1993, 42(1), 51—74.

Harrison, A., "Has Globalization Eroded Labor's Share? Some Cross-Country Evidence", Mimeo, U. C. Berkeley and NBER, 2002.

Helpman, E., M. Melitz, and S. Yeaple, "Exportsvs FDI with Heterogeneous Firms", *American Economic Review*, 2004, 94(1), 300—316.

姜磊、王昭凤,《中国现代部门劳动分配比例的变化趋势与影响因素》,《财贸研究》,2009 年第 1 期,第 1—7 页。

蒋殿春、张宇,《经济转型与外商直接投资技术溢出效应》,《经济研究》,2008 年第 7 期,第 26—38 页。

李稻葵,《重视 GDP 中劳动收入比重的下降》,《新财富》,2007 年第 9 期。

李稻葵、刘霖林、王红领,《GDP 中劳动份额演变的 U 型规律》,《经济研究》,2009 年第 1 期,第 70—82 页。

李实、马欣欣,《中国城镇职工的性别工资差异与职业分割的经验分析》,《中国人口科学》,2006 年第 5 期,第 2—13 页。

林毅夫,《林毅夫:初次分配要实现公平与效率的统一》,《人民日报》,2007 年,引自新华网 http://news. xinhuanet. com/fortune/2007-04/28/content_6038867. htm。

Lipsey, A., and F. Sjoholm, "Foreign Direct Investment and Wages in Indonesian Manufacturing", NBER Working Paper, No. 8299, 2001.

刘尚希、王宇龙,《财政当转身:从公共投资到公共消费》,《中国财经报》,2007 年 11 月 6 日。

罗长远、张军,《劳动收入占比下降的经济学解释》,《管理世界》,2009 年第 5 期,第 25—35 页。

邵宜航、刘雅南,《二元经济的结构转变与增长分析》,《数量经济技术经济研究》,2007 年第 10 期,第 3—13 页。

王德成、张领先、王志琴,《城镇化水平计算方法比较分析》,《农机化研究》,2004 年第 3 期,第 61—66 页。

王贤彬、徐现祥，《转型时期的政治激励、财政分权与地方官员经济行为》，《南开经济研究》，2009 年第 2 期，第 58—79 页。

Wang, Y. , "North-South Technology Diffusion: How Important Are Trade, FDI and International Telecommunications", Working Paper, Carleton University, 2005.

吴福象、刘志彪，《城市化群落驱动经济增长的机制研究——来自长三角 16 个城市的经验证据》，《经济研究》，2008 年第 11 期，第 126—136 页。

谢嗣胜、姚先国，《农民工工资歧视的计量分析》，《中国农村经济》，2006 年第 4 期，第 49—55 页。

徐现祥、王贤彬、舒元，《地方官员与经济增长——来自中国省长、省委书记交流的证据》，《经济研究》，2007 年第 9 期，第 18—31 页。

赵俊康，《我国劳资分配比例分析》，《统计研究》，2006 年第 12 期，第 7—12 页。

中国科学院预测研究中心，《优惠下的陷阱——税收政策与我国对外贸易》，CEFS-06-014（总第 0014 期），2006 年。

周业安、章泉，《财政分权、经济增长和波动》，《管理世界》，2008 年第 3 期，第 6—15 页。

（原载《经济学（季刊）》2010 年第 9 卷第 4 期）

# 对《外资与我国劳动收入份额

## ——基于工业行业的经验研究》一文的评论

**赵文哲**

（中央财经大学经济学院）

近些年来,劳动收入份额在国民收入份额下降的事实日益引起学者的关注。在中国期刊网上按照主题"劳动收入份额"搜索 2000 年以来核心期刊上的文献,可以找到 31 篇论文,而以"劳动报酬份额"为主题的搜索则可以找到 18 篇文献。对劳动收入份额的研究热度逐渐攀升主要是与我国经济发展方式转型的紧迫性有关。经过 30 年的改革开放,我国经济增长率平均在 9% 以上,但是高速的经济增长依靠的是高投资、高消耗和低劳动成本。在改革开放的初期,由于人口红利的因素,较低的劳动力成本和稀缺资本相结合推动了我国经济快速增长,由于资本的边际报酬更高,因而资本收入份额不断升高,相对应的劳动收入份额则不断下降。这一趋势自 20 世纪 90 年代中期以来尤其明显(白重恩和钱震杰,2009,2010),不考虑统计口径的变化,劳动收入份额下降的趋势一直延续到 2007 年(方文全 2011)。李稻葵等(2009)认为,从国际比较来看,劳动收入份额与经济发展水平呈 U 型,而中国目前正好处于下行通道,即将达到谷底。

许多文献将劳动收入份额下降归结为产业结构的变迁以及与之相关的技术进步模式（李稻葵等，2009；白重恩和钱震杰，2009，2010；罗长远和张军，2009），部门内部劳动者收入的变化和农业、工业和第三产业部门之间结构的变化都会使得劳动者收入份额发生变化，因此，工业部门内部劳动者收入份额的下降和第二产业比重在 GDP 比重的升高成为近十年来中国劳动者收入份额下降的原因。但是，劳动者收入份额由于经济发展阶段有关，它必然与经济发展转型过程中许多因素有关，这些因素甚至相互交织在一起，共同影响劳动者收入份额的变化。罗长远（2008）将影响劳动收入份额变化归结为技术进步、市场不完全性、产业结构变化和全球化四个因素，白重恩和钱震杰（2010）归结为三个因素：技术因素、市场偏离完全竞争的程度和经济发展，并利用省际数据同时考察这三类因素对劳动者收入份额的影响。劳动收入份额的变化从一个侧面反映了我国经济发展方式。改革开放以来，囿于资本的缺乏，为了促进经济增长，引进外资成为中央和地方政府工作任务的重点，这造成地方政府在引进外资上的竞争。而对外资竞争的结果是提高了资本的谈判能力，导致劳动收入份额的下降（罗长远和张军，2009；白重恩和钱震杰，2010；谢攀和李静，2010，周明海等，2010）。

《外资与我国劳动收入份额——基于工业行业的经验研究》也是讨论外资引入对我国劳动收入份额的影响，结论与以往的研究也一致：外资引入降低了我国劳动者收入份额。

从理论上来说，该文的亮点之一在于，本文将劳动收入份额变化分解为劳动者报酬变化和全员劳动生产率变化之间的差额，并考察平均劳动者报酬的变化和全员劳动生产率的变化分别对劳动收入份额的影响，这一分解可以更加明确地考察外资引入对劳动收入份额的作用。结论表明,外资增加实际上显著降低了平均劳动者报酬,但并没有对全员劳动生产率有显著作用。为了说明这一点,该文以工业数据解释外资引进分别对劳动收入份额、平均劳动者报酬和全员劳动生产率的影响。结果显示:外资比重的增加显著降低平均劳动者报酬,而对全员劳动生产率的影响虽然为正,但不显著。按照分解结果,劳动收入份额的变化与平均劳动者报酬变化呈正相关,与全员劳动生产率变化呈负相关,1998年至2003年平均劳动者报酬增长幅度小于全员劳动生产率的变化幅度,这是导致劳动收入份额下降的直接原因。外资比重的增加主要通过降低平均劳动者报酬导致劳动收入份额的下降,这被作者解释为外资负向的"工资溢出"效应。作者认为,负向的"工资溢出"效应或者是由于技术外溢效应受到限制,或者是由于外资企业高工资吸引更多高素质人力资本流入,导致内资企业工人工资相对下降。由于数据限制,该文没有对这种负向的溢出效应进行检验。另外,也没有对外资引进与劳动生产率的关系进行进一步说明。作者认为这并非本文关注的重点,但笔者认为这点恰好需要进一步说明。根据已有文献的研究,吉缅周(2007)发现外资引入能够提高所在行业的平均工资水平,邵敏和包群(包群和邵敏,2008;邵敏和包群,2010)发现,外资引入对国有企业非科技人员工资有显著的正溢出效应,对科技人员工资的外溢效应与特定行业有关,科技人员工资更多的是与企业本身的研发能力有关。许和连等(2009)的结论则显示,外资引入通过劳动供给提高平均工资水平,而通过支付高工资则产生负的溢出效应。黄春媛等(2010)对电子行业的研究发现,FDI显著提高了该行业的劳动生产率,但是提高的程度与国有资产比例、出口比率和无形资产比率有关。但是,将劳动收入份额分解的问题在于割裂了劳动者报酬

(主要包括工资)和劳动生产率之间的关系,事实上,工资是与劳动生产率密切相关的,因此,如果作者在检验外资引入对劳动者报酬和全员劳动生产率影响的时候可以考虑用联立方程模型,这样可以刻画全员劳动生产率对劳动者报酬的影响。笔者认为这样得出的结论可能更有说服力。

亮点之二是通过考察各变量对劳动收入份额的解释力度发现,外资变量对劳动收入额的解释程度在15%—40%之间,解释力度相当大。经过文中的各种稳健性检验,外资变量对劳动收入份额变化的解释力度依然很高。笔者不否认外资引入可能会对劳动者收入份额的下降有影响,但是怀疑是否有如作者描述的那么大。因为在回归过程中可能存在遗漏变量的问题,所以单纯通过这个方程的结果得出外资对收入份额下降有如此大影响的结论可能显得有些武断。例如,偏向资本的技术进步可能导致劳动收入份额的下降(戴天仕和徐现祥,2010),因此,笔者认为可以在方程中加入时间的虚拟变量来刻画劳动收入份额随时间而变化的趋势,这一趋势大致可以反映因技术进步因素的影响(白重恩等,2008;白重恩,钱震杰,2010)。

在检验方法上,本文用工业行业数据进行分析,这样排除了产业结构变化的影响,而且外资引入大部分都是进入工业部门,这更容易刻画外资进入对劳动者收入份额的影响。另外,作者更是从多个角度进行了稳健性分析,分析比较全面。在对外资变量进行稳健性检验的时候,作者还用了外资工业企业与内资工业企业人员年平均数之比和工业总产值之比衡量外资进入的比重。如果确实如该文的描述所示,外资工业企业和内资工业企业在增加值、就业人员和总产值上的比值都是升高的,因此导致劳动者收入份额下降。引进外资也可以用另一个指标来衡量:工业部门引进外资额占工业固定资产投资的比重。从全国所有产业来看,FDI 与全社会固定资产之比是下降的①,这里需要提出的问题是:工业部门中外商直接投资与工业部门内全社会固定资产投资的比值变化趋势是否与文中所列的外资变量的变化趋势相一致? 笔者认为这一点需要进一步考察。

　　总体来说,该文在理论上比以往的研究更进一步,更细致考察了外资引入对劳动收入份额的影响,在经验分析上,该文也更严谨,运用多种方法进行稳健性分析。虽然外资引进确实对劳动者报酬和劳动收入份额有负向作用,但是正如本文结论所说,并不能由此否认外资对我国经济的积极作用。进一步引申来说,要在促进经济增长过程中能够使劳动收入份额和劳动者报酬同时升高,不能仅仅是利用各种优惠政策将外资引了事或者将引入外资的多少作为衡量地方政府政绩的标准,更需要引导外资投向。因此,有必要进一步研究将外资投向哪些行业和领域以及需要什么条件配合才能提高劳动收入份额。

## 参考文献

　　白重恩,钱震杰,《国民收入的要素分配:统计数据背后的故事》,《经济研究》,2009 年第 3 期。

　　白重恩,钱震杰,《劳动收入份额决定因素——来自中国省际面板数据的证据》,《世界经济》,2010 年第 12 期。

　　白重恩,钱震杰,武康平,《中国工业部门要素分配份额决定因素研究》,《经济研究》,2008 年第 8 期。

　　包群,邵敏,《外商投资与东道国工资差异:基于我国工业行业的经验研究》,《管理世界》,2008 年第 5 期。

　　戴天仕,徐现祥,《中国的技术进步方向》,《世界经济》,2010 年第 11 期。

---

① 笔者根据《新中国六十年统计资料汇编 1949—2008》计算得出。

方文全，《中国劳动收入份额决定因素的实证研究：结构调整抑或财政效应》，《金融研究》，2011 年第 2 期。

黄春媛，何永江，李薇贞，《FDI 对我国电子工业生产率的行业内溢出效应研究——以 1996—2001 年 43 个细分行业为例》，《南开经济研究》，2010 年第 6 期。

吉缅周，《FDI 与制造业工资关系的经验研究》，《国际经贸探索》，2007 年 10 月。

李稻葵，刘霖琳，王红领，《GDP 中劳动份额演变的 U 型规律》，《经济研究》，2009 年第 1 期。

罗长远，《卡尔多"特征事实"再思考：对劳动收入占比的分析》，《世界经济》，2008 年第 11 期。

罗长远，张军，《劳动收入占比下降的经济学解释——基于中国省级面板数据的分析》，《管理世界》，2009 年第 5 期。

邵敏，包群，《外资进入对国内工资的影响：基于工业行业的经验研究》，《国际贸易问题》，2010 年第 11 期。

谢攀，李静，《宏观税负与中国劳动报酬份额——基于省级面板数据的研究》，《国际商务——对外经济贸易大学学报》，2010 年第 9 期。

许和连，亓朋，李海峥，《外商直接投资、劳动力市场与工资溢出效应》，《管理世界》，2009 年第 9 期。

周明海，肖文，姚先国，《企业异质性、所有制结构与劳动收入份额》，《管理世界》，2010 年第 10 期。

# 最终消费与碳减排责任的经济学分析

樊　纲

（中国经济体制改革研究基金会国民经济研究所）

苏　铭

（北京大学国家发展研究院）

曹　静

（清华大学经济管理学院）

## 一、引　　言

气候变暖已经成为一个全球性的问题，引起越来越广泛的关注。政府间气候变化专门委员会（IPCC）第四次评估报告（2007）明确指出，人类活动对化石能源的大量需求产生的碳排放是导致全球气候变化的重要原因。尽量减少碳排放已成为世界各国的共识，但由于世界发展的不均衡，一个覆盖全球各个国家的温室气体减排协议始终无法达成。在漫长的气候变化谈判过程中，印度提出人均排放的概念，巴西提出准确测量温室气体的历史排放，强调了发展中国家以脱离贫困、保证发展为优先权的立场，对国际减排义务分担的讨论影响深远。如何合理界定各国排放责任、制定公平的减排义务分担体系，既保障发展中国家的发展权，又能够达成使得多数国家都能积极参与减排的国

171

际合作协议,仍是包括中国在内的发展中国家和整个国际社会关注的焦点。

本文认为一个国际公平分担框架应加入对以下三个现象的考察:

第一,IPCC 的报告(2007)表明,工业革命以来大量化石能源的燃烧是导致气候变暖的主要原因。新兴资本主义国家广泛采用新的工业技术,引致了对化石能源的大量需求,完成了工业化进程,后来又为其他后进国家仿效。然而,温室气体与其他传统污染物不同,属于存量污染物(stock pollutant),其影响主要由其存量多少决定。随着工业革命以来二百年间温室气体的积累,特别是二氧化碳($CO_2$)的排放,超出了自然界自身平衡能力,导致温室气体浓度不断升高,对气候变化的影响是长期且深远的。因此,界定各国碳排放责任至少应该往前推至工业革命的时点,在我们的文章中基于数据的可获得性,温室气体的历史排放可以追溯到 1850 年。

第二,二战以来,随着关税及贸易总协定的建立和完善,全球化进程不断加快,资本近乎自由流动,国际分工日益深化(Arndt et al., 2001),生产方式产生重大变化导致消费品的生产和消费出现地域的分离。以如下两种方式最为典型:(1)A 国提供物质资本,B 国提供劳动力,C 国提供能源,生产设在 D 国,那么直接排放也是在 D 国,最终产品为各国所消费;(2)A 国生产技术密集型产品,如机械、电子设备,B 国购进这些中间品或投资品,再投入大量劳动力和能源,生产最终消费品,并为各国所消费。而且,Houser 等(2008)和 Ackerman 等(2007)的研究表明,能源成本不是决定国际分工的主要因素,高耗能生产国并未藉此获得明显的竞争优势。因此,无论上述哪种生产方式,直接将温室气体排放责任归结为高排放产业的生产国如第 1 种类的 D 国或第 2 种类的 B 国都是不合理的。

第三,消费模式的差异导致国际间的借贷规模巨大。一些国家通过发行债务的方式以提高当前消费水平,并引致了大量能源需求和温室气体排放。据国际货币基金组织统计,2005 年日本、中国和德国的经常账为 1 658 亿、1 608 亿和 1 155 亿美元,而美国、西班牙和英国的经常账则为－7 915 亿、－831 亿和－576 亿美元。尽管拥有债权的国家因此能够提高其未来的消费,然而对于既有的碳排放,当前高消费的国家理应承担更大的责任。

基于上述现象,本文试图从长期的、动态的视角考察各国最终消费导致的碳排放(定义为消费排放),通过建立最终消费与碳排放的关系,核算 1950—2005 年世界各国的累积消费排放,并考虑 1850 年以来按历史排放责任得到各国累积消费排放及人均累积消费排放;进而根据生产为了消费、为了增进福利水平的经济思想,讨论以消费排放作为公平分配指标的重要性。相应地,本文安排如下:第二部分综述了与消费排放相关的主要文献及研究进展情况;第三部分建立了消费排放的核算框架;第四、五部分根据世界银行及世界资源研究所等机构的统计数据计算并分析了各国的累积消费排放情况,并讨论了以消费排放作为公平分担指标的重要性;第六部分得出主要的研究结论和建议。

## 二、"消费排放"相关研究综述

目前,很多学者从国际贸易视角发现消费品的生产国和消费国出现地域的分离,导致碳排放的归属权产生争议,并将这部分蕴含在贸易品中的温室气体称为"贸易内涵排放"(embedded carbon in trade），多数的定量研究也集中在对双边或多边贸易品上的贸易碳排放的测算上。例如，Shui 和 Harriss（2006）考查了贸易品生产过程的碳排放，估计了中美两国的贸易内涵排放，发现 1997—2003 年中国约有 7%—14% 的碳排放是由出口到美国的商品导致的。类似地，Li 和 Hewitt（2008）研究发现，2004 年通过进口中国商品，英国的国内碳排放总量降低了近 11%，Wang 和 Watson（2007）则发现 2004 年中国净出口碳排放约占国内碳排放总量的 23%。然而，上述方法忽略了上游中间产品生产排放的间接影响，进一步的研究充分考虑这一点，将最终产出分为消费、投资以及出口，利用投入产出矩阵将中间产品的碳排放均归结到最终产出中，从而得到考虑中间品生产排放的贸易内涵排放（Weber and Matthews，2007）。其中，Peters 和 Hertwich（2008a）进行了最为系统的研究，还考虑了贸易品为中间产品的情况，利用 GTAP 数据和全球跨国投入产出模型（MRIO）计算了 2001 年 87 个国家和地区的贸易内涵排放，发现贸易内涵排放量已占到世界碳排放总量的四分之一强，其中中国出口碳排放占其国内实际碳排放的 24%，进口碳排放则占 7%。Weber 等（2008）、齐晔等（2008）、潘家华（2008）、李善同和何建武（2008）以及姚愉芳等（2008）分别利用该方法系统研究了中国的贸易内涵排放。其中，Weber 等（2008）发现中国的净出口产品的碳排放量占国内碳排放总量的比重已从 1978 年的 12% 增加到 2005 年的三分之一强；齐晔等（2008）对进口产品采用日本的碳排放效率计算，发现 2006 年中国的净出口产品的碳排放量已占国内碳排放总量的 29.3%；潘家华（2008）研究发现，考虑加工贸易情况下，2006 年中国出口碳排放约为 31.4 亿吨 $CO_2$，净出口内涵碳排放达 12.5 亿吨 $CO_2$；此外，刘强等（2008）还利用全生命周期方法（这是一种针对具体行业的

174

投入产出方法)研究了中国重点出口产品的碳排放量。

　　进一步,Munksgaard 和 Pedersen(2001)以及 Peters(2008)做了贸易加减法,将国内实际排放量减去净出口碳排放称之为"消费排放",认为这很可能成为国际气候变化谈判中界定碳排放责任的重要指标。英国新经济基金会的报告(Smith et al.,2007)明确指出气候变化的讨论焦点应从商品生产国转移到商品消费国;中国的快速发展促使西方国家把工厂转移到中国,中国不断增加的碳排放量实际上反映的是西方国家的高消费水平。Ferng(2003)基于受益原则,认为碳排放的责任应归于产生污染的驱动因素,而不是直接的污染生产者,并由此计算了消费者和生产者各自的责任,但却存在重复计算的问题。

　　毫无疑问,上述考虑中间产品影响的贸易内涵排放和消费排放更深刻体现了内涵排放的思想,也更能体现公平分担的减排原则。然而,由于上述研究采用的投入产出方法均是对截面数据进行静态估算,将投资也视为一项最终品,而动态视角下投资也是一种中间产品,最终会转化为消费(本国消费或他国消费),静态分析可能显著低估贸易内涵排放的大小。而且,碳排放的存量污染特征决定了界定各国排放责任时考察投资转化为最终消费的动态过程更加有必要。更重要的是,贸易内涵排放和上述定义的"消费排放"概念容易把贸易保护的问题引入减排问题的讨论,结论往往是为各国设置贸易保护如征收边界碳税提供理由。

　　在上述研究和讨论的基础上,我们进一步从动态视角考察了投资进入到消费的过程,据此核算了最终消费导致的碳排放,并从福利角度讨论了消费排放作为公平分担指标的重要性,认为应以此来衡量各国的碳排放责任。本文提出的消费排放试图

175

从终端即福利角度核算碳排放,既是基于长期以来碳排放仅是化石能源消耗、提高福利水平的副产品,又能够避免关于生产者和消费者谁获益的争论,以及由此定义的相关指标导致的重复计算问题,因为最终双方的收益均在自身福利中体现。

## 三、消费排放的核算框架

对于国家 $i$,第 $t$ 年的最终产出可表述为消费、投资和净出口之和,即:

$$C_{it} + I_{it} + NX_{it} = Y_{it} \tag{1}$$

"贸易内涵排放"即计算净出口 $NX_{it}$ 中所含的碳排放。与直接采用贸易额乘以该国的碳排放强度计算相比,利用投入产出关系考查中间品生产导致的碳排放对出口品的间接影响,相当于单独估计了出口品的碳排放强度。考察贸易品为中间品还是最终品的模型意味着是否将进口产品作为中间产品计入投入产出矩阵。然而,从长期的、动态的视角看,投资形成的物质资本也是一种中间品,将作为生产要素生产最终消费品(上式中的本国消费品或他国消费品),则静态的"贸易内涵排放"估计忽略了该部分的影响。因此,本文定义了消费排放,从最终消费角度核算各国消费导致的碳排放。

为了描述该想法以及核算各国的消费排放,简单起见,我们采取了先计算全球总的消费排放,再得到各国消费排放的方法。将所有国家的最终产出平衡式加总,由于 $\sum_i NX_{it} = 0$,可得:

$$\sum_i C_{it} + \sum_i I_{it} = \sum_i Y_{it} \tag{2}$$

设 $C_t = \sum_i C_{it}$, $I_t = \sum_i I_{it}$, $Y_t = \sum_i Y_{it}$, 分别代表世界各国的总消费、投资和产出。

物质资本 $K$ 的折旧率设为 $\delta$, 累积方程为:

$$K_{t+1} = (1-\delta)K_t + I_t \tag{3}$$

本文采用资源经济学常用的生产函数 $Y_t = f(K_t, E_t)$, 化石能源 $E_t$ 与物质资本 $K_t$ 一起作为生产要素, 碳排放主要是化石能源消耗的副产品。据此, 可讨论碳排放和消费量的关系, 进而能够动态核算消费排放。

首先, 处理物质资本积累所导致的碳排放量。仿效物质资本积累的方式, 假定这些温室气体暂时"沉淀"在物质资本中(尽管实际上已经排放到大气中), 当物质资本在生产过程中折旧时 (第 $t$ 年有 $\delta K_t$ 的损耗量), "沉淀"于其中的温室气体就释放出来, 计为当期生产因消耗物资资本导致的碳排放, 即一部分为生产消费品所致, 另一部分为生产投资品所致。

据此, 设第 $t$ 年沉淀于物质资本中的碳排放量为 $G_t^K$, 同时设投资和消费导致的碳排放分别为 $G_t^I$ 和 $G_t^C$。物质资本积累"沉淀"的碳排放的存量和流量关系式即为:

$$G_{t+1}^K = (1-\delta)G_t^K + G_t^I \tag{4}$$

其次, 确定第 $t$ 年投资和消费分别导致的碳排放量。由生产函数可知, 第 $t$ 年的生产所导致的碳排放为物质资本折旧"释放"的碳排放 $\delta G_t^K$ 和能源消耗产生的碳排放 $G_t^E$ 之和。相应地, 第 $t$ 年消费和投资导致的碳排放也各由两部分组成, 即:

$$G_t^C = G_t^{CK} + G_t^{CE}; \quad G_t^I = G_t^{IK} + G_t^{IE} \tag{5}$$

其中, $G_t^{CK}$ 和 $G_t^{CE}$ 分别表示第 $t$ 年生产消费品所消耗的物资资本与能源导致的碳排放, $G_t^{IK}$ 和 $G_t^{IE}$ 分别表示第 $t$ 年生产投资品所消耗的物资资本与能源导致的碳排放。

对于规模报酬不变的生产函数,在竞争性市场下,产出与要素投入成正比,从而消费量和投资量分别与生产消费品和投资品所投入的物资资本及能源成正比。据此,可设第 $t$ 年生产消费品所消耗的物资资本与能源导致的碳排放分别为 $G_t^{CK} = g^{CK} C_t$ 和 $G_t^{CE} = g^{CE} C_t$,生产投资品所消耗的物资资本和能源导致的碳排放分别为 $G_t^{IK} = g^{IK} I_t$ 和 $G_t^{IE} = g^{IE} I_t$。实证研究也部分表征了上述关系,Golley 等(2008)讨论了中国居民家庭消费直接和间接耗能导致的碳排放——本文中的 $G_t^{CE}$——与家庭人均年收入的关系,发现二者成正比,而家庭人均年收入可视为消费量的替代变量。然而,投资品和消费品的生产函数可能有所不同。设 $\lambda_1 = g^{IK} / g^{CK}$,$\lambda_2 = g^{IE} / g^{CE}$,$\lambda_1$ 和 $\lambda_2$ 反映了投资品和消费品的生产的要素需求结构的差异,进而表征为单位投资与消费的碳排放量的差异①。

将上述关系代入式(2)和式(5)可得,第 $t$ 年投资导致的碳排放为:

$$G_t^I = \frac{\lambda_1 I_t}{C_t + \lambda_1 I_t} \delta G_t^K + \frac{\lambda_2 I_t}{C_t + \lambda_2 I_t} G_t^E \qquad (6)$$

相应地,第 $t$ 年消费导致的碳排放,即消费排放为:

$$G_t^C = \frac{C_t}{C_t + \lambda_1 I_t} \delta G_t^K + \frac{C_t}{C_t + \lambda_2 I_t} G_t^E \qquad (7)$$

最后,在[$t_1$,$t_2$]年间,消费排放与能源消耗产生的碳排放的平衡式为:

---

① 在上述设定下,如果不同年份的要素相对价格发生变化,$g^{CK}$、$g^{IK}$、$g^{CE}$ 以及 $g^{IE}$ 会随时间变化,但 $\lambda_1$ 和 $\lambda_2$ 不变。此外,只有存在生产方式和结构的转变时,$\lambda_1$ 和 $\lambda_2$ 才可能会变化。

178

$$G_{t_1}^K + \sum_{t=t_1}^{t_2} G_t^E \equiv G_{t_2}^K + \sum_{t=t_1}^{t_2} G_t^C \tag{8}$$

其中,等式左侧为第 $t_1$ 年物质资本所"沉淀"的碳排放与 $[t_1, t_2]$ 年间的能源消耗产生的碳排放之和,等式右侧为第 $t_2$ 年物质资本"沉淀"的碳排放与 $[t_1, t_2]$ 年间的消费排放之和。

可以证明(见附录),当时间足够长,初年及末年物质资本"沉淀"的碳排放相比于该时间段内的累积消费排放可忽略不计,则累积消费排放等于累积能源消耗产生的碳排放,即式(8)可简化为 $\sum_{t=t_1}^{t_2} G_t^E = \sum_{t=t_1}^{t_2} \sum_i G_{it}^C$。这意味着经济中所产生的碳排放可全部核算为最终消费导致的碳排放,即消费排放。

**情景 1:各国消费结构相同且消费同样的产品**

一个自然的假定是各国的消费结构相同而且消费同样的产品,则各国单位消费的碳排放是相同的,各国消费排放的差异表征为各国消费量的差异。各国消费结构相同意味着我们认为各国代表性消费者的偏好无差异;各国消费同样的产品至少需要全球产品自由贸易、价格由世界市场决定的假设(Copeland and Taylor,1994),而在当前资本与能源的自由流动以及跨国企业在全球配置生产的背景下,一种产品的生产函数和要素需求结构在全球趋于相同,对于该假设能够提供进一步的支持。

在该情景下,第 $t$ 年国家 $i$ 的消费排放为:

$$G_{it}^C = \frac{C_{it}}{C_t} G_t^C = \frac{C_{it}}{C_t + \lambda_1 I_t} \delta G_t^K + \frac{C_{it}}{C_t + \lambda_2 I_t} G_t^E \tag{9}$$

**情景 2:以各国排放强度衡量各国单位消费的碳排放量差异**

现实中,各国的排放强度(定义为单位产出的碳排放)存在

179

巨大差异。本文在情景 1 下假定这完全是由国际分工造成的，而在全球化生产和自由贸易条件下各国均消费相同的产品。然而，能源利用效率、能源禀赋结构以及消费行为的差异依然存在，例如日本等国消费的大量产品切实地比中国、美国等国家相同产品的碳排放量要低。因此，有必要讨论各国单位消费的碳排放量不同的情景。

简单起见，我们仅用各国排放强度 $\phi_{it}$ 衡量各国单位消费排放的差异，据此设 $g_i^{CK} = \phi_{it} g^{CK}$，$g_i^{CE} = \phi_{it} g^{CE}$。同时，由于仅是对各国消费排放的相对大小进行调整，全球总的消费排放以及全球总投资导致的碳排放均不变，不必对各国投资再做调整。相应地，在该情景下，第 $t$ 年国家 $i$ 的消费排放为：

$$G_{it}^C = \frac{\phi_{it} C_{it}}{\sum_i \phi_{it} C_{it}} G_t^C = \frac{\phi_{it} C_{it}}{\sum_i \phi_{it} C_{it}} \cdot \left( \frac{C_t}{C_t + \lambda_1 I_t} \delta G_t^K + \frac{C_t}{C_t + \lambda_2 I_t} G_t^E \right)$$

(10)

由式(10)可知，情景 2 的假设完全忽视了全球分工的影响，将各国排放强度的差异完全归因于本国的消费结构。

## 四、数据来源及参数估计

本文计算各国累积消费排放所需的主要指标有各国购买力平价 GDP(PPP)、各国最终消费量(包括政府消费和居民消费)以及各国国内 $CO_2$ 实际排放量，时间为 1950—2005 年。其中，购买力平价 GDP 主要采用 Maddision 的统计数据以及世界银行的 WDI 数据；最终消费量的计算需要得到政府和居民消费量以及各国 GDP 数据，这些数据主要来自国际货币基金组织的 IFS 和世界银行的 WDI 统计；碳排放量主要采用了世界资源研究所的统计数据,为化石能源消耗所排放的 $CO_2$ 当量,该数据库对历史上不存在或尚未独立的国家的排放均做了预测,但 2005 年的 $CO_2$ 排放量则采用了美国能源信息署的统计。不同数据库数据均调整到一致,对于个别缺失的数据,采用趋势外推或插值方法进行了推测。

对于 1850—1949 年时间段,由于各国开放程度均不高且国际贸易量相对较小,我们认为各国累积消费排放等于各国累积国内实际排放。1850—1949 年各国国内实际排放量采用的是世界资源研究所的统计数据。据此,可计算 1850—2005 年的各国累积消费排放量。

文献中关于物质资本折旧率的大小存在一定分歧。Perkins(1998)、Wang 和 Yao(2001)等在其研究中取折旧率为 0.05,其他学者则假定了 0.06 的折旧率。张军等(2004)在将全社会固定资产分成建筑安装工程、设备工器具购置和其他费用三个部分的基础上,计算出这三类资产的折旧率分别为 0.069、0.149 和 0.121,并用三类资产在总资产中的比重为权数,计算出社会总资本的折旧率为 0.096。龚六堂和谢丹阳(2004)在其研究中取资本折旧率为 0.1。折旧率的大小自然会对每一期的资本存量产生较大影响,采用较大的折旧率,得到的资本存量较小,反之则资本存量较大,从而物质资本存量中所"沉淀"的碳排放量也相应有所变化,但并不会显著改变各国消费排放的比重。因此,本文物质资本折旧率取为 0.1。

对于表征单位投资与消费的碳排放量的差异的参数 $\lambda_1$ 和 $\lambda_2$,本文采用 2002 年中国的投入产出表进行一定程度的校准(具体见附录)。参考估计值 $\lambda_1 = 0.962$,$\lambda_2 = 1.358$,本文取 $\lambda_1 = 1.0$,$\lambda_2 = 1.35$。

# 五、计算结果及讨论

1950—2005 年世界各国的累积消费排放量的计算过程如下：首先，加总历年各国购买力平价 GDP 与历年各国最终消费（居民消费和政府消费）分别得到历年世界总产出与总消费，由历年世界总产出减去世界总消费支出得到历年的投资支出，由历年各国碳排放及各国购买力平价 GDP 可得历年各国的排放强度；其次，根据式(4)—式(7)可动态计算历年各国总的消费排放、投资导致的碳排放以及物质资本中"沉淀"的碳排放量，由于 1950 年的物质资本存量相对较小，本文没有考虑该年物质资本中"沉淀"的碳排放量；最后，由式(9)或式(10)计算两个情景下历年各国的消费排放，加总得各国累积消费排放及其占世界累积消费排放总量的比重。计算得 2005 年物质资本"沉淀"的碳排放量为历年碳排放量之和的 9.9%，对计算各国累积消费排放影响较小，在核算该时段累积消费排放时也忽略不计。当然，如果一个国家目前投资较多或者拥有大量国外债权，以此获得充足的发展空间，其未来消费排放将相应增加；在一个具有长期减排目标以及不断更新的公平分担框架下，该国家当前的积累势必反映在未来的减排分担体系内。此外，本文对物质资本折旧率 $\delta$ 以及单位投资和消费的碳排放差异参数 $\lambda_1$ 和 $\lambda_2$ 进行了敏感性分析，结果发现这对物质资本"沉淀"的碳排放量有一定影响，但均对各国累积消费排放的相对大小影响很小。

两个情景下主要国家 1950—2005 年累积消费排放的计算结果见表 1。情景 1 假定各国的排放强度完全是由资源禀赋差异和国际分工所致，而各国均消费同样的产品，仅存在消费量的差异;情景2则忽略了国际分工的影响,认为各国的排放强度完全是由其自身的消费结构以及能源效率引致,因此,两个情景下的结果相当于给出了一个置信区间,各国真正的消费排放应处于二者之间。从中可以看出,对于大部分发达国家如英国、法国、意大利和西班牙,由于其工业化进程较早且制造业比重不断降低,其累积消费排放显著高于国内实际排放;对于大部分能源资源丰富、耗能工业发展迅速且出口较大的发展中国家如中国、南非(情景2下累积消费排放结果与累积国内实际排放差别很小,而情景1的结果却显著小于国内实际排放)及俄罗斯等东欧国家,其累积消费排放显著小于累积国内实际排放;对于一些能源资源丰富的发达国家如澳大利亚及加拿大,其累积消费排放与累积国内实际排放基本相当。德国的累积消费排放小于其累积国内实际排放,而巴西、印度和墨西哥等发展中国家的累积消费排放大于其累积国内实际排放,这主要是由于德国制造业发达,生产大量碳密集产品,并且长期贸易盈余,而巴西、印度和墨西哥等则出口大量初级产品如农产品、资源品和服务业产品而进口大量制造业产品(Kainuma et al., 2000; Lenzen, 2001a, 2001b),并且长期贸易赤字。两个情景下美国及日本的累积消费排放的结果一个大于累积国内实际排放,一个小于累积国内实际排放,但两国是相反的;对于美国,制造业发达且出口大量碳密集产品,但20世纪80年代前为贸易盈余而之后却是因过度消费导致大量贸易赤字,因此美国实际的累积消费排放可能与累积国内实际排放相当;对于日本,长期提倡节能且贸易盈余巨大,然而其制造业也很发达,且集中于精密制造行业,例如从发展中国家大量进口粗钢产品进行精加工,这种产品的分工使得日本将大量碳排放留在发展中国家(李丽平等,2008),因此日本累积消费排放将高于累积国内实际排放。

表 1　主要国家 1950—2005 年累积消费排放及
累积国内实际排放(均为占全球总量的比重,%)

| 国　家 | 累积国内<br>实际排放 | 情景 1 下的<br>累积消费排放 | 情景 2 下的<br>累积消费排放 |
|---|---|---|---|
| 美　国 | 26.42 | 23.93 | 28.82 |
| **中　国** | **10.19** | **6.84** | **8.76** |
| 德　国 | 5.64 | 4.90 | 5.49 |
| 俄罗斯 | 9.31 | 3.68 | 8.35 |
| 日　本 | 4.80 | 6.60 | 4.52 |
| 英　国 | 3.55 | 4.22 | 3.86 |
| 法　国 | 2.26 | 3.95 | 2.32 |
| 意大利 | 1.82 | 3.47 | 1.92 |
| 印　度 | 2.64 | 4.33 | 2.84 |
| 巴　西 | 1.00 | 2.72 | 1.09 |
| 墨西哥 | 1.24 | 1.92 | 1.34 |
| 西班牙 | 1.02 | 1.68 | 1.08 |
| 加拿大 | 2.20 | 1.96 | 2.27 |
| 澳大利亚 | 1.20 | 1.10 | 1.23 |
| 乌克兰 | 2.35 | 0.86 | 2.30 |
| 南　非 | 1.33 | 0.58 | 1.38 |

　　最后,我们比较感兴趣的是中国的累积消费排放。从计算
结果看,1950—2005 年中国累积国内实际排放占世界累积碳排
放总量的比重虽然高达 10.19%,但是两个情景下中国累积消
费排放仅占世界累积消费排放总量的 6.84% 及 8.76%,这意味
着约有 14%—33% 的国内实际排放是为他国居民提供消费品
所致。进一步,深入考察国际分工的影响,并考虑到中国的进口
多为中间产品,改革开放以来中国的最终消费与净出口(扣除中
间产品)之比约为 3：1,我们不妨认为中国自身的高碳消费结
构和低效率对于中国相对较高的碳排放强度的贡献率为 75%,

那么中国将约有超过 $1-(6.84\%\times 1/4+8.76\times 3/4)/10.19\%$ $=20\%$ 的国内实际排放是为他国居民提供消费品所致,该结果较当前多数核算中国贸易内涵排放的研究有所偏高,主要是累积消费排放核算考虑了中国改革开放后为他国生产消费品而进行的大量投资的动态效果。此外,近年来中国的大量投资没能全部体现在当前累积消费排放的核算中,也对累积消费排放和累积国内实际排放之比有一定影响。

当前关于公平分担的研究和提案归纳已不胜枚举(Helm,2000;陈文颖等,2005;潘家华、郑艳,2008)。其中,Baer 等(2008)基于"各国有区别的责任以及相应的能力"的讨论焦点,提出一个温室气体排放发展权框架,该方案综合考虑了责任和能力两类因素,既保障发展中国家的发展权,强调广大低收入、低排放人群无需承担减排义务,又要求各国高收入、高排放人群均应做出贡献,从而明确了各国减排义务分担;国务院发展研究中心课题组(2009)从温室气体为全球性公共物品并对所有人产生负外部性角度出发,论述应以"各国人均累积实际排放相等"的原则来界定历史排放责任和分配未来的排放权。两个提案均引起了广泛讨论,然而前者仅考虑了 1990—2005 年的各国国内实际排放,导致新兴市场国家减排义务份额骤增;后者也仅仅要求根据人均累积国内实际排放相等来分配未来的排放权,对于国际分工的影响和消费模式的差异缺乏考虑。因此,在这些研究和提案的基础上,我们进一步认为应将消费排放作为公平分担的重要指标加以考察。

不考虑消费排放的影响,将不是一个真正公平的分担框架,落后国家的发展权也不能得到保证。以排放权的分配为例,我们在两期框架下设想两个开放小国 A 和 B 加以讨论。假设 A 国拥有化石能源,仅生产碳密集产品,B 国仅生产无碳产品,但均消费碳密集产品和无碳产品,通过国际市场交易得到相应产品。第 1 期 A 国生产了 1 000 吨碳排放的碳密集产品,交易其中的一半,B 国则购买了 500 吨碳排放的碳密集产品进行消费;第 2 期同样如此。现在,假设国际社会在第 1 期末分配两国第 2 期的碳排放权。设公平原则下两国的两期排放权均为 1 000 吨碳排放,这样两国两期总的碳排放不变,我们目的是考察碳排放权的分配方式对两国福利的影响。第 2 期国际市场上碳排放权价格为 $\tau$,相应的碳密集性产品的价格为 $P+\tau$。若以国内实际排放作为分配原则,A 国在第 2 期的碳排放权为 0,B 国则为 1 000 吨;B 国将其交易出去,将获得 $1\,000\tau$ 的收益,高于购买 500 吨碳排放的碳密集型产品增加的 $500\tau$ 的成本,将能消费更多碳密集型产品,较无碳排放权分配情景有福利改进,相反,A 国将为自己消费碳密集型产品而付出额外的成本,将只能消费少于 500 吨碳排放的碳密集型产品,较无碳排放权分配情景有福利损失。若以消费排放作为分配原则,A 国和 B 国在第 2 期的碳排放权均为 500 吨碳排放;B 国将其交易出去,依然可消费 500 吨碳排放的碳密集型产品,而 A 国可购买 500 吨碳排放权,同样生产 1 000 吨碳排放的密集型产品,一半用于交易,一半用于自身消费,则第 2 期 A 国和 B 国的福利与无碳排放权分配情景一样。可以看出,在这个总排放不变的例子下,排放权分配方式的变化对两国福利的影响是不同的,以国内实际排放作为分配原则导致一国福利增加而另一国福利降低,不能说是一个公平的分配原则,因此在国际分工以及全球化的背景下,以消费排放作为分配原则更能体现公平分配原则,也才能被各国接受。

我们由此计算了 1850—2005 年世界各国的累积消费排放。由于 1850—1949 年国际贸易量相对较小,特别是工业化国家与落后国家之间基本无贸易,本文简单地将各国国内实际排放视为其消费排放。加上前节核算的 1950—2005 年各国累积消费排放,即可得到 1850—2005 年各国累积消费排放。同时,我们以 2005 年各国人口为基准,计算了各国人均累积消费排放。具体见表 2。可以看出,发达国家的人均累积消费排放普遍要远高于发展中国家,即使是《京都议定书》"附件一"国家中人均累积消费排放最小的罗马尼亚(情景 1 下为 141 吨 $CO_2$)或葡萄牙(情景 2 下为 176 吨 $CO_2$),巴西、中国和印度等发展中国家也均低于其水平,特别是中国和印度尚不足其三分之一。

表 2　主要国家 1850—2005 年累积消费排放及人均累积消费排放

| 国　家 | 情景 1 | | 情景 2 | |
|---|---|---|---|---|
| | 累积消费排放（$MtCO_2$） | 人均累积消费排放（$tCO_2$） | 累积消费排放（$tCO_2$） | 人均累积消费排放（$tCO_2$） |
| 美　国 | 285 739 | 951 | 326 094 | 1 086 |
| **中　国** | **58 247** | **44** | **74 132** | **57** |
| 德　国 | 69 029 | 837 | 73 896 | 896 |
| 俄罗斯 | 36 812 | 257 | 75 395 | 527 |
| 日　本 | 54 552 | 427 | 37 256 | 292 |
| 英　国 | 70 622 | 1 173 | 67 762 | 1 125 |
| 法　国 | 44 054 | 724 | 30 667 | 504 |
| 意大利 | 30 245 | 516 | 17 509 | 299 |
| 印　度 | 37 950 | 35 | 25 651 | 23 |
| 巴　西 | 22 828 | 123 | 9 322 | 50 |
| 墨西哥 | 16 351 | 159 | 11 502 | 112 |
| 西班牙 | 14 992 | 345 | 10 069 | 232 |
| 加拿大 | 20 493 | 635 | 23 066 | 714 |
| 澳大利亚 | 10 493 | 516 | 11 578 | 570 |
| 乌克兰 | 8 783 | 187 | 20 647 | 439 |
| 南　非 | 6 287 | 134 | 13 000 | 277 |
| 罗马尼亚 | 3 051 | 141 | 5 889 | 272 |
| 葡萄牙 | 3 619 | 343 | 1 861 | 176 |
| 世　界 | 1 039 363 | 162 | 1 039 363 | 162 |

因此,我们将《联合国气候变化框架公约》(UNFCCC)确定的国际社会应对气候变化的"共同有区别的责任"原则扩展为"共同有区别的碳消费权"原则,认为一个国际公平的减排责任与义务分担框架应当以1850年以来的(人均)累积消费排放为主要指标。在该原则下,落后国家当前应获得足够的碳消费权利,以满足其消除贫困和发展的需求,而不必付出额外的成本。发达国家则应为其过多的历史消费排放负责,承担更大的减排责任;在其应为消费他国产品导致的碳排放负责的前提下,发达国家不仅要在本国立即开展减排行动,而且应通过国际间的资金和技术转移,提高落后国家产品生产的技术水平,以降低自身消费排放、实现减排目标。

## 六、主要结论与建议

本文从长期的、动态的视角将投资作为一项中间品,提出根据最终消费来衡量各国碳排放责任的想法,通过研究最终消费与碳排放量的关系,计算了两个情景下1950—2005年的世界各国累积消费排放量,发现中国累积国内实际排放占世界累积碳排放总量的比重虽然高达10.19%,但是中国的累积消费排放仅占世界累积消费排放总量的6.84%—8.76%,这意味着约有14%—33%(或超过20%)的国内实际排放是由他国消费所致,而大部分发达国家如英国、法国和意大利的累积消费排放均大于其累积国内实际排放。基于生产为了消费、为了增进福利的经济思想,我们认为是最终消费而不是生产才是导致温室气体大量排放、气候变化加剧的根本原因,而发达国家为了维持高消费而在全球配置资源、投入更多能源进行生产更进一步加剧了该现象,据此我们讨论了以消费排放作为公平分担原则的重要性,强调根据消费排放而不是各国实际排放来界定各国的责任才更为公平。

进而,我们将 UNFCCC"共同有区别的责任"原则扩展为"共同有区别的碳消费权"原则,建议以 1850 年以来的(人均)累积消费排放作为国际公平分担减排责任与义务的重要指标。1850—2005 年的人均累积消费排放计算结果表明,大部分发展中国家的排放水平不仅远远低于主要发达国家水平,而且也低于《京都议定书》"附件一"国家的最小水平。因此,发展中国家的发展权应体现为其居民有权利在将来一段时期消费更多的含碳产品,以满足其增进福利和发展的需求,而不必付出额外的成本。在发达国家承认为消费他国产品导致的碳排放负责的前提下,发达国家不仅要在本国立即开展减排行动,而且应通过国际间的资金和技术转移,提高落后国家产品生产的技术水平,这也是其降低自身消费排放、实现减排目标的重要手段。

在实践中,消费排放的概念可以明确引导政策措施的目标,它指出各国的"减排指标"应首先与消费挂钩,而不是与生产挂钩;一些减排的措施,如税收等,也应是针对消费而不是针对生产进行实施(佐和隆光,1999)。同时,长期来看,这有利于提倡改变人们的生活方式与消费模式本身,而不仅仅是寻找清洁能源。

当然,本文主要提出消费排放的动态核算框架,但计算结果比较初步,仍有很大的扩展空间。一方面,在上述动态框架下,参考"贸易内涵排放"对进口产品的处理,可详细计算过去几十年中国产生的碳排放有多少为中国的消费所致,有多少为他国的消费所致;另一方面可利用全球动态一般均衡模型或者是动态投入产出模型,对各国的累积消费排放进行更为细致的计算,从而能够更好地用于界定各国的历史排放责任或分配排放权。

# 附　录

**附录 A:证明当时间足够长时,式(8)可简化为 $\sum_{t=t_1}^{t_2} G_t^E = \sum_{t=t_1}^{t_2} \sum_i G_{it}^C$**

证明:当时间足够长,假设经济存在稳态,此时任意年份的物质资本存量和能源投入均保持不变,分别记为 $\bar{K}$ 和 $\bar{E}$。相应地,产出为定值 $\bar{Y} = f(\bar{K}, \bar{E})$。由资本的动态累积方程得: $\bar{I} = \delta \bar{K}$,保持不变,消费也为定值 $\bar{C}$,据此,储蓄率也为定值 $\bar{s} = \bar{I} / \bar{Y}$。能源消耗产生的碳排放也相应为定值 $\bar{G}^E$。

则第 $t$ 年投资导致的碳排放为:

$$G_t^I = \frac{\lambda_1 \bar{s}}{1 - \bar{s} + \lambda_1 \bar{s}} \delta G_t^K + \frac{\lambda_2 \bar{s}}{1 - \bar{s} + \lambda_2 \bar{s}} \bar{G}^E \qquad (11)$$

由式(4)得,第 $t+1$ 年物质资本中沉淀的碳排放为:

$$G_{t+1}^K = \left(1 - \frac{(1 - \bar{s})\delta}{1 - \bar{s} + \lambda_1 \bar{s}}\right) G_t^K + \frac{\lambda_2 \bar{s}}{1 - \bar{s} + \lambda_2 \bar{s}} \bar{G}^E \qquad (12)$$

上式中 $G_t^K$ 的系数小于 1,意味着物质资本"沉淀"的碳排放量最终也将收敛于一定值 $\bar{G}^K$。解之得:

$$\bar{G}^K = \frac{(1 - \bar{s} + \bar{s}\lambda_1)\bar{s}\lambda_2}{\delta(1 - \bar{s} + \bar{s}\lambda_2)(1 - \bar{s})} \bar{G}^E \qquad (13)$$

因此,当时间足够长即 $t_2 - t_1$ 趋于无穷大时,初期及末期累积在物质资本的碳排放相对于能源消耗产生的累积排放和累积消费排放为无穷小,故可忽略不计,式(9)能够简化为 $\sum_{t=t_1}^{t_2} G_t^E =$

190

$\sum\limits_{t=t_1}^{t_2} \sum\limits_{i} G_{it}^C$。此外，该简化在经济稳定增长的情景下也成立。

### 附录 B: 估算 $\lambda_1$ 和 $\lambda_2$

本文利用 2002 年中国的产出数据对 $\lambda_1$ 和 $\lambda_2$ 进行一定程度地校准。为了能够同时考察各生产部门的投入产出关系以及各生产部门与能源消耗和碳排放的关系，本文采用了包括 29 个生产部门、3 种化石能源消耗(煤炭、原油和天然气)以及物质资本折旧的投入产出表。

各生产部门的投入产出关系可描述为(Leontief, 1986):

$$X = (I_n - A)^{-1}Y \qquad (14)$$

其中，$X$ 为各部门产出，$Y$ 为各部门产出的终端需求，即消费、投资和出口需求之和，$A$ 为投入产出直接消耗系数矩阵，$I_n$ 为 $n$ 阶单位矩阵。本文主要是估计单位投资和消费导致的碳排放的差异，简单起见，将净出口设为最终产品，没有区分进口产品是否为中间投入品。

各生产部门耗能导致的碳排放可表示为:

$$G_t^E = FX = F(I_n - A)^{-1}Y \qquad (15)$$

其中，$F$ 为各部门生产投入能源所导致的碳排放的系数矩阵。该系数可通过分行业能源消费表计算得到，同时考虑能源品种的差异，煤炭、原油和天然气的碳排放系数分别为 0.770、0.676 和 0.523 吨碳/吨标准煤(刘强、庄幸和姜克隽等，2008)。注意到本文仅采用原油作为碳排放来源，将碳排放计在原油加工环节，实际上只有在汽油、柴油和煤油等一系列原油加工品被消耗时才排放温室气体，加工时并没有实际产生碳排放，不过式(14)已考虑了原油加工品作为其他部门投入的关系，因此式(15)的处理与直接计算各行业消耗原油加工品导致的碳排放是

191

等价的。

将终端需求分解,即得消费与投资各自因耗能导致的碳排放:

$$G^{CE} = F(I_n - A)^{-1}C + G^L, \ G^{IE} = F(I_n - A)^{-1}I \quad (16)$$

注意到消费因耗能导致的碳排放包含两项,其中 $F(I_n - A)^{-1}C$ 为消费各生产部门产品导致的碳排放,$G^L$ 为生活用能导致的碳排放,而投资因耗能导致的碳排放并没有这一项。

类似地,消费以及投资所损耗的物质资本分别为:

$$\delta K^C = ZX = Z(I_n - A)^{-1}C, \ \delta K^I = ZX = Z(I_n - A)^{-1}I$$
$$(17)$$

假设单位物质资本"沉淀"的碳排放是个常数即是同质的,则 $G^{IK}/G^{CK} = \delta K^I/\delta K^C$。

据此,由 $\lambda_1$ 和 $\lambda_2$ 的定义可知二者的估计值分别为:

$$\lambda_1 = (\delta K^I/I)_{2\,002}/(\delta K^C/C)_{2\,002} = 0.962$$
$$\lambda_2 = (G^{IE}/I)_{2\,002}/(G^{CE}/C)_{2\,002} = 1.358$$

## 参考文献

陈文颖、吴宗鑫、何建坤,2005:《全球未来碳排放权"两个趋同"的分配方法》,《清华大学学报(自然科学版)》第 6 期。

龚六堂、谢丹阳,2004:《我国省份之间的要素流动和边际生产率的差异分析》,《经济研究》第 1 期。

国务院发展研究中心课题组,2009:《全球温室气体减排:一个理论框架和解决方案》,《经济研究》第 3 期。

潘家华、郑艳,2008:《碳排放与发展权益》,《世界环境》第 4 期。

李丽平、任勇、田春秀,2008:《国际贸易视角下的中国碳排放责任分析》,《环境保护》第 3 期。

李善同、何建武,2008:《中国进出口贸易中隐含的能源、水资源以及排放的污染物》,国务院发展研究中心工作论文。

刘强、庄幸、姜克隽等,2008:《中国出口贸易中的载能量及碳排放量分析》,《中国工业经济》第 8 期。

潘家华,2008:《中国进出口贸易中的内涵能源及政策含义》,中国社会科学院工作论文。

齐晔、李惠民、徐明,2008:《中国进出口贸易中的隐含碳估算》,《中国人口、资源与环境》第 3 期。

孙琳琳、任若恩,2005:《资本投入测量综述》,《经济学(季刊)》第 4 期。

姚愉芳、齐舒畅、刘琪,2008:《中国进出口贸易与经济、就业、能源关系与对策研究》,《数量经济技术经济研究》第 10 期。

张军、吴桂英、张吉鹏,2004:《中国省际物质资本存量估算:1952—2000》,《经济研究》第 10 期。

佐和隆光,1999:《防止全球变暖》,中译本,中国环境科学出版社。

Ackerman, F. , Ishikawa, M. and Suga. M. , 2007, "The Carbon Content of Japan-US Trade", *Energy Policy*, Vol. 35, 4455—4462.

Arndt, D. , Arndt, S. and Kierzkowski H. , 2001, *Fragmentation*, Oxford University Press, London.

Baer, P. , Athanasiou, T. and Kartha, S. , 2008, "The Greenhouse Development Rights Framework: the Right to Development in a Climate Constrained World", Stockholm Environment Institute Report, Stockholm.

Copeland, B. R. and Taylor, M. S. , 1994, "North-South Trade and the Environment", *Quarterly Journal of Economics*, Vol. 5, 755—787.

Ferng, J. J. , 2003, "Allocating the Responsibility of $CO_2$ Over-emissions from the Perspectives of Benefit Principle and Ecological Deficit", *Ecological Economics*, Vol. 46, 121—141.

Helm, C. , 2000, *Economic Theories of International Environmental Cooperation*, Edward Elgar Publishing Inc. , Massachusetts.

Houser, T. , Bradley, R. , and Werksman, J. , etc. , 2008, "Leveling the Carbon Playing Field: International Competition and U. S. Climate Policy Design", Peterson Institute for International Economics, Washington D. C.

IEA, 2007, "World Energy Outlook 2007", International Energy Agency, Paris.

IPCC, 2007, *Climate Change 2007*, Cambridge University Press, Cambridge and New York.

Kainuma, M. , Matsuoka, Y. and Morita, T. , 2000, "Estimation of embodied $CO_2$ Emissions by General Equilibrium Model", *European Journal of Operational Research*, Vol. 122, 392—404.

Lenzen, M. , 2001a, "A Generalized Input-output Multiplier Calculus for Australia", *Economic Systems Research*, Vol. 13, 65—92.

Lenzen, M. , 2001b, "Errors in Conventional and Input-output-based Lifecycle Inventories", *Journal of Industrial Ecology*, Vol. 4, 127—148.

Li, Y. and Hewitt, C. N. , 2008, "The Effect of Trade between China and the UK on National and Global Carbon Dioxide Emissions", *Energy Policy*, Vol. 36, 1907—1914.

Leontief, W. , 1986, *Input-Output Economics*, Oxford University Press, New York.

Munksgaard, J. and Pedersen, K. A. , 2001, "$CO_2$ Accounts for Open Economies: Producer or Consumer Responsibility?" *Energy Policy*, Vol. 29, 327—334.

Perkins, D. H. , 1998, "Reforming China's Economic System", *Journal of Economic Literature*. Vol. 26, No. 2, 601—645.

Peters, G. P. , 2008, "From Production-based to Consumption-based National Emission Inventories", *Ecological Economics*, Vol. 65, 13—23.

Peters, G. P. and Hertwich, E. G. , 2008a, "$CO_2$ Embodied in International Trade with Implications for Global Climate policy", *Environmental Science and Technology*. Vol. 42, 1401—1407.

Peters, G. P. and Hertwich, E. G. , 2008, "Trading Kyoto Nature Reports", *Climate Change*, Vol. 2, 40—41.

Shui, B. and Harriss, R. C. , 2006, "The Role of $CO_2$ Embodiment in US-China Trade". *Energy Policy*, Vol. 34, 4063—4068.

194

Smith, A. , Johnson, V. , and Smith, J. , 2007, "China Dependence: The Second UK Independence Report", New Economics Foundation Report, London.

Weber, C. L. , Peters, G. P. , Guan, D. and Hubacek, K. , 2008, "The Contribution of Chinese Exports to Climate Change", *Energy Policy*, 36:3572—3577.

Weber, C. L. and Matthews, H. S. , 2007, "Embodied Environmental Emissions in US International Trade 1997—2004", *Environmental Science and Technology*, 41:4875—4881.

Wang, T. and Watson, J. , 2007, "Who Owns China's Carbon Emissions?", Tyndall Centre for Climate Change Research, Sussex, UK.

Wang, Y. and Yao, Y. , 2001, "Source of China's Economic Growth, 1952—1999: Incorporating Human Capital Accountation", World Bank Working Paper.

World Bank, 2007, World Development Indicator 2007. Accessed 2007.

WRI, 2007, "Climate Analysis Indicators Tool(CAIT)Version 5.0", World Resources Institute, Washington D. C.

(原载《经济研究》2010 年第 1 期)

195

# 对《最终消费与碳减排责任的
# 经济学分析》一文的评论

冯俊新

（中国人民大学经济学院）

**内容概述：**

樊纲、苏铭和曹静的论文《最终消费与碳减排责任的经济学分析》（以下简称"樊文"）从最终消费出发建立了一个衡量各国碳排放责任的分析框架，并在这一分析框架下，利用历史数据，对各国的碳排放责任进行了初步测算。这一测算主要包含两个结果，第一个是计算了 1950—2005 年各国累积消费排放量，并指出中国的实际排放中有很大一部分是由他国消费所致；第二个是计算了 1850—2005 年各国的人均累积消费排放量，指出发展中国家的历史排放责任很小。在这些计算结果基础上，作者认为在碳排放权的分配中应该考虑到最终消费排放以及人均累积排放这两个因素，从而得到更为公平的排放权分配标准，即"共同但有区别的碳消费权"原则。

**主要贡献：**

温室气体排放具有的一些特征使得在各国进行碳排放权利分配的谈判过程中遇到了新问题。首先，温室气体带来的后果（全球气候变化）是全球性的，因此具有全球公共品特征，这要求碳排放的分配必须在世界范围内进行;其次,温室气体排放的后果取决于存量的温室气体数量,即具有存量污染特征,这意味着我们在分配权利时必须涉及历史责任问题;最后,全球经济一体化使得产品的生产和消费出现地域上的分离,而由于最终消费才是碳排放的真正动因,这也使得过去常用的国际治理原则——生产地原则——不再适用于碳排放这个问题上。可以说,上述特征对于应对方案的公平性和有效性提出了严峻挑战,也使得更为合理全面的新方案的提出成为了这一研究领域中需要解决的迫切问题。

樊文在这一方面做出了努力,提出了一个新的责任分配方案,即根据累积消费排放量来在各国之间分配碳排放责任。累积消费排放量这样一个概念既考虑了现代经济中国际分工的特点,澄清了生产排放和消费排放之间的差异;同时,把静态的贸易内涵排放推广到了动态分析之中,用长时期中的最终消费所导致的碳排放来对各国的碳排放责任进行分解,这样就又考虑了温室气体排放的存量污染特征。因此,这样的概念具有更为坚实的理论基础,在这一概念基础上提出的"共同但有区别的碳消费权"这一原则也更具有经济学意义上的公平性,这些都为后续研究提供了一个很好的出发点。

对于中国来说,樊文所提出来的这两个概念尤具意义:一方面,中国是一个贸易大国,生产排放和消费排放分离这一概念的澄清对于中国意义重大;另一方面,对于一个才经历了不到两代人快速发展的新兴经济体来说,澄清并区分碳排放的历史责任也具有重要的意义。从这两点来看,根据这一分析框架对我国的实际碳排放责任进行重新的检定,将为中国在气候谈判中争取更大的话语权具有重要的价值。

事实上,樊文也按照这一分析框架对各国的累积消费排放量进行了初步测算。根据他们的计算结果,从 1950 年到 2005 年,中国约有 14%—33% 的国内实际排放是由他国消费所导致的;而从 1850 年到 2005 年,像中国这样的发展中国家的累积消费排放量更是只有世界平均水平的不到 1/3。这些计算结果都说明了重新审视现有碳排放责任分配机制的重要性。

**不足之处:**

作为一项比较有开创性的工作,正如作者所指出的那样,现在的分析结果只是在一个初步框架下获得的,所以结果的精确程度和稳健性仍有很大的改进空间。这体现在如下方面:

(1) 目前的计算中只是把经济划分成了同质的消费品和投资品两大部门,这使得该结果对于现实的反映能力不足。通过更细化的部门划分,比如考虑到不同国家消费结构的差异,或者是同一经济体在不同经济发展阶段消费结构的差异,都可以使得计算结果更为精确。

(2) 目前的计算中忽略了资本积累中所沉淀的碳排放,这个假设尽管对于一些已经经历了上百年资本积累过程的国家来说是合理的,但是对于一些新兴经济体来说其合理性有待商榷。

(3) 在文中计算累积消费排放量时,假设两个极端场景来作为累积消费排放量的上下限。这两个极端场景中,一个是假设各国的消费结构完全相同,另一个则是假设各国单位消费的碳排放量差异与其单位 GDP 的碳排放量差异相同,也就是说,这两个场景中分别忽略了国别消费结构差异和国别产业结构差异。但是,这两个场景不见得就一定能代表计算结果的上下限,设想一下,如果一个经济体同时在消费结构和产业结构上都更为低碳化,那么计算出来其累积消费排放量就应该比上述所提到的上下限数字都还要低。

当然,在指出上述问题的同时,我们也必须看到,由于需要使用长历史时期的数据,所以要进行上述的这些改进可能也会存在数据收集方面的一些困难。

**小结:**

总体来说,樊文提出了一个更具理论基础的碳排放责任指标——累积消费排放量,这个指标的提出对于更合理地衡量像中国这样的新兴开放经济体的碳排放责任具有重要的意义。作者还根据这一分析框架对各国的碳排放责任进行了初步测算,尽管测算中还有一些细节需要完善,但更重要的是,这一工作为我们提供了一个初步测算的结果,为后续研究提供了很好的基础。

# 经济增长能够带来晋升吗？
## ——对晋升锦标竞赛理论的逻辑挑战与省级实证重估[*]

陶　然

（中国人民大学经济学院）

苏福兵

（美国瓦萨学院政治学系）

陆　曦

（中国科学院地理科学与资源研究所中国农业政策研究中心）

朱昱铭

（中国科学院地理科学与资源研究所中国农业政策研究中心）

## 一、引　　言

对民主体制中的选举周期研究表明，政治家可能会在选举之前有意增加政府投资和公共支出以求胜选（Alesina, Roubini and Cohen, 1997；MacRae, 1977）。而在非民主体制下，政府也完全可能实施促进经济增长的政策来加强政权合法性（Yang,

---

[*]　作者感谢国家自然科学基金（70633002）、国家社科基金（08-ZD025）、中国人民大学科学研究基金（中央高校基本科研业务费专项资金资助）以及北大—林肯中心的资助。

2006)。当然,在现实中,也可能出现执政团体为维持执政地位而压抑对其潜在不利的技术创新和阻碍制度变革的情况(Levi, 1989; Perkins, 1967)。总体来看,近年来兴起的新政治经济学研究达成了以下一个共识:无论是在民主体制还是非民主体制中,理解政府官员的激励对于解释经济体的表现至关重要。

在解释中国转轨过程中的高经济增长时,经济学家也普遍观察到地方政府在中国经济增长中起到的重要作用。从20世纪80年代兴办和支持地方国有企业和乡镇企业,到20世纪90年代中后期大规模搞开发区招商引资,地方政府在中国经济发展中所起到的推动作用的确有目共睹。但紧接着需要回答的问题是,为什么中国的地方政府官员有如此强大的激励去促进本地经济发展,而不是像很多其他发展中国家那样具有掠夺性? 一些学者认为,20世纪90年代中期以前中国的快速增长与地方政府在预算收入中较高的边际分成比例有直接关系(Montinola et al., 1995);更有学者试图将这一时期中国经济的高速增长归结于具有中国特色的"保护市场的财政联邦主义",认为地方政府支持经济发展的激励来自于当时实行的分权式的"财政承包制"(Oi, 1992; Montinola et al., 1995; Qian and Weingast, 1997)。

近年来,一些研究对财政承包制下的高边际分成率带来经济增长开始提出挑战,指出"保护市场的财政联邦主义"理论在解释中国1993年分税制改革之前高经济增长问题方面面临一些困难:一方面,中央在财政承包制下经常单方面修改财政承包合同,缺乏财政联邦主义理论所要求的"有效承诺效应"(Cai and Treisman, 2006; Tsai, 2004; Tsui and Wang, 2004),另一方面,这一时期的区域投资竞争也并不非常显著,也难以支持这个时期存在显著的区域竞争效应并约束地方政府对企业掠夺的假说。

更重要的是,1994 年中国进行了财政集权化的分税制的改革后,不仅地方政府推动本地经济增长的积极性没有掉下来,反而各地自 20 世纪末开始出现一波又一波争相大搞招商引资,大规模建设工业开发区的情况。反映在经济增长速度上,集权化的分税制改革也没有降低经济发展速度。中国延续了分税制改革前(1978—1994 年)的高增长率。1994—2000 年间年增长率达到 8.1%,与 1987—1993 年相同。本世纪以来中国经济增长率还进一步加快,2003 年开始中国进入新一轮黄金增长期,平均增长速度达到 10%左右。

上述情况使一些学者开始反思既有理论框架的解释力,并试图发展出一些新的解释框架。近年来,一个关于中国转型期高速增长的政治经济学解释,即"官员晋升锦标竞赛理论"日益流行在这个框架下,地方政府主要官员更多被认为是追求政治晋升的"政治人",而不是"财政联邦主义解释框架下"追求财政收入的"经济人"。这是因为在中国集权型政治体系下,上级政府主要依据地方经济发展绩效来考核地方官员,而经济绩效是各级人事考核的关键指标。这就使地方官员有很强积极性发展经济,然后获得政治上提拔的机会(Edin, 2003;Tsui and Wang, 2004;Li and Zhou, 2005)。通过利用中国 1979—1995 年间省委书记、省长的更替数据,Li 和 Zhou(2005)发现省级干部晋升的概率随着其所在地经济增长率增加而提高,而其离岗的可能性也随着经济绩效下降而提高,如果和前任相比,某省级干部带来更高的增长率,那么其提拔概率也会提高。

到目前为止,地方官员为了政绩和提拔而促进经济增长这个观点不仅在学术界得到越来越多的认同,而且在大众媒体上也几乎成为"共识"。但这种解释是对中国改革期高增长的恰当解读吗?在对中国的政绩考核体系进行仔细考察基础上,本文将对"官员晋升锦标竞赛理论"提出逻辑上的多维度质疑,并利用省级官员晋升数据进行实证重估。我们发现,从正式制度上看,改革开放以后的中国并不存在一个从中央到省、从省到地市、从地市到县乃至乡的层层放大的、将政治提拔和经济增长,或主要经济指标直接挂钩的考核体系。也没有很强的实证证据表明在省这一级别 GDP 增长率对中国地方官员的政治提拔具有显著影响。

本文剩余部分安排如下,第二部分简短考察改革开放后中国政绩考核体系的产生和演变。第三部分指出了"官员晋升锦标竞赛理论"在解释中国转轨过程中高增长时面临的诸多逻辑挑战。第四部分在对相关文献进行梳理的基础上,对省级干部的政治提拔与经济增长之间的关系进行了系统性重新估计。最后得到本文的结论:用"官员晋升锦标竞赛理论"来解释中国转轨期高增长无论在逻辑还是实证方面都存在较大缺陷,建立解释中国转轨期高增长的政治经济学还有大量研究工作要做。

二、中国干部考核体系:GDP 考核与晋升挂钩?

中国的干部考核是一个非常复杂的系统,至少分成 4 个体系的考核。首先是各级组织部门在干部考察任用之中的德(思想政治素质)、能(组织领导能力)、勤(工作作风)、绩(工作实绩)、廉(廉洁自律)考核;二是由人事局主管的对公务员常规考核(该考核影响力最差,且没有考核具体工作目标);三是条条系统之中对于下级对口单位的目标责任考核;四是针对各级领导班子的综合目标责任制考核。

在以下分析中,我们不讨论第二类和第三类考核,因为无论是对一般公务员(而非主要领导)的常规考核,还是地方政府特定部门对下级对口单位的目标责任考核,都不直接关系到地方政府的主要领导班子的政治任命和提拔,特别是第二类考核,不仅影响比较有限,而且一般没有考核具体工作目标。

与"官员晋升的锦标竞赛理论"所涉及官员提拔问题最为相关的,是第一类和第四类考核。而其中第一类考核,即所谓的"德、能、勤、绩、廉"考核,与干部任用和提拔关系最为密切。这种考核早就存在,从 1979 年《关于实行干部考核制度的意见》正式提出对党政干部进行定期考核后,最早是从地方领导干部开始,1988 年中央制定了《县(市、区)党政领导干部年度考核方案》和《地方政府工作部门领导干部年度考核方案》;然后,开始扩展到各级政府机关,1989 年出台了《中央国家机关司处级领导干部年度工作考核方案》,1995 年又下发了《关于加强和完善县(市)党委、政府领导班子工作实绩考核的通知》,再到 1998 年颁布《党政领导干部考核工作暂行规定》,对干部考核的方式、内容、程序等进行规范。2000 年 8 月,中共中央批准下发《深化干部人事制度改革纲要》,明确提出要建立健全党政领导干部定期考核制度,研究制定以工作实绩为主要内容的考核指标体系。2002 年 7 月,中共中央印发《党政领导干部选拔任用工作条例》,规定了党政领导干部应当具备的 6 项基本条件,以及干部考察的内容、范围、方法、程序、参与人员等,这一条例最后取代了 1998 年的暂行规定。

无论是 1998 年的暂行规定,还是 2002 年的工作条例,都没有具体的指标计算体系,而侧重于通过召开推荐会(公布推荐职务、任职条件、推荐范围)，填写推荐票，进行个别谈话，统计推荐票后向上级党委汇报推荐的方式，来广泛征求各个方面(主要是相关下属人员及其主管领导)对特定领导干部的意见。换句话说，这种考核虽然是主要领导干部任用和提拔的一个必要程序，但并没有任何明确的指标体系来给备选干部打分，在推荐的时候也未必会给潜在候选人明确的优先序，大都只是提出一些推荐意见供上级参考，最后决定仍然来自于上级主要领导。

第四种考核，即地方党政领导班子的综合目标责任制考核则是"官员晋升锦标赛理论"所主要讨论的考核体制。在"官员晋升锦标赛"论者看来，中国存在如下一种干部考核体制：从中央到省，从省到地市、从地市到县，从县到乡镇，甚至还有从乡镇到村。每级别对下进行以 GDP 增长为主的考核，且这种考核与政治提拔挂钩。比如，晋升锦标赛论者强调，锦标赛的激励效果是逐层放大的，这是因为中国行政体制由中央、省、市(地区)、县和乡镇五级政府构成，晋升锦标赛可以发生在中央以下的任何一级地方政府之间，而中国"块块"行政管理体制在不同层次上的同构性使得晋升锦标赛得以普遍推行。比如说，在省一级干部之间采取以 GDP 为基础的锦标赛竞争的话，那么省级官员就必须提供较高的 GDP 增长水平。为此，他们可能会在辖区内的市一级推行 GDP 锦标赛竞争，而市又会在县一级推行锦标赛竞争，如此层层往下推进。各级地方政府官员都在不断放大的锦标赛激励下，为提拔而努力，因此，按照"官员晋升锦标赛理论"的说法，中央颁布一个增长目标，下级政府就会竞相提出更高增长目标，且行政级别越低的地方官员提出的指标越高。

有意思的是，作为一种正式的显性考核体系，中国地方党政领导班子的综合目标责任制考核最早也是从 20 世纪 80 年代后期才出现。到了 20 世纪 90 年代中后期才开始推广。文献中可见的最早研究，是荣敬本等对河南省新密县的党政领导班子的综合目标责任制考核的考察（荣敬本等，1998）①。在 1988 年 1 月，新密县委决定实行乡镇领导岗位责任制，3 月县委、县政府开始与乡镇党委书记和乡镇长签订农村工作奖罚兑现责任书。这种目标责任制，实际上是将上级党政组织所确立的行政总目标逐次进行分解和细化，形成一套目标和指标体系，以此作为各级组织进行"管理"（如考评、奖惩等）的依据，并以书面形式的"责任状书"在上下级党政部门之间签订（王汉生、王一鸽，2009）。虽然很难得到关于这种考核体系开始时间和推广范围的全面数据，但就我们近年来在中国 10 余个省份不同形式调研所了解情况，只是到 20 世纪 90 年代中期之后，这种考核体制才开始在一定范围推广，晚至 20 世纪 90 年代末之后，这种模式才在较大范围推广。

更重要的一点是，即使到目前为止，地方党政领导班子的综合目标责任制考核也主要只在县、乡之间进行（乡、村考核也广泛存在，但村在中国不是一级政府组织）。我们对沿海和内地 10 余个省份的调研表明，至少在 2008 年之前，由地市对县级领导班子进行的综合目标责任制考核并不非常普遍，而省级对于

---

① 荣敬本、崔之元在《从压力型体制向民主合作体制的转变：县乡两级政治体制改革》一书中指出，目标责任制是中国特有的"压力型政治"的一种表现和实施手段，具体表现为：上级政府通过将确定的经济发展和政治任务等"硬性指标"层层下达，由县而至乡（镇），乡再到村庄，并由村庄将每项指标最终落实到每个农民身上。在指标下达的过程中，上级还辅以"一票否决"为代表的"压力型"惩罚措施。而按照王汉生、王一鸽（2009）的说法，目标责任制，就是将上级党政组织所确立的行政总目标逐次进行分解和细化，形成一套目标和指标体系，以此作为各级组织进行"管理"（如考评、奖惩等）的依据，并以书面形式的"责任状书"在上下级党政部门之间进行层层签订。

地市领导班子进行类似考核就更少。至于中央对省级领导班子进行的综合目标责任制考核,则更晚才出现。比如说,浙江省委对各地市的领导班子没有具体的目标责任制考核。部分地市对于县领导班子采用了目标责任制考核,例如温州在 2006 年开始考核各个县领导班子,但同是浙江省的杭州市则一直没有采取类似做法。再以招商引资最突出的江苏为例,2010 年才出台《关于建立科学发展评价考核体系的意见》,考核对象为省辖市,内容主要是经济社会领域。指标体系分为经济发展、科技创新、社会进步、生态文明和民生改善五大类 28 项指标。省委组织部、统计局《关于认真做好 2009 年度县(市)党政正职科学发展实绩量化考核工作的通知》明确了考核县(市)党政正职的五大类 15 项指标,由省统计局、财政厅、农委等 14 个部门和各省辖市统计局分别提供。但即使在招商引资最活跃的江苏省苏州市,也没用对下属县区领导班子进行目标责任制考核。再如河北省沧州市,从 1994 年就开始对各县区进行综合目标责任制考核。而为了让各级组织部统管"干部任用德能勤绩廉考核"和领导班子目标责任制考核,2004 年河北省才出台一个针对地市领导班子的考核文件。虽然考核确定了具体目标,但是也未规定各个分项目的权重。据了解,在执行过程中,该考核也并不太受到省委领导重视。但在领导班子的综合目标责任制考核中,被确定为"不称职"的干部,有可能会影响政治前途(沧州市组织部的考核中有类似措施,但是惩罚的面很小,低于 1%)。

就中央政府而言,直到 2006 年,中组部才第一次制订了围绕科学发展观的具体目标考核体系(参见中央组织部印发实施的《体现科学发展观要求的地方党政领导班子和领导干部综合考核评价试行办法》,中组发[2006]14 号,2006 年 7 月 3 日印发)。实际上,至少对省一级领导而言,在此之前根本不存在任何具体考核指标体系。即使是 2006 年的中组部文件,虽然明确了综合考核评价的指导思想、遵循原则和方法构成,要求综合运用民主推荐、民主测评、民意调查、实绩分析、个别谈话和综合评价等具体方法进行干部综合考核评价,但也从来没有给出任何量化指标计算体系。比如,在对地方党政领导班子及其成员进行实绩分析的内容中,只是提出考察实绩主要是哪些内容(如上级统计部门综合提供的本地人均生产总值及增长、人均财政收入及增长、城乡居民收入及增长、资源消耗与安全生产、基础教育、城镇就业、社会保障、城乡文化生活、人口与计划生育、耕地等资源保护、环境保护、科技投入与创新等方面统计数据),但无论是具体指标选取还是相应的指标权重,都还是交由各地根据实际情况设置。特别需要指出,这个考核主要用于领导换届时干部考察,而不是一个年度考核;另一方面,这个考核办法对地方政府并无强制力,仅仅是参照性的。

即使在县乡一级,也很难定论考核结果是否与政治提拔紧密挂钩,以及考核结果中经济指标所占比重就一定具有绝对的主导性地位。我们 2008—2009 年在中国东、中、西 6 省(河北、江苏、福建、吉林、陕西和四川)30 县 59 乡镇针对乡镇主要领导干部进行的县乡一级政府考核的调查表明,考核结果更多与经济奖励挂钩而不是与政治提拔挂钩。比如,在 6 省 59 乡镇的调查中,发现 59 个乡镇中绝大多数(超过 40 个)乡镇领导回答考核成绩突出会带来一定的物质奖励,而只有 31 个乡镇领导干部认为考核结果与政治提拔有直接关系,此外,还有 6 位和 4 位乡镇主要领导分别表示上级会视考核成绩给予财政分成激励,或会视考核成绩给予配套政策优惠(如税收减免、土地征用、干部人员调用)等。前面对中国政绩考核体制历史和实际运作的一个简短讨论意在表明,至少仅仅从正式制度上看,改革开放以后的中国并不存在一个从中央到省、从省到地市、从地市到县乃至乡的层层放大的、将政治提拔和经济增长,或主要经济指标直接挂钩的考核体系。在各级政府层次都存在的,也与领导干部提拔最相关的所谓领导干部"德、能、勤、绩、廉"考核中,不仅候选人的业绩只是五个提拔标准中的一个,而且业绩也不仅仅代表经济业绩。

因此,从正式体制上说,与干部任用和提拔关系最为密切的"德、能、勤、绩、廉"考核中,候选干部的提拔和其辖区内经济增长之间的关系至少是不那么明确的,而另外一种可能与"官员晋升锦标竞赛理论"挂钩的"地方党政领导班子的综合目标责任制考核",仅仅是在20世纪80年代中后期才开始出现,在20世纪90年代中后期才开始在较大范围内的县对乡考核上推行,最近几年才开始在市、县之间出现。因此,"官员晋升锦标竞赛理论"认为的改革开放后各级都有将政治提拔和经济增长挂钩的正式考核体系并不存在。

当然,即使这种正式考核体系不存在,上级在提拔下级官员时也完全可能还是如"官员晋升锦标竞赛理论"所认为的那样,是依据官员辖区内经济增长为主要指标的政绩来决定官员升迁。因此,要解决这问题,最终还是需要扎实的实证研究来回答。这也是本文第四部分将要考察的内容。在进入实证分析之前,我们先讨论"官员晋升锦标竞赛理论"在解释中国转轨方面无法回避的几个逻辑的挑战。

三、"官员晋升锦标竞赛理论":几个关键逻辑挑战

在展开下述讨论之前,需要指出"官员晋升锦标竞赛理论"并不仅仅是一个研究中国转轨时期地方政府官员政治激励,特

别是提拔激励的理论,而是一个更雄心勃勃、试图解释中国转轨时期高经济增长背后政治经济学逻辑的理论。实际上,在中国这个上级任命下级的集权政治体系中,由于更高政治职位带来的多种收益,官僚系统中的大多数人,特别是地方政府主要领导,多多少少都有在政治上被提拔的愿望,因而也必然存在为实现该愿望而进行努力的激励,这一点很难去否认,也不是本文要挑战的观点。但"官员晋升锦标竞赛"论者显然要比这一点走得更远,其旨在论证中国地方领导的政治提拔与本地经济增长紧密相关,这会带来地方领导在发展经济方面的强激励,于是,为提拔而竞争是中国转轨中高增长的关键所在。

仅仅从逻辑上看,"官员晋升锦标竞赛理论"要解释中国转轨期的高增长问题,至少存在以下几个关键问题难以克服:

首先,中国这样一个集权政治体系内的权力配置,特别是政治提拔,是否可能遵循"官员晋升锦标竞赛理论"所提出的规则。"官员晋升锦标竞赛"论者提出,锦标赛理论要成立,需要存在一种从委托人和代理人的角度看都可衡量的、客观的竞赛指标,如 GDP 增长率、财政收入、出口创汇量。这是因为如果委托人基于一些模糊和主观的标准决定参赛人的晋升,参赛人就会无所适从,最后胜负的决定也难以让参赛人心服口服。但这里必须考虑的一个问题是,中国这样一个集权的政治体系中,如果下级官员的政治升迁与可衡量的、客观的竞赛指标挂钩,那么上级领导将在很大程度上丧失其在官员任命上的最终控制权,而对下级官员任命的最终控制权,恰恰是当前政治体制的一个基本特征。因此,"官员晋升锦标竞赛"论者所提出的提拔机制,与集权政治体系的运作机制难以兼容。实际上,从本文前面讨论过的第二类,也即各级官员在提拔时都必须经过"德、能、勤、绩、廉"考核程序来看,这类"德、能、勤、绩、廉"考核中从来没有,也不太可能明确给出可量化指标,并赋予具体权重。因为一旦明确考核指标的赋予权重并直接计算考核分数,上级领导在任命下级时的自由裁量权即使不消失,也至少会大大缩小。因此,实际运作中必然出现如下情况,即组织部门只会对候选人提出推荐意见供上级领导班子参考,而不会给各个候选人政绩或"德、能、勤、绩、廉"进行直接打分排序。而前文所讨论的第四类考核,即"地方党政领导班子综合目标责任制"考核中,虽然存在更加明确的考核评分与排序,但一则主要只在县、乡级别的低层级政府存在,二则也更多地与经济激励直接挂钩,而非政治提拔挂钩。

其次,如果 GDP 增长率确实是政治提拔的主要考核指标,那么地方官员必然有积极性去扭曲这个指标。实际上,这种情况在中国并不少见,甚至近年来根据各省份的 GDP 增长加权平均而推算的全国经济增长率会显著高于国家统计局公布的全国经济增长率。锦标竞赛理论认为,这是一种锦标赛过程中层层放大的机制,因此会推动经济增长。但这实际上可能反映了数据采集过程中存在的扭曲机制。在中国官场,有所谓的"官出数字、数字出官"的说法,这说明各类考核指标代表的"政绩"在政府官员保住职位乃至提拔时多少成为必要条件,但这种说法最多也只是一个形象的比喻。如果光靠出"数字"就能够获得提拔,那实际上需要假设上级政府官员不知道数据扭曲的存在,现实显然并非如此。应该说,改革时期、甚至更早时期(如大跃进时期)都存在高报增长率等数据的情况,但这恰恰是因为出数字的成本要低于实际推动经济增长的成本,这种增长率指标被层层扭曲放大的情况,最多反映了地方政府官员在考核过程中都不愿因"数字不如人"而在政治前途上受到可能的不利影响,而并不能说明上级政府会以政绩考核结果作为提拔的主要依据。由于包括中央政府在内的中国各级政府都明确知道这种数字扭曲的存在。在这种情况下,上级政府又怎么可能相信下级政府所报 GDP 增长率的真实性,并以此作为政治提拔的主要依据呢?那些因为"出数字"而被提拔的干部,即使被提拔的表面理由是有政绩,但实际上能被提拔绝不可能主要是因为出了"数字",毕竟这种"出数字"是很容易被复制的。官员被提拔除了要有"数字",必然要有其他官员难以复制的因素。现实中出现的情况还要更复杂。不仅存在高报增长率数据的情况,也存在不少低报数据的情况。比如,出于对来自上级政府可能进行的收入集中的担忧,一些南方富裕省份的官员会有意识隐藏某些财政收入,甚至低报 GDP 的增长率。又比如,还存在一些地区低报以保持"贫困县"帽子或者获得其他财政转移支付的情况。

第三,"官员晋升锦标赛"论者在实证分析上所选取政府层级也存在问题。虽然不能否认在改革时期中国的省级政府,尤其是主要领导在本地政策制定、推进改革等方面能够起到一定的甚至是较为重要的作用,但即使是在 20 世纪 80 年代,省级主要领导对本地经济增长到底能有多大影响都很难确定。实际上,在 20 世纪 80 年代推进的地改市,市辖县等改革,大大强化了地、市级政府在地方经济发展中的功能。而进入 20 世纪 90 年代之后,至少在介入本地经济增长的程度上,省级政府的作用进一步下降了。比如,不同地区对包括外资在内的外来投资进行的大规模招商引资竞争,实际上是在 1994 年分税制之后,特别是 20 世纪 90 年代后期才开始出现的,最开始也主要集中在沿海一些政策改革先行或产业基础条件比较优越的地市,最近

10年甚至5年左右才开始向沿海欠发达地区和内地延展。这种大规模招商引资竞争的主体也主要是市或县级政府,而且通过制造业招商引资竞争带来的财政收益,无论是预算内收益,还是预算外收益(比如土地出让金收益)都主要集中在市、县级别,而不是省一级。考虑到上述情况,以及中国各省份经济基础和规模差别都很大,很难相信一个省份的经济增长速度主要取决于省级主要领导的作为。换句话说,将省级主要官员提拔情况和省级经济增长进行回归后就进行推论,可能存在严重的政府层级设定偏误。实际上,锦标竞赛理论适用的前提是参加锦标竞赛的政府官员能够在相当程度上控制和影响最终考核绩效这个条件。而当这个条件无法满足时去套用这个理论,很容易得到误导的结果。进一步来看,如果没有充分证据表明省级主要领导对本地经济增长可以发挥重大影响时,中央政府又怎么会根据省级经济增长率来考核省级主要官员并将此作为政治升迁的主要指标呢?

第四,也与前面两点紧密相关,研究中国政治的学者早就注意到中国政治体系中个体官员所拥有政治网络的强度对其提拔与否所起到的关键作用(Nathan, 1973; Shih, 2006)。即使我们认定政绩考核中GDP增长在事实上是政府官员提拔的关键因素,那些在上级政府那里拥有更好网络关系的官员也完全可能被派到更容易出政绩,或者是能够得到历练的边远地区任职后再升职。因此,即使计量分析中发现GDP高增长带来了官员更高提拔的概率,也不能就此推论上级政府主要是依靠增长率政绩来决定提拔。实际上,观察中国在地方政府官员的配置,上级政府在安排下级官员轮换和交流方面大有讲究。正是因为提拔是在一个集权体系中由上而下进行的,上级政府在进行下级政府官员布局时将会特别注意把那些作为后备人选培养的干部安排到不同地区任职,以丰富其工作经历。如徐现祥等(2007)的研究指出,改革开放后,中央采取了一系列措施推进干部交流,特别是 20 世纪 90 年代以来,加快了干部交流制度化的步伐。在干部,尤其是省级党政一把手的任免上,实现地区间的调配交流,从沿海发达地区到内地、东北等欠发达省份任一把手,已成为近年来地方人事变动的一条明线。从这个意义上讲,上级到底会安排哪些干部到什么地方任职或交流,以及这些官员任职和交流后进一步的晋升情况,都是内生于一个更加复杂的政治过程。其中也必然有规律可循,但这个规律是否是,或是否主要是以地方经济增长最大化来展开的,则完全没有定论①。比如,完全有可能、现实中也确实出现过的情况,是某些轮换和交流的官员,之所以轮换和交流到特定的地区(未必是经济增长快,或经济总量大的省份),恰恰是因为其政治网络方面具有其他官员难以匹敌的优势,而这些官员到这些地方任职后,会带来更多的财政资源和特殊政策,并为其在轮换和交流所在地做出相应政绩创造条件。此外,这些官员的政绩也未必一定表现为短期乃至中期的经济增长,而完全可能是社会发展,城市建设甚至是生态保护方面的显性业绩。也正因如此,即使我们发现一个地区的经济增长与其主要领导官员的提拔密切相关,如果无

---

① 1990 年中共中央颁布《关于实行党和国家机关领导干部交流制度的决定》;1994 年党的十四届四中全会进一步强调,要认真推行领导干部交流制度,加大省部级干部交流的力度,继续推进地市县级干部交流。徐现祥等(2007)从地方官员交流的角度考察了地方官员对辖区经济增长的影响,结果发现省长交流能够使流人地的经济增长速度显著提高 1 个百分点左右,而且这种省长交流效应是通过在流入地采取大力发展第二产业、重视第一产业、忽视第三产业的产业发展取向实现的。张军和高远(2007)的研究也发现官员交流对经济增长有积极的影响。但与"官员晋升锦标赛理论"一样,这些研究要具有足够的说服力,也需要有效处理官员交流上的内生性问题。

法有效处理集权体制下上级对官员布局所带来的内生性问题,那么就不能简单推断这些官员的提拔是基于其所带来的本地经济增长,也更不能推断中国转轨期的高速增长是因为那些所在地经济高速增长的官员更容易得到提拔。

第五,除前面所谈到的锦标竞赛理论存在的一系列问题外,还存在一个技术性的问题。中国的 GDP 统计于 1985 年才开始,当时只有生产核算,支出法核算是 1989 年才开始试行,1993年才正式开展的。而且该体系建立初期 GDP 是以国民收入核算为基础间接推断出来的,只是到 1992 年才开始使用原始资料进行计算。此前 1978—1986 年的 GDP 数据是国家统计局1986—1988 年间推算的。由于这些推算在非物质生产部门(服务业)统计上很不完备,1993—1995 年全国首次三产普查后国家统计局在 1994—1995 年间又进行了一次时间跨度达到 16 年(1978—1993 年)的重要调整。因此,1993 年之前分省份 GDP指标是后来才推算出来的,而当时上级政府只有工农业总产值指标(许宪春,2002)。但现有关于锦标竞赛的实证研究中,根本没有处理这个问题。

最后,也是更根本的,是我们是否非得借助锦标竞赛理论来解释中国转轨期的高速经济增长。实际上,在理解中国转轨期高速经济增长的政治经济学背景上,一个简单但统一的分析框架,是考虑两个维度上不断变化的关系(包括政—企关系和中央—地方关系)对地方追求财政收入行为的影响(陶然等,2009;Tao et al.,2010)。简言之,在 20 世纪 90 年代中期之前,拉动中国经济增长的主体,是地方政府所有的国有企业和乡镇企业,而这一时期中国经济增长的主要原因,是改革后计划体制下长久压抑的消费品需求此时能够通过既有的以及大量新建的地方国企和乡镇企业发展来满足,市场化改革必然带来的消费品的较高价格吸引了地方政府直接介入生产这些产品的商业投资活动(林毅夫等,1999)。由于作为所有者可以分享企业利益,地方政府必然有很强激励去支持本地企业的发展,而恰恰由于地方政府是本地企业的所有者,可以通过控制企业现金流来较容易地将资金从预算内转移到预算外乃至体制外,所以中央在财政承包制下多次提高自身财政份额的行动并不成功。这也就解释了为什么即使中央在"财政承包制"不断变化规则试图获取资源的情况下,地方政府仍有积极性发展本地经济。但到了20世纪90年代中期之后,由于市场竞争的加剧,地方国有企业和乡镇企业相继改制,而同时中央通过分税制显著上收了财权,地方政府不仅无法继续从改制的国有、乡镇企业继续获取稳定财源,反而面临企业改制带来的更大支出(如社保)压力,于是开始逐渐热衷于吸引私人投资来着力培养新的地方税基。于是,地方政府在经济发展中所扮演的角色逐渐从地方国有、乡镇企业的所有者过渡为本地企业的征税者。很明显,相比于20世纪90年代中期之前那种地方政府所有的必须在本地生产并为地方政府创造财源的国有、乡镇企业,这些企业有更大的流动性,以及根据各地政府提供的优惠投资条件来选择投资地点的主动性,这就带来了为扩大地方税基而争夺外来投资的激烈的地区竞争。实际上,上述以央—地关系和政—企关系变化为约束条件,并假设地方政府财政收入最大化的分析框架,完全可以有效解释中国转型过程中发生的主要现象,不管是转轨早期以地方政府所有企业为发展主体、地区保护主义为地区竞争主要形式的增长模式,还是1994年财政集权后以非地方政府所有企业为发展主体、以补贴性用地和降低环保与劳工保护标准来吸引制造业投资为主要特征的地区间"竞次"式发展模式(陶然、汪晖,2010)。上述框架甚至可以解释20世纪90年代中期之后在地方层面上

216

开始兴起和强化的干部考核体制。20世纪90代中期后,不论是经济较发达的地区,还是资源禀赋较差的地区,都普遍面临财政集权改革带来的巨大财政压力。地方政府必须要创造(财政)收入。同时也面临更严格的预算约束和强制性财政支出责任。在这种情况下,加强干部考核体制实际上就是省级以下的地方政府对这种财政压力做出的一个理性回应。实际上,考核体系强化的本质,一方面是逼着下级政府去通过各种途径(如招商引资、收费)来创造更多的(可与上级政府分享的)财政收入,另一方面是通过"上级请客,下级买单"的方式来把开支责任压给低一级政府。

## 四、"官员晋升锦标竞赛理论":实证重估

Li和Zhou(2005)利用1979年到1995年的省级面板数据,发现省级领导晋升的概率随着其所在地的经济绩效表现而提高,而其离岗的可能性也随着经济绩效下降而提高。Chen、Li和Zhou(2005)扩展了研究的时间跨度,利用1979—2002年的省级面板数据,进一步发现省级领导升迁和离岗的可能性与他们前任任期内的经济绩效相关。

由于研究"官员晋升锦标竞赛理论"所需的数据搜集工作相对繁杂,既有研究中关键变量的定义存在模糊性(如后文要讨论的提拔定义等关键问题),再加上官员晋升问题"被"(锦标赛)理论化之前就已经由许多媒体大肆渲染,导致其他研究者很少质疑既有的实证结果,以至于"官员晋升锦标竞赛理论"往往被当成一个"共识"而广泛接受。

有意思的是,学术界一些被认为是理所当然应该接受的"共识",尤其是关于中国转轨逻辑方面的"共识",往往未必是正确

的。对这些"共识"的反思和讨论,恰恰构成了学术上去伪存真,寻求更有解释力理论的基础。如本文第三部分所讨论的,通过"官员晋升锦标赛理论"来解释中国经济转型期间的经济增长和相关经济现象,不仅存在逻辑缺陷(比如没有考虑集权体制下具有特定政治网络优势的官员可能被安排去特定地区任职,并得到提拔的问题),而且也与我们观察到的一些现实不尽符合(比如改革时期的中国并不存在一个从中央到省、从省到地市、从地市到县乃至乡的层层放大的、将政治提拔和经济增长,或主要经济指标直接挂钩的考核体系)。

当然,需要指出,即使不存在一个正式考核体制把 GDP 增长与政府官员政治提拔联系起来,也不一定就说明 GDP 快速增长地区的地方领导不会得到上级的青睐而获得提拔。不管怎样,如果能够在对实际官员提拔的回归中发现 GDP 增长与政府官员政治提拔确实存在正向关系,而且可以论证数据质量以及计量分析内生性等方面的问题并不严重,那么多少可以说明上级在提拔下级时确实是根据后者辖区的增长业绩进行决策的。反过来说,如果发现既有实证结果并不存在,那么就可以对该理论提出更有力的质疑。这是本部分将进行的工作。

与已有文献一样,我们将省级官员的政治升迁情况按照"升迁"、"平级调动"和"降职"分别编码成 1、0 和 −1,所有的模型设定均采用稳健标准误差下的 Ordered Probit 进行估计。(一)节至(三)节界定了一个更清晰的官员升迁标准,并指出了已有文献在数据整理上值得商榷的地方;(四)节至(六)节在纠正了必要的数据错误、对个别变量进行了符合逻辑的修正后,按照既有文献的模型设定,重估了"官员晋升锦标竞赛理论"。

我们采用的是 1978 年以来各省份的面板数据,其中经济部分的数据主要来源于《中国统计年鉴》和《新中国五十五年统计资料汇编》,涉及官员(省长、省委书记)部分的数据来自我们对官方简历的细致整理。为了保证我们的重估和既有研究在数据使用上的一致性,本文所采用的数据已和 Chen、Li 和 Zhou (2005)提供的公开数据进行过细致的对比,确保了数据一致性。当然,对于既有研究在数据编码中值得商榷的地方,本研究进行了必要的修正,并在(一)节至(三)节中给出了详尽说明。在基础模型部分((四)节),我们的模型设定与已有文献完全相同。在(五)节和(六)节对模型进行了一些调整,来进一步改进既有研究的模型设定。

### (一) 有争议的提拔和降职

对于省长和省委书记而言,究竟怎样的职位变动才能算作是提拔呢? 在开展实证重估之前,必须给出明确定义标准来确定特定官员职务变动属于升迁、降职,还是平级调动。理想的情况是存在一个绝对、客观的标准。可惜的是,这样的标准并不存在。人们首先会想到,能否按照行政级别高低来界定提拔和降职? 答案是否定的。因为行政级别并不能完全真实反映官员实际权力和掌控资源能力的多寡。即使是同一行政级别的不同职务,权力大小也往往存在着显著差异。此外,官员在不同系统,如党务、政府系统等的工作也不能一概而论,"明升暗降"、"明降暗升"等在中国政治体系,甚至是任何官僚政治体系中都不鲜见。因此,当绝对标准不存在时,要展开研究就只能遵循一定的规则并寻求常识和经验的帮助。

考察官员提拔问题,要首先明确哪些职位处于同一层级以及哪些职位在他者之上。在理清权力层级结构后,同层级间的职位变动可以认为是平级调动,不同层级间的上行变动属于提拔,下行变动则属于降职。从权力层级结构出发,既有研究(Li and Zhou, 2005)总结了以下的定义。

提拔的定义:

◆ 省委书记比省长高一层级,从省长变动到省委书记属于提拔。

◆ 国家决策层(总理、副总理、国务委员、政治局委员、政治局常委等)地位是最高的,任何从省委书记和省长到这些职位的变动都属于提拔。

◆ 中央部委的正职比省长高一层级,从省长到这些职位的变动属于提拔。

降职的定义:

◆ 与提拔的界定标准相逆的变动都属于降职。

◆ 除了革职,对于一些实际权力明显下降的职位而言,省委书记和省长调任这些职位属于降职。

总体来看,上述定义标准是比较准确的,但也存在不足。主要是标准设定过于简略,无法覆盖省级领导所有可能的职位变动。例如,省级领导担任全国人大和政协的副委员长、副主席是提拔还是降职?应该怎样界定从省级领导到中央党务部门(如中纪委、统战部等)的任职变化?省长担任中央部委的副职时应该如何处理?省委书记调任中央部委时又该如何界定等等?在本研究中,我们花费了大量精力核查了"锦标竞赛"论者所使用的数据,依据其编码反向补充了一部分原来并没有明确界定的标准。但即使如此,仍有不少案例无法根据其数据推测出统一的定义。出现此种矛盾,根本原因在于既有研究制定的提拔定义不够完善,造成实际操作中难以找到可循的统一规则,由此产生的争议案例可以被归纳为第一类争议。

第二类争议则更加复杂,表现为既有研究在具体操作中违背了该研究自身关于提拔和降职的定义。例如,1982 年陈璞如由辽宁省省长调任铁道部部长、党组书记,依据上述定义,这是一个从省长到中央部委正职的提拔调动,但该研究中却被认为是平级调动。又如山西省委书记王茂林 1993 年调任湖南省委书记被认为是提拔,与定义标准不符。类似的例子还有一些,不一而足。应该说,研究者进行这些调整也许有其道理,比如,在上述两个例子中,既有研究可能认为铁道部部长的位置未必高于辽宁省省长,而湖南省的地位可能高于山西。但考虑到每一个省级官员职务的具体变动都有其特殊性,想要对所有案例一一作出甄别几乎不可能。哪些案例需要进行调整,哪些不需要,需要的话,怎样的调整才是合适的?这些问题很难回答。考虑到对确定规则进行任何偏离都无法避免其随意性,我们认为,一个保险但仍有代价的方法,是尽量按照先定规则严格定义,防止研究中出现过多的主观因素。

### (二) 提拔和降职的一个更清晰界定

因此,为检验"锦标竞赛"理论,有必要完善现有升迁定义来界定省级官员的职务变动究竟属于提拔、降级还是平级调动。为保持和已有研究的一致性,我们参照了(一)中的已有标准,在严格勘校数据的基础上,对数据和定义模糊之处进行了合理逆推和补充,使之更为清晰完整,形成了一套新的界定标准。与"官员晋升锦标竞赛"论者一样,本文从政治权力层级结构出发来说明这个相对完整的标准。我们以图 1(省级以上政府权力层级结构图)的形式刻画了基本的逻辑框架。

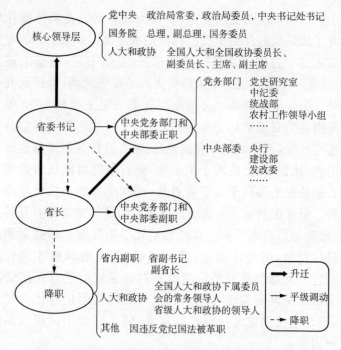

图1 省级以上政府权力层级结构

首先,与既有研究提拔标准的前两条相同,我们认为省级
领导进入中央核心领导层意味着提拔;从省长到省委书记的
变动代表提拔。但在既有研究中,并没有明确提及省委如何
界定书记、省长进入全国人大和政协担任委员长、副委员长、
主席、副主席的情况,本研究将这类变动也算成提拔。与所谓
的"荣誉性职位"不同,我们认为这些职位对国家的政治生活
仍具有重要影响,而且在既有研究中,相当部分的类似案例被
认定为提拔。

稍微复杂一些的情况,是如何处理省级领导转到中央党务
部门或中央部委任职的问题。既有研究在界定这种情况时,并

没有区分党务部门和中央部委,在考察既有研究数据后,可以发现他们认为这两个系统基本属于同级。考虑到省长和省委书记的差别,我们设定的补充标准是:省委书记与中央党务部门和中央部委的正职平级,省长与这些机构的副职平级。唯一的例外是 20 世纪 80 年代时,国家计划委员会和国家经济贸易委员会的副职具有相当的权力,或给予正部级待遇,因此,我们将这两个部门的副职视作其他部门的正职对待。

在降职的处理上,除了因违反党纪国法被革职外,我们认为省长和省委书记转到全国人大和政协的下属委员会担任常务领导,或转到省级人大和政协担任主要领导,都是实权减少的标志,因而属于降级调动。

以上定义框架,在发展和补充现有研究基础上,涵盖了1978 年以来所有省委书记和省长职务变动类型。每个具体案例究竟属于提拔还是降职,抑或是平级调动,都有章可循。

## (三) 数据选取时间问题

已有研究在数据收集和整理上也有值得商榷的地方,主要是两个时段选取的问题。

首先是 2002 年 11 月召开了中共十六大后,各省级领导出现大规模调整,而这些调动又大多发生在 2002 年的 11 月至次年的 3 月间。因此,在考察经济绩效和官员晋升的关系时,如果将面板数据扩展到 2002 年,应该将上述调动考虑进来。由于已有研究收集的官员数据主要来自一些出版物(Chen, Li and Zhou, 2005),可能是出版本身的时滞性使已有研究未能收录中共十六大后的这一波调动潮。考虑到 2002 年末到 2003 年初,至少有 9 个以上的省委书记和省长被提拔或降职,这些变动应该被纳入研究。在本文实证重估中,我们对这一部分数据做了补充和更新。我们将有差异的结果列为表 1。

表1　2002 年末到 2003 年初省级官员"升迁/降职"变动总计

| 省　份 | 年份 | 职位 | 领导人 | 编码 | 注　　释 |
|---|---|---|---|---|---|
| 天　津 | 2002 | 1 | 张立昌 | 1 | 2002 年 11 月当选政治局委员 |
| 黑龙江 | 2002 | 0 | 宋法堂 | 1 | 2003 年 3 月当选省委书记 |
| 浙　江 | 2002 | 0 | 柴松岳 | 1 | 2002 年 9 月当选国家电力<br>监管委员会主席 |
| 安　徽 | 2002 | 0 | 许仲林 | −1 | 2002 年 10 月当选江苏省委副书记/<br>2003 年 3 月当选江苏省政协主席 |
| 福　建 | 2002 | 0 | 习近平 | 1 | 2002 年 11 月当选省委书记 |
| 山　东 | 2002 | 0 | 张高丽 | 1 | 2002 年 11 月当选省委书记 |
| 河　南 | 2002 | 0 | 李克强 | 1 | 2002 年 12 月当选省委书记 |
| 湖　北 | 2002 | 1 | 俞正声 | 1 | 2002 年 11 月当选政治局委员 |
| 湖　南 | 2002 | 0 | 张云川 | 1 | 2003 年 3 月当选国防科工委主任 |

注:职位(省委书记=1,省长=0);编码(1=提拔;0=平缓调动;−1=降职);在已有研究的数据中,这些观测的编码都是 0(即认为是平级调动)。

与前述头一时段谈到的数据问题主要发生在面板数据末期不同,另一个时段选取上的争议发生在面板数据开始时。由于"文化大革命"的影响,在 20 世纪 70 年代后期,许多省份的省委书记同时拥有"革命委员会主任"的头衔。这个头衔直到 1979年以后才逐步被省委书记取代。这显然只是一个头衔称呼上的变化,实际上相关官员主持省委工作的性质并没有发生变化。既有研究存在的问题是仅根据头衔名称的不同,就将 20 世纪70 年代中期上任,但 1980 年后卸任的同一位官员任期人为分成了两任。出现了"同一个官员的前任还是自己"的情况。其后果是在研究前任经济绩效与现任官员提拔的关系时,不仅影响了观测总数,还带来了数据错误。如山西省委第一书记王谦,任期为 1975—1980 年。在 1979 年 12 月以前是"山西省革委会主任"兼山西省委第一书记,1980 年他的头衔才统一成"山西省委第一书记"。由于既有研究的数据从 1978 年开始,所以王谦前任治理下的经济绩效数据缺失。在一个比较稳妥的设定下,如果模型中包含了涉及前任经济绩效的变量,1978—1980 年山西省委书记的 3 个观测值都应被排除。然而,既有研究让王谦的任期在 1979 年结束时被截断。1980 年是"新官员"(实际还是王谦本人,不过是更换了头衔而已)上任山西省委书记一职。既有研究中错误地保留了王谦 1980 年的观测,且 1980 年山西省委书记前任的经济绩效竟然还是"自己的"! 这样的问题在全国 50%以上的省份中都有发生,涉及的观测数目超过 60 个,其中在湖南省委书记毛致用一人身上就包括了 8 年的数据(1980—1987 年)。除此之外,还存在一些个别的数据问题。如青海省省长白恩培在 1999 年同时担任省委书记,根据已有研究设定的规则,这个年份应该保留省委书记数据,但实际保留的是省长数据;贾志杰在 1993 年和 1994 年担任湖北省长,但这两年的观测都被遗漏等等。

**（四）实证重估"官员晋升锦标竞赛"**

现有支持"锦标竞赛"理论的实证检验,以省委书记、省长为研究对象,主要包括两大方面:一是证明官员提拔与自身任内的经济绩效正向相关;二是证明官员提拔与其前任或邻省份的经济绩效正向相关。我们在修正数据的基础上,按照前述比较完善的提拔宅义,依据既有研究的模型设定重估了"官员晋升锦标竞赛理论"。我们在表 2 至表 4 中列出了数据修正后的基本描述统计。

**表 2  官员"升迁/降职"变动总计**

| 年　份 | 总观测数 | 升迁案例数<br>(比例) | 降职案例数<br>(比例) | 总变动数<br>(比例) |
| --- | --- | --- | --- | --- |
| 1980—1995 年 | 883 | 70(7.93%) | 93(10.53%) | 163(18.46%) |
| 1979—2002 年 | 1 304 | 121(9.28%) | 136(10.43%) | 257(19.71%) |

**表3  主要自变量描述统计(1980—1995年)**

| 变　　量 | 观测数 | 均值 | 标准差 | 最小值 | 最大值 |
|---|---|---|---|---|---|
| 年经济增长率(%) | 883 | 10.300 | 5.048 | −8.400 | 25.600 |
| 移动年均增长率(%) | 883 | 9.837 | 3.841 | −8.400 | 22.000 |
| 年龄(岁) | 883 | 59.982 | 5.854 | 43.000 | 75.000 |
| 是否到达65岁(1=是;0=否) | 883 | 0.232 | 0.422 | 0 | 1 |
| 是否大学及以上学历<br>(1=是;0=否) | 883 | 0.570 | 0.495 | 0 | 1 |
| 是否有过中央任职经历<br>(1=是;0=否) | 883 | 0.248 | 0.432 | 0 | 1 |
| 任期(第几年) | 883 | 3.163 | 2.154 | 1 | 12 |
| 上一年度真实人均GDP(万元) | 883 | 0.099 | 0.093 | 0.021 | 0.789 |

**表4  主要自变量描述统计(1979—2002年)**

| 变　　量 | 观测数 | 均值 | 标准差 | 最小值 | 最大值 |
|---|---|---|---|---|---|
| 年经济增长率(%) | 1 304 | 10.073 | 4.367 | −9.100 | 25.600 |
| 移动年均增长率(%) | 1 304 | 9.893 | 3.435 | −9.100 | 22.000 |
| 前任任期内年平均经济<br>增长率(%) | 1 242 | 10.303 | 3.290 | 0.250 | 20.900 |
| 周边省份移动年均增长率(%) | 1 303 | 9.992 | 2.513 | −2.984 | 19.450 |
| 年龄(岁) | 1 304 | 59.644 | 5.453 | 43 | 75 |
| 是否到达65岁(1=是;0=否) | 1 304 | 0.182 | 0.386 | 0 | 1 |
| 是否大学及以上学历<br>(1=是;0=否) | 1 304 | 0.676 | 0.468 | 0 | 1 |
| 是否有过中央任职经历<br>(1=是;0=否) | 1 304 | 0.249 | 0.433 | 0 | 1 |
| 任期(第几年) | 1 304 | 3.181 | 2.134 | 1 | 12 |
| 上一年度真实人均GDP(万元) | 1 272 | 0.150 | 0.172 | 0.021 | 1.662 |

表5重估了"锦标竞赛"理论的第一方面内容,模型设定与 Li 和 Zhou(2005)采用时设定完全相同。为了方便比较,我们一样采用 1980—1995 年的面板数据。既有研究发现,无论是否添加年龄、教育程度等控制变量,官员任期内的当年 GDP 增长率和移动平均增长率在统计意义上都显著,其中后者是指官员处于任期第 $n$ 年时从任期第一年开始到第 $n$ 年为止的年平均增长率,更是在 1% 水平上显著(Li and Zhou, 2005)。但我们重估后的实证结果表明:当年 GDP 增长率在任何设定下都难以显著;此外,虽然在不添加控制变量时移动平均增长率在 5% 的水平上有不错表现,但加入控制变量后就变得不显著了。

**表5 经济绩效与官员职位变动的关系(1980—1995 年)**

| 变　量 | 官员职位变动(1=提拔;0=平级调动;−1=降职) | | | |
|---|---|---|---|---|
| | (1) | (2) | (3) | (4) |
| 年经济增长率 | 0.007<br>(0.530) | 0.008<br>(0.593) | | |
| 移动年均增长率 | | | 0.031**<br>(2.260) | 0.023<br>(1.543) |
| 年龄 | | −0.039***<br>(−2.821) | | −0.037***<br>(−2.714) |
| 是否到达 65 岁 | | −0.610***<br>(−3.321) | | −0.604***<br>(−3.289) |
| 是否大学及以上学历 | | 0.618<br>(1.293) | | 0.181<br>(1.406) |
| 是否有过中央任职经历 | | 0.229*<br>(1.719) | | 0.229*<br>(1.710) |
| 任期 | | −0.014<br>(−0.520) | | −0.016<br>(−0.588) |

| 变 量 | 官员职位变动(1=提拔；0=平级调动；−1=降职) | | | |
|---|---|---|---|---|
| | (1) | (2) | (3) | (4) |
| 上一年度<br>人均 GDP | | 0.953 | | 0.727 |
| | | (0.583) | | (0.444) |
| *cutoff point 1* | −1.665*** | −4.285*** | −1.299*** | −2.873*** |
| | (−5.683) | (−4.135) | (−4.177) | (−2.688) |
| *cutoff point 2* | 1.249*** | −1.163 | 1.627*** | 0.256 |
| | (4.382) | (−1.137) | (5.265) | (0.240) |
| 观测数 | 883 | 883 | 883 | 883 |

注：括号内为根据 robust 回归得出的 $z$ 统计量；回归控制了省级虚拟变量和年份虚拟变量；*、**、*** 分别代表 10%、5%、1% 的显著性水平；模型采用 Ordered Probit 进行估计，采用稳健标准误差。

表 6 重估了"锦标竞赛"理论的第二方面内容。我们复制了 Chen、Li 和 Zhou(2005)的模型设定和同样时间跨度的面板数据。既有研究采用了 1979—2002 年的面板数据，发现官员任期内的移动平均增长率和前任任期内的 GDP 年均增长率在模型设定(1)—(3)中均保持 5% 水平显著；设定(4)中的两者绝对数量的差额在 1% 的水平上显著；邻近省份同时期内的 GDP 增长率则与官员提拔没有统计意义上的显著关系(Chen，Li and Zhou，2005)。但我们的重估不仅证明了邻省份经济绩效与本省官员提拔无关，更重要的是移动平均增长率和前任任期内 GDP 年均增长率在模型设定(1)—(3)中也不显著。此外，模型(4)中两者绝对差额的显著性也急剧下降到了 10% 水平的边缘上(在既有研究中是高度显著的)，一些微小数据变动就能使显著性消失。

**表6 邻省份和前任经济绩效与省级官员职位变动的关系(1979—2002年)**

| 变量 | 官员职位变动(1=提拔;0=平级调动;-1=降职) | | | | |
|---|---|---|---|---|---|
| | (1) | (2) | (3) | (4) | (5) |
| 移动年均增长率($A$) | 0.020 | 0.014 | 0.021 | | |
| | (1.579) | (1.047) | (1.624) | | |
| 前任任期内年平均经济增长率($B$) | -0.016 | | -0.016 | | |
| | (-1.084) | | (-1.122) | | |
| 周边省份移动年均增长率($C$) | | 0.020 | 0.014 | | |
| | | (0.905) | (0.626) | | |
| $A-B$ | | | | 0.018* | |
| | | | | (1.924) | |
| $A-C$ | | | | | 0.006 |
| | | | | | (0.494) |
| 年龄 | -0.041*** | -0.042*** | -0.041*** | -0.041*** | -0.042*** |
| | (-3.604) | (-3.873) | (-3.635) | (-3.605) | (-3.843) |
| 是否到达65岁 | -0.741*** | -0.684*** | -0.748*** | -0.742*** | -0.686*** |
| | (-4.439) | (-4.363) | (-4.484) | (-4.477) | (-4.385) |
| 是否大学及以上学历 | 0.067 | 0.101 | 0.066 | 0.066 | 0.099 |
| | (0.577) | (0.937) | (0.564) | (0.567) | (0.911) |
| 是否有过中央任职经历 | 0.135 | 0.110 | 0.137 | 0.132 | 0.108 |
| | (1.299) | (1.093) | (1.311) | (1.283) | (1.071) |
| 任期 | -0.002 | -0.007 | -0.001 | -0.002 | -0.007 |
| | (-0.082) | (-0.318) | (-0.042) | (-0.072) | (-0.323) |
| *cutoff point 1* | -5.002*** | -4.584*** | -4.965*** | -4.873*** | -3.846*** |
| | (-6.257) | (-5.933) | (-6.241) | (-6.226) | (-5.302) |
| *cutoff point 2* | -2.045*** | -1.602*** | -1.987*** | -1.897** | -0.869 |
| | (-2.588) | (-2.104) | (-2.538) | (-2.452) | (-1.203) |
| 观测数 | 1 242 | 1 303 | 1 241 | 1 242 | 1 303 |

注:括号内为根据 robust 回归得出的 $z$ 统计量;回归控制了省级虚拟变量和年份虚拟变量;*、**、*** 分别代表 10%、5%、1%的显著性水平;模型采用 Ordered Probit 进行估计,采用稳健标准误差。

### (五) 如何比较经济周期不同时段的经济绩效

前述重估结果能对"官员晋升锦标赛理论"提供些许支持的解释变量,是官员任内 GDP 移动平均增长率和前任任期内 GDP 年均增长率的绝对数额之差。但是从模型设定合理性的角度看,既有研究这一变量的设定值得商榷。

一个重要的事实,是 20 世纪 80 年代以来中国经济增长呈现出明显阶段性,各阶段之间的增长率差距很大。例如,在 1990 年前后(经济治理整顿时期),5％的省份年均增长率已经是一个不错的成绩;但在 2000 年以后,10％的省份年均增长率也并不鲜见。因此,既有研究在回归设定中使用的绝对增长率指标,实际上暗含着直接比较各省份之间,以及同一省份不同任期下经济增长率的绝对水平差异。这种回归设定缺乏说服力。例如,一个 20 世纪 90 年代中期上任的省级领导,其前任恰巧处于中国整体经济增长的低点,即使后任领导表现平平,也能很容易在经济增长率绝对值表现上轻易超越前任;一个 2002 年后上任的省级领导,他可能拥有高达两位数的年增长率,即使其前任领导表现非常出色,也未必能够在增长率绝对值上超出后任。按照既有研究的设定,把各省级领导任期内经济增长率绝对值直接放入回归,而不先进行同一时期全国平均经济增长率的平减处理,很容易带来数据可比性问题。特别是考虑到各省份官员换届时间交错,领导任期跨度长短不一,因此,即使控制年份和省份虚拟变量,问题依然存在。

修正这个问题的办法,是放弃绝对经济增长率指标,而使用与同一时期全国平均增长率均值相比的相对增长率指标,以消除总体经济增长水平的影响。我们采用与表 5 中相同——即与 Li 和 Zhou(2005)相同的模型设定,将经过修正的重估结果列在表 7 中。为进一步检验回归结果稳定性,我们还将考察时段扩大到 2005 年和 2008 年。重估结果表明,无论是哪个时段,即便选取了更合理的方式来衡量不同任期间 GDP 的增长差异,也不能支持"锦标竞赛"论中"相对绩效影响官员提拔"的结论。相反,表 7 稳健的重估结果支持了本研究对"锦标竞赛"理论的质疑。

表 7　前任与责任经济绩效相对差异与省级官员职位变动的关系

| 变　量 | 官员职位变动(1=提拔;0=平级调动;−1=降职) | | |
|---|---|---|---|
| | 1979—2002 年 | 1979—2005 年 | 1979—2008 年 |
| $A-B\,new$ | 0.012 | 0.015 | 0.017 |
| | (1.115) | (1.314) | (1.487) |
| 年龄 | −0.040*** | −0.044*** | −0.040*** |
| | (−3.573) | (−4.085) | (−4.133) |
| 是否到达 65 岁 | −0.756*** | −0.743*** | −0.768*** |
| | (−4.555) | (−4.498) | (−4.792) |
| 是否大学及以上学历 | 0.063 | 0.082 | 0.093 |
| | (0.543) | (0.695) | (0.801) |
| 是否有过中央任职经历 | 0.144 | 0.156 | 0.148* |
| | (1.397) | (1.610) | (1.668) |
| 任期 | −0.002 | −0.005 | −0.010 |
| | (−0.093 8) | (−0.218) | (−0.454) |
| $cutoff\,point\,1$ | −4.968*** | −5.228*** | −5.041*** |
| | (−6.463) | (−7.091) | (−7.539) |
| $cutoff\,point\,2$ | −1.995*** | −2.166*** | −1.980*** |
| | (−2.627) | (−2.979) | (−2.993) |
| 观测数 | 1 241 | 1 408 | 1 576 |

注:括号内为根据 robust 回归得出的 $z$ 统计量;回归控制了省级虚拟变量和年份虚拟变量;*、**、*** 分别代表 10%、5%、1%的显著性水平;$A-B\,new$:(移动年均增长率−官员任期内全国年均增长率)−(前任任期内的省份年均增长率−前任任期内全国年均增长率);模型采用 Ordered Probit 进行估计,采用稳健标准误差。

### （六）如何解决前任任期不完整的问题

考虑到既有研究对官员晋升的考察一般从 1978 年开始，而数据搜集也从这一年开始，因此对于进入面板考察期的头两任省级官员而言，确定他们前任的任期存在困难。对于面板数据中的第一任省级官员而言，数据集中不会包含任何与其前任有关的数据；而对第二任官员而言，其前任任期的数据也可能并不完整，比如，某省级领导是数据集里的第二任官员，其上任时间为 1981 年。其前任任期在数据集中只从 1978 年到 1980 年，但实际上该前任可能早在 1975 年就上任了，但数据中并没有 1978 年以前的相关信息。

由于"官员晋升锦标赛理论"认为前任任期内的年平均经济增长率会影响现任官员升迁，因而面板考察期内的头两任省级领导之前任数据的缺失问题就需要解决。当模型设定中包含与前任有关的变量时，对于第一种情况，现有研究干脆剔除了进入面板的第一任官员所在的观测，但（三）节的讨论可以让我们对这类剔除进行质疑。

更值得注意的，是对样本数据时段中各省份第二任官员的处理。我们知道，数据集内绝大多数第一任官员的上任时间并非 1978 年，而是一个更早的未知年份，这些官员在数据中所显示的任期只是其全部任期的一部分。因此，仅仅计算这一部分任期内的经济绩效，无法正确反映第一任官员总体上的经济表现。换言之，对于 1978 年以后的第二任省级领导而言，他们前任的经济绩效数据（如任期内的 GDP 年均增长率）必然存在很大误差。由于 1978 年之前数据可获得性的制约，这个问题的确非常棘手。在无法进行有效处理时，简单剔除所有存在歧义的观测应该是最好的办法。因此，在（四）节和（五）节基础上，我们在这里剔除了面板数据中自 1978 年以来前两任官员的观测，然后进行估计，并在表 8 中列出和前任经济绩效相关的模型设定结果。模型采用与表 6

相同——即与 Chen、Li 和 Zhou（2005）相同的设定，为了方便比较，我们在面板数据的时间跨度上也保持一致。这里实际上是在处理了"前任任期不完整"这一干扰后，对既有文献进行一个修正下的重估。可以发现，与表 6 和表 7 相比，只有模型（1）的显著性有微小的变化，我们重估的结果依旧稳健。

表 8　剔除 1978 年后前两任后相关经济绩效（前任）
与省级官员职位变动的关系（1979—2002 年）

| 变　量 | 官员职位变动（1=提拔；0=平级调动；-1=降职） | | | |
| --- | --- | --- | --- | --- |
| | （1） | （2） | （3） | （4） |
| 移动年均增长率 （A） | 0.023* | 0.021 | | |
| | (1.686) | (1.552) | | |
| 前任任期内年平 均经济增长率(B) | -0.011 | -0.011 | | |
| | (-0.698) | (-0.733) | | |
| 周边省份移动 年均增长率(C) | | 0.026 | | |
| | | (1.039) | | |
| A-B | | | 0.016* | |
| | | | (1.653) | |
| A-B new | | | | 0.011 |
| | | | | (0.922) |
| 年龄 | -0.042*** | -0.043*** | -0.042*** | -0.042*** |
| | (-3.631) | (-3.682) | (-3.642) | (-3.605) |
| 是否到达 65 岁 | -0.798*** | -0.803*** | -0.801*** | -0.819*** |
| | (-4.484) | (-4.516) | (-4.516) | (-4.602) |
| 是否大学及 以上学历 | 0.043 | 0.040 | 0.04 | 0.04 |
| | (0.361) | (0.340) | (0.336) | (0.334) |
| 是否有过中 央任职经历 | 0.080 | 0.078 | 0.071 | 0.085 |
| | (0.741) | (0.724) | (0.668) | (0.803) |
| 任期 | 0.002 | 0.004 | 0.003 | 0.003 |
| | (0.088) | (0.153) | (0.116) | (0.109) |

| 变　量 | 官员职位变动(1=提拔；0=平级调动；-1=降职) | | | |
|---|---|---|---|---|
| | (1) | (2) | (3) | (4) |
| *Cutoff point* 1 | -0.794 *** | -4.887 *** | -5.152 *** | -4.850 *** |
| | (-5.679) | (-5.684) | (-6.304) | (-5.923) |
| *Cutoff point* 2 | -1.824 ** | -1.914 ** | -2.183 *** | -1.883 ** |
| | (-2.193) | (-2.261) | (-2.710) | (-2.327) |
| 观测数 | 1 184 | 1 184 | 1 184 | 1 183 |

注：括号内为根据 robust 回归得出的 z 统计量；回归控制了省级虚拟变量和年份虚拟变量；*、**、*** 分别代表 10%、5%、1%的显著性水平；$A-B\,new$：（移动年均增长率-官员任期内全国年均增长率）-（前任任期内的省份年均拉长率-前任任期内全国年均增长率）；模型采用 Ordered Probit 进行估计，采用稳健标准误差。

除了本文的研究外，还有一些其他文献也考察了中国省级官员的提拔问题。比如 Opper 和 Brehm(2007)发现官员的一些政治网络指标会显著提高省级官员的升迁概率，而 Sheng(2009)讨论了省级官员的任职轨迹与获得提拔之间的关系，认为从外省份调入和中央委派的官员更易于获得提拔。这些研究也都没有发现经济绩效影响省级官员的提拔。相比于这些研究，本文在实证部分采用了更为精致的模型设定，特别是使用了相对 GDP 增长率指标，仍无法发现官员升迁与经济绩效之间的联系。

实际上，上述政治学者进行的研究还为进一步研究中国政治体系中官员提拔的逻辑提供了一些初步的线索：即在研究过程中需要充分考虑官员提拔的轨迹，尤其是上级政府在官员培养、轮换与交流等方面的区域布局，以及这些布局和官员既有政治网络之间的关系。比如，Opper 和 Brehm(2007)的实证分析就表明，2002 年以后，有过一些特定工作经验的省级官员更易获得提拔,且他们原先大都是从中央委派到地方的。此外,需考虑的一个问题,是一些经济大省、强省或直辖市本来就比其他省份有更高政治地位,因而这些地方省委书记和省长获得升迁的概率也自然更大,但安排什么干部去这些省份任职,也值得进一步考察。

与本文的重估结果相一致,上述研究表明,至少在省一级,既有研究提出的官员升迁与经济增长率之间的联系并不存在。当然,这并不能排除在更低政府层级官员提拔和 GDP 增长之间存在正向相关性的可能。当然,诚如本文第三部分所讨论的,即使存在这种相关性,二者之间相互影响的方向仍不明确。实际上,目前已经开始出现一些文献,对省级以下各级政府主要领导提拔是否取决于辖区经济增长率问题进行讨论,但也没有很强的结论。比如,Mei(2009)在对湖北和浙江两个省份进行的实证研究表明:浙江省地级市官员与其任期内 GDP 移动平均增长率正相关,但在湖北省则没有发现这种关系。在湖北省,与官员提拔成正相关的是地级市占全省 GDP 的份额。但正如我们在前面实证部分所指出的,要比较处于不同经济发展时段之内的官员绩效,需对 GDP 增长率进行合理的去均值化处理(比如用省份平均增长率进行平减),否则会影响结果的可信度。实际上,Mei(2009)关于湖北省地级官员提拔的分析结果也许说明了另外一种官员提拔模式:一些经济规模较小地方的官员在升迁之前,必须先被调任到某些特定地区(如经济或政治重要区域)任职,哪怕后者是时间不长的过渡性任职。总之,经济绩效和官员升迁之间的关系,并不一定是由前者决定后者,更可能存在着以下逻辑:政治网络背景导致某些官员更容易被提拔,他们被派到了特定地区就职,随后升迁。又如,林挺进(2010)搜集了到 2005 年为止全国 268 个地级城市中 264 名市长的数据,研究了中国地级市市长职位升迁的经济逻辑。他发现,一方面,官员以前在升迁方面的优势将会有助于他们到一个有较好经济绩效的城市去担任市长;另一方面,这种优势又将转变成下一次政治升迁的有利砝码。

## 五、结　　论

中国在经济转型过程中获得了高速的经济增长。构建一个能够解释中国转型中高增长以及相关重大现象逻辑的政治经济学分析框架,无论是对转轨经济学理论本身的发展,对增强国际、国内学术界对中国转轨过程的理解,还是对提高我们关于中国转型未来前景的判断力,乃至为推动中国尚未完成之转型提供有效的政策建议和体制改革方案,都有不言而喻的重大意义。近年来,作为一个简单、清晰的理论分析框架,"官员晋升锦标赛理论"被学术界乃至媒体日益接受。在分析中国转轨期高速经济增长时,论者都几乎毫无例外地要引用以 GDP 为核心的政绩考核体系会给官员带来提拔激励,因此地方领导有激励发展本地经济这个观点。而学术界和媒体在探讨唯 GDP 发展模式带来的各种扭曲时,相应的政策结论也往往是应该如何完善政绩考核体制,增加诸如民生、环保方面的指标,或者是在政绩考核中加入如民意测验等来改变地方官员的行为。

本文从逻辑和实证上两个维度对"官员晋升锦标竞赛理论"提出了挑战。研究表明,并不存在充分证据支持如下观点:即对省级乃至省级以下级别而言,政绩考核体制,尤其是被认为关键的 GDP 增长率考核指标,对中国地方官员的政治提拔具有关键意义。更进一步来讲,作为一种正式制度,对地方政府领导班子进行综合测评的政绩考核体制是在 20 世纪 80 年代后期才开始在局部地区出现,在 20 世纪 90 年代中后期才开始在更多地区县乡有所推广。这种体制的产生和发展,本身也是内生于中国经济转型的过程,尤其是财政集权化过程,是一个需要解释,也可以解释的现象。而如果倒果为因,反而用这种内生于转轨过程的体制去解释中国转型期的经济增长及其他相关各种现象,那么将是对中国经济转轨逻辑的重大误读。而寄望于通过改变政绩考核体制的考核方式和评分标准,而不是通过更加基础性的制度改革,比如土地、财政、户籍制度改革,行政管理乃至政治体制改革来扭转当前不可持续的发展模式,也很容易流于空想。

本文最后的结论是:在构建中国转型期高增长的政治经济学分析框架内,理清当前我国增长模式所带来一系列社会、经济乃至环境问题背后的逻辑,并为实现科学、可持续发展提供有效政策建议和体制改革策略方面,学术界还有大量工作有待完成。

## 参考文献

荣敬本等:《从压力型体制向民主合作体制的转变:县乡两级政治体制改革》,中央编译出版社,1998 年。

王汉生、王一鸽:《目标管理责任制:农村基层政权的实践逻辑》,《社会学研究》,2009 年。

徐现祥、王贤彬、舒元:《地方官员与经济增长——来自中国省长,省委书记交流的证据》,《经济研究》,2007 年。

许宪春:《中国国内生产总值核算》,《经济学季刊》,第 2 卷第 1 期,2002 年。

林毅夫、蔡昉、李周:《中国的奇迹:发展战略与经济改革》,上海人民出版社,1999 年。

陶然等:《地区竞争格局演变下的中国转轨:财政激励和发展模式反思》,《经济研究》第 7 卷,2009 年。

林挺进:《中国地级市市长职位升迁的经济逻辑分析》,《公共管理研究》第 5 卷,2010 年。

　　陶然、汪晖:《转型中的土地制度改革》,《领导者》第 1 卷,2010 年。

　　张军、高远:《官员的任期限制、异地交流与经济增长》,《经济研究》,2007 年第 11 期。

　　Alesina, A. , N. Roubini and G. Cohen, 1997, *Political Cycle and Macroeconomy*(*MIT*).

　　Cai, H. and D. Treisman, 2006, "Did Government Decentralization Cause China's Economic Miracle?", *World Politics*, 58, pp. 505—535.

　　Chen, Y. , H. Li and L. Zhou, 2005, "Relative Performance Evaluation and the Turnover of Provincial Leaders in China", *Economics Letters*, 88, pp. 421—425.

　　Edin M. , 2003, "State Capacity and Local Agent Control in China: CCP Cadre Management from a Township Perspective", *China Quarterly*, 173, pp. 35—52.

　　Levi, M. , 1989, "Of Rule and Revenue", *California Series on Social Choice and Political Economy*.

　　Li, H. and L. Zhou, 2005, "Political Turnover and Economic Performance: the Incentive Role of Personnel Control in China", *Journal of Public Economics*, 89, pp. 1743—1762.

　　MacRae, C. , 1977, "A Political Model of the Business Cycle", *Journal of Political Economy*, 85, pp. 239—263.

　　Mei Ciqi, 2009, "Brings The Politics Back In: Political Incentive And Policy Distortion In China", Ph. D. Dissertion Department of Economics University of Maryland.

　　Montinola, G. , Y. Qian and B. Weingast, 1995, "Federalism, Chinese Style", *World Politics*, 48, pp. 50—81.

　　Nathan, A. , 1973, "A Factionalism Model for CCP Polities", *China Quarterly*, 53, pp. 34—66.

　　Oi, J. , 1992, "Fiscal Reform and the Economic Foundations of Local State Corporatism in China", *World Politics*, 45, pp. 99—126.

Opper, S. , Brehm, S. , 2007, "Networks versus Performance: Political Leadership Promotion in China", Lund University Working Paper.

Perkins, D. , 1967, "Government as an Obstacle to Industrialization: The Case of Nineteenth-Century China", *Journal of Economic History*, 27, pp. 478—492.

Qian, Y. , Weingast, B. , 1997, "Federalism as a Commitment to Preserving Market Incentives", *Journal of Economic Perspectives*, 11(4), pp. 83—92.

Sheng Yumin, 2009, "Career Incentives and Political Control under Authoritarianism: Explaining the Political Fortunes of Subnational Leaders in China", Woking Paper.

Shih, V. , 2006, *Factions and Finance in China : Elite Conflict and Inflation*, Cambridge.

Sonja Opper, Stefan Brehm, 2007, "Networks versus Performance: Pohtical Leadership Promotion in China", Working Paper.

Stewart MacPherson and Joseph Y. S. Cheng, 1996, Economic and Social Development in Southern China, Cheltenham(UK), Edward Elgar.

Susan Shirk, 1993, *The Political Logic of Economic form*, California.

Tao Ran, Su Fubing and Liu Mingxing and Cao Guangzhong, 2010, "'Race to the Bottom' Competition Through Negotiated Land Leasing: An Institutional Analysis and Empirical Evidence from Chinese Cities", *Forthcoming on Urban Studies*, 47(10), pp. 2217—2236.

Tsai, K. , 2004, "Off Balance: The Unintended Consequences of Fiscal Federalism in China", *Journal of Chinese Political Science*, 9, pp. 1—26.

Tsui, K. and Y. Wang, 2004, "Between Separate Stoves and a Single Menu", *China Quarterly*, 177, pp. 71—90.

Yang, D. , 2006, "Economic Transformation and Its Political Discontents in China", *Annual Review of Political Science*, 9, pp. 143—164.

(原载《管理世界》2010 年第 12 期)

# 对《经济增长能够带来晋升吗？
## ——对晋升锦标竞赛理论的逻辑挑战与
## 省级实证重估》一文的评论

**赵文哲**

（中央财经大学经济学院）

**洪福海**

（上海财经大学经济学院）

改革开放以来，中国经济增长取得了瞩目的成就，1953 年至 1977 年，中国实际 GDP 年均增长 6.5%，而从 1978 年至 2008 年，中国实际 GDP 年均增长 9.9%。对于经济增长率的显著提高，学者们提出了很多解释。传统上将经济高速增长解释为物质资本投入、二元劳动结构导致的低成本劳动力、人力资本积累和技术进步等因素。近十年来，用政治激励因素来解释中国的高增长越来越受到关注。周黎安（2004，2007）建立了所谓的晋升锦标赛理论来分析晋升在中国经济增长中的作用，Li 和 Zhou（2005）对经济增长与晋升激励的关系进行了系统检验，发现官员任期内的平均经济增长率以及相对于其前任的平均经济增长越高，官员获得晋升的可能性越高，这反过来意味着官员为获得晋升而有动力促进经济增长。据 Google Scholar 的搜索，Li 和 Zhou（2005）的文章目前已被引用 278 次。这种对中国经济增长的政治锦标赛解释由于其简单和较为直观而获得广泛影响。目前,这一逻辑不但在学术界成为解释中国经济增长的主流观点之一,也得到了大众媒体和公众的普遍认同。根据 2010 年 5 月人民论坛问卷调查中心进行的一次网上调查,63% 的受调查者认为现行政绩考核与升迁机制,驱使地方官员谋求政绩。但是,正如陶然等人的怀疑:晋升是否真的能够恰当解读中国改革时期的经济高增长现象? 反过来说,如果官员的晋升并不是以经济绩效为依据,那么晋升锦标赛理论就无法解释中国改革时期的高增长现象。该文从逻辑和检验两方面对晋升锦标赛理论提出了质疑和反思,并根据调整后数据进行回归发现,晋升锦标赛理论上是可疑的。

该文从五个方面对晋升锦标赛的逻辑提出质疑:

首先,政治集权下的官员选拔制度与晋升锦标赛理论存在根本的冲突;其次,如果存在晋升锦标赛机制,官员必然有动力去扭曲数据,即所谓"官出数字",结果造成数据不能反映真实情况,因此上级政府在选拔官员时就不能以 GDP 为依据;第三,在省级政府层次上,难以证明省级政府官员的晋升或者更替能够对经济增长有显著影响,因为晋升锦标赛更可能存在于更低级的政府,比如市级政府或县级政府;第四,除了以 GDP 为代表的经济绩效指标,晋升考核可能更多取决于其他因素,其中官员个人拥有的政治关系网络是最重要的因素(Opper and Brehm,2007)。

对于上述几点逻辑上的质疑,笔者认为基本上是具有说服力的。但是,有必要对以下两点作出更具体的说明:

第一,中国经济增长的政治锦标赛说,一言以蔽之,就是"(增长)数字出官"。在对"政治锦标赛说"的第二点逻辑挑战上,作者似乎力图用"官出数字"来辩驳说"数字出官"不存在。"官出数字"的确在逻辑上对"数字出官"提出了质疑。但是作者得出的观点似乎比这更强。在通常看来，"官出数字"和"数字出官"是并存的现象。前者并不足以说明后者不存在。

第二，由于省级政府在经济发展中的作用逐渐弱化，以GDP为考核指标提拔官员更多会体现在更低级政府层级上，因此从逻辑上来说，省级政府官员的调动不会对经济增长有显著的影响，而在市级和县级政府上的检验会更有说服力。但是现有对晋升锦标赛的检验大部分是基于省级官员的调动数据做出的，其中一个主要原因是市级或县级政府官员调动的数据更加难以收集。从现有对省级数据的实证检验来看，省长或省委书记调动对经济增长的影响并不确定。例如，徐现祥等（2007）与徐现祥和王贤彬（2010）认为省长（书记）交流对流入省区经济增长有正向影响，而王贤彬等（2009）则发现省长省委书记更替对辖区经济增长有显著的负面影响，这种影响的程度因地方官员更替频率、更替的地方官员的年龄等因素的不同而不同，地方官员更替主要影响辖区的短期经济增长波动，并非长期经济增长趋势。因此，从已有的研究来看，省级一把手的调动对经济增长的影响并不确定，作者可以针对县市级政府官员的调动影响做进一步的考察。

该文在检验方法上在以下几个方面做了修正：(1)对官员调动数据的考察更细致，比以往研究的分类更明确；(2)对样本时段进行了调整；(3)以及在对前任官员任职不完整问题进行了修正；(4)在衡量经济绩效时剔除经济周期的影响。这些调整无疑增加了检验的准确性和说服力。但是，该文可能还需要在以下几个方面进一步说明：

第一，按照文中图1的界定：省委书记调任部委正职是平调，省长调任部委副职也是平调。但是根据 Qian 等（2006）的观点，与苏联的 U 型体制不同，中国是 M 型体制，也即省比部拥有更大的权力。因此让人难以认同"省长调任部委副职是平调"的界定。

第二,文章的实证部分基本采用 Li 和 Zhou(2005)等政治锦标赛文献的回归模型。仅对数据做更细致的校勘,就可以得到与以往文献不同的结果。这说明变量的界定能够很大的影响回归结果。因而,如果读者对政治升迁的界定有疑问的话,也会自然的怀疑回归的结果。因而建议作者考虑如下稳健性检验:将一些界定有争议的观测值去掉,看结果如何。

第三,作者提到,1993 年以前分省 GDP 指标是后来才推算出来的。但是文章的所有估计都包含了 1993 年之前的数据。那么我有理由怀疑:1993 年之前因为不存在分省数据,所以不存在增长的政治锦标赛;1993 年之后有政治锦标赛。包含两个阶段数据的回归可能把后一阶段的政治锦标赛效应稀释了,因而在回归结果上我们看不到显著的政治锦标赛。因而,可以做一个仅包含 1993 年之后数据的稳健性检验。

第四,按照文中对省长和省委书记官职的设定,省委书记高于省长。按照这个逻辑,由省长直接晋升到中央核心领导层与省委书记直接晋升到中央核心领导层应该具有程度不同的激励。但是,文中并没有这样区分。王贤斌等(2011)分析了经济增长分别对省长和省委书记晋升的影响,发现经济增长只是对省长的晋升有更强的激励,而对省委书记的晋升激励不强。如果是这样,笔者怀疑不区分省长和省委书记晋升可能是导致文中经济增长系数回归结果不显著的原因。

总体上来说,尽管有些问题需要进一步讨论,但该文针对晋升锦标赛理论的逻辑和检验提出的质疑仍具有很高的学术价值,使我们重新思考中国经济增长背后的因素。一直以来,经济学家在争论中国经济增长到底是应该"作对激励"还是应该"做对制度"。晋升锦标赛理论侧重于强调中国经济增长应该"做对激励",而"做对制度"则强调分权(经济分权和财政分权)和市场化等因素的影响。本文的结论无疑为"做对制度"促进经济增长的理念提供了证据。

## 参考文献

Chen, Y., H. Li and L. Zhou, 2005, Relative Performance Evaluation and the Turnover of Provincial Leaders in China, Economics Letters 88, 421—425.

Li, H. and L. Zhou, 2005, Political Turnover and Economic Performance: the Incentive Role of Personnel Control in China, Journal of Public Economics 89, 1743—1762.

Opper, Sonja and Brehm, Stefan, 2007. "Networks versus Performance: Political Leadership Promotion in China." Lund University Working Paper.

Qian, Yingyi, Gerard Roland, Chenggang Xu, 2006, "Coordination and Experimentation in M-Form and U-Form Organization", *Journal of Political Economy*, 114(2), 366—402

王贤彬,徐现祥,李郇,《地方官员更替与经济增长》,《经济学(季刊)》,2009 年 7 月。

王贤彬,张莉,徐现祥,《辖区经济增长绩效与省长省委书记晋升》,《经济社会体制比较》,2011 年第 1 期。

徐现祥,王贤彬,《晋升激励与经济增长:来自中国省级官员的证据》,《世界经济》,2010 年第 2 期。

徐现祥,王贤彬,舒元,《地方官员与经济增长——来自中国省长、省委书记交流的证据》,《经济研究》2007 年 9 月。

周黎安,《晋升博弈中政府官员的激励与合作》,《经济研究》,2004 年第 6 期。

周黎安,《中国地方官员的晋升锦标赛模式研究》,《经济研究》,2007 年第 7 期。

# 寻找阿基米德的"杠杆"
## ——"出生季度"是个弱工具变量吗?*

吴要武

（中国社会科学院人口与劳动经济研究所）

## 一、引　言

　　教育收益率一直是劳动经济学家关注的重要问题,使用观测性数据时,用工具变量方法估计教育收益率占据突出地位。Angrist 和 Krueger(1991)(下文简称 AK91)估计美国劳动力市场教育收益率的方法有着重要的影响。其基本方法是:发达国家或早或迟都颁布了《义务教育法》,在满 16 周岁(或 17 周岁)之前退学为法律所禁止,而人们的出生季度是随机分布的。如果 6 岁队列中不同出生季度者同时入学,那些出生在上半年的学生,到中学的某个学年结束时,已满 16 周岁,可以退学(进入劳动力市场);下半年出生的学生,却因未满 16 周岁而必须"滞留"在学校里多接受一年教育,其结果与下半年出生的同一队列人口相比,第一季度出生者因更早退学而有更短的平均受教育年限;更短的受教育时间会导致更低的工资。由于后三季度出

---

＊　本文得到中国社会科学院重点课题《中国城镇非正规就业问题》的资助。

生者的教育优势是《义务教育法》带来的,这就相当于一个自然实验,利用此外生冲击产生的变异可以解决忽略变量带来的估计偏差问题。

AK91 的估计结果显示,2SLS 与 OLS 方法的估计结果几乎没有显著差异。两位经济学家谨慎地推断:用 OLS 估计得到的教育回报率存在的偏差可能并不大。但其他经济学家使用同一个数据发现,"出生季度"是个弱工具变量:人们的出生季度与其受教育年限变异之间,只有微弱的相关性。存在弱工具问题时,2SLS 估计不仅难以矫正 OLS 估计的偏差,反因有更大的标准差而有更低的效率,导致"治疗比疾病本身更坏"(Bound,Jaeger, and Baker, 1995)(下文简称 BJB95)。

尽管 AK91 的结论受到质疑,但很多流行的经济计量学教科书都把"出生季度"这个工具变量以及对它的质疑同时吸纳进来(Wooldridge, 2005; Stock and Watson, 2006)。一个有趣的现象是,当"出生季度"被其他学者检验出为弱工具后,两位作者在后来的文章中仍然把"出生季度"作为工具变量的一个案例来介绍(Angrist and Krueger, 1999, 2001)。这意味着,AK 一直坚持"出生季度"是个有效的工具。从今天的学术关注度看,AK91 在微观经济计量学上开辟了一个非常活跃的研究领域:弱工具问题。简要回顾一下相关文献,经济学家的关注点集中在如何识别弱工具(Staiger and Stock, 1997; Stock and Yogo, 2004);探讨弱工具条件下 2SLS 估计的偏差及决定因素,如 $X$ 与 $Z$ 的相关性(第一阶段的 $R^2$)、结构方程与约简型方程的误差项 $u$ 与 $v$ 的相关性($\rho$)、观测值数量($n$)、工具变量的数目($K$)等(Hahn and Hausman, 2002, 2003; Murray, 2006);在存在弱工具的条件下,如何改进计量方法以获得稳健一致的估计量(Baum et al., 2007; Hansen et al., 2006)。但尚未见到探讨

"出生季度"成为弱工具的原因的文献。在作者看来,这是因为研究者都使用了同一个数据。中国 2005 年的 1‰人口抽样调查数据支持本文作新的探索。本文的研究目的有两个:第一,开辟不同的研究路径,寻找产生弱工具的直接原因和社会经济根源;第二,弄清中国城镇劳动力市场上的教育回报率。

## 二、什么因素影响了工具变量的相关性?

BJB95 使用同样的数据复制了 AK91 的研究,根据 2SLS 第一阶段回归的 $F$ 值和 $R^2$ 值,判断出生季度与受教育年限之间只有很小的相关性,认定出生季度是个弱工具。但他们并没有解释,出生季度与受教育程度之间为什么会弱相关。或者更严格表述为"为什么'出生季度'在美国是个弱工具"?在开始讨论中国劳动力市场问题之前,本文先回答这个问题。

根据 AK91 报告的信息,在 1980 年美国人口普查数据中,1930—1939 年出生人口队列,高中及以上者所占比例已达到 77%,后来的文献几乎都使用这个队列的数据;1940—1949 年出生队列中这一比例则达到了 86%。AK91 发现,在 1950 年和 1960 年以后出生队列里,《义务教育法》失效了:不同出生季度者之间显示不出受教育差异。在作回归分析时,他们干脆舍弃了 1950 年以后出生队列样本,理由是一部分人尚处于受教育阶段。作者发现,1950 年以后出生队列高中及以上者所占比例超过了 90%。由此推测,"出生季度"与"受教育年限"相关性低,是美国高中入学率"过高"导致的。受教育年限在出生季度间的变异过小导致了弱工具出现。

一般说来,16 岁人口队列通常处于初中或高中阶段,美国高中阶段的教育已得到普及,几乎每个学生都能从初中直接升入高中(8年级升入9年级),从美国劳动年龄人口中高中及以上者所占比例,可以看出这个事实。为了说明高中阶段的升学率如何影响了"出生季度"作为工具变量的有效性,本文以中国为例作阐释。与美国相比,中国的特殊环境是,高中阶段的教育远未普及,初中升高中时存在严格的入学考试,升学率也远低于美国。

中国的16岁人口队列常常处于初中三年级升高中的阶段。从经验直觉可知:如果进入高中的升学率为0,那么,无论是出生在上半年还是出生在下半年的学生,都无法进入高中,其结果,出生季度与受教育年限之间没有相关性;如果进入高中的升学率为100%,所有初三学生都可以进入高中,忽略掉辍学因素,那么,出生季度与受教育年限之间也没有相关性。可是,一旦初中升高中的升学率介于0—100%之间时,出生季度就会影响学生的选择,从而影响不同季度出生者的最终受教育年限。

本文作出一些理想化的假定,模拟并说明升学率如何在出生季度与受教育年限之间扮演了重要角色。这是我们理解的中国和美国之所以出现差异的根本原因。假定如下:

(1)假定所有人口队列都在16岁时升入高中(9月份入学)。

(2)如果第一年没有考上高中,假设决定学生选择的因素只有一个:是否满16周岁。前三个季度出生者,到9月份入学时已经或即将满16周岁,他们选择加入劳动力市场;第四季度出生者,因不满16周岁,无法进入劳动力市场,他们选择回初中三年级复读。

(3)假定初中应届生和复读生升高中的比例是一样的。

(4)假定没有辍学。在中国"严进宽出"的教育体制下,这是一个可以接受的假设。但在AK91那里,"辍学"却是导致受教育年限在不同出生季度者之间产生差异的主要原因。

然后,我们对不同升学率下,出生在第四季度者的受教育优势进行模拟。图1显示:如果入学率为(0,100),则第四季度出生者升入高中的比例就会高于其他三个季度出生者。纵轴代表某个队列中,第四季度出生者比其他季度出生者"多出的高中生人数"在队列总人口中的比例。显然,当高中入学率为50%时,第四季度出生者升入高中的优势最大:"多"升入高中者占队列总人口的比例为6.25%。[①]在一个大样本数据中,这个差异应该能够显著地呈现出来。

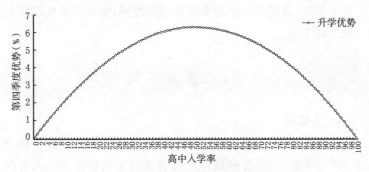

**图1　出生在第四季度者的受教育优势**

高中入学率越是接近50%,出生季度对升学,从而对受教育年限的影响越大,这时,出生季度可能成为强工具变量;高中升学率越是接近0或者100%,出生季度与高中升学率的相关性越低,那么,出生季度更可能成为弱工具。美国有80%以上的高中升学率,却没有类似中国这样的升学竞争机制,出生季度对受教育选择的影响途径仅仅来自"辍学"。一般说来,只有少数患有身心疾

---

① 具体的模拟方法是,假定人们的决策分为两期:第一期,不同出生季度的16岁队列,升入高中的比例一样;第二期,将队列总人口减去升入高中的人口,然后除以4,得到第四季度出生但第一期没有升入高中的人口,然后,将这个人口数乘以高中入学率,得到第二期升入高中的人数;再将第二期升入高中的人数(只有第四季度出生者选择了复读)除以队列总人口。而且假定人们只上到高中。

病、距离学校过远和格外厌倦学习的学生才可能中途"辍学",因此,不同出生季度者之间的受教育差异可能非常小,这时,出生季度与受教育年限之间只有微弱的相关性。由于美国完成高中阶段教育者在人口队列中的比例越来越接近100%,Angrist 和 Krueger 不可能找到一个更好的数据来重新检验工具变量的强弱了。

基于以上分析,本文提出一个可以检验的假说:

中国人口队列的高中入学率在持续提高,"出生季度"作为工具变量时,会随人口队列演进而得到增强,由弱工具变量转化为强工具变量。

## 三、数 据 与 识 别

### (一) 数据

2005 年 11 月 1 日,国家统计局作了全国 1% 人口抽样调查(俗称"小普查"),问卷中设计了劳动者的工作特征和收入等问题,使我们能利用这个数据深入分析"出生季度—受教育年限—工资水平"之间的关系。从最终回收问卷看,实际调查了全国人口的 1.31%,由于在不同省市抽样比不一样,国家统计局提供了各个省市的抽样比和每个观测值代表的权重。从最终数据中,以家庭为单位抽取了 1/5 的样本,提供给部分研究机构,共计 2 585 481 个观测值,741 226 户,其中有 723 697 个家庭户,17 529 个集体户。

由于历次人口普查或者"小普查"的问卷都在变动,本研究需要的一些信息在以前的人口普查问卷中存在,而 2005 年的问卷中却没有设计,所以,本文还辅助使用了 1990 年和 2000 年的人口普查数据。如 2000 年问卷中设计了"受教育程度"的分类——"是否成人学历"。在中国,"成人学历"通常是毕业后才申请,与普通升学考试无关。在识别出生季度可能影响升学时,应该考虑"成人学历"这个因素,但这个信息在 2005 年调查时缺失。

受"文革"的影响,2005 年小普查数据中,高中及以上者在出生队列中的比例有个大的波动。由于本文更关注城镇劳动力市场,作者只选取城镇人口作为研究对象,这样一来,受教育状况在人口队列中基本上是稳定上升的。中国的法定退休年龄一直为 60 岁,停留在劳动力市场上的最大人口队列为 1945 年出生者。1945 年及以后出生队列人口中,高中及以上者的比例从约 20% 上升到约 50%。中国于 1999 年开始扩大高等教育规模,高校录取人数 8 年间增长了近 5 倍,大学毕业生供给的急剧增长或许会影响教育回报率。高校扩招主要影响了 1980 年以后的出生队列,到 2005 年人口抽样调查时,这些年轻人口队列中,相当大一部分人还在接受教育,未进入劳动力市场。1998 年国企改革加速导致了严重的就业冲击,不少地方政府鼓励大龄劳动者退出劳动力市场,大龄队列的劳动参与率下降。考虑了上述因素后,本文排除接近退休的大龄人口队列和尚未完成教育的年轻人口队列,截取 1950—1979 年出生队列作为分析对象。

在本文所限定的研究群体中,高中及以上者的比例为 36.1%,而初中及以上者的比例则达到 78.9%,这意味着,样本人口初中毕业后,有 54% 的人没有升入高中。中国城镇人口在初中和高中阶段有更大的变异,出生季度与升学选择之间因之有更大的相关性,用出生季度作工具变量时,可能不会遭遇美国那样的弱工具风险。但中国也同样面临一些可能导致弱工具的因素。在识别部分,作者评估这些因素对出生季度与受教育年限之间相关性的影响。

(二) 识别

由于中国缺少美国那样完备的法律体系和严格的执法环境,对"出生季度—受教育年限—市场表现"的传导机制必须进行更加谨慎的识别。本文的识别分两部分:第一,出生季度与受教育年限变异之间是否存在因果关系。作者观察出生在前三季度的人,受教育年限是否显著低于第四季度出生者;然后,继续观察同一队列中,不同出生季度者的收入变异是否与受教育年限变异相一致。第二,不同出生季度者之间的受教育年限变异可能因一系列因素的扰动而被弱化,对这些因素要进行分析并作出评估。由于观测性截面数据是包含了各种影响后的最终结果,因此,本文先讨论对识别起弱化作用的因素,然后再考察"出生季度—受教育年限—小时工资"之间的关系。使季度间受教育年限变异弱化的因素在中国可能以其他方式存在,可以把它们视为特殊的约束条件,包括:

1.《义务教育法》

中国最早的《义务教育法》颁布于 1986 年,但该法并没有美国那样的"满 16 周岁或 17 周岁才能离开学校"的规定,而仅规定,实行 9 年制义务教育,"满 6 周岁入学"是建议而非强制性的。在现实生活中,人们可以把孩子的进入小学推迟到 8 岁队列,也可以在进入 6 岁队列但不满 6 周岁时入学;面对"提前入学",教育部门的官员不会公开赞扬,但也决不会施加惩罚。从 1990 年 7 岁队列各月份出生者的在校率看出,变化是平缓的,7、8 月份出生者与 9、10 月份出生者几乎没有差别。可以确信:中国的小学实际入学年龄与美国没有差异。由于《义务教育法》从 1986 年 7 月开始实施,对本文观察的 1950—1979 年出生队列来说,基本上不受其"入学年龄"规定的影响。① 作者推断:

---

① 与 2006 年的修订版相比,1986 年版本的《义务教育法》显得温和,一直在使用"应当"这个"劝告性"词汇,而不是体现法律严肃性的"必须"和惩罚。第五条规定:"凡年满六周岁的儿童,不分性别、民族、种族,应当入学接受规定年限的义务教育。条件不具备的地区,可以推迟到七周岁入学。"义务教育法的目的是鼓励教育,"不满 6 周岁"的孩子提前入学不会被教育部门的官员劝阻。"条件不具备"是非常有弹性的,可以解读为允许儿童在"6—8 岁"队列时入学。

如果"出生季度—受教育年限差异—收入差异"这个传导机制在中国存在,一定与"义务教育法"没有关系。

是什么因素导致了"出生季度"对受教育年限产生影响呢?是中国严厉的就业政策。从新中国成立到 2002 年,就业压力一直是中国政府面临的严峻挑战。无论城乡,就业岗位都是极其稀缺的,正因为如此,政府对"入职年龄"有着严格的限制:劳动年龄人口的法定标准是"16 周岁","除文艺、体育和特种工艺部门外,均不能使用未满 16 周岁的未成年人"。确保"就业政策"得到严格执行的一个重要因素是城乡家庭之间的相互监督:如果邻居家的孩子未满 16 周岁就被"招工"、"招干"或者进入生产队"当社员,领工分",对自己的孩子就是不公平的:抢占了极其稀缺的就业机会。无论是计划经济时代还是改革开放以后,无论是城镇还是农村,不满 16 周岁,都无法加入劳动者行列并获得工作岗位。

改革开放以后,农村实行了联产承包责任制,城镇则出现了劳动力市场,但即使在城镇新兴部门,雇用 16 周岁以下的劳动者也是违法行为。由于劳动力丰富和价格低廉,中国城镇劳动力市场上很少有童工。从社会习俗的角度看,中国在历史上就将 16 周岁视为男性成年的界限,1963 年颁布的刑法(33 稿),将"承担完全刑事责任"的年龄规定为 16 周岁[①](李学武,2003)。

---

① 中国《刑法》第十七条规定:"已满十六周岁的人犯罪,应当负刑事责任。……因不满十六周岁不予刑事处罚的,责令他的家长或者监护人加以管教;在必要的时候,也可以由政府收容教养。"《民法通则》第十一条规定:"十八周岁以上的公民是成年人,具有完全民事行为能力,可以独立进行民事活动,是完全民事行为能力人。十六周岁以上不满十八周岁的公民,以自己的劳动收入为主要生活来源的,视为完全民事行为能力人。"1994 年的《劳动法》第九十四条规定:"用人单位非法招用未满十六周岁的未成年人的,由劳动行政部门责令改正,处以罚款;情节严重的,由工商行政管理部门吊销营业执照。"显然,无论政府还是家庭,都把"满 16 周岁"视为迈入成人行列的重要门槛。

进入劳动力市场的年龄限制,与发达国家义务教育法的作用一样,把一些想提前退学者阻留在学校。

AK91 在分析美国的义务教育法影响受教育年限时,指出两个途径:(1)不满 16 周岁退学要受到专门执法官员的惩罚;(2)不满 16 周岁无法获得进入劳动力市场的许可证(work certificate or work permit)。[①]《义务教育法》和"就业许可证"这"两块等高的木板"共同构成中学生合法退学的"闸门",使不同出生季度者在 10—11 年级的边际上出现受教育变异。后来学者在讨论工具变量发生机制时,都注意到了《义务教育法》,却忽视了由学校发放的"就业许可证"这个同样重要的条件。在中国,不满 16 周岁退学不被严厉禁止,但在限制进入劳动力市场方面,严厉程度却不亚于美国。尽管 AK91 声称:"如果没有《义务教育法》,不同出生季度群体之间就不会出现受教育的差异。"(原文第 989 页)当他们在解释《义务教育法》为什么会被遵守时,立即求助于《公平劳动标准法》(原文第 992—993 页)。我们下面会看到,在不受义务教育法影响的中国大龄人口队列中,出生季度间的受教育变异同样是显著的。因为劳动力政策发挥了同样的作用。

## 2. 升高中时的年龄

美国的初中和高中之间没有门槛,但中国有。初中毕业升入高中要经过非常严格的考试,"中考"是比"高考"覆盖范围更广、参与人数更多的社会性考试。无论城镇还是农村,初中毕业生如果考不上高中,他们面临的选择有两个:继续复读或者等待就业。但是,按照 1986 年《义务教育法》建议的 6 岁队列入学,在初中毕业时,这个队列可能处于 15 岁队列。即使出生在第一季

---

[①] 参见 AK91 的第 992—993 页。其他学者也指出了类似的影响:义务教育法规定达到某个年龄的儿童必须入学接受教育;只有达到某个年龄才能得到"工作许可证"(Lleras Muney, 2002)。

度的人,也同样因无法进入劳动力市场而选择复读或等待。按照本文的假设,16岁队列的人才会因出生季度的约束而选择进入市场或者继续升学。那么,15岁队列是个升入高中的惯常年龄吗?如果是,出生季度与受教育年限之间的相关性就会弱化。

2000年的人口普查和2005年1‰抽样调查数据的标准时间都是当年11月1日0时,正处于新学年第一学期的期中,两个数据中的16岁队列分别对应着1984年和1989年出生的人口。1990年的普查标准时间为6月1日0时,是某学年第二学期的末尾。调查时点的在校生,通常是上个年度入学或者升级的,为了控制这个特殊变化,本文同时观察几个"适龄"出生队列在高中和初中的分布状况,1990年多观察一年,见表1。

表1  不同调查年份在校中学生的分布　　单位:%

| 1990年 | | | 2000年 | | | 2005年 | | |
|---|---|---|---|---|---|---|---|---|
| 出生年份 | 初中 | 高中 | 出生年份 | 初中 | 高中 | 出生年份 | 初中 | 高中 |
| 1971 | 27.9 | 72.1 | 1982 | 18.8 | 81.2 | 1987 | 16.2 | 83.8 |
| 1972 | 46.7 | 53.3 | 1983 | 34.4 | 65.6 | 1988 | 30.4 | 69.6 |
| **1973** | **69.9** | **30.1** | **1984** | **60.3** | **39.7** | **1989** | **56.8** | **43.2** |
| 1974 | 89.9 | 10.1 | 1985 | 87.1 | 12.9 | 1990 | 86.3 | 13.7 |
| 1975 | 97.9 | 2.1 | | | | | | |

注:1990年人口普查的标准时间为6月1日0时,正是中国学年的期末,观察到的在校生学年份为上一年,分别对应着14—18岁队列。2000年人口普查和2005年1‰抽样调查的标准时间为11月1日,两个数据中的出生年份分别对应着15—18岁队列。

资料来源:1990年第四次人口普查1‰数据;2000年第五次人口普查0.95‰长表抽样数据;2005年1‰人口抽样调查数据。

先看1990年的15—19岁队列,15岁队列的就学状况相当于2000年和2005年数据的14岁队列。1974年出生者上一年为15岁队列,这个队列的中学在校生只有10.1%为高中生,其他 90％还是初中生；1973 年出生者为上一年的 16 岁队列，进入高中的比例上升到 30.1％，但在初中就读者仍然占 70％；直到 17 岁队列，读高中的人数才超过了读初中的人数。

接着观察 2000 年和 2005 年的数据。中国城乡青少年的升学年龄似乎略有下降，但并未改变基本态势：15 岁队列升入高中的比例在 2000 年为 12.9％，2005 年略微提升到 13.7％；16 岁队列进入高中的比例迅速提高，2000 年，有近 40％为高中生；2005 年则超过 43％。这两个观测年份同样是 17 岁队列的高中生比例超过初中生。

这证明本文的担心不是一个严重问题：绝大多数高中及以上者是在 16 岁队列及以后进入高中的。进一步的识别可参见附表 1：DID 分析结果显示，当人口队列从 15 岁向 16 岁演进的时候，第四季度出生者在校率的变化显著为正，即 16 岁队列的第四季度出生者更不容易离开学校。可以得出结论："出生在第四季度"对 16 岁队列的孩子"选择继续升学"有显著的正效应。

3. 初中以后的职业技术教育

1999 年以来，中国政府开始建立劳动预备制度，职业技术教育的招生规模扩大，为那些初、高中毕业后进入劳动力市场的年轻劳动者提供职业技术教育。可以推断，16 岁队列的上半年出生者已满 16 周岁，这一年初中毕业并直接进入职业技术学校，那么，他们的"受教育年限"仍然在增长，"中专/技校"相当于"高中阶段"的教育。这时，出生季度对教育的影响就会弱化。

如果有这种"选择性偏差"，应该从不同季度出生者的"受教育类别"上显示出来。表 2 报告了 2000 年人口普查数据中①，中专毕业生在三个人口队列内不同季度出生者群体中所占的比

---

① 在 2005 年 1％人口抽样调查问卷中，对"受教育程度"的分类没有区分"高中"和"中专"。本文用 2000 年人口普查数据来分析。

例。在所有的三组出生队列中,第四季度出生者都有略高的中专毕业生比例。这意味着,第一季度出生者在初中毕业后并没有更多地进入职业技术教育体系。显然,"劳动预备制度"尚未影响到目标人口队列,作者担心的使工具变量弱化的这个风险不存在。

表2 不同人口队列的中专毕业生比例 单位:%

|  | 1950—1959 年 | 1960—1969 年 | 1970—1979 年 |
|---|---|---|---|
| 季度 1 | 5.55 | 5.67 | 10.85 |
|  | (22.9) | (23.1) | (31.1) |
| 季度 2 | 5.05 | 5.45 | 10.73 |
|  | (21.9) | (22.7) | (30.95) |
| 季度 3 | 5.35 | 5.35 | 11.38 |
|  | (22.5) | (22.5) | (31.75) |
| 季度 4 | 5.82 | 5.66 | 11.72 |
|  | (23.4) | (23.1) | (32.16) |
| 总 计 | 5.46 | 5.54 | 11.20 |
|  | (22.7) | (22.9) | (31.53) |

注:括号内为标准差。
资料来源:2000 年人口普查长表 0.95%抽样数据。

### 4. 成人高等教育状况

在中国的高等教育体系中,成人学历占相当大的比例。2000 年人口普查数据显示,在 1950—1979 年出生队列(城镇人口)中,大专毕业生的 49%是成人学历;本科毕业生中成人学历者占 22.1%。拥有成人学历者被调查时会报告最高学历。如果第四季度出生者有更高的比例升入高中,从而比前三个季度出生者有更长的受教育年限,一旦前三个季度出生者选择成人高等教育,那么,就会缩小与第四季度出生者的受教育年限差异,从而弱化出生季度对受教育年限的影响。

另一方面,作者还担心,中国的成人高等教育并不是完全面向完成了高中阶段教育的成年人。比如,如果初中毕业的前三季度出生者,通过成人教育获得了大专文凭,就会高估其实际受教育年限。弄清前三个季度出生者是否有更多的成人高等教育学历,有助于数据质量评估。表3显示了城镇出生人口队列为1950—1979年成人教育学历的分布。可以看出,出生在第一、二季度者,其成人学历的比例要比第三、四季度出生者高出1—1.5个百分点。成人教育缩小了第四季度出生者的受教育优势。

**表3  成人教育学历的分布**  单位:%

| 出生季度 | 高中 | 中专 | 大专 | 大学本科 |
| --- | --- | --- | --- | --- |
| 季度 1 | 6.4 | 24.5 | 49.7 | 22.9 |
| 季度 2 | 6.1 | 24.7 | 49.5 | 22.8 |
| 季度 3 | 6.0 | 23.4 | 48.6 | 21.7 |
| 季度 4 | 6.0 | 23.2 | 48.2 | 21.4 |
| 总　计 | 6.2 | 23.9 | 48.9 | 22.1 |

资料来源:2000年人口普查长表0.95%抽样数据。

5. 辍学与进入市场

在美国,出生季度对受教育年限的影响路径为辍学,中国同样存在辍学现象。但问题是,辍学会成为不同出生季度者受教育差异的直接原因吗?2005年调查数据显示,在1950—1979年出生人口队列中,初中和高中"辍学"的比例分别是1.1%和0.34%。进一步的观察显示,初中和高中阶段的辍学者,四个出生季度的比例分别为0.84%、0.84%、0.82%和0.87%。没有显著的季度差异。显然,"辍学影响受教育差异"的机制在中国不存在。出生季度对受教育年限的影响并非来自前三个季度出生者的辍学率高,那么,只能来自第四季度出生者的升学率高。

进入劳动力市场的衡量指标是劳动参与率:在1990年人口

普查数据中,1973 年四个季度出生(城镇)人口的劳动参与率分别为 37.3%、36.2%、32.3%和 28.0%;1974 年四个季度出生人口的劳动参与率分别为 23.2%、19.5%、15.5%和 13.5%。在进入劳动力市场的合法边际年龄上,出生季度显示出非常显著的差异。满 16 周岁对进入劳动力市场有着显著影响。

6. 选择性偏差

当 AK91 把出生季度作为工具变量时,遇到的一个批评是选择性偏差。同一个队列(6 岁)中,那些下半年出生的孩子,或许会在第二年入学,一些父母相信入学年龄增大会让孩子有更好的学校表现甚至延长了受教育年限。如果存在这样的选择性,受教育年限的变异就可能不是外部冲击导致的。如果真有这样的优势,第四季度出生者都可以选择推迟一年入学。AK91已经回答了这个问题:观察孩子的入学年龄。如果第四季度出生的孩子跟随下一个人口队列入学,最终会发现一个结果——这个季度的孩子入学年龄更大(接近 7 岁)。但事实为,第四季度出生者的入学年龄平均为 6.07 岁,第一季度出生者的入学年龄平均为 6.45 岁,第二和第三季度出生者分别为 6.28 岁和6.08岁。第四季度出生者实际入学年龄最小。

从后来的文献看,研究者都关注工具变量的强弱而不怀疑其有效性。中国的数据无法观察人们的入学年龄,作者假定中国家庭在孩子入学年龄(生月大小)上的选择与美国没有差异。

## 四、描述性统计结果

### (一) 不同出生季度者的受教育年限

表 4 的描述性统计结果显示,在所观察的 30 个出生队列中,第四季度出生者的平均受教育年限显著高于前三个季度出

表 4　不同人口队列中受教育年限的差异　单位:年

| 出生年份 | 前三季度 | 第四季度 | 差异 | 出生年份 | 前三季度 | 第四季度 | 差异 |
|---|---|---|---|---|---|---|---|
| 1950 | 7.759 | 7.929 | −0.170 | 1965 | 9.724 | 9.747 | −0.023 |
|  | (0.037) | (0.059) | (0.070) |  | (0.024) | (0.039) | (0.046) |
| 1951 | 7.890 | 8.078 | −0.188 | 1966 | 9.624 | 9.811 | −0.187 |
|  | (0.037) | (0.059) | (0.070) |  | (0.024) | (0.042) | (0.048) |
| 1952 | 7.923 | 8.100 | −0.177 | 1967 | 9.573 | 9.826 | −0.253 |
|  | (0.033) | (0.055) | (0.064) |  | (0.026) | (0.042) | (0.049) |
| 1953 | 8.183 | 8.425 | −0.242 | 1968 | 9.766 | 9.893 | −0.127 |
|  | (0.033) | (0.053) | (0.062) |  | (0.022) | (0.037) | (0.043) |
| 1954 | 8.507 | 8.750 | −0.242 | 1969 | 9.805 | 9.899 | −0.093 |
|  | (0.031) | (0.050) | (0.058) |  | (0.024) | (0.038) | (0.045) |
| 1955 | 8.722 | 9.010 | −0.289 | 1970 | 9.880 | 10.069 | −0.189 |
|  | (0.031) | (0.052) | (0.060) |  | (0.022) | (0.037) | (0.043) |
| 1956 | 9.041 | 9.197 | −0.156 | 1971 | 9.996 | 10.190 | −0.194 |
|  | (0.031) | (0.049) | (0.058) |  | (0.023) | (0.039) | (0.046) |
| 1957 | 9.275 | 9.454 | −0.179 | 1972 | 10.069 | 10.224 | −0.155 |
|  | (0.029) | (0.049) | (0.057) |  | (0.023) | (0.038) | (0.045) |
| 1958 | 9.466 | 9.550 | −0.084 | 1973 | 10.153 | 10.308 | −0.155 |
|  | (0.029) | (0.048) | (0.056) |  | (0.024) | (0.038) | (0.045) |
| 1959 | 9.699 | 9.905 | −0.206 | 1974 | 10.221 | 10.389 | −0.168 |
|  | (0.032) | (0.049) | (0.059) |  | (0.024) | (0.039) | (0.046) |
| 1960 | 9.939 | 10.186 | −0.247 | 1975 | 10.309 | 10.589 | −0.280 |
|  | (0.029) | (0.053) | (0.060) |  | (0.025) | (0.040) | (0.047) |
| 1961 | 10.063 | 10.255 | −0.192 | 1976 | 10.431 | 10.739 | −0.308 |
|  | (0.034) | (0.052) | (0.062) |  | (0.026) | (0.042) | (0.049) |
| 1962 | 9.972 | 10.251 | −0.280 | 1977 | 10.654 | 10.873 | −0.219 |
|  | (0.025) | (0.036) | (0.044) |  | (0.027) | (0.042) | (0.050) |
| 1963 | 9.970 | 10.114 | −0.144 | 1978 | 10.736 | 11.021 | −0.285 |
|  | (0.021) | (0.037) | (0.043) |  | (0.026) | (0.039) | (0.047) |
| 1964 | 9.954 | 9.926 | 0.028 | 1979 | 10.726 | 11.025 | −0.299 |
|  | (0.024) | (0.039) | (0.046) |  | (0.025) | (0.041) | (0.048) |

注:括号内为标准差。

生者,只有 3 个队列的结果不显著(5‰水平):1958 年、1964 年和1965 年。在总样本中,前三个季度出生者平均受教育年限比第四季度出生者少 0.19 年,样本平均受教育年限为 9.74 年,这意味着,第四季度出生者受教育年限比总样本高出约 1.96%,美国 1930—1939 年和 1940—1949 年出生队列中,相应的差异只有约 0.5%。

我们分人口队列继续比较出生季度与受教育年限之间的关系:1950—1959 年出生队列的平均受教育年限为 8.74 年,前三个季度出生者的平均受教育年限为 8.69 年,比第四季度出生者低 0.184 年;1960—1969 年出生队列的平均受教育年限为 9.87 年,前三季度出生者的平均受教育年限为 9.83 年,比第四季度出生者低 0.143 年;1970—1979 年出生队列的平均受教育年限为 10.34 年,前三季度出生者的受教育年限为 10.28 年,比第四季度出生者低了 0.224 年。在三个分组队列中,受教育年限的季度差异都在 1‰水平上统计显著。

美国 1930—1939 年出生队列中,与第四季度出生者相比,前三个季度出生者的受教育年限分别少 0.124 年、0.086 年和0.015 年;1940—1949 年出生队列中,前三季度出生者的受教育年限分别少 0.085 年、0.035 年和 0.017 年。显然,每个人口队列分组的数据,季度间受教育年限的差异都大于美国,都大于其最好的 1930—1939 年队列数据。由此可以断言:出生季度在中国导致的受教育年限变异大于美国。在一个巨大的样本里,出生季度间更大的受教育年限变异应该带来一致的估计结果。

**(二) 对第四季度出生者受教育优势的进一步考察**

在中国城镇劳动力市场上,由于受教育水平的持续提高,年轻劳动人口的受教育年限高于年老者,在作同一个出生队列内不同出生季度者的教育比较时,这种受教育变化趋势会带来误差。AK91 建议用移动平均的方法消除这种趋势性误差:通过将某个出生季度前面两个季度与后面两个季度(-2，+2)的受教育年限进行移动平均得到预测值，然后，用所有这个季度出生者的实际受教育年限减去预测值得到一个变差。这个平均变差的波动可显示某出生季度真实的受教育优势。沿着同样的技术路线，本文计算了不同出生季度者的受教育年限变差，发现所有第四季度出生者都是正值。见图2。与AK91的结果相比，存在一个有趣的差异：在可观测的29个出生队列中，美国第一季度出生者的受教育变差，有27个小于0；中国第一季度出生者的变差却有18个大于0，但所有29个第四季度的变差都大于0。从中可以得出两个结论：第一，第四季度出生者的确有显著的受教育优势；第二，导致出生季度间教育年限变异的机制，在中美之间是显著不同的。

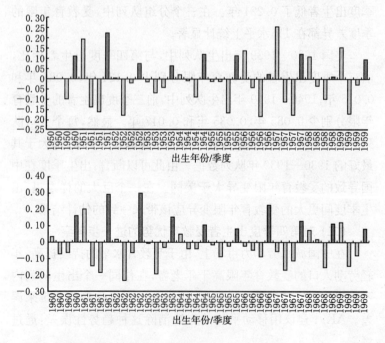

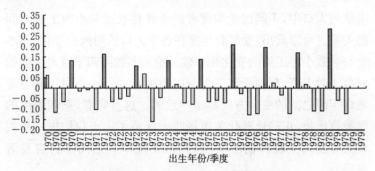

**图2　出生季度与从移动平均值(＋2，－2)**
**中得到的受教育年限偏差(纵轴单位:年)**

图 2 还回答了 BJB95 的一个挑战性的质疑:出生季度或许具有选择性,富裕家庭更愿意生孩子时避开冬季。如果 BJB95 这个论断成立,那么,第二和第三季度出生者应该有更大的比例出生在富裕家庭,而父母的财富与子女受教育水平之间是强正相关的,因此,第二、第三季度出生者应该有更长的受教育年限。图 2 显示的信息恰恰相反:第二和第三季度出生者的受教育变差几乎都小于 0。结合图 1 与表 4,可以断言,在检验弱工具方面,中国的数据质量优于美国。①

**(三) 出生季度间的教育差异与工资差异**

前面已经看到,第四季度出生者的确有显著的受教育优势,这个优势能转化为工资优势吗? 图 3 报告了 1950—1979 年出

---

① 1950—1979 年人口队列中,高中毕业者所占比例从 19％ 上升到 48％,每个年龄队列的季度差异像受教育年限差异一样显著。结合图 1 可以比较中美两国人口队列的高中毕业者分别处于 19％—48％ 和 77％—95％ 阶段。从 AK91 文中的图 1-3 可看出,在其观察的 1930—1959 年出生队列样本中,1947—1959 年出生队列人口的季度间教育变异已经不明显了,于是,AK91 不再使用 1950—1959 年队列。从数据的变异性和显著性判断,中国的数据质量优于美国。高中毕业者在人口队列中的详细分布信息,报告于附表 2 中。

生队列人口中,不同出生季度者的受教育状况与小时工资之间的关系。可以看出,受教育年限在各个人口队列内的变化,基本上与对数小时工资的变化相一致。绝大多数第四季度出生者的对数小时工资,都高于前三个季度出生者,而且,小时工资与受教育年限之间的变异方向都是一致的。这意味着,第四季度的受教育优势,正确地转化为市场收入优势了。当我们进一步观察大专及以上群体的小时工资时,发现季度之间不再有显著差异。①

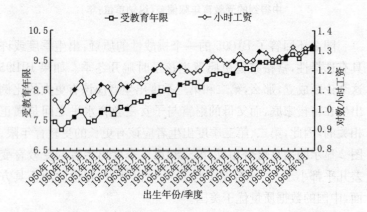

出生年份/季度

---

① 经过 $t$ 检验,三个出生队列的"大专及以上"人口中,前三季度出生者与第四季度出生者之间,虚拟假设"工资差异不等于0"的 $t$ 值分别为0.41、0.18和0.47。根据一位匿名审稿人的建议:如果出生季度对受教育年限的影响只会持续到高中阶段,那么,可以检验大专及以上群体中,第四季度出生者是否还有显著的受教育优势。考虑到各种社会因素的"干扰",作者观察1990年、2000年和2005年数据的20岁和21岁队列中"第四季度出生的本专科在校生"的比例,然后与"高中及以上者"群体比较,发现"本专科在校生"中第四季度出生者的比例还略低于"高中及以上群体",这说明出生季度对受教育的影响没有超过高中阶段。这两个结果可以排除工具变量与结构性方程的误差项相关,因此,工具的外生性是可信的。

264

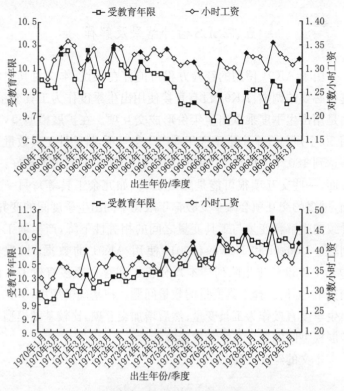

**图3 受教育水平和小时工资的关系识别**
**（实心黑点为第四季度观测值）**

由以上分析可以判断:就业政策设定的进入劳动力市场门槛为16周岁,导致出生季度影响受教育年限变异进而影响了小时工资的变异,尽管只有一小部分人受到出生季度的影响,由于样本巨大且数据质量高,还是可以看出,"出生季度→受教育优势→更高的工资"这个传导机制在中国城镇劳动力市场上清晰存在。

## 五、2SLS 估计结果及解释

由于 AK91 使用的经验方程可能存在误设,本文对其建议进行必要的调整:AK91 没有直接使用出生季度作为工具变量,而是用出生季度乘以出生年份形成交互项。在扩展模型里,又用 50 个州与 3 个出生季度相乘产生交互项,排除性工具数量最多达到 180 个。但约简方程中的工具变量并不是越多越好:一方面,一些交互项很可能是无效工具(如冗余工具等);另一方面,过多的交互项会减少受教育年限在不同出生季度间的变异,导致内生解释变量与工具变量之间的相关性下降,产生弱工具问题。Donald 和 Newey(2001)使用 AK91 的数据(只观察1930—1939 年出生队列样本),分析了在存在众多有效工具的前提下,如何选择工具变量的数量问题。在基础模型里,本文把出生季度直接作为工具变量;然后增加交互项,比较基础模型与扩展模型间的估计系数和检验统计量。

本文的经验方程如下[①]:

$$E_i = X_i\pi + \sum_c Y_{ic}\delta_c + \sum_j Q_{ij}\gamma_j + \varepsilon_i \qquad (1)$$

$$\ln W_i = X_i\beta + \sum_c Y_{ic}\xi_c + E_i\rho + \mu_i \qquad (2)$$

其中 $E_i$ 为第 $i$ 个观测者的受教育年限;$X_i$ 是影响受教育年限的一组向量;$Q_{ij}$ 为一组虚拟变量,指出生在第 $j$ 季度($j = 1, 2, 3$),$Y_{ic}$ 为一组虚拟变量,代表是否出生在队列 $c$ 中($c = 1, \cdots,$

---

① 本文采用更简洁的 0—1 变量,第四季度出生者为 1,其他季度为 0;将这个 0—1 变量乘以出生年份,得到交互项。其经验依据是中国的升学时间(9 月份),更可能影响第四季度出生者。

10)，$W_i$ 在此为小时工资（AK91 采用周工资），$\mu_i$ 为结构性工资方程的残差。在扩展模型里，可在方程（1）中增加 $\sum_c \sum_j Y_{ic} Q_{ij} \theta_{jc}$ 项。AK91 把所在州与出生季度和出生年份形成交互项，因为不同州的义务教育法可能有不同的内容；中国的立法权仅集中在中央政府，任何省区市都无权规定自己的"法定劳动年龄"，使用这个交互项没有经验依据。

按照 AK91 建议的研究路线，作者同时报告 OLS 估计和 2SLS 估计的结果并进行对比。控制性解释变量分别为"出生队列"、"劳动者性别"、"婚姻状况"及"所在省份"；受教育年限为（被怀疑的）内生解释变量，工具变量为"出生季度"，以及"出生季度"与"出生年份"的交互项。由于出生季度为虚拟变量，排除性工具的数量超过了内生解释变量，存在过度识别问题。与 AK91 不同的是，作者把男女都纳入考察范围，而不是仅限定为男性。没有理论或者经验上的依据，认为出生季度只影响某个性别而不影响另一个性别的教育变异。

由于"年龄—工资剖面"呈抛物线状，把"年龄"和"年龄平方"作为控制变量，可以控制工资变化的年龄效应，但出生队列与年龄之间高度共线性，本文的经验方程中先不加入年龄及年龄平方项，然后再加入这些变量，比较教育回报率是否发生变化。从附表 3 可看出，增加了"年龄"、"年龄平方"后并不改变教育回报率的估计值。三组人口队列中，都满足阶条件和秩条件，没有欠识别问题，在回归分析结果中不再报告 LM 检验统计量。在每个年龄组的回归分析中，都按照国家统计局提供的权数进行加权回归。在存在弱工具的条件下，2SLS 可能存在估计偏差，一个必要的矫正是调整估计方法，本文采用 LIML、FULL-ER 和 B2SLS 估计。

表 5 报告了 1950—1959 年出生人口队列的回归分析结果。

第(1)列为 OLS 估计结果,受教育年限的系数为 0.108,有非常
小的标准差。①第(2)列为 2SLS 估计,工具变量为 0—1 变量,第

**表 5　回归分析结果(1):1950—1959 年出生人口**

|  | OLS<br>(1) | 2SLS<br>(2) | 2SLS<br>(3) | 2SLS<br>(4) | 2SLS<br>(5) | LIML<br>(6) | FULL<br>(7) | B2SLS<br>(8) |
|---|---|---|---|---|---|---|---|---|
| 受教育年限 | 0.108 | 0.153 | 0.159 | 0.156 | 0.161 | 0.186 | 0.184 | 0.185 |
|  | (0.001) | (0.034) | (0.034) | (0.031) | (0.025) | (0.037) | (0.037) | (0.037) |
| 男性(=1) | 0.217 | 0.144 | 0.133 | 0.138 | 0.130 | 0.090 | 0.092 | 0.091 |
|  | (0.005) | (0.055) | (0.055) | (0.050) | (0.040) | (0.061) | (0.060) | (0.061) |
| 有配偶(=1) | 0.062 | 0.021 | 0.015 | 0.017 | 0.013 | −0.009 | −0.008 | −0.009 |
|  | (0.011) | (0.033) | (0.033) | (0.030) | (0.025) | (0.036) | (0.035) | (0.036) |
| 排除性工具变量: |  | 1 | 3 | 10 | 30 | 30 | 30 | 30 |
| 观测值 | 103 036 | 103 036 | 103 036 | 103 036 | 103 036 | 103 036 | 103 036 | 103 036 |
| K-P 秩 Wald F 统计量 |  | 36.801 | 12.59 | 4.51 | 2.401 | 2.401 | 2.401 | 2.401 |
| S-Y 临界值:5%<br>最大相对偏差 |  | 16.38* | 13.91 | 20.74 | 21.42 | 3.88 | 2.26 | — |
| Hansen J 统计量 |  |  | 3.362 | 10.236 | 23.354 | 21.671 | 21.762 | 21.705 |
| 卡方 P 值 |  |  | 0.186 2 | 0.331 7 | 0.760 1 | 0.833 5 | 0.829 9 | 0.832 2 |
| MSE |  |  | 0.481 6 | 0.489 3 | 0.485 8 | 0.491 4 | 0.528 7 | 0.526 5 | 0.527 8 |

注:* 此处为 Wald 检验目标参数最大偏差小于 0.1 时,第一阶段 F 值的临
界值。
未列示省份虚拟和出生年份虚拟的值,括号内为异方差稳健标准误,以下各
表同。

---

① AK91 在作 2SLS 估计之前还对比了 OLS 和 Wald 估计的结果,发现两个人口
组中,估计系数之间的差异在统计上不显著。而中国三个人口组的 Wald 估计
系数,分别为 0.180、0.210 和 0.208,都显著高于 OLS 估计值,更接近于后面
的 2SLS 和 LIML 的估计结果。

四季度定义为1,前三个季度为0。模型恰好识别,得到的受教育年限系数为0.153,标准差为0.034,显著高于OLS估计值。第(3)列将每个出生季度处理为虚拟变量,这时,排除性工具为3个,受教育年限的系数提高到0.159,标准差与第(2)列一样。第(4)列采用出生年份与出生季度(0—1)形成交互项,这时,排除性工具的数量为10个。受教育年限的系数为0.156,介于第(2)列和第(3)列之间,标准差略降到0.031。第(5)列继续增加工具变量的数量,将出生季度(3个)加上出生季度与出生年份的交互项(27个),共30个排除性工具,这时,教育回报系数提高到0.161。但应该指出,在第(3)列的基础上增加交互项时,无法拒绝第二季度、第三季度分别与出生年份形成的交互项为冗余工具。

当怀疑有弱工具问题存在时,改进估计方法是一个可行的经验策略(Baum et al.,2007;Hansen et al.,2006)。第(6)列保留30个排除性工具,使用有限信息最大似然估计方法(LIML),这时,受教育年限系数提高到0.186,比第(5)列高出约2.5个百分点,标准差也提高到0.037;第(7)列采用FULLER估计[1],受教育年限系数为0.184,标准差与第(6)列相同;第(8)列采用调整偏差的2SLS估计(B2SLS),受教育年限的系数为0.185,标准差为0.037。第(6)—(8)列的结果几

---

[1] 当采用点估计时,Fuller估计的表现相当优越。Fuller估计一般采用Alpha=1或Alpha=4。前者的估计结果是接近无偏差的;后者的估计结果MSE最小。本文报告的结果为Alpha=1时的结果。如果使用"区间估计",可以采用条件似然比方法——CLR,这个方法为Moreira(2003)以及Yogo(2004)所采用。CLR估计的结果与LIML、FULLER方法几乎完全一致,在此未报告。Donald和Newey(2001)还建议用偏差调整型两阶段最小二乘估计(B2SLS),这是K级估计的一种特殊形式,其公式为 $k = T/(T - K_2 + 2)$,其中 $K_2$ 为工具变量的数量。

乎没有差异。从这个队列的不同估计结果看出，无论是采用广义矩估计还是似然估计，受教育年限的系数都显著高于OLS的估计值。

由于弱工具是争论的焦点，本文对此作进一步讨论。在1950—1959年出生人口数据中，是否存在弱工具呢？根据Staiger 和 Stock(1997)建议的经验法则，只有 1 个内生变量时，第一阶段回归的 $F$ 值大于 10 是个经验切割点。表 5 第(2)列显示的 $F$ 统计量为 36.8，远远超过了 10；当排除性工具数量为 3 时，第一阶段的 $F$ 统计量为 12.6，仍超过了 10。可以初步判断，出生季度不是"弱工具"。当经验方程中工具变量的数量不多时，这个经验法则更适用，随着工具数目的增加，$F$ 值大于 10 这个经验法则就会出现较大的偏差。后来，Stock 和 Yogo(2004)建议了更加准确的识别办法，衡量 2SLS估计出现最大相对偏差的临界值：当只有 1 个内生解释变量和 3 个排除性工具时，2SLS 估计系数的偏差不超过 OLS 估计偏差的 5％时的($F$)临界值为 13.91，不超过 10％时的临界值为 9.08，这样一来，第(3)列的 $F$ 值可以拒绝工具变量偏差超过 10％，但不能拒绝偏差超过 5％。可以说，这个偏差已经很小了。

第(4)列的排除性工具变量增加到 10 个，第一阶段的 $F$ 统计量则下降到 4.51，Stock-Yogo 建议的最大偏差不超过 20％的 $F$ 值为 6.61，这时，弱工具的风险随之增高了。随着工具变量的数量增加到 30 个，第(5)列的 $F$ 统计量继续下降到 2.4，按照 Stock 和 Watson(2006)建议的测量 2SLS 估计偏差的方法，$F$ 值接近 2 时与 OLS 估计的偏差会趋同，由于 OLS 估计有更小的标准差，这时，2SLS 估计已没有任何优势。既然用 30 个排除性工具会导致弱工具问题，第(6)列改用 LIML 方法来估计，这时,尽管 $F$ 统计量不变,但 Stock-Yogo 建议的临界值却大幅度下降,所以,LIML 的估计偏差大为减少。Hansen 等(2006)发现,在使用众多工具的条件下,利用 Fuller(1977)建议的估计方法也能实现类似的改进,第(7)列报告了 FULLER 改进后的结果,其 5% 临界值只有 2.26,这意味着,所估计系数的最大相对偏差不超过 5%。

在第(3)—(8)列中,工具变量数量超过了内生解释变量,但过度识别检验的 $J$ 统计量都不显著,不存在过度识别问题,即无法拒绝方程中的工具变量都是有效的。不难发现,在 2SLS 估计(第 2—5 列)中,随着排除性工具的增加,第一阶段的 $F$ 统计量不断下降。由此推断,AK91 之所以出现弱工具问题,除了数据本身缺少出生季度间的教育变异外,另一个原因是使用了过多的工具变量(模型误设),其他经济学家的研究结论中也证实了这一点(Imbens, 2006; Hahn and Hausman, 2003)。在四个工具数量组合下,哪个(2SLS)方程最适宜呢? Donald 和 Newey (2001)建议选择结构性方程中 MSE 最小的那个,可以看出,第(2)列的 MSE 最小,这时,教育回报系数为 0.153,而且可以非常确信地拒绝弱工具。

表 6 报告了 1960—1969 年出生队列中各模型的回归结果,每列的解释变量和工具变量组合与表 5 一致。第(1)列的 OLS 估计结果显示,受教育年限的系数为 0.12,统计上显著。第(2)列采用 2SLS 估计方法,排除性工具为 1 个,受教育年限的系数为 0.159,这时,第一阶段的 $F$ 统计量为 49,显然为强工具;当使用的排除性工具数量为 3 个时(第 3 列),第一阶段的 $F$ 统计量下降到 19.03,大于经验切割点 10,也大于 Stock-Yogo 提出的 IV 最大相对偏差 5% 的临界值 13.91,所以,仍可以非常确信地拒绝弱工具。

表6　回归分析结果(2):1960—1969年出生人口

| | OLS (1) | 2SLS (2) | 2SLS (3) | 2SLS (4) | 2SLS (5) | LIML (6) | FULL (7) | B2SLS (8) |
|---|---|---|---|---|---|---|---|---|
| 受教育年限 | 0.120 | 0.159 | 0.168 | 0.158 | 0.155 | 0.187 | 0.186 | 0.187 |
| | (0.001) | (0.030) | (0.028) | (0.024) | (0.021) | (0.042) | (0.041) | (0.042) |
| 男性(=1) | 0.266 | 0.238 | 0.232 | 0.239 | 0.241 | 0.218 | 0.219 | 0.218 |
| | (0.003) | (0.022) | (0.020) | (0.018) | (0.016) | (0.030) | (0.030) | (0.030) |
| 有配偶(=1) | 0.033 | 0.020 | 0.017 | 0.020 | 0.021 | 0.011 | 0.011 | 0.0105 |
| | (0.008) | (0.013) | (0.013) | (0.012) | (0.011) | (0.016) | (0.016) | (0.016) |
| 工具变量数: | | 1 | 3 | 10 | 30 | 30 | 30 | 30 |
| 观测值 | 179 520 | 179 520 | 179 520 | 179 520 | 179 520 | 179 520 | 179 520 | 179 520 |
| K-P 秩 Wald $F$ 统计量 | | 49.04 | 19.03 | 7.46 | 3.29 | 3.29 | 3.29 | 3.29 |
| S-Y临界值:5% 最大相对偏差 | | 16.38* | 13.91 | 20.74 | 21.42 | 3.88 | 2.26 | — |
| Hansen $J$ 统计量 | | | 0.634 | 15.148 | 46.809 | 43.436 | 43.562 | 43.407 |
| 卡方$P$值 | | | 0.7285 | 0.087 | 0.0195 | 0.0415 | 0.0404 | 0.0417 |
| MSE | | 0.4233 | 0.4306 | 0.4225 | 0.4212 | 0.4523 | 0.4509 | 0.4525 |

注:＊此处为 Wald 检验目标参数最大偏差小于 0.1 时,第一阶段 $F$ 值的临界值。

第(4)列增加工具变量的数量达到 10 个,受教育年限的系数与(2)基本一致,标准差略有下降,但第一阶段的 $F$ 统计量迅速下降到 7.46,小于经验切割点 10,而且,小于 Stock-Yogo 提出的 IV 最大相对偏差 20% 的临界值 11.49,不能拒绝弱工具。但我们注意到,这时 $J$ 检验的 $p$ 值为 0.087,意味着模型可能存在过度识别。

第(5)列的结果显示,排除性工具变量增加到 30 个时,教育年限的系数与第(2)—(4)列几乎没有区别,但第一阶段的 $F$ 统计量下降到 3.29,弱工具问题非常明显,但模型此时面临的过度识别问题也更严重,即一些工具变量可能不是合适的工具,应该考虑使用较少工具时的回归结果。

在模型中使用 30 个排除性工具的条件下,采用 LIML 得到的系数为 0.187,FULLER 估计的系数为 0.186,B2SLS 估计的系数为 0.187,估计值和标准差几乎完全一致。在 1960—1969 年出生队列中,第(2)—(5)列的教育系数都很接近,因为(4)—(5)列存在过度识别问题,那么,在剩下的模型里,第(2)列的 MSE 值最小,受教育年限的系数为 0.159。

在 1960—1969 年出生队列中,2SLS、LIML、FULLER 和 B2SLS 估计得到的受教育年限系数,都显著高于 OLS 估计值,改进估计方法后的系数都高于 2SLS 估计值。

表 7 报告了同样模型设定形式下的 1970—1979 年出生队列的回归结果。OLS 估计的教育系数为 0.122,与前面的出生队列接近。从第(2)—(5)列的结果看出,依次增加工具变量的数量时,受教育年限系数几乎没有差异,都在 0.14 左右。虽然大于 OLS 的估计值 0.122,但却略小于前面出生队列的估计值。第一阶段的 $F$ 统计量同样随着工具数量的增加而下降,但当排除性工具增加到 10 时,$F$ 值为 18.77,仍然高于经验切割点 10,低于 Stock-Yogo 建议的最大相对偏差 5% 临界值 20.74。当排除性工具达到 30 个时,2SLS 估计的第一阶段 $F$ 值下降到 7.138,弱工具风险升高。采用 LIML、FULLER 和 B2SLS 方法得到的系数都是 0.142,与 2SLS 方法得到的结果几乎没有差异。在所有的 2SLS 估计方程中,$J$ 检验结果显示,不存在过度识别问题。通过比较,发现第(3)列的 MSE 数值最小,这时,排除性工具数量为 3 个,受教育年限的系数为 0.139。

表 7　回归分析结果(3):1970—1979 年出生人口

| | OLS (1) | 2SLS (2) | 2SLS (3) | 2SLS (4) | 2SLS (5) | LIML (6) | FULL (7) | B2SLS (8) |
|---|---|---|---|---|---|---|---|---|
| 受教育年限 | 0.122 | 0.142 | 0.139 | 0.143 | 0.140 | 0.142 | 0.142 | 0.142 |
| | (0.001) | (0.016) | (0.015) | (0.015) | (0.014) | (0.016) | (0.016) | (0.016) |
| 男性(＝1) | 0.244 | 0.241 | 0.241 | 0.241 | 0.241 | 0.241 | 0.241 | 0.241 |
| | (0.003) | (0.004) | (0.004) | (0.004) | (0.004) | (0.004) | (0.004) | (0.004) |
| 有配偶(＝1) | −0.014 | 0.001 | −0.001 | 0.002 | 0.000 | 0.001 | 0.001 | 0.001 |
| | (0.005) | (0.012) | (0.012) | (0.012) | (0.011) | (0.013) | (0.013) | (0.013) |
| 排除性工具变量 | | 1 | 3 | 10 | 30 | 30 | 30 | 30 |
| 观测值 | | 179 885 | 179 885 | 179 885 | 179 885 | 179 885 | 179 885 | 179 885 |
| K-P 秩 Wald $F$ 统计量 | | 168.076 | 57.308 | 18.77 | 7.138 | 7.138 | 7.138 | 7.138 |
| Stock-Yogo 检验临界值: 5% 最大相对偏差 | | 16.38* | 13.91 | 20.74 | 21.42 | 3.88 | 2.26 | — |
| Hansen $J$ 统计量 | | | 2.979 | 2.879 | 23.059 | 23.007 | 23.009 | 23.037 |
| 卡方 $P$ 值 | | | 0.225 5 | 0.968 9 | 0.773 8 | 0.776 2 | 0.776 1 | 0.774 9 |
| MSE | | 0.366 5 | 0.365 5 | 0.367 0 | 0.366 0 | 0.366 8 | 0.366 8 | 0.366 8 |

注:＊此处为 Wald 检验目标参数最大偏差小于 0.1 时,第一阶段 $F$ 值的临界值。

把表 5—表 7 的结果联系起来,证实了本文的假说:数据质量改善会降低弱工具风险。在每一个对应模型中,1970—1979 年人口组的第一阶段 $F$ 统计量都大于 1960—1969 年人口组的值,而 1960—1969 年人口组的 $F$ 统计量又大于 1950—1959 年人口组的值。这验证了本文的推论:当高中毕业者在各个人口队列中的比例渐次提高并向 50% 逼近时,出生季度间的教育变异会逐渐增大从而减轻弱工具风险。①模型中增加了"年龄"和"年龄平方"以及"城市规模"等控制性变量时,各列的第一阶段回归的 F 统计量有所下降,但受教育年限系数几乎没有变化,而且,第一阶段回归的 F 统计量也同样随着人口队列的演进而渐次提高(见附表 3)。回顾一下 Staiger 和 Stock(1997)在表 2 中报告的美国 1940—1949 年出生队列的回归结果,更印证了本文的论断:美国的数据质量越来越差,即使改进估计方法也无法得到稳健一致的系数。与美国 1940—1949 年出生队列的估计值剧烈波动相比,中国这三组队列的估计结果都是稳健、一致且与经验相吻合的。因此,本文可以确信地断言:中国的数据质量高于美国,"出生季度"在中国是个强工具变量,尤其是在 1970—1979 年队列中。

本文另一目的是弄清中国城镇劳动力市场上的教育回报率。如果工具变量足够弱,那么,2SLS 估计结果的偏差就会与 OLS 偏差趋同,前文看到,在 1950—1969 年队列中,即使在工具变量达到 30 个时,2SLS 估计结果似乎更接近 LIML 等估计方式的结果,而没有与 OLS 结果趋同。2SLS 和其他估计方式的结果存在明显的差异。当工具变量都有效时,无论是采用 2SLS 估计还是其他估计形式,都需要评估多少工具数量才是最优的经验方程,因此,本文把不同估计形式下、不同工具数量组合的 MSE 数值,报告在表 8 中。然后根据最小化的 MSE 选择最适宜的经验方程,报告了三个人口队列组中的受教育系数,见各个人口队列组窗格下面的"受教育年限系数"行。显然,在同一人口队列组中,不同方法得出的估计系数都是非常接近的;在三个人口队列组之间,教育收益率稳定在 13.9%—15.9%。

① 依照一位审稿人的建议,作者还分别比较了"三个人口队列和不同工具数量"下的"A-R Wald 检验 F 值"、"A-R Wald 检验卡方值"和"Stock-Wright LM S 统计量卡方值",发现在每种工具变量组合下,随着人口队列演进,这三个指标都在持续增大。

**表 8　不同工具数量时的 MSE 及最优化工具时的教育收益率**

| 工具变量组合 | 工具数量 | $MSE_{2SLS}$ | $MSE_{LIML}$ | $MSE_{B2SLS}$ | $MSE_{FULL}$ |
|---|---|---|---|---|---|
| | | 1950—1959 年 | | | |
| $Q1$ | 1 | 0.481 6 | 0.481 6 | 0.481 6 | 0.480 7 |
| $Q3$ | 3 | 0.489 3 | 0.495 6 | 0.495 3 | 0.493 9 |
| $Q1 \cdot Y$ | 10 | 0.485 8 | 0.505 2 | 0.504 8 | 0.503 1 |
| $Q3 \cdot Y + Q3$ | 30 | 0.491 1 | 0.528 7 | 0.527 8 | 0.526 5 |
| 受教育年限系数　最优 $K^2$ | | 0.152 7 | 0.152 7 | 0.152 7 | 0.151 7 |
| | | (0.033 8) | (0.033 8) | (0.033 8) | (0.033 1) |
| | | 1960—1969 年 | | | |
| $Q1$ | 1 | 0.423 3 | 0.423 3 | 0.423 3 | 0.422 9 |
| $Q3$ | 3 | 0.430 6 | 0.431 1 | 0.430 6 | 0.430 5 |
| $Q1 \cdot Y$ | 10 | 0.422 5 | 0.430 5 | 0.430 6 | 0.429 9 |
| $Q3 \cdot Y + Q3$ | 30 | 0.420 9 | 0.452 3 | 0.452 5 | 0.450 9 |
| 受教育年限系数　最优 $K^2$ | | 0.155 5 | 0.158 8 | 0.158 8 | 0.158 2 |
| | | (0.021 3) | (0.030 0) | (0.030 0) | (0.029 5) |
| | | 1970—1979 年 | | | |
| $Q1$ | 1 | 0.366 5 | 0.366 5 | 0.366 5 | 0.366 5 |
| $Q3$ | 3 | 0.365 5 | 0.365 7 | 0.365 7 | 0.365 7 |
| $Q1 \cdot Y$ | 10 | 0.367 0 | 0.367 1 | 0.367 1 | 0.367 1 |
| $Q3 \cdot Y + \cdot Q3$ | 30 | 0.366 0 | 0.366 8 | 0.366 8 | 0.366 8 |
| 受教育年限系数　最优 $K^2$ | | 0.138 7 | 0.138 9 | 0.138 9 | 0.138 9 |
| | | (0.015 3) | (0.015 6) | (0.015 6) | (0.015 5) |

# 六、结　　论

"给我一个立足之处和一根足够长的杠杆,我就可以撬动地球。"阿基米德在自然界永远也不可能找到的杠杆,在经济学家手中成为现实:在分析观测性数据时,工具变量成为强有力的杠杆。但经济学家也必须清楚:他既有立足之处——有效工具,其杠杆又足够长——强工具。今天,经济计量学家在弱工具领域的不懈探索和所取得的最新成就,使我们对驱散笼罩在工具变量分析的不确定性阴云逐渐增强了信心。

本文的研究显示，虽然中美之间有着不同的社会文化背景，但"出生季度不同→受教育年限差异→工资差异"这个传导机制在中国劳动力市场上同样清晰存在。在美国，由于普及了高中阶段的教育，不同出生季度者之间很少有受教育年限的变异，出生季度因而成为一个弱工具；中国因尚未普及高中教育，不同的出生季度带来了更大的受教育年限变异，因而成为一个强工具。从数据角度看，是否为弱工具直接取决于高中升学率高低，而背后反映的却是一个国家所处的发展阶段或国民受教育水平。作者推测，其他处于相同发展阶段的国家，出生季度可能同样是个强工具。相反，在那些普及了高中阶段教育的其他发达国家，出生季度可能也同样是弱工具。

AK91 使用 2SLS 得到的估计系数与 OLS 没有显著差异，但样本更少的中国数据却得出了完全不同的结论：(1)在所有人口队列中，2SLS 的估计结果都显著高于 OLS 估计值，改进估计方法后差距似乎更大，这意味着，OLS 估计可能严重低估了劳动力市场上的教育收益率。(2)由于中国所处的发展阶段和特殊的入学考试制度，高中入学率徘徊在 20%—50% 之间，在此范围内，出生季度对升入高中的决策有显著影响，从本文的分析结果看，可以排除弱工具，至少与美国相比是强工具。(3)随着由远而近出生队列高中入学率日益提高(趋于 50%)，出生季度作工具变量时第一阶段回归中的 F 统计量也持续提高，可以在非常高的置信水平上拒绝弱工具假设。

对经验分析来说，两个最重要的条件是"数据质量"和"模型设定"(Angrist et al.，2006)。由于美国 1940 年以后出生队列的受教育水平进一步提高，"数据质量"变得更差，即使改进模型设定和改善估计方法，数据质量问题仍无法解决，后来文献显示，经济计量学家不约而同都抛弃了 1940 年以后出生队列的数据。本文使用中国人口数据并得出了不同的研究结论，使得本研究区别于已有文献："出生季度"本身并不是一个弱工具，模型设定和数据质量才使得"出生季度"在美国变成了弱工具。

为什么要格外关注"数据质量"相信本文给出了一个回答："数据质量"是经验分析中无法替代的关键因素,从事经验分析的经济学家都应关注这个问题,只有对经验数据不断强调、重视和应用,经验分析才可能在中国经济学研究中真正成为主流,才可能阻止更多的学者跌入"李嘉图恶习"的陷阱中——用复杂的数学推导来遮掩"澡盆中没有婴儿"[1]的尴尬。这对推动中国经济学研究来说,尤具现实意义。

**附 表**

附表1　在校率差异(**Diff-In-Diff** 结果)　　单位:%

| 出生年份 | 出生季度 | | 差异 |
|---|---|---|---|
| | 前三季度(1) | 第四季度(2) | (1)-(2) |
| 1990 年 | | | |
| 1973<br>(1) | 0.582<br>(0.003) | 0.648<br>(0.004) | −0.066<br>(0.005) |
| 1974<br>(2) | 0.718<br>(0.003) | 0.770<br>(0.004) | −0.051<br>(0.005) |
| 差异<br>(1)-(2) | −0.136<br>(0.004) | −0.122<br>(0.006) | −0.014<br>(0.007) |
| 2005 年 | | | |
| 1989<br>(1) | 0.727<br>(0.002) | 0.777<br>(0.003) | −0.050<br>(0.004) |
| 1990<br>(2) | 0.860<br>(0.002) | 0.891<br>(0.003) | −0.031<br>(0.003) |
| 差异<br>(1)-(2) | −0.133<br>(0.003) | −0.114<br>(0.004) | −0.019<br>(0.005 4) |

资料来源:1990 年人口普查数据和 2005 年 1% 人口普查数据。

---

[1]　无论经济学(Economics)还是经济计量学(Econometrics),最终关注的永远都是经济事实或经济现象(Econ),这才是"澡盆中的婴儿"。

**附表 2　高中毕业及以上者在不同出生队列中的比例**　　单位：%

| 出生年份 | 前三季度 | 第四季度 | 差异 | 出生年份 | 前三季度 | 第四季度 | 差异 |
|---|---|---|---|---|---|---|---|
| 1950 | 0.191 | 0.197 | −0.006 | 1965 | 0.349 | 0.351 | −0.002 |
| | (0.004) | (0.007) | (0.008) | | (0.004) | (0.006) | (0.007) |
| 1951 | 0.199 | 0.212 | −0.013 | 1966 | 0.329 | 0.353 | −0.025 |
| | (0.004) | (0.007) | (0.008) | | (0.004) | (0.006) | (0.007) |
| 1952 | 0.196 | 0.213 | −0.017 | 1967 | 0.319 | 0.352 | −0.033 |
| | (0.004) | (0.006) | (0.007) | | (0.004) | (0.006) | (0.007) |
| 1953 | 0.225 | 0.247 | −0.023 | 1968 | 0.353 | 0.369 | −0.016 |
| | (0.004) | (0.006) | (0.007) | | (0.003) | (0.006) | (0.006) |
| 1954 | 0.264 | 0.294 | −0.030 | 1969 | 0.358 | 0.370 | −0.012 |
| | (0.004) | (0.006) | (0.007) | | (0.004) | (0.006) | (0.007) |
| 1955 | 0.302 | 0.340 | −0.039 | 1970 | 0.368 | 0.394 | −0.026 |
| | (0.004) | (0.007) | (0.008) | | (0.003) | (0.006) | (0.007) |
| 1956 | 0.345 | 0.360 | −0.014 | 1971 | 0.379 | 0.402 | −0.023 |
| | (0.004) | (0.007) | (0.008) | | (0.004) | (0.006) | (0.007) |
| 1957 | 0.381 | 0.407 | −0.026 | 1972 | 0.389 | 0.414 | −0.025 |
| | (0.004) | (0.007) | (0.008) | | (0.004) | (0.006) | (0.007) |
| 1958 | 0.409 | 0.414 | −0.005 | 1973 | 0.405 | 0.424 | −0.019 |
| | (0.004) | (0.007) | (0.008) | | (0.004) | (0.006) | (0.007) |
| 1959 | 0.442 | 0.471 | −0.029 | 1974 | 0.403 | 0.424 | −0.021 |
| | (0.005) | (0.008) | (0.009) | | (0.004) | (0.006) | (0.007) |
| 1960 | 0.465 | 0.508 | −0.043 | 1975 | 0.421 | 0.457 | −0.036 |
| | (0.004) | (0.008) | (0.010) | | (0.004) | (0.006) | (0.007) |
| 1961 | 0.483 | 0.495 | −0.013 | 1976 | 0.436 | 0.482 | −0.045 |
| | (0.005) | (0.008) | (0.010) | | (0.004) | (0.007) | (0.008) |
| 1962 | 0.443 | 0.463 | −0.020 | 1977 | 0.471 | 0.498 | −0.027 |
| | (0.004) | (0.006) | (0.007) | | (0.004) | (0.007) | (0.008) |
| 1963 | 0.418 | 0.427 | −0.009 | 1978 | 0.483 | 0.525 | −0.042 |
| | (0.003) | (0.006) | (0.007) | | (0.004) | (0.007) | (0.008) |
| 1964 | 0.395 | 0.386 | 0.009 | 1979 | 0.478 | 0.529 | −0.050 |
| | (0.004) | (0.006) | (0.007) | | (0.004) | (0.007) | (0.008) |

注：括号内为标准差。

附表3 不同出生队列的回归结果和相关信息

| | OLS (1) | 2SLS (2) | 2SLS (3) | 2SLS (4) | 2SLS (5) | LIML (6) | FULL (7) | B2SLS (8) |
|---|---|---|---|---|---|---|---|---|
| 1950—1959 | 0.101 | 0.149 | 0.156 | 0.149 | 0.153 | 0.186 | 0.184 | 0.186 |
| 受教育年限 | (0.001) | (0.044) | (0.043) | (0.039) | (0.029) | (0.050) | (0.049) | (0.051) |
| K-P $F$ 统计量 | | 22.345 | 7.789 | 2.886 | 1.75 | 1.75 | 1.75 | 1.75 |
| MSE | 0.445 1 | 0.470 7 | 0.478 2 | 0.470 9 | 0.474 3 | 0.524 9 | 0.521 0 | 0.526 4 |
| 1960—1969 | 0.113 | 0.139 | 0.145 | 0.131 | 0.126 | 0.159 | 0.157 | 0.160 |
| 受教育年限 | (0.001) | (0.042) | (0.040) | (0.031) | (0.026) | (0.092) | (0.088) | (0.094) |
| K-P $F$ 统计量 | | 24.333 | 9.39 | 4.809 | 2.261 | 2.261 | 2.261 | 2.39 |
| MSE | 0.397 5 | 0.403 2 | 0.406 3 | 0.400 2 | 0.398 9 | 0.416 5 | 0.415 0 | 0.457 4 |
| 1970—1979 | 0.116 | 0.150 | 0.144 | 0.151 | 0.143 | 0.149 | 0.149 | 0.149 |
| 受教育年限 | (0.001) | (0.024) | (0.023) | (0.022) | (0.019) | (0.024) | (0.024) | (0.024) |
| K-P $F$ 统计量 | | 70.683 | 25.838 | 8.296 | 3.763 | 3.763 | 3.763 | 3.76 |
| MSE | 0.351 4 | 0.361 4 | 0.358 0 | 0.361 9 | 0.357 6 | 0.360 8 | 0.360 7 | 0.360 8 |

## 参考文献

Angrist, J., and A. Krueger, "Does Compulsory School Attendance Affect Schooling and Earnings?" *Quarterly Journal of Economics*, 1991, 106(4), 979—1014.

Angrist, J., and A. Krueger, "Empirical Strategies in Labor Economics", Chapter 23 in Ashenfelter, O., and D. Card(ed.), *Handbook of Labor Economics*, volume 3. Elsevier, 1999, 1277—1366.

Angrist, J., and A. Krueger, "Instrumental Variables and the Search for Identification: From Supply and Demand to Natural Experiments", *Journal of Economic Perspectives*, 2001, 15(4), 69—85.

Angrist, J., D. Blau, A. Falk, J. Robin, and C. Taber, "How to Do Empirical Economics", *Investigaciones Económicas*, 2006, 30(2), 179—206.

Baum, C., M. Schaffer, and S. Stillman, "Enhanced Routines for Instrumental Variables/GMM Estimation and Testing", Boston College

Economics Working Paper No. 667, 2007.

Bound, J. , D. Jaeger, and R. Baker, "Problems with Instrumental Variables Estimation when the Correlation between the Instruments and the Endogenous Explanatory Variable Is Weak", *Journal of the American Statistical Association*, 1995, 90, 443—450.

Donald, S. , and W. Newey, "Choosing the Number of Instruments", *Econometrica*, 2001, 69(5), 1161—1191.

Fuller, W. , "Some Properties of a Modification of the Limited Information Estimator", *Econometrica*, 1977, 45(4), 939—953.

Hahn, J. , and J. Hausman, "A New Specification Test for the Validity of Instrumental Variables", *Econometrica*, 2002, 70(1), 163—189.

Hahn, J. , and J. Hausman, "Weak Instruments: Diagnosis and Cures in Empirical Econometrics", *American Economics Review*, 2003, 93(2), 118—125.

Hansen, C. , J. Hausman, and W. Newey, "Estimation with Many Instrumental Variables", Memo, 2006.

Imbens, G. , "Endogeneity 2: Two Stage Least Squares, Control Function, and Limited Information Maximum Estimation", Lecture 18, ARE 213 Spring p06, UC Berkeley, 2006.

Kleibergen, F. , and R. Paapm, "Generalized Reduced Rank Tests Using the Singular Value Decomposion", *Journal of Econometrics*, 2006, 127(1), 97—126.

李学武,《成长於新世界诞生之初——1950 至 1970 年代少儿读本中"成长"模式考察》,《二十一世纪》网络版,2003 年 4 月。

Lleras-Muney, A. , "Were Compulsory Attendance and Child Lab or Laws Effective? An Analysis from 1915 to 1939", *Journal of Law and Economics*, 2002, 45(2), 401—435.

Moreira, M. , "A Conditional Likelihood Ratio Test for Structural Models", *Econometrica*, 2003, 71(4), 1027—1048.

Murray, M. , "Avoiding Invalid Instruments and Coping with Weak

281

Instruments", *Journal of Economic Perspectives*, 2006, 20（4）, 111—132.

Staiger, D. , and J. Stock, "Instrumental Variables Regression with Weak Instruments", *Econometrica*, 1997, 65(3), 557—586.

Stock, J. , and M. Yogo, "Testing for Weak Instruments in Linear IV Regression", NBER Technical Working Paper 284, 2001. （revised version: January 2004）

Stock, J. , and M. Watson, *Introduction to Econometrics*. Addison-Wesley, 2006.

Wooldridge, J. , *Introductory Econometrics: A Modern Approach*. South-Western College Pub, 2005.

Yogo, M. , "Estimating the Elasticity of Intertemporal Substitution when Instruments Are Weak", *Review of Economics and Statistics*, 2004, 86(3), 797—810.

（原载《经济学（季刊）》2010 年第 9 卷第 2 期）

# 对《寻找阿基米德的"杠杆"——"出生季度"是个弱工具变量吗?》一文的评论

## 江 艇

### (中国人民大学经济学院)

如果说寻找合适的工具变量是实证研究中最为充满智慧和挑战的工作,恐怕并不为过。很多应用计量经济学文献都是因为找到了出人意表又情理之中的工具变量,完美地解决了解释变量的内生性问题,而成为各自领域中的经典文献。Angrist和Krueger(1991)就是其中一例。该文用出生季度作为受教育年限的工具变量来估计美国劳动力市场上的教育回报率。一方面,出生季度不影响劳动收入;另一方面,同年出生且同年入学的人口在某个学期末会处于16岁队列,但接近年初出生的人口已满16周岁,接近年末出生的人口未满16周岁,而《义务教育法》和《公平劳动标准法》规定未满16周岁者不得退学及就业。因此接近年末出生的人口可能会被"强制"多接受教育。出生季度由此与受教育年限相关。其后的经济学家并未质疑该工具变量的外生性,而是对其相关性(relevance)进行了广泛的讨论,并大致认为,出生季度与受教育年限的相关性较弱,属于弱工具变量,而弱工具变量在有限样本下可能导致比OLS更大的偏误。

吴要武的文章《寻找阿基米德的"杠杆"——"出生季度"是个

弱工具变量吗?》(以下简称吴文)并未发掘新的工具变量,而是利用中国人口抽样调查数据,在新的语境下重新审视了出生季度作为工具变量的效果。尽管乍看之下吴文不过是使用不同的样本重复了 Angrist 和 Krueger(1991)的工作,但事实上其原创性和规范性在同级别刊物的实证研究中是属于比较突出的。同时由于对弱工具变量的探讨属于计量经济学领域的热门话题,吴文显得尤为具有启发性和借鉴意义。吴文的贡献主要体现在:

第一,严密论证了出生季度在美国和中国作用效果产生差异的制度因素。在美国,出生季度造成受教育年限差异的主要机制是《义务教育法》。《义务教育法》执行力度的放松和全民受教育意愿的提高导致出生季度作为工具变量的效果趋弱。而在中国,出生季度的作用机制是就业和中考的双重门槛:一方面严格的就业年龄限制使得受教育年限相同的不同季度出生人口达到合法就业年龄的时间点不同,因此第四季度出生人口可能因为初中毕业时年龄不够而无法就业,选择继续接受教育;另一方面,较低的高中升学率避免因为过多人口升入高中而弱化工具变量的效果。

第二,以出生季度虚拟变量作为受教育年限的工具变量,采用两阶段最小二乘法估计出中国劳动力市场上的教育回报率为13.9%—15.9%(准确地说是具有初高中学历的那部分人口所享有的教育回报率)。这一估计显著高于简单 OLS 回归结果,具有重要的政策含义。

第三,吸收计量经济学领域的最新理论进展,对工具变量的相关性进行了多项统计检验。并对何种方程设定和工具变量组合最为合适进行了讨论。吴文的实证步骤严谨周密,可以作为今后同类研究的样板。

对这样一篇优秀的文章进行建设性评论是困难的,笔者就自己的理解试述以下几点。

首先,要使"就业门槛+中考门槛"发挥作用,数据需要满足两个前提条件:

条件一:初中毕业的人口必须处于16岁队列,否则同一年份不同季度出生人口在初中毕业时会处于法定就业年龄16周岁门槛线的同侧,就业政策无法造成受教育年限的差异。

条件二:同一年份出生的人口必须在同一年份就读小学。如果第四季度出生人口因为在小学开学时未满6(或7)周岁而选择推迟一年就读,则同一年份不同季度出生人口在初中毕业时同样会处于就业门槛线的同侧。

以1974年出生的人口为例,假定开学时间为第三季度末。这一队列人口就读小学的年龄可以分为四种情况:

(1) 所有人口都在1980年入学(入学时前三季度出生人口已满6周岁,第四季度出生人口未满6周岁);

(2) 前三季度出生人口在1980年入学,第四季度出生人口在1981年入学(入学时所有人口均已满6周岁);

(3) 所有人口都在1981年入学(入学时前三季度出生人口已满7周岁,第四季度出生人口未满7周岁);

(4) 前三季度出生人口在1981年入学,第四季度出生人口在1982年入学(入学时所有人口均已满7周岁)。

吴文报告了1990年6月人口普查时,1974年出生的在校中学生在初中和高中的分布情况。如果实际情况为(1)或(2),则全部或大部分(前三季度)人口(不考虑复读)在1989年9月都应该已经就读高中,而数据显示1974年出生队列的初高中比例约为90:10,绝大部分人口仍在就读初中,因此实际情况可能是(3)或(4)——全部或大部分(前三季度)人口都要等到1990年9月才就读高中。这支持了条件一的成立。

但是因为普查数据不报告入学年龄,吴文无法区分情况(3)或(4),只能假定中国的情况与美国相同,即为(3)。尽管文章指出"从1990年7岁队列各月份出生者的在校率看出,变化是平缓的,7、8月份出生者与9、10月份出生者几乎没有差别"(第666页),但无论(3)或(4)何种情况成立,1990年7岁队列(即1983年出生队列)中的全部或大部分(前三季度)人口都要迟至1990年9月方才就读小学。考察1990年8岁队列(即1983年出生队列)或许才能得到一些线索,从而判断条件二是否成立。

从吴文报告的结果看,1990年6月人口普查时,1973年出生队列的初高中比例约为70∶30;1972年出生队列的初高中比例约为45∶55,均远低于我们所假设的理想情形——1973年或1972年出生队列人口应该在1989年9月或1988年9月分别已经就读高中。我们可以根据吴文提供的数据进行简单估算,考察一下假设与现实出现偏差的原因。

假定1973年和1974年出生人口队列的总数以及成分构成相当。从吴文表1可知,1990年普查时,1974年出生队列中有89.9%仍在就读初中(记为$m$,事实上,按照我们所假设的理想情形,如果情况(3)成立,则该队列均已就读初三),10.1%已经就读高中(记为$n$)。一年以后,$m$的构成可能是:就业或待业(记为$x$);升入高中(记为$y$);选择复读(记为$z$);初二升入初三(记为$w$)。此时,69.9%仍在就读初中,30.1%已经就读高中(此处采用1973年数据)。因此

$$\begin{cases} x \mid y \mid z \mid w & 89.9\% \\ (z \mid w):(10.1\% \mid y) & 69.9\%:30.1\% \end{cases}$$

此外,吴文提到,1974年出生人口的劳动参与率最高为23.2%。假设1974年出生队列在1990年无人就业,并且$x$在一年以后全部就业,这样就能推得$x$的最大值为23.2%,从而

286

推得 $(z+w)$ 的最小值为 53.68%。也就是说,1974 年出生队列中

　　(i) $z$ 较大,或

　　(ii) $w$ 较大

　　如果原因为(i),那么可能意味着初中毕业未考取高中的人口多会选择复读(即继续接受教育)而非进入劳动市场,这就会弱化就业门槛影响受教育差异的力度,也即弱化工具变量。如果原因为(ii),那么有相当一部分人口就读小学时的年龄高于 7 周岁,则他们年满 16 岁时仍在就读初中。而吴文同时指出就业门槛不会通过辍学影响受教育年限的差异,那么当他们初中毕业时这一门槛就不存在了,这同样会弱化工具变量。

　　实际上还存在两个隐含的前提条件使得情况显得更为复杂。第三个前提条件是,不同季度出生人口的中考升学率相同。试想,前三季度人口已达到法定最低就业年龄,初中毕业后有就业出路;而第四季度人口如果无法考取高中就只能复读或待业,这需要付出(机会)成本,因此第四季度人口可能在中考中付出更多的努力,导致工具变量的效果被强化。情况也可能是相反的:前三季度人口因为厌恶就业而在中考中付出更多的努力,第四季度人口即使未考取高中也可以因为未到法定就业年龄而逃避就业,因此相对更没有激励,则工具变量的效果就会被弱化。

　　第四个前提条件是,相当一部分第四季度出生人口在中考不理想的情况下会因为未达到法定就业年龄而选择复读。但就业年龄门槛为何会在边际上显著影响待业或复读决策,仍是个需要思考的问题。毕竟按照假设,一个典型的第四季度出生队列中的初中毕业生距离法定就业年龄不超过三个月,而复读却是需要付出成本的。因此工具变量也有被弱化的可能。

　　换一种说法,在美国,仅有法定最低就业年龄限制,无法使得

受教育年限产生差异，因为不足法定年龄者可以选择在家待业。只有《义务教育法》的存在，才能将这些假想的待业者"赶到"学校里。那么在中国，为什么中考门槛就能替代《义务教育法》的作用呢？中考失利为什么能将假想的待业者"赶到"复读班呢？

此外，吴文并没有正式检验工具变量回归得到的教育回报率估计是否在统计上显著异于 OLS 回归得到的估计。我们假定工具变量回归结果确实显著高于 OLS 方法，且工具变量方法得到的是一致的估计，那么意味着 OLS 方法有向下的偏误。具体而言，一方面因为受教育年限可能跟不可观测的能力正相关，导致 OLS 产生向上的偏误；另一方面，受教育年限可能具有测量误差，在经典测量误差模型假定下，OLS 会产生向下的偏误。如果真实值和测量误差之间负相关（受教育程度越低的受访者越倾向于报高自己的受教育程度），这一向下偏误会被削弱。因此，吴文的结果可能暗示着，普查数据中的测量误差是比较大的。

最后，15％的教育回报率到底有多大？我们可以做个极粗略的估算。按照小时工资 4 元计，年收入为 8 千元（一天工作 8 小时，一年工作 250 天），工作 40 年的现金流贴现值（假定年贴现率为 3％）约 19 万元。如果多接受一年教育，小时工资上涨 15％，工作 39 年的现金流贴现值约 21 万元。因此只要年教育成本低于 2 万元，教育就是一项净收益为正的投资。这一估计主要针对受教育年限在 9 年左右的人口，而对于更高受教育程度者，是否能享受更高的教育回报率，这是另一个有意义的问题，但已经超出吴文的范围了。

## 参考文献

Angrist, Joshua D. and Alan B. Krueger, "Does Compulsory School Attendance Affect Schooling and Earnings?" *Quarterly Journal of Economics*, 1991, 106(4), 979—1014.

微观和发展经济学专题

# 团队生产、集体声誉和分享规则

李金波

（北京大学光华管理学院）

聂辉华

（中国人民大学经济学院）

沈 吉

（美国耶鲁大学经济系）

## 一、引　言

考虑这样一个故事：由两个代理人组成的一个团队，为委托人生产一个小产品。在不了解团队真实能力的情况下，委托人根据这个小产品的质量优劣决定是否给予这个团队一个新的项目。这样的故事广泛存在：如果把企业看成是由多人组成的团队，其客户作为委托人，在决定向该企业下大订单之前，一般会以一个小订单来试探该企业的资质或能力；在企业内部也有类似的情况，一个项目小组如果出色地完成了某项任务，则被派以更重要任务的可能性也会较大；在科研机构里，如果某个课题组以较好的成绩完成了科研任务，则在下一轮的申报中往往会被优先考虑；在政治领域，选民选择总统候选人的同时实际上是选择了总统所代表的执政团队或执政党派，如果执政团队或执政党派在任期内的绩效较好,那么在下一轮竞选中获胜的希望也会较大;等等。这些现象都有一个共同的特征:就是团队在上一期的绩效被委托人用来推断团队的能力,这一推断形成了团队的"集体声誉",进而影响着下一期团队的工作机会。在这样一个"隐性激励"框架下,团队内部就有可能为了未来的"集体声誉"而进行一定的合作,从而在一定程度上减轻了"搭便车"现象。[①]而这正是本文的研究动机所在。本文希望回答这样一些问题:集体声誉作为一种外部监督机制是如何减轻团队生产中的"搭便车"问题的? 在"集体声誉"这一隐性激励机制下,报酬的分享规则这一显性激励机制在团队生产中扮演什么样的角色?

众所周知,团队生产的核心难题是搭便车问题(free rider problem)。对此,契约与组织理论[②]曾给予诸多关注,归纳起来主要有以下几种思路:一种是显性的机制设计。这又分为两种情形:(1)当个人产出不可被第三方观察时,引入一个剩余索取者(residual claimer)或预算平衡约束打破者(Alchian and Demsetz, 1972; Holmstrom, 1982);或者是由委托人利用"信息原理"(informativeness principle)对代理人进行集体惩罚,以得到近似最优的产出(Rasmusen, 1987; Legros and Matsushima, 1991; Legros and Matthews, 1993);(2)当个人产出可观察且代理人的产出面临共同的风险冲击时,委托人可以设计某种形式的相对绩效评估或者锦标赛,通过过滤噪音揭示代理人的努

---

① 当然,前面例子中的团队合作有很多并不是完全靠集体声誉(甚至在很多情况下主要不是靠集体声誉这一隐性激励)来完成的,团队内的权威和监督也起很大的作用(Alchian and Demsetz, 1972)。因此,为了分析集体声誉的"净"影响,在本文里,内部监督被假定为不可行的,而仅有来自外部的基于团队产出的监督。

② 早期的研究如 Olson(1965)、Marschak 和 Radner(1971)。

力信息(Lazear and Rosen, 1981; Green and Stokey, 1983)。另一种是隐性的激励。如在集体声誉(collective reputation)①文献中,BarIsaac(2007)和 Breton 等(2006)在一个迭代模型中考虑了青年人和老年人的搭配问题,并且都认为代际组合通常优于代内组合,因为前者更容易促使老年人关心集体声誉,而后者更容易激化搭便车问题。董保民(2003)则从职业关注(career concerns)的角度考察了团队生产问题,指出若存在"退出权",团队内部成员之间隐性的监督可以在一定程度上减轻团队生产的搭便车问题。还有一种典型的隐性激励机制——同伴压力(peer pressure)。Kandel 和 Lazear(1992)认为来自同伴的压力会提高团队成员的努力水平。如合伙团队的利润分享制本身可能会通过同伴压力而增强团队成员的激励,从而减轻搭便车问题。此外,Che 和 Yoo(2001)也分析了显性的金钱激励和隐性的同伴压力相结合时的团队生产均衡。

    尽管现有文献在解决团队生产问题方面提供了很多有益的启发,但是仍然存在一些问题:第一,当委托人缺乏承诺能力或者代理人面临财富约束时,显性的激励机制会失灵;第二,当代理人的类型是私人信息时,外部的集体声誉或内部的隐性机制本身不足以解决搭便车问题。本文发现,在团队内部监督难以实现的条件下,来自外部市场的集体声誉和团队内部的分享规则共同起作用,才能缓解团队生产中的搭便车难题。而且,我们的机制不需要一个特定的第三方来监督,对代理人也没有财富约束,因此更容易实施。与现有文献不同,本文通过在一个经典的道德风险模型中引入逆向选择问题,来分析外部市场声誉和

--------

① Tirole(1996)最早建立了集体声誉模型,但是与团队生产中的搭便车问题没有直接关系。Glazer 和 Segendorff(2001)考虑了外部市场根据团队绩效对代理人的类型进行甄别的问题。

内部组织设计的互动问题,考察集体声誉、分享规则和团队合作的关系。

在我们的模型中,假定经济中存在两类代理人(能力高的和能力低的),他们两两随机匹配组成一个生产团队。匹配后,团队成员彼此了解对方的能力,但这一信息不被外部委托人所了解。博弈持续两期。在第一期,委托人先交给团队一个项目。在第一期结束之后,委托人根据团队的产出支付第一期报酬,并且推测代理人的类型或能力组合,这一推测将影响到团队在第二期的总报酬。为了在市场上获得较好的集体声誉、在第二期赢得较高的声誉租金,代理人就会"协调"起来选择一个较高的努力水平。在一定的条件下,这种协调会构成一个纳什均衡。我们将集体声誉看成一个"非连续"的报酬体系(compensation scheme)。声誉租金实际上起到了"补贴"第一期团队生产中预算平衡约束的作用,从而使团队生产的囚徒困境博弈变成一个协调博弈。当然,协调的可能性则要受到分享规则的影响:代理人 A 的分成比例越高,其努力工作的激励越大,但却有可能是以牺牲代理人 B 的激励为代价的。因此,最优的分享规则取决于外部声誉租金和团队内部激励扭曲之间的权衡。本文刻画了四类均衡:完全分离均衡、上半混同均衡、下半混同均衡和完全混同均衡。在所有的均衡中,都存在某些特定的参数空间,使得不同类型的团队为了获取更好的集体声誉而提供高于静态博弈时的总努力水平,这说明集体声誉机制可以在一定程度上减轻团队生产中的搭便车问题。具体地,声誉租金越高,并且分成比例越是体现代理人的能力差别,那么最优的努力水平就越容易出现。

需要指出的是,从某种程度上说,本文的逻辑类似于职业关注:团队为了未来的声誉租金而合作。但现有职业关注模型(如

Fama，1980；Gibbons and Murphy，1992；Holmstrom，1999；Friebel et al.，2002)通常假定代理人在和委托人缔结一个隐性契约时并不知道自己的类型，因此需要通过第一期的产出来显示自己的类型，这正是代理人有激励提供努力的诱因，而本文的代理人(团队)则了解自己的类型，其努力或合作的动因是为了向外界发送一个关于其类型组合的信号，因此，本文的模型从内容上看是对 Holmstrom(1982，1999)的综合。事实上，本文的内容体现了动态激励的思路，因而在动态博弈的现实环境中广泛存在。应当注意的是，在本文里，前后两个阶段中团队所从事的项目不一定相同，委托人也未必是同一人，而且在第二期，团队也可以解散，进行单干。重要的是第一期的产出传递了关于团队成员类型的信息，这影响到团队成员在未来的竞争中获取工作机会的可能性。一个极端的假设是，在第二期，委托人给予团队报酬完全依赖于其对团队类型的推断，且团队无需再付出努力。这样的假设是对无限期博弈的一种近似，意在刻画现实中人们在动态竞争中进行团队内合作的激励。

有趣的是，这种从集体声誉的角度来讨论团队内部的激励问题，与通过轮岗(swap jobs)来解决单个代理人的动态道德风险问题的方法相互补充(Meyer and Vickers，1997)。本文所讨论的报酬分享规则与产权的激励作用类似，但与 GHM 模型(Grossman and Hart，1986；Hart and Moore，1990)不同的是，产权的作用基于集体声誉的"补贴"，与代理人的外部选择权(outside option)无关。换言之，在本文的模型中，团队努力水平其实是一种信号，在存在逆向选择问题时能够激励代理人更加努力。在国内文献中，聂辉华(2008)在一个重复博弈模型中分析了努力水平作为一种个人声誉对解决敲竹杠问题的作用，张琥(2008)探讨了不同类型的个人如何维护集体声誉的问题。

本文的结构安排如下：第二部分刻画了模型的基本环境；第三部分考察了两期模型下四类完美贝叶斯均衡；第四部分则进一步讨论了最优分享规则的决定因素；最后是本文小结。

## 二、模　　型

### （一）模型设定

一个委托人雇用了由代理人 $A$ 和 $B$ 组成的团队进行生产。①根据一般的声誉模型（例如，Holmstrom，1999），我们假定生产函数采取可加的线性技术：

$$y_1 = e_A + e_B \tag{1}$$

其中，$y_1$ 表示第一期的产出水平（暂不考虑代理人类型），$e_i$ 表示代理人 $i$ 的努力水平（$i = A, B$）。这里，产出虽然从技术上看是 $A$、$B$ 二人的努力相加而成，但却不具可分性，即事后无法分清产出中哪部分是 $A$ 的贡献，哪部分是 $B$ 的贡献。

我们用 $\theta_i \in \{\theta_l, \theta_h\}$ 表示代理人（$i = A, B$）的能力，且 $\theta_h > \theta_l$；能力表示了代理人的类型，它是外生不变的私人信息，委托人观察不到。虽然能力不直接进入生产函数（1），但不同的能力对应着不同的努力成本函数，即：

$$C_i(c_i, e_i) = \frac{e_i^2}{2c_i} \tag{2}$$

其中，$c_i \in \{c_l, c_h\}$ 对应于能力为 $\theta_i \in \{\theta_l, \theta_h\}$ 的代理人的成本参数，且 $c_h \geqslant c_l > 0$。进一步，我们假定经济中高能力者（$\theta_i =$

---

① 或者也可以理解为 $A$ 和 $B$ 组成团队为市场生产一种产品，客户就是他们的委托人。

$\theta_h$)所占比例为 $p$,低能力者($\theta_i = \theta_l$)所占比例则为 $1-p$。由于代理人 $i$ 的能力 $\theta_i$ 有两种:$\{\theta_l, \theta_h\}$,那么团队的能力组合将会有三种,即($\theta_l, \theta_l$)、($\theta_h, \theta_l$)和($\theta_h, \theta_h$),我们分别称之为 $j$ 类组合,$j = L, M, H$。为了表达的方便,我们记 $M$ 类组合中的高能者为 $A$,低能者为 $B$。在随机匹配下,他们出现的概率分别是:$\text{prob}(j = L) = (1-p)^2$、$\text{prob}(j = M) = 2p(1-p)$ 和 $\text{prob}(j = H) = p^2$。

根据式(1)所示的生产函数和式(2)的努力成本函数,社会最优的努力水平应当是:

$$e_i^* = c_i \qquad (3)$$

我们假定团队生产中单个人的努力水平无法为外界所观察或证实,因而是不可缔约的。不仅如此,我们还假定团队内的监督成本很高,无法实现有效的监督。唯一可以缔约的是团队的产出 $y_1$。

博弈持续两期。在第一期,委托人与团队签订一个基于产出 $y_1$ 的绩效合同,团队内部则根据这个合同就报酬分成比例 $\Psi = \{\alpha^j, 1-\alpha^j\}$ 进行谈判(其中 $\alpha^j$ 表示 $j$ 类组合中代理人 $A$ 所得的份额,我们假设在 $M$ 类组合中,$A$ 是那个高能力的代理人),形成一个内部契约后进行如上所述的团队生产,产出实现后执行合同。我们假定委托人有无数个,相互之间的竞争导致团队具备完全的谈判力,因此团队拥有生产的全部利润。

到第二期,委托人根据第一期的产出 $y_1$ 推断团队的类型,决定是否给予其新的项目,这个新项目给团队带来的报酬 $y_2$ 就是委托人根据产出 $y_1$ 对其能力的预期。此时,委托人对代理人能力的预期就形成了代理人的市场声誉。换言之,产出 $y_1$ 在某种程度上具有了信号发送功能。我们这里假定第二期的生产技术与第一期不同,没有代理人的努力,仅仅是代理人的能力价值。这个假设旨在刻画这样一个基本事实:委托人根据团队的往期绩效来决定是否给予其新的工作机会,这对委托人来说也许是比较明智的。[①]因为在第一期,委托人并不知道团队的类型。一个比较有用的办法就是先让团队做一个小项目(第一期),以此来获取信息,同时为了降低风险,委托人会倾向于与团队签一个绩效合同。而当团队通过第一期的努力建立了一定声誉,委托人获取了一定信息后,就可能在一定程度上信任这个团队,给予其新的工作机会。在现实中的例子是,企业进行工程发包,对过去施工质量比较好的建筑承包商往往会优先考虑,甚至会预付一个较大比例的工程款。或者这一假设也可以理解为这样一种情形:双方的团队生产只持续一期,到第二期团队解散,各谋职业。潜在的雇主则根据团队生产的绩效来推断团队成员的能力,以此来决定是否给予其工作机会。比较典型的是,用人单位根据毕业生所在学校的声望来判断毕业生的能力,以此来确定其雇佣决策。

有必要说明一下第一期团队内的谈判。$A$ 和 $B$ 就分成比例进行讨价还价谈判,谈判结果可能有无穷多个,但我们假定他们总是选择那个能使双方总福利最大的解。之所以选择这个解,是因为我们希望得到最优的产权安排。从某种程度上说,这里的团队好比一个合伙企业,分成比例 $\Psi_1 = \{\alpha^j\}$ 则描述了这个合伙企业的分享规则。

根据前面的假设,第二期团队的总报酬为:

$$y_2 = E(\theta_A + \theta_B \mid y_1) \tag{4}$$

---

① 声誉模型通常都假设第二期代理人没有努力,这样处理的好处是可以分离出能力以及相应的产出作为一种声誉的价值,例如 Holmstrom(1999)。此外,在重复博弈文献中,阶段博弈不同是常见的假设(参考 Kandori, 2002)。直观地说,声誉和代理人的能力或类型一样是一种内在的品质,不是和努力一样可以自我改变。

我们假定委托人观察到第一期产出 $y_1$ 后对团队类型的后验概率是 $\mathrm{prob}(j=L\mid y_1)$、$\mathrm{prob}(j=M\mid y_1)$ 和 $\mathrm{prob}(j=H\mid y_1)$，满足贝叶斯法则。那么，第二期的团队报酬将是：

$$y_2 = E(\theta_A+\theta_B\mid y_1)=2\theta_l\cdot\mathrm{prob}(j=L\mid y_1)$$
$$+(\theta_h+\theta_l)\cdot\mathrm{prob}(j=M\mid y_1)+2\theta_h\cdot\mathrm{prob}(j=H\mid y_1)$$
$$\tag{5}$$

对第二期的分配，由于我们假定双方可以选择合作与不合作。如果不合作，由于外部委托人无法辨清单个成员的真实能力，他们对成员能力的判断仅限于团队能力的平均值，即 $\frac{1}{2}E(\theta_A+\theta_B\mid y_1)$。如果合作，为了简便，我们假定双方均以 $\frac{1}{2}E(\theta_A+\theta_B\mid y_1)$ 为自己的外部选择价值（outside options）进行讨价还价谈判。我们假定双方贴现率相同，那么显然谈判的结果依然是均分总报酬 $y_2=E(\theta_A+\theta_B\mid y_1)$，即平分团队能力的条件期望值。显然，对于 $L$ 类组合和 $H$ 类组合而言，双方各自拿到的是自己的能力价值 $\theta_i$；而对于 $M$ 类组合而言，高能者得到 $\frac{1}{2}(\theta_h+\theta_l)$，低于其能力价值 $\theta_h$，而低能者得到的 $\frac{1}{2}(\theta_h+\theta_l)$，则高于其能力价值 $\theta_l$。

总结一下，这个模型的时序如图 1 所示：

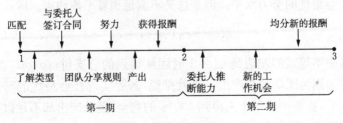

图 1　博弈的时序

在第一期：

（1）代理人 $A$ 或代理人 $B$ 随机匹配组成团队。

（2）组成团队后双方了解各自的类型 $\theta$。

（3）团队与委托人订立一个"要么接受，要么离开"（take it or leave it）的契约。

（4）代理人 $A$ 和 $B$ 就各自报酬 $\Psi = \{\alpha^j, 1 - \alpha^j\}$ 进行谈判，其中 $j = L, M, H$。

（5）代理人 $A$ 和 $B$ 各自投入努力进行生产。

（6）产出 $y_1$ 实现，报酬实现。

在第二期：

（7）委托人根据团队的产出更新对代理人能力的推断，据此给予其新的工作机会。

（8）团队均分新的报酬。

**（二）一期模型**

为了便于比较和讨论，我们先来看仅有一期的团队生产情形。一期团队生产情形如同 Alchian 和 Demsetz（1972）与 Holmstrom（1982），$A$ 和 $B$ 各自选择自己的努力以使边际收益与边际成本相等，即

$$e_i = \alpha_i^j c_i \tag{6}$$

如果 $\alpha_i^j \in (0, 1)$，那么就有 $e_i < e_i^*$。只有当 $\alpha_i^j = 1$ 时，才会实现社会最优的努力水平。但是这又不满足预算平衡约束。即：

$$2(c_A + c_B) > c_A + c_B \tag{7}$$

其中不等式的左边是 $\alpha_i^j = 1$ 时团队得到的总支付（payoff），而右边则为团队的总产出。也就是说，若要实现社会最优的努力水平，就必须让每个人得到100%的剩余，但总产出却不足以补偿团队所期望的总支付，即不满足预算平衡约束。这便是

Holmstrom 所讨论的团队生产中激励与预算平衡之间的冲突。Holmstrom 指出,集体惩罚可以在某种程度上起到这一作用,而为了防止团队激励合同再谈、确保惩罚的可信性,有必要引入外部委托人来执行这一集体惩罚,并通过执行惩罚获取剩余。企业的出资者或资本家的作用正在于此。比较有意思的是,我们认为团队的集体声誉就是一个天然的集体惩罚机制:当团队产出比较高时,委托人会调高对团队能力的估计,团队得到的报酬也就比较多;相反,当团队产出比较低时,委托人则会调低其估计,团队就会得到较低的报酬。这反过来,影响到了团队成员的努力选择。

但是,在一期模型中,这种声誉效应是不存在的,由于必须满足预算平衡约束,团队内的偷懒一定会存在。此时,团队总福利为:

$$TW = \alpha^j c_A + (1 - \alpha^j) c_B - \frac{(\alpha^j)^2 c_A}{2} - \frac{(1 - \alpha^j)^2 c_B}{2} \qquad (8)$$

那么最大化 $TW$ 的分配方案 $\Psi = \{\alpha^j, 1 - \alpha^j\}$ 应当为:

$$\alpha^j = \frac{c_A}{c_A + c_B} \qquad (9)$$

这表明,在一期的团队生产中,由于相互"偷懒",双方所能实现的最大总福利下的分配是按照成本参数进行加权。如果双方能力相同,则分成比例相同,同为 1/2;如果双方能力不同,则高能者得到较大的份额。可以看到,在这样一个可加性的团队生产技术下,如果只有分成比例 $\Psi = \{\alpha^j, 1 - \alpha^j\}$ 是可缔约的,双方之间的博弈就类似于一个"囚徒困境",高水平的合作(社会最优的努力水平)无法在均衡中实现。但是,我们在下面的讨论中将会看到,集体声誉机制和团队内分享规则的相互作用,将这种"囚徒困境"博弈转变成了一个"协调博弈"(coordination game),其核心机制是声誉租金作为外部"补贴"被用来打破团队生产的预算平衡约束。

## (三) 两期模型

那么,外部补贴作为一种集体声誉如何发挥作用呢? 这需要考虑外部补贴与团队内产权安排的关系。在我们的模型中,外部补贴其实就是代理人在第一期结束后获得的工作酬报,因此我们很自然地讨论两期情形。在第二期,雇主或委托人根据团队在第一期工作的绩效来推断其能力,并按照这一推断给予其相应的工作机会及酬报。两个代理人再根据某种分享规则获得这些工作酬报,这反过来影响了代理人在第一期的努力水平。因此,直观地说,光有外部补贴是不够的,还需要保证团队内部的分享规则足以激励每个代理人获得了足够的外部补贴来补偿自己付出的超过单期模型的努力成本。否则,代理人仍然没有激励注重集体声誉,而是回到单期博弈的纳什均衡状态。这就是我们将市场上的集体声誉和团队内的分享规则结合在一起讨论的原因。

这一机制有点类似于职业关注模型(career concerns)中代理人为了未来在经理市场上的声誉而在现期努力工作的情形。但不同的是,我们这里的代理人知道自己的类型。假定不同类型的单期联合产出为 $y_1^j$,其中上标 $j = L, M, H$,分别表示(低,低)、(高,低)和(高,高)三种类型的团队组合,下标仍然表示时期。为简单起见,我们进一步将模型的几个参数进行标准化:令 $\theta_l = 0$,$\theta_h = \theta$,$\theta \geqslant 0$,那么 $\Delta\theta = \theta_h - \theta_l = \theta$;令 $c_h = c$,$c_l = 1$,且 $c \geqslant 1$,则单期囚徒困境下的三类组合的产出(我们称之为"非合作解")分别是:$y_1^L = 1$,$y_1^M = c\alpha^M + 1 - \alpha^M$,$y_1^H = c$;社会最优产出分别是:$y_{FB}^L = 2$,$y_{FB}^M = 1 + c$,$y_{FB}^H = 2c$(我们称之为"合作解")。

不妨令 $R^j$ 表示 $j$ 类组合为实现某个大于 $y_1^j$ 的特定产出 $\hat{y}$ 所需要的外部补贴,并假设团队成员平均分享 $R^j$。我们将讨论 $R^j$ 如何受到内部的收益分享规则和努力分担的影响。考虑到团队成员的外部选择权是相同的,并且为了简化计算,我们假定:为实现团队产出水平 $\hat{y}$,双方按 50∶50 的比例来分担该产出水平超过"非合作解"下产出水平 $y_1^j$ 所需要的额外努力。根据这一假设,$A$ 和 $B$ 的努力水平分别为:

$$\hat{e}_A = \alpha y_1^j + \frac{1}{2}(\hat{y} - y_1^j) \qquad (A1)$$

$$\hat{e}_B = (1-\alpha)y_1^j + \frac{1}{2}(\hat{y} - y_1^j) \qquad (A2)$$

注意到,这里的努力分担是以双方谈判为基础的,即假定双方谈判力相同,如果不合作,则各自按照"非合作解"下的努力去行动,如式(6);如果双方合作,则按 50∶50 的比例分担额外的"任务",如式(A1)和(A2)。接下来的问题就是,这种努力分担能否在均衡中实现? 为此,我们考虑如下机制。

机制 $\Gamma1$:若 $y_1 = \hat{y}$,团队将得到 $\hat{y} + R^j$;若 $y_1 < \hat{y}$,团队将得到 $y_1$。那么,对于 $L$ 类组合而言,如果双方不合作,产出为 $y_1 = 1$,双方各自的努力是 $e_A = \alpha$,$e_B = 1-\alpha$。如果双方合作,那么联合努力水平将是 $\hat{e} = \hat{y}$。在式(A1)和(A2)下,$A$ 选择合作时的努力水平是:$\hat{e}_A = \alpha + \frac{1}{2}(\hat{y} - 1)$;$B$ 选择合作时的努力水平是 $\hat{e}_B = 1 - \alpha + \frac{1}{2}(\hat{y} - 1)$。那么实现 $y_1 = \hat{y}$ 所需要的外部补贴就应当满足如下两个激励相容约束:

$$\alpha\hat{y} + \frac{1}{2}R - \frac{1}{2}\left[\alpha + \frac{1}{2}(\hat{y} - 1)\right]^2 \geqslant \alpha\left[1 + \frac{1}{2}(\hat{y} - 1)\right] - \frac{1}{2}\alpha^2$$

$$\text{(ICA)}$$

$$(1-\alpha)\hat{y} + \frac{1}{2}R - \frac{1}{2}\left[1-\alpha+\frac{1}{2}(\hat{y}-1)\right]^2$$

$$\geqslant (1-\alpha)\left[1+\frac{1}{2}(\hat{y}-1)\right] - \frac{1}{2}(1-\alpha)^2 \qquad \text{(ICB)}$$

上述两个激励相容约束条件意味着,为了激励两个代理人实现高于单期产出(非合作解)的努力,必须保证在合作解下得到的期望净收益不低于在非合作解下的期望净收益。求解上述规划,整理后我们得到引理 1。

**引理 1**　在机制 $\Gamma 1$ 下 $L$ 类组合中,对于某个特定产出 $\hat{y} > y_1^L$,当 $R^L \geqslant \frac{1}{4}(\hat{y}-1)^2$ 时,两个代理人付出高于非合作解的努力水平的策略组合 $\left[\hat{e}_A = \alpha^L + \frac{1}{2}(\hat{y}-1), \hat{e}_B = 1 - \alpha^L + \frac{1}{2}(\hat{y}-1)\right]$ 构成一个纳什均衡。

同理,对于 $M$ 类组合和 $H$ 类组合而言,我们有引理 2 和引理 3。

**引理 2**　在机制 $\Gamma 1$ 下 $M$ 类组合中,对于某个特定产出 $\hat{y} > y_1^M$,当 $R^M \geqslant \hat{R}^M$ 时,两个代理人付出高于非合作解的努力水平的策略组合 $\left[\hat{e}_A = c\alpha^M + \frac{1}{2}(\hat{y}-1+\alpha^M-c\alpha^M), \hat{e}_B = 1 - \alpha + \frac{1}{2}(\hat{y}-1+\alpha^M-c\alpha^M)\right]$ 构成一个纳什均衡。

**引理 3**　在机制 $\Gamma 1$ 下 $H$ 类组合中,对于某个特定产出 $\hat{y} > y_1^H$,当 $R^H \geqslant \hat{R}^H$ 时,两个代理人付出高于非合作解的努力水平的策略组合 $\left[\hat{e}_A = c\alpha^H + \frac{1}{2}(\hat{y}-c), \hat{e}_B = c(1-\alpha^H) + \frac{1}{2}(\hat{y}-c)\right]$ 构成一个纳什均衡。

304

这三个引理表明,给定超过某一临界值的外部补贴,我们可以让代理人付出高于非合作解时的努力水平。这初步表明,我们设计的激励机制具有可行性。这个补贴机制的有效性在于补贴的不连续,即如果 $y_1 = \hat{y}$,则除了得到 $y_1$ 外,还得到额外补贴 $R^j$;但如果 $y_1 < \hat{y}$,则仅得到 $y_1$。根据三个引理,进一步考察外部补贴和内部分享规则之间的关系,我们得到命题 1。

**命题 1**  在机制 $\Gamma 1$ 下,$L$ 类组合和 $H$ 类组合实现产出 $\hat{y} \geqslant y_1^j$ 所需的最小外部补贴与分成比例无关;而在 $M$ 类组合中,实现产出 $\hat{y} \geqslant y_1^j$ 所需的最小外部补贴随分成比例 $\alpha^M$ 的增大而递减,特别地,当 $\alpha^M = 1$ 时,所需的最小外部补贴达到最小值。在所有组合中,$\hat{y}$ 越大,所需的外部补贴也越大。

这一命题给出了将团队生产的"囚徒困境"博弈转化为"协调博弈"所需要的外部补贴与内部分享规则之间的关系,尽管到现在为止这个外部补贴是我们假定的,但其传递的一个重要信息是,要以最小的"成本"(即外部补贴)实现"合作解",能力不同的代理人组成的团队应当进行完全不对称的分享安排,即由能力高者获取全部剩余。这主要是由于高能者获取全部剩余时,高能者的激励得到了充分的发挥,拉近了"非合作解"下的产出与目标产出的差距,尽管低能者"非合作解"时的努力为 0。可见,在给定外部补贴和目标产出的前提下,分享规则的作用是通过改变"非合作解"的联合努力水平,来改变协调博弈下合作均衡和非合作均衡的实现条件。应当注意到,在这个存在外部补贴机制的两期博弈中,最优的分享规则已不同于一期博弈所描述的规则。

根据模型的基本设定,我们定义本文使用的均衡概念。由于这是一个两期的不完全信息动态博弈,我们使用完美贝叶斯均衡(PBE)作为博弈的均衡解。

**定义**　一个完美贝叶斯均衡（PBE）是与类型组合 $j$、组合内分成比例 $\Psi = \{\alpha^j, 1 - \alpha^j\}$ 和条件概率 $\text{prob}(j = L \mid y_1)$、$\text{prob}(j = M \mid y_1)$ 和 $\text{prob}(j = H \mid y_1)$ 相对应的策略组合 $\{e_A, e_B\}$ 的集合，并且满足：(1)团队中代理人 $A$ 和 $B$ 的努力选择 $e_A$ 和 $e_B$ 分别最大化了各自的收益 $\pi_A$ 和 $\pi_B$；(2)委托人对团队能力的推断 $\text{prob}(j = L \mid y_1)$、$\text{prob}(j = M \mid y_1)$ 和 $\text{prob}(j = H \mid y_1)$ 满足贝叶斯法则，即：

$$\text{prob}(j = L \mid y_1) = \frac{\text{prob}(j = L)\,\text{prob}(Y = y_1)}{\sum_{\tau = L}^{H} \text{prob}(j = \tau)\,\text{prob}(Y = y_1)}$$

$$\text{prob}(j = M \mid y_1) = \frac{\text{prob}(j = M)\,\text{prob}(Y = y_1)}{\sum_{\tau = L}^{H} \text{prob}(j = \tau)\,\text{prob}(Y = y_1)}$$

$$\text{prob}(j = H \mid y_1) = \frac{\text{prob}(j = H)\,\text{prob}(Y = y_1)}{\sum_{\tau = L}^{H} \text{prob}(j = \tau)\,\text{prob}(Y = y_1)}$$

其中至少存在一个类型组合使 $\text{prob}(Y = y_1) > 0$；(3)若对所有类型组合都有 $\text{prob}(Y = y_1) = 0$，那么 $\text{prob}(\theta_A + \theta_B \mid y_1)$ 可以取 $[0, 1]$ 区间上的任意值；[①](4)在第二期，委托人给予团队的报酬为 $E(\theta_A + \theta_B \mid y_1)$。

根据这一定义，我们来求解这一博弈的均衡。根据在第一期所传递的信息，这个博弈可能存在着四种均衡，即完全分离均衡、上半混同均衡、下半混同均衡和完全混同均衡。我们可以按照如上的原理定义其他三类均衡。

---

① 此时贝叶斯概率公式的分母为 0，没有定义。因此参与人可以采取任何不与贝叶斯法则相违背的规则进行概率推断。

# 三、均　衡

我们关心的问题是,集体声誉是否可以缓解团队生产中的道德风险问题。即集体声誉是否可能使得团队成员协调起来选择一种高于非合作解的产出水平(我们称之为"合作解")。我们将探讨不同均衡实现的具体条件、生产效率与分配方案。首先来看完全分离均衡。

## (一)完全分离均衡(SE)

在完全分离均衡下,各类组合中的代理人在第二期得到的支付分别是:$L$ 类组合中的 $A$ 和 $B$ 分别都得到 $0$,$H$ 类组合中的 $A$ 和 $B$ 分别都得到 $\theta$,而 $M$ 类组合中的 $A$ 和 $B$ 则分别得到 $\frac{\theta}{2}$。注意到,$L$ 类组合和 $H$ 类组合的产出与其内部分成比例无关,而 $M$ 类组合的产出则与分成比例 $\alpha^M$ 有关。特别地,当 $\alpha^M = 0$ 时,$y_1^M = y_1^L = 1$;当 $\alpha^M = 1$ 时,$y_1^M = y_1^H = c$。这为我们讨论各类均衡实现的条件提供了直觉。

在分离均衡下,对于 $L$ 类组合而言,其产出准确地传递了关于其能力的信息,没有额外的声誉租金。因此 $L$ 类组合也就没有激励选择合作解,均衡时该组合的联合努力水平为 $e^L = 1$,产出水平为 $y_E^L = 1$(上标 $L$ 表示类型,下标 $E$ 表示均衡)。但是,要使 $L$ 类组合在均衡时选择非合作解,还需要排除其模仿其他类型组合的可能。不妨定义 $\bar{y}_R^j$ 表示外部"补贴"为 $R$ 时 $j$ 类组合所能达到的最大产出。在这里,$L$ 类组合如果要模仿 $M$ 类组合,所能得到的额外"补贴"是 $R = \theta$。根据引理 1,我们可以计算出在外部补贴 $R = \theta$ 的情形下,$L$ 类组合所能达到的最大联合产出为

$$\bar{y}_1^L = 1 + 2\sqrt{\theta} \tag{10}$$

对于 $M$ 类组合而言,在分离均衡下,第二期的产出为 $\theta$,不妨假设其第一期的产出为 $y_E^M$。分离均衡要求这个产出不被 $L$ 类组合所模仿,即

$$y_E^M \geqslant 1 + 2\sqrt{\theta} \tag{11}$$

那么,对于 $M$ 类组合而言,在给定 $\{\alpha^M\}$ 的前提下,其非合作的产出为 $y_1^M = c\alpha^M + 1 - \alpha^M$。这一非合作解与 $L$ 类组合所能模仿的最大产出 $\bar{y}_1^L$ 之间的关系决定着分离均衡下 $M$ 类组合是否选择合作解。因此,我们分两种情形讨论。

**情形 1** $\quad y_1^M \geqslant \bar{y}_1^L$

若 $y_1^M \geqslant \bar{y}_1^L$,我们有

$$\theta \leqslant \frac{\left[(c-1)\alpha^M\right]^2}{4} \tag{12}$$

即当 $\theta$ 满足式(12)时,$M$ 类组合无须选择合作解就可以避免 $L$ 类组合的模仿,因为此时 $L$ 类组合所能模仿的最大产出都小于或等于 $M$ 类组合非合作解。但是此时 $M$ 类组合是否就一定会选择非合作解呢? 这还取决于 $M$ 类组合模仿 $H$ 类组合的能力。类似地,根据引理 2,我们有

$$\bar{y}_1^M = c\alpha^M + 1 - \alpha^M + 2\sqrt{\theta} \tag{13}$$

而 $H$ 类组合非合作解为 $y_1^H = c$。

因此,若 $\bar{y}_1^M \leqslant y_1^H$,即

$$\theta \leqslant \frac{\left[(c-1)(1-\alpha^M)\right]^2}{4} \tag{14}$$

这时 $M$ 类组合的均衡产出为 $y_E^M = y_1^M = c\alpha^M + 1 - \alpha^M$,$H$ 类组

合的均衡产出为 $y_E^H = y_1^H = c$。这意味着，当三种类型的组合之间不存在模仿时，每种组合都会选择非合作解。但是若 $\theta > \dfrac{[(c-1)(1-\alpha^M)]^2}{4}$，则 $\bar{y}_1^M > y_1^H$，即 $M$ 类组合将有能力模仿 $H$ 类型组合，因此，$H$ 类组合也要选择一定的合作解，否则就会被认为是 $M$ 类组合。根据引理 3，$H$ 类组合所能实现的最大联合努力为

$$\bar{y}_1^H = c + 2\sqrt{c\theta} \tag{15}$$

显然，$\bar{y}_1^H > \bar{y}_1^M$。这意味着，$H$ 类组合的联合努力无需达到 $\bar{y}_1^H$ 就可以将自身与 $M$ 类组合区分开来，为此，$H$ 类组合所需要选择的最小联合努力水平为 $\bar{y}_1^M$，即 $y_E^H = \bar{y}_1^M = c\alpha^M + 1 - \alpha^M + 2\sqrt{\theta}$。

**情形 2** $y_1^M < \bar{y}_1^L$

$y_1^M < \bar{y}_1^L$ 意味着

$$\theta > \frac{[(c-1)\alpha^M]^2}{4} \tag{16}$$

此时 $L$ 类组合能够模仿 $M$ 类组合的非合作解，为此，分离均衡要求 $M$ 类组合选择合作解与之相分离。由于 $\bar{y}_1^L \leqslant \bar{y}_1^M$，因此 $M$ 类组合只需要选择 $\bar{y}_1^L$ 就可以把自己与 $L$ 类组合区别开来。

同样地，若 $\bar{y}_1^M \leqslant y_1^H$，即 $\theta \leqslant \dfrac{[(c-1)(1-\alpha^M)]^2}{4}$，$H$ 类组合无需选择合作解就可以将自己与 $M$ 类组合区分，此时 $y_E^M = \bar{y}_1^L = 1 + 2\sqrt{\theta}$，$y_E^H = y_1^H = c$。而若 $\bar{y}_1^M > y_1^H$，即 $\theta > \dfrac{[(c-1)(1-\alpha^M)]^2}{4}$ 时，$M$ 类组合有模仿 $H$ 类组合的可能，$H$ 类组合应当至少选择联合努力为 $\bar{y}_1^M$ 才能将自己与 $M$ 类组合分开。此时，$y_E^M = \bar{y}_1^L =$

$1+2\sqrt{\theta}$，$y_E^H=\bar{y}_1^M=c\alpha^M+1-\alpha^M+2\sqrt{\theta}$。

对这两种情形总结一下，我们有：

**命题 2**

（1）当 $0\leqslant\theta\leqslant\min\left\{\dfrac{[(c-1)\alpha^M]^2}{4},\dfrac{[(c-1)(1-\alpha^M)]^2}{4}\right\}$ 时，存在一个完全分离均衡。此时 $y_E^L=y_1^L=1$，$y_E^M=y_1^M=c\alpha^M+1-\alpha^M$，$y_E^H=y_1^H=c$；

（2）当 $0\leqslant\alpha^M<\dfrac{1}{2}$，且 $\dfrac{[(c-1)\alpha^M]^2}{4}<\theta\leqslant\dfrac{[(c-1)(1-\alpha^M)]^2}{4}$ 时，也存在一个完全分离均衡，此时 $y_E^L=y_1^L=1$，$y_E^M=\bar{y}_1^L=1+2\sqrt{\theta}$，$y_E^H=y_1^H=c$；

（3）当 $\dfrac{1}{2}\leqslant\alpha^M\leqslant1$，且 $\dfrac{[(c-1)(1-\alpha^M)]^2}{4}<\theta\leqslant\dfrac{[(c-1)\alpha^M]^2}{4}$ 时，也存在一个完全分离均衡，此时 $y_E^L=y_1^L=1$，$y_E^M=y_1^M=c\alpha^M+1-\alpha^M$，$y_E^H=\bar{y}_1^M=c\alpha^M+1-\alpha^M+2\sqrt{\theta}$；

（4）当 $\theta>\max\left\{\dfrac{[(c-1)\alpha^M]^2}{4},\dfrac{[(c-1)(1-\alpha^M)]^2}{4}\right\}$ 时，也存在一个完全分离均衡，此时 $y_E^L=y_1^L=1$，$y_E^M=\bar{y}_1^L=1+2\sqrt{\theta}$，$y_E^H=\bar{y}_1^M=c\alpha^M+1-\alpha^M+2\sqrt{\theta}$。

命题 2 给出了存在完全分离均衡的条件。从命题 2 的描述来看，当 $\theta$ 特别小时，各个类型组合都将选择非合作解，产出水平等同于一期模型中的产出水平。当 $\theta$ 比较大时，分离均衡下除了 $L$ 类组合仍选择非合作解外，$M$ 类和 $H$ 类组合都选择更高的合作解。最后，当 $\theta$ 属于中间值时，$L$ 类组合依然选择非合作解，而 $M$ 类和 $H$ 类组合的选择则依赖于 $M$ 类组合的分成比例：若 $0\leqslant\alpha^M<\dfrac{1}{2}$，则 $M$ 类组合将选择合作解，而 $H$ 类组合选

310

择非合作解；若 $\frac{1}{2} \leqslant \alpha^M \leqslant 1$，则 $M$ 类组合选择非合作解，而 $H$ 类组合选择合作解。

这是符合直觉的。分离均衡下的 $L$ 类组合总是选择非合作解，而在一定条件下 $M$ 类或者 $H$ 类组合选择合作解则是为了区别于相对较低的类型组合。当 $\theta$ 较小时，意味着同一个工作给予不同类型组合潜在的声誉租金较小，$L$ 类组合模仿 $M$ 类组合的激励也就较小，并且 $M$ 类组合模仿 $H$ 类组合的激励也比较小。因此，三者的联合努力选择都将是非合作解。当 $\theta$ 足够大时，意味着同一个工作给予不同类型组合潜在的声誉租金足够大，以致足以诱使 $L$ 类组合模仿 $M$ 类组合、$M$ 类组合模仿 $H$ 类组合。因此，为了使自己不被模仿，获得声誉租金，$M$ 类组合和 $H$ 类组合都将选择合作解。而当 $\theta$ 适中时，$L$ 类组合和 $M$ 类组合模仿更高类型组合的激励则依赖于 $M$ 类组合的分成比例：当 $0 \leqslant \alpha^M < \frac{1}{2}$ 时，意味着 $M$ 类组合中高能力的 $A$ 的激励被扭曲，非合作解下的总产出就较低，容易被 $L$ 类组合所模仿。因此，为了与 $L$ 类组合相区别，$M$ 类组合就应该选择一定的合作解。并且，由于 $M$ 类组合 $A$ 的激励被扭曲，限制了其模仿 $H$ 类组合的能力，因而 $H$ 类组合依然可以选择非合作解。而当 $\frac{1}{2} \leqslant \alpha^M \leqslant 1$ 时，意味着 $M$ 类组合中高能力的 $A$ 的激励得到加强，非合作解下的总产出相对较高，难以被 $L$ 类组合所模仿。不仅如此，其自身模仿 $H$ 类组合的能力也较强。因此，此时的 $H$ 类组合要选择合作解以便与之相区别。

总的来说，命题 2 传达的信息是：声誉租金影响着 $M$ 类组合和 $H$ 类组合的努力选择。租金越大，这两个组合选择合作解的可能性就越大。分离均衡出现的条件和结果不仅依赖于声誉

311

租金,也依赖于 $M$ 类组合的分成比例。这是因为 $M$ 类组合的分成比例影响着 $M$ 类组合内的高能力者的激励,从而影响着它的模仿能力和被模仿的可能性。

**(二) 上半混同均衡(UPE)**

现在我们来考察上半混同均衡。在上半混同均衡下,$M$ 类组合和 $H$ 类组合都将选择同一个产出水平 $y_E^M = y_E^H = \bar{y}$,而与 $L$ 类组合的产出 $y_E^L$ 相区别;并且各类型组合没有激励偏离均衡的努力水平;委托人事后信念也是理性的,与均衡是相一致的(consistent)。

**命题 3** 当 $\bar{a} < \alpha^M \leqslant 1$,且 $\left(\dfrac{1-\alpha^M}{1-\bar{a}}\right)^2 \cdot \dfrac{2-p}{2} \cdot \dfrac{(c-1)^2}{4} \leqslant \theta < \dfrac{2-p}{2} \cdot \dfrac{(c-1)^2}{4}$ 时,存在一个上半混同均衡。均衡时 $y_E^L = 1$,$y_E^M = y_E^H = \bar{y} = c$ 且 $\bar{a} = \sqrt{1-p}$。①

命题 3 告诉我们,只有当 $M$ 类组合中的分成比例 $\alpha^M$ 高于一定水平,而声誉租金 $\theta$ 在一定范围内时才有可能出现一个上半混同均衡。其中 $\alpha^M$ 高于一定水平是为了通过增强 $M$ 类组合中高能力者的激励来提高 $M$ 类团队的集体行动能力,从而使 $M$ 类组合具备较强的模仿能力,以便与 $H$ 类组合的产出相混同。声誉租金 $\theta$ 在一定范围内则出于两方面的考虑:一方面是为了抑制 $L$ 类组合模仿混同产出的激励,另一方面也是为了抑制 $H$ 类组合通过选择高产出来偏离混同产出的激励。

**(三) 下半混同均衡(DPE)**

在下半混同均衡下,$M$ 类组合和 $L$ 类组合都将选择同一个产出水平 $y_E^L = y_E^M$,而与 $H$ 类组合的产出 $y_E^H$ 相区别;并且各类

---

① 由于篇幅有限,我们将命题 3—命题 6 的详细证明保留在工作论文中,感兴趣的读者可通过电子邮件索取。

型组合没有激励偏离均衡的努力水平；委托人事后信念也是理性的，与均衡是相一致的。

**命题 4** 当 $p \in \left( \dfrac{1}{3}, 1 \right]$，且 $0 \leqslant \alpha^M \leqslant \alpha$，$\left( \dfrac{\alpha^M}{\alpha} \right)^2 \dfrac{(c-1)^2}{8} \leqslant \theta < \dfrac{(c-1)^2}{8}$ 时，存在一个下半混同均衡。均衡时 $y_E^L = y_E^M = c\alpha^M + 1 - \alpha^M$，$y_E^H = c$ 且 $\alpha = \dfrac{\sqrt{2p} - \sqrt{1-p}}{\sqrt{2(1+p)}}$。

命题 4 给出了一个下半混同均衡的存在性条件。从命题的描述可知，这一下半混同均衡要求经济中高类型的代理人所占比例高于一个临界值，同时 $M$ 类组合中高能力者的分成比例小于临界值，并且声誉租金 $\theta$ 值在一定范围内。这是可以理解的：高类型的代理人高于一个临界值是为了通过调高委托人的期望而给予 $M$ 类组合在均衡时足够的声誉租金；而 $M$ 类组合高能力者的分成比例小于一定值是为了限制 $M$ 类组合的集体行动能力，即限制其偏离均衡的激励。声誉租金足够大则是为了提高 $L$ 类组合模仿 $M$ 类组合的激励，但太大了会使 $L$ 类组合的模仿激励过强。[①]

### （四）完全混同均衡(PE)

完全混同均衡时只有一种产出，所有类型组合都选择这一产出，而且没有人愿意偏离。委托人的信念也是理性的、一致的。同理，我们有

---

① 这里我们给出的下半混同均衡条件是一个充分性条件，实际上还有另一个均衡：就是当 $\theta$ 足够大，大到足以模仿 $H$ 类组合"非合作"下的产出时，此时的均衡产出分别是：$y_E^L = y_E^M = c\alpha^M + 1 - \alpha^M$，$y_E^H = 1 + 2\sqrt{2\theta}$。这个均衡与命题 4 所描述的均衡没有太多的差异，只是由于 $\theta$ 较大而导致 $L$ 类组合模仿能力太强，$H$ 类组合不得不以更高的产出来显示信号。

**命题 5** 当 $p \in \left( \dfrac{c-1}{c}, 1 \right]$，且 $\theta = \dfrac{1}{[1 - \sqrt{(1-p)c}]^2} \cdot \dfrac{(c-1)^2}{8}$ 时，存在一个完全混同均衡，均衡时 $y_E^L = y_E^M = y_E^H = c$。

命题 5 给出了一个完全混同均衡维持的条件。当经济中高能力代理人的比例足够多，且声誉租金足够大时，才能维持一个完全混同均衡。这也是符合直觉的，因为经济中高能力较多时，$H$ 类组合获得的期望租金才足够大，其选择更高产出以显示自己信号的激励才不那么强。同样地，声誉租金 $H$ 足够大是为了给 $L$ 类和 $M$ 类组合以较强的模仿激励，使之能够成功模仿 $H$ 类组合。

我们有必要简单地讨论一下多重均衡问题。对于信号发射模型来说，出现多重均衡是很正常的。在同样的参数空间里，不同的信念支撑了不同的均衡。当分离均衡和混同均衡并存时，从理论上讲，根据 Cho 和 Kreps（1987）的"直观标准"（intuitive criterion），高类型的代理人总是可以通过以最小代价偏离的方式将自己和低类型的代理人区别开来，以至于最后只剩下分离均衡。并且，此时的分离均衡的条件是一个临界值，而不是一个区间。我们在命题 2 中给出的分离均衡条件正是临界值，这说明我们的分离均衡是稳健的。事实上，分离均衡对本文结论的支持是最强的。

综合命题 2 至命题 5，我们可以看到，在一定的条件下，团队会选择高于单期产出的合作解。这是因为团队的产出可以被外部委托人用来推断团队的生产能力，从而具有了某种信号功能：不同的产出传递着团队能力的信息，从而对应着不同的声誉租金。在声誉租金的补贴下，团队生产的经典的"囚徒困境"博弈被转化成了"协调博弈"，这在一定程度上减轻了团队内因相互偷懒而导致的低效率问题。

# 四、集体声誉与分享规则

在前面的讨论中,我们讨论了随机匹配的各类型能力组合团队为了发送有利的信号而可能出现的各种团队合作均衡。结果表明,$M$ 类组合的分享规则影响着三类团队的努力选择,原因在于 $M$ 类组合的分成比例直接影响 $M$ 类组合的信号发送能力。命题 2 至命题 5 说明,$M$ 类组合内高能力者的分成比例 $\alpha^M$ 越大,$M$ 类组合模仿 $H$ 类组合的能力越强,同时它被 $L$ 类组合所模仿的可能性也越小。因此,$\alpha^M$ 越大,出现下半混同均衡的可能性就越小,而出现上半混同均衡的可能性就越大。但是,这是有成本的:$\alpha^M$ 越大,虽然高能力者的激励得到了加强,但是低能力者的激励却减弱了。只有高能力者的激励增强到足以通过提高整个团队的声誉来弥补低能力者的福利损失时,较高的 $\alpha^M$ 才能实现。为了更深入地理解囚徒困境转化为协调博弈的过程,我们接下来讨论集体声誉对分享规则的影响以及内生的分享规则与不同类型均衡匹配的关系。

显然,在一期模型中,对于能力相同的代理人而言,均分是最优的;而对于能力不同的代理人而言,则是 $\alpha = \dfrac{c}{c+1}$,即高能力者要分得多一些。但是,在考虑了信号发送的"两期"模型中,这一结论会有所不同。根据命题 2 至命题 5,$L$ 类组合与 $H$ 类组合的分成比例不影响产出,也不影响各自的信号发送能力,但影响总努力成本,因此,这两类组合的最优分成比例与一期模型相同,都是 $1/2$。然而,由于 $M$ 类组合中不同的分成比例对应于不同的均衡,最优的分享规则要视均衡结果而定。我们假设:当存在多重均衡时,$M$ 类组合将选择总福利较大的一个均衡，进而确定分享规则。不妨考虑如下的例子。

**例 1** 设 $M$ 类组合中的 $\alpha^M = 1$，那么 $M$ 类组合的非合作产出 $y_1^M = y_1^H = c$，此时 $M$ 类组合的非合作产出就已经能够模仿 $H$ 类组合的非合作产出了。我们取命题 2 中的（3）作为对照。若 $M$ 类组合模仿了 $H$ 类组合将得到 $\frac{2H}{2-p}$，比在分离均衡下只得到 $H$ 要多出 $\frac{pH}{2-p}$。而在分离均衡下，$M$ 类组合的产出为 $y_E^M = y_1^M = c\alpha^M + 1 - \alpha^M$，最优的 $\alpha^M = \frac{c}{c+1}$。可以证明当 $H = \frac{2-p}{2p} \cdot \frac{1}{c+1}$ 时 $M$ 类组合将 $\alpha^M$ 设为 1，两个代理人联合起来与 $H$ 类组合相混同，此时的总福利要高于 $\alpha^M$ 为 $\frac{c}{c+1}$ 形成分离均衡的情形。

**例 2** 令 $c = 2$，$p \in \left(\frac{1}{3}, \frac{1}{2}\right]$，$H \in \left(0, \frac{1}{36}\right)$，讨论 $M$ 类组合的最优分享规则。当 $H \in \left(0, \frac{1}{36}\right]$ 时，可以让 $M$ 类组合选择在非合作解下的最优安排 $\alpha = \frac{2}{3}$ 处得到完全分离均衡，但也可以通过选择 $\alpha \in [1 - 2\sqrt{H}, 1]$ 得到上半混同均衡。到底何时选择完全分离均衡，何时选择上半混同均衡呢？我们有如下命题：

**命题 6** 令 $c = 2$，$p \in \left(\frac{1}{3}, \frac{1}{2}\right)$，$H \in \left(0, \frac{1}{36}\right)$，存在一个 $\hat{H} \in \left(0, \frac{1}{36}\right)$，使得当 $H \in (0, \hat{H}]$ 时，$M$ 类组合最优的分成比例为 2/3，并对应于完全分离均衡；当 $H \in \left(\hat{H}, \frac{1}{36}\right)$ 时，$M$

类组合最优的分成比例为 $1-2\sqrt{H}$，并对应于上半混同均衡。

命题 6 告诉我们，当声誉租金相对较小时 ($0 < H < \hat{H}$)，$M$ 类组合偏好于一个完全分离均衡；而当声誉租金相对较大时 $\left(\hat{H} < H < \dfrac{1}{36}\right)$，$M$ 类组合偏好于一个上半混同均衡。直觉上，声誉租金越大，$M$ 类组合集体行动起来模仿 $H$ 类组合的激励也就越大。

这几个例子告诉我们这样一个权衡，将产权全部赋予高能力者的一个好处就是通过对高能力者更强的激励，降低集体行动的门槛；其成本是由此降低了低能力者的激励。最优的分享规则取决于二者之间的权衡：当外部的声誉租金足够大时，双方会选择一个更为倾向于 $M$ 类组合的分成比例，以便模仿 $H$ 类组合的产出，同时防范 $L$ 类组合的模仿，尽管这同时在一定程度上扭曲了低能力者的激励；而当外部声誉租金较小时，双方会选择一个相对较低的分成比例，以提高低能力者的激励。这一切都取决于集体行动的效果，即是否存在足够的外部声誉租金来补贴因激励扭曲而带来的成本。

## 五、结　论

集体行动问题是契约与组织理论关注的核心主题，而"搭便车"或者说团队道德风险的存在使得这一问题长期以来一直难以得到令人满意的解决方案。现有的文献或者强调显性的内部激励机制，或者强调外部的个人声誉。当代理人的类型是私人信息，并且不存在一个可以无成本证实相关信息的第三方时，单纯的显性机制或市场声誉面临失灵的问题。本文为解决团队内部的道德风险难题提供了一种新的思路：一个团队为了向市场显示对自己有利的产出信号,会提供高于静态博弈的联合努力水平,从而形成一种集体声誉。这种集体声誉可以用于补贴团队内部由于"搭便车"造成的效率损失,从而缓解了"预算平衡约束"和"激励相容约束"之间的矛盾。本文的分析表明,当集体声誉租金足够大时,通过适当的内部分享规则或者产权安排,不同类型的团队组合均可以实现一定程度的合作,从而缓解了"搭便车"问题。

本文的主要贡献是,我们揭示了外部的集体声誉和内部的分享规则作为相互补充的激励工具,可以在一定程度上缓解团队内部的道德风险问题。与现有文献强调内部组织在解决团队道德风险问题方面的作用不同,我们强调了市场与组织的互动作用。我们的研究表明,市场可能比我们想象的更有效率一些,这与最近的经验研究结果是一致的。①我们不能单纯地将企业或者市场看成两种极端的激励方式,至少可以尝试将两者结合起来。因此,本文为重新认识企业和市场的关系提供了一个独特的视角。为了简便,本文假设团队成员是随机匹配的。如果考虑团队的内生形成,那么团队成员的搭配仍然会受到分享规则和外部补贴的影响。此外,搜寻成本和不同代理人在人口中的分布也将影响均衡的结果。特别是在一个连续时间模型中,揭示这些内在的机理将非常有趣,并将增进我们对团队生产问题的进一步理解。此外,如何从经验上证实集体声誉、内部分享规则和团队努力水平的关系也值得期待。团队生产问题的"黑箱"一经打开就无比复杂,我们期待未来的研究能够进一步揭示这个黑箱内的奥秘。

---

① Iyer 和 Schoar(2009)发现,在不完全契约环境中,市场声誉缓解了事后敲竹杠的风险。

**参考文献**

Alchian, A. , and H. Demsetz, "Production, Information Costs and Economic Organization", *American Economic Review*, 1972, 62 (50), 777—795.

Bar-Isaac, H. , "Something to Prove: Choosing Teamwork to Create Reputational Incentives for Individuals", *R and Journal of Economics*, 2007, 38(2), 495—511.

Breton, M. , P. St-Amour, and D. Vencatachellum, "Ability, Reputation, and Preferences for Age Distribution of Teams", Working Paper, 2006.

Che, Y. , and S. Yoo, "Optimal Incentive for Teams", *American Economic Review*, 2001, 91(3), 526—541.

Cho, I. , and D. Kreps, "Signaling Games and Stable Equilibria", *Quarterly Journal of Economics*, 1987, 102(2), 179—221.

董保民,《团队道德风险的再研究》》,《经济学(季刊)》,2003 年第 3 卷第 1 期,第 173—194 页。

Fama, E. , "Agency Problems and the Theory of the Firm", *Journal of Political Economy*, 1980, 88(2), 288—307.

Friebel, G. , L. Pechlivanos, and Emmanuelle Auriol, "Career Concerns in Teams", *Journal of Labor Economics*, 2002, 20(1), 289—307.

Gibbons, R. , and K. Murphy, "Optimal Incentive Contracts in the Presence of Career Concerns: Theory and Evidence", *Journal of Political Economy*, 1992, 100(3), 468—505.

Glazer, A. , and B. Segendorff, "Reputation in Team Production", Stockholm School of Economics Working Paper, 2001.

Green, J. , and N. Stokey, "A Comparison of Tournaments and Contracts", *Journal of Political Economy*, 1983, 91(3), 349—364.

Grossman, S. , and O. Hart, "The Costs and Benefits of Ownership: A Theory of Vertical and Lateral Integration", *Journal of Political Economy*, 1986, 94(4), 691—719.

Hart, O. , and J. Moore, "Property Rights and the Nature of the Firm", *Journal of Political Economy*, 1990, 98(6), 1119—1158.

Holmstrom, B. , "Moral Hazard in Team", *Bell Journal of Economics*, 1982, 13(2), 324—340.

Holmstrom, B. , "Managerial Incentive Problems: A Dynamic Perspective", *Review of Economic Studies*, 1999, 66(1), 169—182.

Iyer, R. , and A. Schoar, "The Importance of Holdup in Contracting: Evidence from a Field Experiment", MIT Working Paper, 2009.

Kandel, E. , and E. Lazear, "Peer Pressure and Partnerships", *Journal of Political Economy*, 1992, 100(4), 801—817.

Kandori, M. , "Introduction to Repeated Games with Private Monitoring", *Journal of Economic Theory*, 2002, 102(1), 1—15.

Lazear, E. , and S. Rosen, "Rank-Order Tournaments as Optimum Labor Contracts", *Journal of Political Economy*, 1981, 89 (5), 841—864.

Legros, P. , and H. Matsushima, "Efficiency in Partnerships", *Journal of Economic Theory*, 1991, 55(2), 296—322.

Legros, P. , and S. Matthews, "Efficient and Nearly Efficient Partnerships", *Review of Economic Studies*, 1993, 60(3), 599—611.

Marschak, J. , and R. Radner, *The Economic Theory of Teams*. New Haven: Yale University Press, 1971.

Meyer, M. , and J. Vickers, "Performance Comparisons and Dynamic Incentives", *Journal of Political Economy*, 1997, 105(3), 547—581.

聂辉华,《契约不完全一定导致投资无效率吗? ——一个带有不对称信息的敲竹杠模型》,《经济研究》,2008 年,第 2 期,第 132—143 页。

Olson, M. , *The Logic of Collective Action*. Cambridge: Harvard University Press, 1965.

Rasmusen, E. , "Moral Hazard in Risk-Averse Teams", *RAND Journal of Economics*, 1987, 18(3), 428—435.

Tirole, J. , "A Theory of Collective Reputations(with Applications to the Persistence of Corruption and to Firm Quality)", *Review of Economic Studies*, 1996, 63(1), 1—22.

张琥,《集体信誉的理论分析——组织内部逆向选择问题》,《经济研究》,2008 年,第 12 期,第 124—133 页。

（原载《经济学（季刊）》2010 年第 9 卷第 3 期）

# 对《团队生产、集体声誉
# 和分享规则》一文的评论

张　琥

（中央财经大学经济学院）

　　该论文是一篇关于激励理论领域的纯理论性文章,作者围绕团队生产展开论述,通过一个两期模型说明了在动态博弈中,第一期团队内部激励对团队个体选择的影响,进而可以改变第二期外部委托人的预期以及团队个体的各自收益。文章涉及非完备信息下,博弈参与个体如何通过选择成本较高的努力程度、树立信誉,进而实现总体收益最优化的问题。

　　现代经济学把建立在重复博弈模型上的逆向选择问题称为信誉理论①。最初 Kreps 和 Wilson(1982)以及 Milgrom 和 Roberts(1982)为了解释 Selten(1978)提出的连锁店悖论(chainstore paradox),将逆向选择问题引入有限期的重复博弈,从而开创这一重要经济领域。经过 Tadelis(1999),Cripps、Mailath 和 Samuelson(2004)等一系列文献的努力,人们认识到,由于信息不对称,具有信息优势的一方有动机通过某些特殊行为来树

---

① 虽然非完美信息下的重复博弈中仍存在通俗意义下的声誉问题,但是当前国际学术论文已经将信誉(reputation)当作一个专业术语,特指存在逆向选择问题的相关理论。本文沿用这一惯例。

立信誉，进而改变经济运行的效率①。近年来，信誉问题逐渐引起我国国内学者的关注。如张维迎(1996)系统地介绍了信誉理论的早期发展脉络，张维迎(2001)研究了法律制度运行过程中执法者的信誉问题。张维迎、柯荣住(2002)对中国各省信誉状况进行了实证分析。聂辉华(2008)讨论了信誉水平不等的专用性人力资本投资决策问题等等。

　　然而，以往文献多是关注个体的信息不对称与个体的信誉问题，而很少讨论多个个体共同拥有的集体信誉的问题。现实中集体信誉普遍存在，这促使经济学者将研究的视角不断扩张。据我们所知，Tirole(1996)最早指出集体信誉问题的重要性，Levine(2001)在此基础上，进一步讨论了个体自主选择集体信誉高的行业的问题。不过，他们主要讨论了相同类型的个体组成的团体面临的集体信誉，而没有考虑更为一般性的情况，即当拥有相同标签的个体可能分属多种类型时，如何维护集体信誉。

　　从理论上来看，这篇文章发展了 Alchian 和 Demsetz(1972)以及 Holmstrom(1982)的团队生产理论，通过设定不同类型个体享有集体信誉，在引入首期的分配方案和对生产个体的外部补贴两个机制的情况下，激励当事个体选择不同的行为，实现初期的信号发送(Spence, 1971)。最终根据不同的参数设定，得出不同类型的贝叶斯纳什均衡。文章的创新之处在于，通过增加外部激励计划，恰好可以在一定程度上解决低能力个体努力动机不足的问题。这在本质上就是将非合作博弈改变为合作博弈，然后博弈双方根据各自讨价还价能力决定余额的分配。

　　从实践上看，该文章具有广泛的现实意义。可以想象在一

---

① 需要强调的是，信誉并非只能改善市场效率，也可能降低效率。一个著名的例子来自 Ely 和 Valimaki(2002)，他们讨论了好类型的个体为了发送信号区别于坏类型个体，而选择对信息缺失方不利的行动，最终导致市场消失。

个长期项目中,当公司内部拥有不同背景和技能的个体组成团队。由于相关的工作历史的可观测性,内部人各自的工作能力,在行业内并不是秘密。建立在各自工作能力基础上的分成比例,也是顺理成章的。此外,当团队在运作过程中,先期的成果将会影响到委托人的后期决策。如果外部委托人感觉这个团队总体能力很强,后续投入会达到较高水平,而如果外部委托人感觉这个团队总体能力不强,后续投入则会较低,甚至会终止合作,草草收场。

## 参考文献

聂辉华,2008:《契约不完全一定导致投资无效率吗? ——一个带有不对称信息的敲竹杠模型》,《经济研究》,第 2 期。

张维迎,1996:《博弈论与信息经济学》,三联书店。

张维迎,2001:《法律制度的信誉基础》,《经济研究》,第 1 期。

张维迎,柯荣住,2002:《信任及其解释:来自中国的跨省调查分析》,《经济研究》,第 10 期。

Alchian, Armen and Harold Demsetz, 1972, "Production, Information Costs and Economic Organization", *American Economic Review*, 62(50):777—795.

Cripps, W., Mailath, G. and L. Samuelson, 2004, "Imperfect Monitoring and Impermanent Reputations", *Econometrica*, 407—432.

Ely, J. C., and J. Valimaki, 2002, "Bad Reputation", *Quarterly Journal of Economics*, 118, 785—814.

Holmstrom, Bengt, 1982, "Moral Hazard in Team", *Bell Journal of Economics*, 13(2):324—340.

Kreps, David M., and Robert Wilson, 1982, "Reputation and Imperfect Information," *Journal of Economic Theory*, XXVII, 253—279.

Levine, Jonathan, 2001, "Career Concern and Collective Reputation," Working paper.

Milgrom, Paul and J. Roberts, 1982, "Predation Reputation and Entry Deterrence," *Journal of Economic Theory*, XXVII, 280—312.

Selten, R. , 1978, "The Chain Store Paradox," *Theory and Decision*, 9, 127—159.

Spence, A. M. , 1971, "Job Market Signaling," *Quarterly Journal of Economics*, 87, 355—374.

Tadelis, S. , 1999, "What's in a Name? Reputation as a Tradable Asset," *American Economic Review*, 89, 548—563.

Tirole, Jean, 1996, "A Theory of Collective Reputations(with application to the persistence of corruption and to firm quality)", *Review of Economic Studies*. 1—22.

...pution in ...........

Economic Studies, F. 22, ...........

# 中国人力资本测度与指数构建[*]

## 李海峥
（美国佐治亚理工大学经济学院、中央财经
大学中国人力资本与劳动经济研究中心）
## 梁赟玲
（CUFECCHCLMR）
## Barbara Fraumeni
（美国南缅因州大学公共政策马斯基学院）
## 刘智强
（美国纽约州立大学布法罗分校经济系）
## 王小军
（美国夏威夷大学经济系、CUFECCHCLMR）

## 一、引　言

自从 Schultz(1961) 和 Becker(1964) 提出人力资本的概念
以来，人力资本在学术研究和政策分析中已被广泛应用。经济
合作与发展组织（OECD）对人力资本的最新定义为"人力资本是

[*]　本文得到国家自然科学基金资助（面上项目，批准号：70973147）及中央财经大
学专项经费的支持。

个人拥有的能够创造个人、社会和经济福祉的知识、技能、能力和素质"(OECD, 2001, 第 18 页)。根据人力资本理论, 除了自然资源和物质资本外, 人力资本是社会财富的重要组成部分。根据测算, 世界各国中, 除了石油资源极其丰富的中东国家外, 大多数国家 60%以上的社会财富是由人力资本构成(World Bank, 1997)。中国自改革开放以来, 经济增长迅速。人力资本对中国经济奇迹做出了极其重要的贡献(Fleisher and Chen, 1997; Démurger, 2001)。此外, 研究表明人力资本对中国经济效率的提高以及地区差异的缩小具有重要的作用(Fleisher et al., 2010)。

尽管人力资本对中国经济如此重要, 然而迄今中国几乎还没有对人力资本进行过全面系统的度量。学术文献中仅有少量人力资本测度方面的研究。例如, 张帆(2000)、钱雪亚和刘杰(2004)基于总投资从成本角度计算了中国的人力资本存量。朱平芳和徐大丰(2007)、王德劲和向蓉美(2006)从收入方面估计了人力资本。周德禄(2005)、岳书敬(2008)利用人力资本的一些特征指标的加权平均值作为人力资本测度指标。但大多数研究则使用平均教育年限或总体教育水平等局部特征作为人力资本的度量指标, 如蔡昉和王德文(1999)、胡鞍钢(2002)等。上述研究为中国的人力资本的度量以及了解其存量和分布做出了有益的贡献, 但其局限性在于:第一, 由于潜在的工作量巨大, 中国仍然没有全面系统地估算从 20 世纪 80 年代以来的总体人力资本存量, 尤其是农村和城镇以及不同性别的人力资本存量;第二, 上述研究所用方法受到了数据可获得性、参数估计的可行性、技术处理困难等方面的限制, 目前中国还没有形成被国际社会认可的人力资本的估算。

中国人力资本的度量对于深化人力资本的研究至关重要, 主要理由包括:第一, 中国是世界上人口最多的国家。因此, 了解经济发展过程中因人口变化(例如由独生子女政策、人口流动、城市化等因素所致)和教育规模迅速扩大所导致的人力资本的动态变化十分重要。第二,在理论与实证研究中,人力资本的度量能使我们更好地估算人力资本对经济发展及社会福利的贡献。构建人力资本的衡量体系是认识人力资本作用的重要环节。第三,人力资本的测量能够为政策制定提供定量依据,为评价各级政府的人力资本投资绩效提供标准。由于人力资本投资的长期性,这对减少政府短视行为尤为重要。第四,发达国家政府在人力资本度量方面正在起步,中国在该领域的研究和参与国际合作可以直接影响国际度量方法的研究和测量标准的制定,促进中国的人力资本指标纳入国际测量体系。最后,构建中国人力资本的综合测度体系是建立中国人力资本账户并将人力资本纳入国民账户必要的前期工作,同时也有助于进行人力资本积累与增长的国际比较。

在本文中,我们采用国际主流的人力资本计算方法,即Jorgenson-Fraumeni 的终生收入法(以下简称 J-F 方法)来测度中国人力资本。虽然 J-F 方法在发达国家得到了广泛运用,但对于中国来说,由于缺乏收入的详细数据而无法直接应用。本文的主要贡献包括:首先,在方法体系上,使用微观层次的家庭调查数据并结合 Mincer 方程来改进 J-F 方法,从而使其可以适用于中国国情。特别是,这一改进能反映出经济转型过程中教育和培训(在职培训和干中学)的回报率变化对人力资本的影响,从而有助于研究影响人力资本变化的因素。再者,我们估算了 1985—2007 年间全国人力资本总量和人均人力资本、不同性别的人力资本水平,分析了其动态特征及变化趋势,并且构建了多种人力资本指数。最后,对 2008—2020年的人力资本水平进行了预测。

## 二、方法回顾与测量模型

人力资本理论阐明,人力资本主要源自教育、培训、工作的变动和人口迁移;同时,生育和抚养也可以提高未来的人力资本。从不同角度衡量人力资本的方法可以归纳为以下三种:一是基于收入的方法,这是从产出的方面来计算,以人力资本产生终生收益为出发点;二是基于成本的方法,这是从投入的方面来计算。这两种方法以经济学理论为基础,仿照物质资本的理论来测量人力资本,并能够以货币值来度量人力资本,这也为人力资本和物质资本的比较提供了可能。三是基于人力资本特征的一些指标衡量的方法,如平均教育年限、非文盲率等。

采用成本法来测量人力资本的研究较少,主要文献包括Kendrick(1976)和Eisner(1989)。其基本思路是用与人力资本发展相关的所有的支出来衡量人力资本。Kendrick(1976)将人力资本分为两个组成部分:一是有形人力资本,主要包括孩子的养育费用;二是无形人力资本,主要包括教育与培训、医疗、健康和安全以及劳动力流动等方面的支出。Kendrick 的方法涵盖了人力资本投资方面的所有细节,提供了一个非常完整的相关成本清单来估计人力资本价值。然而,这一方法所要求的数据量巨大,比如,计算某年的人力资本可能需要用到 80—90 年前的统计数据,这在我国很难获得。同时,该方法的许多技术细节处理具有较大的主观性,比如折旧率的处理以及如何把健康支出划分为投资性支出和维持性支出等等。因此,我们没有采用该方法来计算中国人力资本。

世界银行(World Bank, 2006)使用余额法对人力资本进行估算。该方法就未来消费流做出假设,并以这些消费流的净现值作为对各国总财富的估计,总财富减去生产性资本和自然资本便是无形资本。无形资本是人力资本、国家基础设施、社会资本，以及外国净金融资产回报的总和。该方法的难点是人力资本和社会资本的区分。里斯本议事会计算欧洲人力资本指数的方法（Ederer，2006）包括人力资本禀赋、人力资本利用率、人力资本生产率、人口和就业四个部分。该方法含有成本和指数的概念，因此可视为成本法和指标法的融合，但这一方法的技术细节还没有公开发表。

目前，国内外许多学者在做实证研究中使用平均教育年限等作为人力资本的衡量指标，例如 Barro 和 Lee（1996）等。指标法只度量人力资本某一方面，如教育，而不是总量，同时也忽略了教育收益及教育质量的问题，比如这种方法有时在加总时假设增加一年小学的教育跟增加一年大学的教育是一样的。但指标法计算相对简单，所需的数据量也比较少，便于运用。还有一种方法可以称之为特征法，是收入法的衍生，也是以人力资本的某项特征如教育水平，来构造人力资本指数，并试图以收入为权数来解决不同教育水平年限相加的问题，但目前还没有正式发表。[①]

终生收入法是以个人预期生命期的终生收入的现值来衡量其人力资本水平。假设某个体的人力资本可以像物质资本一样在市场上交易，那其价格就是该个体的预期生命期的未来终生收入的现值。[②]采用终生收入而不是当前收入来度量人

---

① 参见 Koman 和 Marin（1997），Laroche 和 Mérette（2000）。

② 在中国市场经济还不健全的情况下，工资收入并不完全反映边际劳动生产率。因此，在涉及工资的研究中，工资信号存在一定程度的扭曲。在使用收入法估算人力资本时，这个问题当然也存在。因此，我们的研究也受到目前劳动力市场机制发展程度的局限。但收入法是国际上估算人力资本最通用的方法，而成本法因对数据要求更高而在我国无法运用。即使在美国和其他发达国家，工资也并不能完全反映人力资本的边际劳动生产率，因为其劳动力市场也并不是完全竞争。虽然如此，工资仍然代表这一特定条件下的人力资本的收益，因而仍是当前人力资本的一种度量。随着中国市场机制的不断完善，这种局限性会逐渐减小。根据目前文献的估计，工资一般低于边际劳动生产率（见 Fleisher et al.，2010）。因此，从这个角度而言，我们的计算是对我国人力资本的保守估计。

力资本的一个重要原因就是它能够更加准确合理地反映出教育、健康等长期投资对人力资本积累的重要作用。美国经济学家 Jorgenson 和 Fraumeni(1989，1992a，1992b)首先提出的以估算终生收入为基础的 J-F 法成为目前国际上最广泛使用的方法，他们用终生收入法测量了美国人力资本的水平。J-F 方法是把一个国家的人口按照性别、年龄、受教育程度分为不同的群体，然后加总不同群体的预期生命期的未来终生收入的现值得到一国的人力资本存量。J-F 方法把生命周期划分为五个阶段，预期收入的计算也相应地使用不同的公式，使用倒推的方式计算终生收入，即先计算最后一个阶段的未来终生收入，然后依次向上一阶段推算。根据中国目前的受教育年龄和工作年龄特点，我们在计算中使用的方法如下：

第五个阶段，也是最后一个阶段，为退休状态，即既不上学又不工作。根据我国法律规定，我们设最后阶段为男性 60 岁及以上，女性 55 岁及以上：[①]

$$mi_{y, s, a, e} = 0 \qquad\qquad (1)$$

其中，$y, s, a, e$ 分别代表年份、性别、年龄及受教育程度；$mi$ 代表预期未来终生劳动收入。

第四个阶段是工作但不再接受正式的学校教育。我们根据中国国情定义为 25 岁—男 59(或女 54)岁，其计算公式为：

$$mi_{y, s, a, e} = ymi_{y, s, a, e} + sr_{y+1, s, a+1} \times mi_{y, s, a+1, e}$$
$$\times (1+G)/(1+R) \qquad\qquad (2)$$

---

① 因为在中国不少超过退休年龄的人仍然在工作，从理论上讲，人力资本并不为零，因此我们的假设会造成人力资本的低估，但是由于没有这方面的统计数据，我们无法估算这部分人口的人力资本存量。

其中，$sr$ 是存活率①，即活到下一岁的概率，$ymi$ 代表该群体该年的年收入。等式右边 $mi$ 的下标为 $y$ 而非 $y+1$，这是因为在计算 $y$ 年的人力资本存量时，我们假设 $y$ 年 $a$ 岁的人在 $y+1$ 年（即他们 $a+1$ 岁）时的人均收入等于 $y$ 年 $a+1$ 岁相应人群（即相同的性别和受教育程度）的未来终生收入乘以 $(1+G)$，$G$ 为实际收入增长率，$R$ 为贴现率。②

第三阶段是可能上学或工作，16—24 岁，计算公式为：

$$mi_{y, s, a, e} = ymi_{y, s, a, e} + [senr_{y+1, s, a+1, e+1} \times sr_{y+1, s, a+1}$$
$$\times mi_{y, s, a+1, e+1} + (1 - senr_{y+1, s, a+1, e+1}) \times sr_{y+1, s, a+1}$$
$$\times mi_{y, s, a+1, e}] \times (1+G)/(1+R) \tag{3}$$

其中 $senr$ 是升学率，即一个受教育程度为 $e$ 的人进入受教育程度 $e+1$ 的概率。

第二阶段是上学而没有工作，6—15 岁，计算公式为：

$$mi_{y, s, a, e} = [senr_{y+1, s, a+1, e+1} \times sr_{y+1, s, a+1} \times mi_{y, s, a+1, e+1}$$
$$+ (1 - senr_{y+1, s, a+1, e+1}) \times sr_{y+1, s, a+1}$$
$$\times mi_{y, s, a+1, e}] \times (1+G)/(1+R) \tag{4}$$

第一阶段是既不上学也不工作，0—5 岁，计算公式为：

$$mi_{y, s, a, e} = sr_{y+1, s, a+1} \times mi_{y, s, a+1, e} \times (1+G)/(1+R) \tag{5}$$

再用 $L_{y, s, a, e}$ 表示 $y$ 年，性别为 $s$，年龄为 $a$，受教育程度为 $e$ 的人口数，由市场收入计算得到一个国家总人口的预期未来终生收入 $MI(y)$，即从收入角度出发的人力资本存量为：

---

① 存活率可能与受教育程度也有一定关系，但目前没有详细的分年龄、性别、受教育程度的存活率统计数据，因此，计算中只使用了分年龄、性别的存活率。
② 在计算中，假定实际收入增长率为一个平均值，即收入每年以相同的速度增加。

$$MI(y) = \sum_s \sum_a \sum_e mi_{y,s,a,e} L_{y,s,a,e} \qquad (6)$$

本文的计算只包括市场收入。如果加上非市场终生收入 $nmi_{y,s,a,e}$，则为：[①]

$$MI(y) = \sum_s \sum_a \sum_e (mi_{y,s,a,e} + nmi_{y,s,a,e}) \cdot L_{y,s,a,e} \quad (7)$$

## 三、所需数据及参数估算

在用 J-F 方法计算 1985—2007 年人力资本存量时，考虑到我国城乡在收入、教育资源等方面的差距以及城镇化和人口流动的特点，我们分农村和城镇两部分来衡量，然后加总得到全国的人力资本存量。需要的数据包括每年城镇和农村分年龄、性别、受教育程度的人口数、每年各个群体的收入以及其他一些参数，包括升学率、收入增长率和贴现率。

### （一）估算每个群体的收入

在用 J-F 方法估算人力资本时，把我国的人口群体划分为 5 个教育层次，[②]0 岁、1 岁、……、59 岁、60 岁及以上共 61 个年龄层次，[③]再分男女以及城乡，因此，各个年度需要估算 2 340 个不同群体的收入。[④]Jorgenson 和 Fraumeni 测量美国的人力资本

---

① 计算中我们通常不包括非市场活动，因为对于家务、护理等非市场生产活动，难以进行量化和价值估算。

② 我们把中国的教育层次划分为：未上过学、小学、初中（包括普通初中和职业初中）、高中（包括普通高中、中等专业学校和职业高中）、大学专科及以上（这里是指普通本专科，不包括成人本专科），即五种教育分类。从 2000 年以后，由于可以得到更多的统计信息，我们又将大专及以上分为大专、大学及以上两个类别，即六种教育分类。

③ 由于男女退休年龄的不同，因此，这里男女的年龄层次有所不同。

④ 2000 年后由于教育层次划分为 6 种，需要估算 2 808 个群体的收入。

时,不同群体的收入数据可以直接从统计数据中得到。我国没有现成的统计数据,也没有人对此进行过估算。因此,如何估算这些收入数据便是在中国实施 J-F 方法的关键所在。

本文根据人力资本的概念,考虑到教育以及干中学对人力资本积累的重要作用,使用 Mincer(1974)收入方程来估算相应收入:

$$\ln(inc) = \alpha + \beta Sch + \gamma Exp + \delta Exp^2 + \mu \qquad (8)$$

其中,$\ln(inc)$代表收入的对数,$Sch$代表各个教育水平的教育年限,$Exp$ 和 $Exp^2$ 分别代表工作经验年数及其平方,$\mu$ 是一个随机误差,$\beta$ 为多接受一年教育的回报率,$\gamma$ 和 $\delta$ 为工作经验的回报率参数。沿袭多数实证研究的惯例(Li,2003;Liu,1998),我们用普通最小二乘法估计上述方程并不考虑可能由于忽略能力和测量误差而产生的影响。[①]

用于估算收入方程系数的数据来自两个中国住户调查数据集。一个是 1986—1997 年中国国家统计局城市社会经济调查队的"中国城镇住户调查"(UHS)数据,我们用这个数据集来估算 1986—1997 年每年城市男性和女性的收入方程系数,并将这些参数按时间趋势做线性回归或指数回归,再用这些回归的拟合值估算出 1998—2007 年的参数。

第二个数据集是"中国健康和营养调查"(CHNS)数据,调查年份是 1989 年、1991 年、1993 年、1997 年和 2000 年。这些调查同时覆盖了城镇和农村。我们使用 CHNS 数据分别估算农村和城镇不同性别人口的收入方程系数,计算这些年份城市系数和农村系数的比率,对这一比率依时间趋势作指数回归(即内插或外插)得到其他年份该比率的拟合值,然后利用这些拟合值和估算出来的城镇收入方程的参数值得到 1985—2007 年每

---

[①] 有大量文献研究这些偏差,如 Ashenfelter 和 Krueger(1994),Li 和 Luo(2004)等。

年的农村收入方程的参数值。

从上述回归方程中得到 $\ln(inc)$ 的拟合值,将拟合值作为指数得出 $m_i = e^{\ln(inc)}$。然后将调查数据中的观测年收入作为因变量,以 $m_i$ 为自变量做 OLS 回归(不包含截距项),得到回归系数 $a$。最后,估算年收入为 $y(inc) = ae^{\ln(inc)}$。①

我们把本文估算的教育回报率与 Zhang 等(2005)使用 UHS 数据得到的结果做了比较,两者的估算结果基本是一致的。另外,我们将国家统计局每年公布的城镇和农村居民的人均收入增长情况与本文利用 Mincer 系数估算得到的收入及其增长情况做了对比,二者也基本一致。

**(二) 分年龄、性别、受教育程度的人口数**

首先,我们从中国国家统计局 1987 年、1995 年、2005 年的 1‰抽样数据和 1982 年、1990 年、2000 年的全国人口普查数据中可以直接得到这些年份的分年龄、性别、受教育程度的人口数。但是,其他年份的数据则需要估算。根据已有的这六年的数据,结合每年分年龄、性别的死亡率、每年各教育水平城镇和农村的招生人数以及城镇和农村的出生率、总人口等数据按照永续盘存法来估算缺失年份的分年龄、性别、受教育程度的人口数,估算公式如下:

$$
\begin{aligned}
L_{y, e, a, s} = &\ L_{y-1, e, a, s} \cdot (1 - \delta_{y, a, s}) + IF_{y, e, a, s} \\
&- OF_{y, e, a, s} + EX_{e, a, s}
\end{aligned} \tag{9}
$$

上式中,$L_{y, e, a, s}$ 为 $y$ 年教育水平为 $e$,年龄为 $a$,性别为 $s$ 的人口数。$\delta_{y, a, s}$ 为 $y$ 年年龄为 $a$,性别为 $s$ 的人口的死亡率,$IF_{y, e, a, s}$ 和 $OF_{y, e, a, s}$ 分别为该组人群的流入人口数和流出人口数,比

---

① 参见 Jeffrey M. Wooldridge(2005),*Introductory Econometrics: A Modern Approach*,Third Edition。

如,新进入该教育水平的人口数计为流入数,而进入更高一级教育水平的人口数计为流出数,$EX_{e, a, s}$ 为估算误差余额。其中,

$$IF_{y, e, a, s} = \lambda_{y, e, a, s} \cdot ERS_{y, e, s} \qquad (10)$$

$$OF_{y, e, a, s} = \lambda_{y, e+1, a, s} \cdot ERS_{y, e+1, s} \qquad (11)$$

$$\sum_a \lambda_{y, e, a, s} = 1 \qquad (12)$$

$ERS$ 为各教育水平的入学人数,$\lambda$ 为各教育程度入学学生分性别的年龄分布比。[①]这也为直接计算升学率提供了依据。[②]

### (三) 实际收入增长率[③]和折现率

根据 Harrod-Neutral 技术进步模型[④],假设生产函数为:

$$Y = F(K, A(t) \cdot L) \qquad (13)$$

其中,$A(t)$ 是技术进步变量,$Y$ 为产出,$L$ 为劳动力投入,$K$ 为资本投入。根据推导得:在均衡状态下,劳动生产率(劳动产出比率 $Y/L$)和实际工资($w$)增长率相等。因此,我们可以用劳动生产率增长率作为实际收入增长率的近似值来预测未来人们的收入。另外,从预测的角度来看,无条件均值也可用来预测未来收入。这样就解决了缺乏实际收入增长数据的困难,根据每个就业者的实际产出增长率估算实际工资的增长率。

农村劳动生产率是用第一产业实际 GDP 除以第一产业就

---

① 因为现有的招生数据不分年龄,所以必须估算每一教育层次招生人数中各个年龄学生人数的占比。我们利用的微观数据包括"中国健康和营养调查"(CHNS)数据和"中国家庭收入调查"(CHIP)数据以及《中国教育统计年鉴(2003—2007)》所公布的宏观数据进行估算。由于篇幅有限,不再赘述。

② 计算升学率时,使用了更为细分的教育划分,即按年级来计算升学率。

③ 参见 Jorgenson 和 Yun(1990)。

④ Harrod-Neutral 技术进步模型中有一些技术假设可能与中国的转型经济不符,如总产出中劳动收入和资本收入的份额分别维持不变等,但这一收入增长率的估计方法在文献中得到了普遍使用(如 Blanchard, 1997)。

业人口计算得到的。城镇劳动生产率是第二、三产业实际GDP除以这两个产业的就业人口。我们采用从1978—2007年三十年的平均增长率,根据计算,在这期间农村和城镇的劳动生产率分别以年均4.11%和6.00%的速度增长。

另外,在我国的现有数据中也存在收入增长的数据,但是,其统计范围较窄,如只包括国有、城镇集体和联营等职工的工资增长,而没有统计其他就业人员,因此不能反映整体收入的增长。在农村,统计局公布的人均纯收入是将家庭所有成员计算在内,包括非劳动力,因此也不能作为农村劳动力收入的衡量标准。但是,为了比较,本文利用国家统计局公布的城镇实际平均工资指数以及农村家庭人均纯收入计算了实际工资增长率,并以此估算人力资本。根据公布的统计数据计算得到1978—2007年城镇平均实际工资增长率为7.09%,农村人均实际纯收入的增长率为6.34%,这均高于按以上方法得到的估计值。我们在下面部分中会比较由这两种不同的收入增长率计算出来的人力资本水平。

计算出未来收入之后,需用折现率将其转化成现值。折现率根据个人长期投资回报率计算得到,本文使用政府对个人发放的长期债券的票面收益率来计算,选取了1996—2007年个人可购买的10年期国债平均利率,再扣除通货膨胀率,从而得到实际的折现率为3.14%。

## 四、估算结果分析

### (一) 1985—2007年全国人力资本总量及其与GDP、固定资本总量的比较

表1列出了用J-F方法估算的中国1985—2007年的人力

资本总量及其与 GDP 和固定资本的比较。

表1　1985—2007 年人力资本及其与 GDP 和固定资本的比较

| 年份 | 名义人力资本总量（万亿元） | 人力资本与 GDP 之比 | 人力资本与固定资本之比（张军等(2004)） | 人力资本与固定资本之比（Holz(2006)） |
|---|---|---|---|---|
| 1985 | 26.98 | 29.92 | 19.01 | 15.56 |
| 1986 | 29.85 | 29.05 | 17.82 | 14.38 |
| 1987 | 33.70 | 27.95 | 17.12 | 13.83 |
| 1988 | 41.64 | 27.68 | 16.77 | 13.49 |
| 1989 | 50.76 | 29.87 | 17.70 | 13.61 |
| 1990 | 54.56 | 29.23 | 17.00 | 12.62 |
| 1991 | 58.89 | 27.04 | 15.74 | 11.35 |
| 1992 | 66.55 | 24.72 | 14.30 | 10.11 |
| 1993 | 82.85 | 23.45 | 12.63 | 9.05 |
| 1994 | 111.63 | 23.16 | 13.57 | 10.06 |
| 1995 | 136.55 | 22.46 | 13.78 | 10.57 |
| 1996 | 165.58 | 23.26 | 14.21 | 11.18 |
| 1997 | 191.59 | 24.26 | 14.48 | 11.52 |
| 1998 | 201.81 | 23.91 | 13.68 | 11.08 |
| 1999 | 217.59 | 24.26 | 13.40 | 10.97 |
| 2000 | 236.52 | 23.84 | 13.05 | 10.83 |
| 2001 | 254.24 | 23.19 |  | 10.70 |
| 2002 | 270.15 | 22.45 |  | 10.47 |
| 2003 | 294.59 | 21.69 |  | 10.26 |
| 2004 | 322.27 | 20.16 |  |  |
| 2005 | 349.81 | 19.09 |  |  |
| 2006 | 385.36 | 18.18 |  |  |
| 2007 | 437.55 | 17.54 |  |  |

数据来源：根据本研究成果以及相关论文计算整理而来。

　　人力资本与 GDP 的比率总体上呈下降趋势，从 1985 年的

30 下降到 2007 年的 18。2001—2007 年间,该比率处于 18 到 24 之间。据 Jorgenson Fraumeni(1992a)的估计,1947—1986 年间美国的总市场人力资本与 GDP 之比位于 18—22 之间。由于人力资本增长低于 GDP 的增长速度,从而人力资本与 GDP 之比下降。

本文进一步将中国的人力资本与物质资本存量进行比较。张军等(2004)和 Holz(2006)分别对中国物质资本存量进行了估计。在表 1 中,我们分别利用其论文中给出的平减指数对人力资本进行了相应的平减以便直接与相应的物质资本进行比较,得出其比率。从表 1 可以看出,总人力资本存量要大大高于总物质资本存量,前者约为后者的 10—20 倍。这并不奇怪,因为在大多数国家人力资本都占国民财富(还包含自然资源)的 60% 以上。另一方面,人力资本与两种方法估计的物质资本的比率均持续下降,同时人力资本相对于 GDP 也呈持续下降趋势,这说明了人力资本的增长要慢于 GDP 的增长。这一结果表明,人力资本相对物质资本和经济活动总量而言,呈相对下降趋势,即在整个经济中,人力资本所占相对份额在不断下降。

因为人力资本的变化因素包括诸多方面,如人口本身或人口构成的变化,所以尚不能肯定这一趋势是否表明政府政策过于偏重物质资本投资而造成人力资本投资相对不足。但是,国外一些学者,如诺贝尔奖得主 Heckman(2004)认为中国人力资本投资相对不足,中国政府应加大人力资本投资,原因是人力资本在中国的投资回报率高于固定资本,因而增加人力资本投资将有助于优化资源利用。我们的计算结果所表现的变化趋势与 Heckman 的结论不矛盾。

### (二)人力资本总量的分析

为了探讨中国人力资本总存量的变动趋势,本文以消费物价指数作为平减指数来计算实际值。①原因在于：一方面，上述已发表的物质资本平减指数缺乏近年数据，不便于人力资本指数计算的更新，而国家统计部门每年都会公布消费物价指数。另一方面，基于消费物价指数计算的人力资本实际值要小于采用张军等（2004）和 Holz（2006）的资本平减指数计算得到的结果。因此，本文给出的是中国人力资本的更为保守的估计值（见表 2）。

表 2　1985—2007 年全国分性别的实际
人力资本总量及指数（1985 年＝100）

| 年份 | 实际人力资本总量（万亿元） | 男性实际人力资本总量（万亿元） | 女性实际人力资本总量（万亿元） | 人力资本总量指数 | 男性人力资本总量指数 | 女性人力资本总量指数 |
|---|---|---|---|---|---|---|
| 1985 | 26.98 | 15.85 | 11.13 | 100 | 100 | 100 |
| 1986 | 28.03 | 16.68 | 11.35 | 103.90 | 105.21 | 102.03 |
| 1987 | 29.48 | 17.63 | 11.85 | 109.27 | 111.18 | 106.54 |
| 1988 | 30.61 | 18.64 | 11.97 | 113.44 | 117.58 | 107.54 |
| 1989 | 31.64 | 19.40 | 12.24 | 117.28 | 122.39 | 110.00 |
| 1990 | 33.02 | 20.51 | 12.51 | 122.38 | 129.39 | 112.39 |
| 1991 | 34.38 | 21.55 | 12.82 | 127.42 | 135.96 | 115.24 |
| 1992 | 36.42 | 22.95 | 13.47 | 134.99 | 144.75 | 121.08 |
| 1993 | 39.43 | 25.02 | 14.40 | 146.13 | 157.83 | 129.46 |
| 1994 | 42.73 | 27.17 | 15.57 | 158.39 | 171.36 | 139.91 |
| 1995 | 44.60 | 28.45 | 16.15 | 165.32 | 179.45 | 145.18 |

---

① 从名义终生收入到实际终生收入的折算中，城镇和农村分别以各自的消费物价指数折算。因为我们估算的收入数据是没有扣除物价因素的，因此，名义的人力资本的增长还包括了物价因素的影响，而扣除了物价因素后的实际人力资本更能反映出人力资本的真实增长水平。用消费价格指数对名义人力资本进行平减存在一些问题，但目前找不到更好的平减指数，其他平减指数往往缺乏农村和城镇的数据。

| 年份 | 实际人力资本总量（万亿元） | 男性实际人力资本总量(万亿元) | 女性实际人力资本总量(万亿元) | 人力资本总量指数 | 男性人力资本总量指数 | 女性人力资本总量指数 |
|------|------|------|------|------|------|------|
| 1996 | 49.77 | 31.71 | 18.06 | 184.46 | 200.01 | 162.31 |
| 1997 | 55.84 | 35.57 | 20.27 | 206.97 | 224.37 | 182.18 |
| 1998 | 59.21 | 37.98 | 21.23 | 219.46 | 239.57 | 190.80 |
| 1999 | 64.60 | 41.26 | 23.34 | 239.44 | 260.29 | 209.72 |
| 2000 | 69.81 | 44.52 | 25.29 | 258.73 | 280.80 | 227.29 |
| 2001 | 74.39 | 47.29 | 27.10 | 275.71 | 298.30 | 243.53 |
| 2002 | 79.55 | 50.20 | 29.35 | 294.85 | 316.67 | 263.76 |
| 2003 | 85.67 | 53.70 | 31.97 | 317.52 | 338.72 | 287.31 |
| 2004 | 90.26 | 56.27 | 33.99 | 334.54 | 354.95 | 305.47 |
| 2005 | 96.24 | 59.85 | 36.39 | 356.72 | 377.53 | 327.06 |
| 2006 | 104.44 | 64.29 | 40.15 | 387.10 | 405.56 | 360.81 |
| 2007 | 113.15 | 69.24 | 43.91 | 419.40 | 436.77 | 394.65 |

数据来源:根据本研究成果计算整理而来。

1985—2007 年,中国的人力资本总量由 26.98 万亿元增加到了 113.15 万亿元,增长了 3.2 倍。该时期人力资本总量的年均增长率达 6.52%,[①]低于经济增长率(中国同期的年均 GDP 增长率达 9.33%)。[②]这是人力资本与 GDP 之比下降的原因。然而,中国人力资本总量的这一增长率却远远高于其他国家。比如,1970—2000 年,加拿大人力资本的年均增长率仅为 1.7%(Gu and Wong,2008)。许多研究表明,1994 年为中国经济结

---

[①] 这里的年均增长率是对每年的对数增长率取均值计算获得。

[②] 该年增长率为实际 GDP 的年对数增长率的均值。使用名义 GDP 和实际 GDP 指数折算得到实际 GDP。数据来源于《中国统计年鉴 2008》表 2-1、表 2-5。

构的转折点(见 Fleisher et al.，2010 等)。人力资本的变化似乎也体现同样的趋势,1994 年以后,中国人力资本增长开始加快,1985—1994 年,年均增长 5.11%,而 1995—2007 年,年均增长达 7.49%。

男性的人力资本总量高于女性的人力资本总量,并且差距有逐渐扩大的趋势(见图 1)。一个原因是,中国劳动法规定的女性退休年龄早于男性(女性退休年龄为 55 岁,男性退休年龄为 60 岁),因此男性有更多的时间在市场中获得收入,因而终生收入要高于女性。[①]另外,男性的受教育水平要高于女性,而且,男女之间的收入差距也在扩大,这也直接影响了男女人力资本的总量。

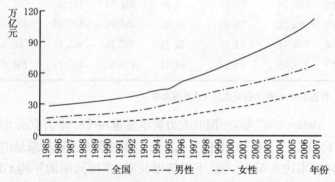

图 1 分性别的全国人力资本总量:1985—2007 年

另外,根据以国家统计局公布的数据计算的实际收入增长率得到的实际人力资本水平与根据以劳动生产率增长率估算的实际收入增长率得到的人力资本的比较可见图 2。

---

① 为了城乡一致,我们将农村男性和女性的工作年龄也定为 60 岁和 55 岁。因为农村女性工作年龄一般都超过 55 岁,我们的计算应该是低估了农村人力资本总量。

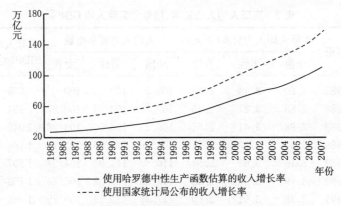

万亿元

180
140
100
60
20

1985 1986 1987 1988 1989 1990 1991 1992 1993 1994 1995 1996 1997 1998 1999 2000 2001 2002 2003 2004 2005 2006 2007

年份

—— 使用哈罗德中性生产函数估算的收入增长率
---- 使用国家统计局公布的收入增长率

**图 2　不同收入增长率计算得到的人力资本总量比较**

从图 2 可见,使用统计局公布的收入增长率计算的人力资本总量要高于用劳动生产率增长率计算的人力资本总量。因此,用劳动生产率增长率得到的中国人力资本估算更为保守。使用这两种不同的收入增长率计算得到的人力资本的增长呈现相同的变动趋势,且增长速度非常接近。

**(三) 人均人力资本的分析**

人力资本总量的增长可以由人口增加、人口结构变化(比如,退休人群的规模)、城乡流动(比如,从农村迁移到城镇地区)、受教育程度的提高、教育回报率的增加、在职培训及干中学的回报率提高等引起。为了更准确地获得中国人力资本的动态变化信息,我们计算了人均人力资本,即总的人力资本除以非退休人口(表 3)。尽管人均人力资本也会受到人口的年龄分布的影响,但受总人口数的影响较小,因而更能反映人力资本的平均状况。

表 3 　实际人均人力资本、指数和实际人均 GDP①

| 年份 | 实际人均人力资本(万元) | | | 人均人力资本指数 | | | 实际人均GDP(元) |
|------|------|------|------|------|------|------|------|
| | 全国 | 男性 | 女性 | 全国 | 男性 | 女性 | |
| 1985 | 2.80 | 3.14 | 2.43 | 100 | 100 | 100 | 858 |
| 1986 | 2.88 | 3.27 | 2.45 | 102.54 | 103.95 | 100.57 | 934 |
| 1987 | 2.98 | 3.41 | 2.51 | 106.33 | 108.50 | 103.36 | 1 042 |
| 1988 | 3.05 | 3.53 | 2.51 | 108.66 | 112.46 | 103.18 | 1 160 |
| 1989 | 3.10 | 3.61 | 2.54 | 110.69 | 114.96 | 104.37 | 1 207 |
| 1990 | 3.19 | 3.76 | 2.56 | 113.86 | 119.58 | 105.34 | 1 253 |
| 1991 | 3.29 | 3.91 | 2.60 | 117.36 | 124.59 | 106.75 | 1 368 |
| 1992 | 3.46 | 4.14 | 2.70 | 123.30 | 131.69 | 111.09 | 1 563 |
| 1993 | 3.72 | 4.49 | 2.86 | 132.48 | 142.88 | 117.55 | 1 781 |
| 1994 | 4.00 | 4.84 | 3.07 | 142.62 | 154.20 | 126.07 | 2 014 |
| 1995 | 4.15 | 5.06 | 3.15 | 147.95 | 161.10 | 129.50 | 2 234 |
| 1996 | 4.58 | 5.57 | 3.49 | 163.35 | 177.45 | 143.44 | 2 458 |
| 1997 | 5.09 | 6.18 | 3.89 | 181.52 | 196.67 | 159.88 | 2 686 |
| 1998 | 5.35 | 6.52 | 4.06 | 190.86 | 207.50 | 166.70 | 2 897 |
| 1999 | 5.80 | 7.02 | 4.43 | 206.70 | 223.50 | 182.13 | 3 117 |
| 2000 | 6.22 | 7.50 | 4.78 | 221.88 | 238.86 | 196.70 | 3 380 |
| 2001 | 6.63 | 7.99 | 5.10 | 236.26 | 254.39 | 209.80 | 3 661 |
| 2002 | 7.08 | 8.50 | 5.50 | 252.34 | 270.68 | 226.05 | 3 993 |
| 2003 | 7.62 | 9.11 | 5.97 | 271.67 | 290.05 | 245.60 | 4 394 |
| 2004 | 8.04 | 9.58 | 6.35 | 286.78 | 304.97 | 261.20 | 4 837 |
| 2005 | 8.62 | 10.26 | 6.83 | 307.33 | 326.50 | 280.59 | 5 341 |
| 2006 | 9.36 | 11.00 | 7.55 | 333.70 | 350.22 | 310.43 | 5 964 |
| 2007 | 10.14 | 11.83 | 8.29 | 361.72 | 376.48 | 340.59 | 6 675 |

注:实际人均 GDP(1985 年为基期)根据以当年价格计算的人均 GDP 和实际 GDP 指数折算获得。数据来源于《中国统计年鉴 2008》表 2-1、2-5,其他为本研究计算结果整理。

---

① 　人均 GDP 为 GDP 除以全国总人口的值。

图 3 显示全国人均和男女人均人力资本变化趋势。1985
年、1995 年、2007 年的人均人力资本依次为 2.80 万元、4.15 万
元、10.14 万元。1985—2007 年间,人均人力资本增加了 2.6
倍,而同期实际人均 GDP 增长了 6.8 倍,远快于人均人力资本
的增长。1985 年以来,人均人力资本持续增长,特别是 1995 年
之后,增长开始加快。1985—1994 年,人均人力资本的年均增
长率为 3.9%,而 1995—2007 年间达到 7.2%。后一时期的增
长率几乎是前一时期的 2 倍。与其他国家如加拿大和美国相
比,该增长率也是非常高的。加拿大人均人力资本增长率在
1980—2000 年期间为 0,在 2000—2007 年期间为−0.20%(Gu
and Wong,2008)。美国的人均人力资本在 1994—2006 年间也
以接近于零的速度增长(Christian,2009)。如此高的人均人力
资本增长率源于中国 1978 年以来的快速经济增长、教育规模的
扩大、向市场体制的转变(市场经济下人力资本能够实现更高的
价值)以及大规模的城乡迁移。

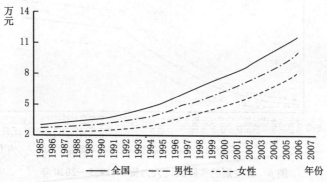

**图 3　分性别的实际人均人力资本:1985—2007 年**

### (四) 中国 2008—2020 年的人力资本水平

为了更好地了解未来中国人力资本的发展趋势,本文对

2008—2020 年的人力资本作了初步预测，即仅预测了不同年龄、性别、受教育程度的人口数变化，而其他的数据和参数保持在 2007 年的水平。因此，预测的人力资本的变化则主要反映了人口组成的改变。①

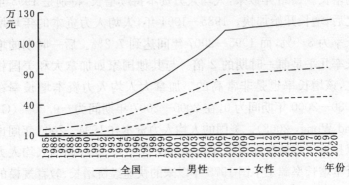

**图 4　分性别的实际人力资本总量：1985—2020 年**

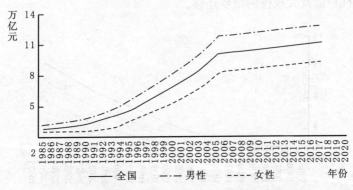

**图 5　分性别的实际人均人力资本：1985—2020 年**

① 我们预测的主要目的在于提供在某种情形下人力资本一种长期趋势，即如果其他政策都不变，仅让人口按自然规律变化，则人力资本的增长会减缓。因而，我们的预测是提供一种情景分析。

346

人力资本总量将继续增加,但速度相比 2008 年前要慢得多,平均年增长率为 0.61%。增长缓慢的原因主要有以下几个:首先,教育的回报率假设维持在 2007 年的水平,但在此之前教育回报率逐年都有增加,这对终生收入有较大影响。第二,独生子女政策将使得中国的人口增长放缓。分性别的实际人力资本总量与实际人均人力资本和全国人力资本总量有类似的增长趋势(见图 4 和图 5)。

**(五) 人力资本的国际比较**

表 4 列出了几个国家的人力资本估算结果,包括加拿大(Gu and Wong, 2008)、新西兰(Le et al. , 2005)、挪威(Greaker and Liu, 2008)、澳大利亚(Wei, 2008)和美国(Christian, 2009)。从人力资本总量来看,除美国外,中国人力资本总量高于其他几个国家。2001 年中国人力资本总量为新西兰的 91 倍,澳大利亚的 9 倍;2006 年,中国人力资本总量为挪威的 21 倍;2007

**表 4  人力资本的国际比较**

| 国 家 | 加拿大 | 挪威 | 新西兰 | 美国 | 澳大利亚 | 中 国 | | |
|---|---|---|---|---|---|---|---|---|
| 年 份 | 2007 | 2006 | 2001 | 2006 | 2001 | 2001 | 2006 | 2007 |
| 估算涵盖人口年龄(岁) | 15—74 | 15—67 | 21—65 | 0—80 | 18—65 | 男 0—60,女 0—55 | | |
| 人均人力资本(万美元) | 60.77 | | 22.55 | 大于 70 | | 2.74 | 4.33 | 5.16 |
| 人力资本总量(万亿美元) | 15.08 | 2.38 | 0.35 | 212 | 3.62 | 30.72 | 48.33 | 57.54 |
| 人力资本与 GDP 之比 | 11 | 8 | 6 | 大于 15 | 10 | 23 | 18 | 17.5 |

注:表中人力资本总量与人均人力资本使用当年平均汇率折算。数据来自相关论文以及本文研究的结果。

年,中国人力资本总量为加拿大的 4 倍。但是,从人均人力资本来看,中国却处于相对落后的状态,为美国的 6％(2006 年),加拿大的 9％(2007 年)。中国是一个人口大国,因此人力资本总量较高,而人均人力资本低则说明了中国并非人力资本强国。因此,政府加大人力资本投资则显得更加重要。

## 五、结　　论

在本文中,我们采用 J-F 终生收入法估计了中国 1985—2007 年的人力资本存量,包括全国分性别的人力资本总量以及人均人力资本。同时,我们还构建了各种人力资本指数。最后,我们对 2008—2020 年的人力资本变化趋势作了预测。我们的主要结论如下:

第一,2007 年,中国名义人力资本总量为 438 万亿元,实际人力资本总量为 113 万亿元。其中,男性的人力资本总量为 69 万亿元,女性为 44 万亿元,分别占实际人力资本总值的61.2％和 38.8％。第二,1985—2007 年,中国的人力资本总量增加了 3 倍多,年增长率为 6.52％,这一增长率大大高于其他国家。特别是 1994 年以后,人力资本增长加快,1995—2007 年间的年均增长率达 7.49％。第三,人均人力资本在1985—2007 年间增长很快,尤其是 1995 年以后。1995 年之前,人力资本总量的增长(年均增长率为 5.11％)快于人均人力资本(年均增长率为 3.9％),而 1995 年以后,二者几乎以相同的年均增长率增长。这表明近年来人力资本的增长主要不是由人口增长导致,而是由包括教育在内的其他因素所推动。第四,男性的人力资本总量和人均人力资本都要高于女性,这与男性劳动人口多于女性、受教育程度高于女性,以及工资报酬机制和退休年限等有关。

另一方面,我们的结果表明,相对于 GDP 和物质资本,人力资本的增长较慢。具体而言,人力资本与 GDP 的比率从 1985年的 30 下降到 2007 年的 18,人力资本与物质资本的比率也从1985 年的 16—19 降至 2003 年的 10—11。人均人力资本的相应比较也显示出相同的趋势。这一结果意味着人力资本相对于经济总量及物质资本在逐渐下降。同时,中国人力资本总量大,超过加拿大、挪威、新西兰、澳大利亚等国,并达到美国的四分之一,堪称人力资本大国。但人均人力资本却相对很低,为美国的6%(2006 年),加拿大的 9%(2007 年),因此,中国距离人力资本强国还有很大差距。因而,中国政府应进一步加大人力资本投资。

最后,我们对 2008—2020 年的人力资本变化趋势的预测显示,如果其他因素维持在 2007 年的水平,只有人口发生变化,那么人力资本总量和人均人力资本的增长在 2007 年后会放慢,因此政府应采取更为积极的人力资本投资政策,来保持人力资本的长期较快的增长。

我们将在今后的工作中进一步完善人力资本估算方法和指标体系。有待继续的工作包括:(1)进一步改进 J-F 方法,将健康等因素引入人力资本的计算中,并将 J-F 方法中的一些固定参数转换为可变参数以增加该方法的灵活性;(2)挖掘更多的数据以更好地估计收入;(3)进一步完善估计相关参数和数据的方法;(4)进一步优化预测以便能更直接地进行政策模拟;(5)计算并建立省市层次的人力资本指数。

**参考文献**

蔡昉、王德文,1999:《中国经济增长可持续性与劳动贡献》,《经济研究》第 10 期。

国家统计局:《中国统计年鉴》(各年),中国统计出版社。

国家统计局:《中国人口统计年鉴》(各年),中国统计出版社。

国家统计局:《中国教育统计年鉴》(各年),中国统计出版社。

胡鞍钢,2002:《从人口大国到人力资本大国:1980—2000 年》《中国人口科学》第 5 期。

钱雪亚、刘杰,2004:《中国人力资本水平实证研究》,《统计研究》第 3 期。

王德劲、向蓉美,2006:《我国人力资本存量估算》,《统计与决策》第 5 期。

岳书敬,2008:《我国省级区域人力资本的综合评价与动态分析》,《现代管理科学》第 4 期。

张帆,2000:《中国的物质资本和人力资本估算》,《经济研究》第 8 期。

张军、吴桂英、张吉鹏,2004:《中国省际物质资本存量估算:1952—2000》,《经济研究》第 10 期。

周德禄,2005:《基于人口指标的群体人力资本核算理论与实证》,《中国人口科学》第 3 期。

朱平芳、徐大丰,2007:《中国城市人力资本的估算》,《经济研究》第 9 期。

Ashenfelter, Orley and Krueger, Alan, 1994, "Estimates of the Economic Return to Schooling from a New Sample of Twins", *American Economic Review*, 84, December, pp. 1157—73.

Barro, Robert J., and Jong Wha Lee, 1996, "International Measure of Schooling Years and Schooling Quality", *American Economic Review*, vol. 86(2), pp. 218—223.

Becker, G., 1964, *Human Capital*, 2nd edition, Columbia University Press, New York.

Blanchard, Olivier, 1997, "The Medium Run", Brookings Papers on Economic Activity, pp. 89—158.

Christian, Michael S., 2009, "Human Capital Accounting in the

United States: 1994 to 2006", Paper presented at the Canadian Economic Association Annual Conference, May 29.

Démurger, Sylvie. , 2001, "Infrastructure Development and Economic Growth: An Explanation for Regional Disparities in China?" *Journal of Comparative Economics*, 19, pp. 95—117.

Eisner, Robert, 1989, *The Total Incomes System of Accounts*, The University of Chicago Press, Chicago.

Ederer, Peer, 2006, "Innovationat Work: The European Human Capital Index", The Lisbon Council Policy Brief, in conjunction with Deutschland Denken and Zeppelin University, Brussels, October 12.

Fleisher, Belton, and Jian Chen, 1997, "The Coast—Noncoast Income Gap, Productivity and Regional Economic Policy in China", *Journal of Comparative Economics*, 252, pp. 220—236.

Fleisher, Belton, Haizheng Li and Minqiang Zhao, 2010, "Human Capital, Economic Growth, and Regional Inequality in China", *Journal of Development Economics*, 92:2, 215—231.

Greaker, Mads, and Gang Liu, 2008, "Measuring the Stock of Human Capital for Norway: A Lifetime Labour Income Approach", Paper presented at OECD Workshop, Turin, Italy, November 3.

Gu, Wulong, and Ambrose Wong, 2008, "Human Development and It's Contribution to the Wealth Accounts in Canada", Paper present ed at OECD Workshop, Turin, Italy, November 3.

Heckman, James, 2004, "China's Human Capital Investment", *China Economic Review*, 16, pp. 50—70.

Holz, Carsten A. , 2006, "New Capital Estimates for China", *China Economic Review*, 17, pp. 142—185.

Jorgenson, Dale W. and Barbara M. Fraumeni, 1989, "The Accumulation of Human and Non—Human Capital, 1948—1984", in R. Lipsey and H. Tice eds. , *The Measurement of Saving, Investment and Wealth*, Chicago, University of Chicago Press.

Jorgenson, Dale W. , and Barbara M. Fraumeni, 1992a, "Investment in Education and U. S. Economic Growth", *Scandinavian Journal of Economics*, Vol. 94, supplement, pp. S51—70.

Jorgenson, Dale W. , and Barbara M. Fraumeni, 1992b, "The Output of the Education Sector", in Z. Griliches, T. Breshnahan, M. Manser, and E. Berndt eds. , *The Output of the Service Sector*, Chicago, NBER, pp. 303—341.

Jorgenson, Dale W. and K-Y. Yun, 1990, "Tax Reform and U. S. Economic Growth", *Journal of Political Economy*, 98, pp. S151—193.

Kendrick, J. , 1976, *The Formation and Stocks of Total Capital*, Columbia University Press, New York, N. Y.

Koman, R. , and Marin, D. , 1997, "Human Capital and Macroeconomic Growth: Austria and Germany 1960—1997. An Update", IAS Economics Series No. 69.

Laroche, M. and Mérette, M. , 2000, "Measuring Human Capital in Canada", Ministry of Finance of Canada, working paper.

Le, Trinh Van Thi, John Gibson and Les Oxley, 2005, "Measuring the Stock of Human Capital in New Zealand", *Mathematics and Computers in Simulation*, Volume 68, Issue 5—6, May, pp. 485—498.

Li, Haizheng, 2003, "Economic Transition and Returns to Education in China", *Economics of Education Review*, 22, 317—328.

Li, Haizheng and Yi Luo, 2004, "Reporting Errors, Ability Heterogeneity, and Returns to Schooling in China", *Pacific Economic Review*, 9, 191—207.

Liu, Zhiqiang, 1998, "Earnings, Education, and Economic Reforms in Urban China", *Economic Development and Cultural Change*, 697—725.

Mincer, Jacob, 1974, *Schooling, Experience and Earnings*, New York: Columbia University Press.

OECD, 2001, "The Well—being of Nations: The Role of Human and

Social Capital," Paris.

Schultz, T. , 1961, "Investment in Human Capital", *American Economic Review*, 51, 1; pp. 1—17.

Wei, Hui, 2008, "Developments in the Estimation of the Value of Human Capital in Australia," paper presented at OECD Workshop, Turin, Italy, November 3.

World Bank, 1997, "Expanding the Measure of Wealth: Indicators of Environmentally Sustainable Development", *Environmentally Sustainable Development Studies and Monographs Series*, No. 17, Washington, DC.

World Bank, 2006, "Where is the Wealth of Nations, Measuring Capital for the 21st Century", The International Bank for Reconstruction and Development/The World Bank, Washington, DC.

Zhang, J. Y. Zhao, P. Albert and X. Song, 2005, "Economic Returns to Schooling in Urban China, 1988 to 2001", *Journal of Comparative Economics*, 33, 730—752.

（原载《经济研究》2010 年第 8 期）

# "潮涌现象"与产能过剩的形成机制*

林毅夫

（世界银行）

巫和懋　邢亦青

（北京大学国学发展研究院、中国银行研究中心）

## 一、导　　言

面对经济景气循环,包括我国在内的诸多经济体都明显暴露出产能严重过剩的问题。以我国为例,钢铁、水泥、煤化工、多晶硅、电解铝乃至风电设备等一系列主要行业均出现严重的产能过剩。一方面,产能过剩引发市场恶性竞争、经济效益难以提高、企业倒闭或开工不足、人员下岗失业、银行不良资产等一系列问题,从而严重影响经济复苏的效果。另一方面,它更给应对全部危机的经济刺激政策提出不可忽视的限制,如果社会投资甚至四万亿元政府投资大量流入业已过剩的行业,则短期可能促进增长,但长期则会进一步加剧过剩,造成难以平复的困局。近来,国务院发改委等部门发布《关于抑制部分行业产能过剩和

*　本研究得到教育部人文社会科学重点研究基地重大研究项目（08JJD840198）的资助。

重复建设引导产业健康发展的若干意见》(2009 年 9 月),以及《国务院关于进一步加强淘汰落后产能工作的通知》(2010 年 4 月)①等一系列举措,都彰显出对产能过剩问题的关注和应对力度。与此同时,我们需要从理论上深入讨论产能过剩的可能原因,并据此对现实政策提出评判或建议,避免对产能过剩不适宜或过当的反应。

这一轮严重的产能过剩并不能简单地由经济的周期波动解释,虽然全球金融危机造成的外需大幅下降自然地使产能过剩显现出来,但产能过剩也完全可能与金融危机互相独立分别发生。事实上早在金融危机之前,如外部经济条件十分繁荣的2003—2006 年,过度投资引起的产能过剩在我国就已经显现出来。2005 年,国家发改委集中力量调查公布了几大行业的产能过剩情况,②而当时大量拟建、在建产能使产能过剩呈加剧的态势。这种背景埋下了重大的隐患,大大加剧了金融危机带来的冲击。深入探究产能过剩的形成机制,能帮助我们更加理解当今局面的成因和其中蕴含的一般规律,进一步作为政策设计

① 国务院办公厅和国发(2009)38 号、国发(2010)7 号等文件。国务院 2009 年 9 月 29 日报告数据显示:2008 我国粗钢产能 6.6 亿吨,需求仅 5 亿吨;水泥产能18.7 亿吨,产量 14 亿吨;煤化工开工率不足 70%,2009 上半年甲醇装置开工率不足 40%;多晶硅产能 2 万吨,产量仅 4 000 吨;电解铝产能 1 800 万吨,产能利用率约七成。当下仍有大量投资涌入这些业已过剩的产业,不但存在大量在建产能,行业扩张和重复建设问题甚至仍在加剧,并且存在大量违法违规建设项目。

② 我国经过三次大规模产能过剩,第一次是 1998 年至 2001 年,第二次是 2003 年至 2006 年,第三次是 2009 年至今,参见卢锋(2010)。国家发改委宏观经济研究院在 2005 年指出,钢铁、电解铝、铁合金、焦炭、电石、汽车、铜冶炼几个产业的产能过剩问题比较突出;水泥、电力、煤炭、纺织行业也有潜在产能过剩的问题。从 2005 年产能利用率来看,铁合金、电石仅有五成,钢铁、电解铝、汽车等行业也仅有七成左右(数据来源:《2007 年:中国与世界经济发展报告》)。

和实施的参考，以更好应对产能过剩问题带来的重大挑战。

对于上述提及的独立于需求下降而发生的产能过剩现象，林毅夫（2007）曾提出以下理论思考：发展中国家企业所要投资的产业常常具有技术成熟、产品市场已经存在、处于世界产业链内部等特征，因而全社会很容易对有前景的产业产生正确共识，在投资上出现"潮涌现象"导致产能过剩。该文也指出，这种现象在发展中国家的发生"大而频仍"，成为了影响发展中国家经济乃至重构发展中国家宏观经济理论的重要问题。政策角度上，不仅需要对产业层面做出相应安排，在宏观政策与经济发展战略方面，也带来了新的挑战。林毅夫（2007）强调"潮涌现象"在宏观理论及政策层面上的重要意义，也提到"企业之间很难协调，而无法避免这种投资一齐涌向某一大家看好的产业的现象发生"。

本文在林毅夫（2007）的基础上，进一步探讨潮涌现象发生的微观机制，着眼于论述如下问题：在一个需要提前建立产能的行业中，由于全社会对行业良好的外部前景（产业升级方向或总需求等）可正确预见乃至存在共识，引发大量企业投资设厂；另一方面，各企业只能在信息不完全的情况下投资设厂，导致投资完成后可能出现产能过剩，进而导致之后的市场价格下跌、大量企业开工不足、亏损破产等后果。更具体地，本文将以"行业中企业数目不确知"作为讨论的关键因素，探究其对企业产能建立决策及行业产能过剩结果的作用，为潮涌现象的形成提供微观基础。尝试规范地定义和讨论"参与者数目不确知"，也使本文在博弈理论层面有一定的创新价值。

本文第二部分提供对现实的描述总结和文献综述，并说明本文对文献的贡献；第三部分提供了一个市场总需求在企业间平均分配的较简单模型作为例子，为参与者人数不确知下的产能建立过程和均衡给出了初步分析；第四部分将模型的第二阶段扩展为古诺竞争模型,进行更严谨的分析与讨论;第五部分考虑实际企业数目、产能建立成本、市场需求及先验分布等因素对潮涌的影响,并给出一些讨论;第六部分讨论文章的现实意义和政策启示;第七部分提供一个结论。

## 二、实际情况与本文主要思路

### (一)危机爆发前产能过剩现象简述

在发展中国家,由对产业良好前景的社会共识引起投资大量涌入、导致产能过剩的"潮涌现象"十分突出。以我国为例,从1998年开始的三年多时间,全社会对于钢铁、水泥等几个行业的良好外部环境存在很强的共识,包括影响水泥、电力等行业的国内基础建设持续增加,使钢铁、电解铝等行业受益的国际大宗商品价格持续走高或原材料成本降低,还有如汽车等行业明确处于产业升级的前进方向上。在这样的共识下,大量社会投资涌入几个主要行业,带来了史无前例的工业扩张。[1]

事实证明,上述对行业良好外部环境的社会共识并未失准:在较长一段时间内,我国经济持续高速增长,几个行业的总需求等因素直到2007—2008年仍在较快提升。但由于投资数量过大、目标行业集中,[2]并且来源分散(表现为大量的地方投资、较

---

[1] 以钢铁工业为例,2002年和2003年固定资产投资分别为704亿元和1 332亿元,增幅45.9%和89.2%。从产能增量上看,钢铁工业2004年在建产能占当时已有产能的60%以上;2005年铜冶炼行业和氧化铝行业的新增总产能分别是2004年的3倍和3.21倍。此处及本节其他数据,主要引自各年的《中国统计年鉴》。

[2] 例如,在2004年按照中央地方隶属关系区分统计的固定资产中:对制造业,中央投资1 432亿元,地方投资51 688亿元;对黑色金属冶炼加工业,中央投资208亿元,地方投资1 531亿元。截至2005年底,全国共有电解铝企业约150家,规模以上水泥企业共有5 100多家,铁合金生产企业1 570家,120家整车组装企业,"小煤矿"约1.7万个。

357

多的企业数目和较低的行业集中度)、投资主体间难于协调,这波投资在目标行业中引起严重的产能过剩。2003 年一季度,国家发改委就指出钢铁、电解铝、水泥和汽车等四个行业存在产能过剩之忧;至 2004 年扩展到焦炭、电石、铁合金等产业;截至 2005 年底,发改委指出有 11 个行业产能过剩,其中钢铁、电解铝、铁合金、汽车等行业问题突出,水泥、电力、煤炭等行业也潜藏着产能过剩问题。普遍产能过剩造成相关行业产品价格急剧下降,大量企业亏损破产,①进而引发了严重的失业增多、银行呆坏账持续增加等问题。

上述产业中,产能过剩表现为如下几个方面:首先是产能利用率低。以 2005 年为例,铁合金、电石、电力等行业产能利用率不足五成,钢铁、水泥、汽车等行业不足七成,并有进一步加剧趋势。其次,从供求总量上看,表现为总产能远大于总需求量,特别是总产能的增幅也持续高过需求的增长。再次,一些行业还存在结构性问题,低水平(包括低端产品和技术)产能过剩,而高端产能不足。最后,库存量的急剧上升等因素也可以从侧面反映出产能过剩问题。

针对产能过剩问题,国家和地方在政策上作出了一系列抑制投资的举动:2004 年 4 月 27 日,国务院发出通知,决定"适当提高钢铁、电解铝、水泥、房地产开发固定资产投资项目资本金比例";②同时严格控制新建、在建产能,提高投资贷款

---

① 例如,2005 年末钢材价格综合指数收于 94.18 点,比年初下降,降幅达 24.78%。利润层面上:2005 年 9 月份开始全行业利润负增长,32.4% 的企业严重亏损,个数增长 34.58%,亏损额增加 1.54 倍。而电解铝企业在 2005 年有近半数(约 80 家)出现亏损,规模以上有 39 家被迫停产。2005 年在水泥行业规模及以上企业中有 43.8% 出现亏损。

② 国务院《关于调整部分行业固定资产投资项目资本金比例的通知》规定,钢铁由 25% 及以上提高到 40% 及以上;水泥、电解铝、房地产开发(不含经济适用房项目)均由 20% 及以上提高到 35% 及以上。

门槛。随后在 2005—2006 年,各级政府全面制定和贯彻相关行业的淘汰落后和结构调整政策,通过淘汰或兼并重组对多余产能进行清除;并提高节能、环保等门槛。直到 2007—2008年左右,上述行业的产能增速才逐渐放缓,但对其过剩产能的吸收还远未完成。

### (二) 本文主要观点和模型思路

产能过剩问题及其引发的严重后果,与相关产业良好的外部环境形成了鲜明对比。事实上,问题主要出在供给(投资)层面上:在这一波投资潮中,投资数量之大前所未见,相关行业产能也增幅巨大、企业数目变动剧烈,使得企业家在投资时很难掌握和准确预测投资面的总量信息。投资来源分散、大量项目未经正规审批等特点①进一步加剧了企业间投资协调的困难,企业家只能在这样信息严重不完备的环境下做出投资决策,因而可能引发产能总量过剩的结果,这种机制在投资拉动的发展中国家尤为重要。

通过对现象的描述和简单解释可以看到,在上述发生"潮涌现象"的行业中,全社会对行业的良好前景(如产业升级方向、总需求、成本等外部环境因素)存在共识,引发大量企业和资金在几乎同一时间涌入一个或几个行业。但投资设厂过程中行业内各企业之间彼此协调困难、对投资总量信息难于估计,导致了事后产能过剩的发生,并造成行业内企业普遍开工不足,市场价格下降,乃至企业大量亏损破产等严重后果。

本文即基于上述逻辑,集中分析"行业内企业数目不确知"

---

① 如 2003 年后新增的炼钢产能中,经发改委、环保总局、国土资源部核准的项目中新增产能在全部新增产能中占比不足 20%;类似情形尤其存在于大量的中小规模企业中。

这个因素。①假设各企业在投资建厂时对于行业内进行投资的企业总数并不确知,并为简化分析假设市场总需求等外部因素已被所有企业准确估计。从这样的假设出发,我们将建构一个首先同时建立产能、再进行产品生产销售的二期模型:第一期各企业在对参与者数目的期望意义下最大化利润决定产能建设;第二期产能建立完成,各企业进行生产销售。若实际的企业数目较大,建立的总产能超过总需求,则行业中表现为产能过剩。这为"潮涌现象"这一重要宏观过程建立了一个可能的微观解释。在产业组织理论的层面,本文为产能过剩提出了一个全新的机制;从博弈理论的角度来看,本文的创新点在于确立了这种参与者人数不确知博弈的均衡观念,解出均衡结果,进而进行了一系列比较静态性质的讨论。

## (三) 相关文献综述

对产能过剩发生的解释在产业组织文献中有不少讨论,可大体分为如下几个分支:第一类观点是把建立过量产能看作企业在寡头竞争中的策略性行为,如 Barham 和 Ware(1993)以及 Benoit 和 Krishna(1987)。这一系列对产能过剩的策略性解释,局限在存在较少的寡头或显著在位者的产业中,难以解释众多存在大量而分散投资的产业实例。第二类文献以外部不确知性为前提讨论产能建设,Paraskevopoulos 等(1991)假设厂商面临需求不确定性,把事后实现的产能不一致作为不确定需求的直接结果,而本文假设需求为已知。此外,讨论"羊群效应"的文

---

① 在现实中,至少两方面的原因使"企业数目"难于被事先准确估计:首先是大规模投资下的企业数目很大并增长很快,2003 年底电解铝企业数目达到空前的 147 家,是 1995 年该数目(53 家)的 2.77 倍;而在 2005 年,煤炭和黑色金属采选业规模以及以上企业数目增幅分别达到惊人的 60%和 99%;此外,行业内大量存在着未经规范审批的企业,投资者鲜有关于这些企业的统计数据。

献,如 Banerjee(1992),也是以外部信息不完全为前提,假设企业可能受其他企业行为的影响对外部环境出现误判,进而导致忽略自身所得信息的"跟风"行为,而我们强调全社会的企业对产业前景、需求等有正确的共识,而不是因为对这些因素不相信或预测失准带来的产能过剩。如前所述,本文专注于讨论行业内企业数目信息的不确知对各企业产能建立决策及其结果的影响,为"潮涌现象"这种独立于需求冲击发生的产能过剩提供了一种新的解释与理论分析。

作为一个快速发展的转型经济,我国"潮涌现象"与产能过剩的状况可能也与诸多其他方面的因素相关,[①]包括:较多准入限制和垄断的存在致使民间投资只在有限的部门可以进入;地方政府投资冲动和趋同的倾向可能加大产业结构趋同;国有企业中投资主体的激励不相容和预算软约束问题;地方政府对投资干预能力强,现有政绩考核体系引发的地方间竞争;高利润自然垄断行业受行政力量的干预和影响;一些投资项目以争取土地或贷款等重要生产要素为目的,而相对看轻直接回报;以及多种所有制并存时,不易充分发挥市场优胜劣汰机制而引致对行业进入退出状况错误判断等。

本文并不否认这些讨论,但期望能突破转型经济特殊性的局限,提供一个补充的视角和理论基础。如林毅夫(2007)阐明的,这个视角的重要性就在于:在以投资拉动、不断进行产业升级的发展中国家,"后发优势"带来的对处于发展方向上有前景产业的社会共识,将一次又一次地出现,也会引致一波又一波的"投资潮涌",因而成为一个讨论快速增长的发展中国家经济中不可忽略的一个因素。同时,本文的视角也带来了清晰的政策

---

① 参见卢峰(2010),周黎安(2004),周其仁(2007)。

含义：与"总量需求"不同的是，对于"总量投资"（在本文中指企业总数目与建立的总产能），政府比企业或个人更具信息优势。适当地降低信息成本、建立规范的体制进行投资总量信息的收集和发布，便可能很大程度地缓解"潮涌现象"的剧烈程度。

从博弈理论的方面看，理论界中很早就认为"参与者数目不确知"（player set uncertainty）是一个重要的话题，但相关的成果却并不算丰富。理论上如 Myerson（1998）尝试给出参与者数目不确知的博弈的定义和均衡框架，应用的文章也多只见于拍卖等特殊领域，如 McAfee 和 McMillan（1987）以及 Levin 和 Ozdenoren（2004），而本文对厂商数目不确知环境下的产能竞争框架及其均衡观念给出了正式的定义和分析，也推进了在产业层面讨论"参与者数目不确知"因素的研究工作。

## 三、生产前预先建立产能的简单例子

我们关心的产业竞争态势可以抽象为这样的情况：一些企业已决定进入行业，在生产活动之前，必须预先建立产能。各个同质和风险中性的企业同时进行建立产能（建厂）的计划，产能成本为 $C(k_i) = c \cdot k_i$，$c > 0$。建厂过程中各企业均不了解其他企业的建厂情况，也不确知进入企业数目的确切值 $n$（$n$ 为自然数）。① 只对其有先验的估计，表现为概率分布 $F(n) = \Pr\{N \leqslant n\}$。建厂周期完成后，各企业开始进行生产销售。为简化起见，本节假设生产阶段的固定和边际成本均为零，商品价格也外生给定为 $p > c > 0$。由于此时工厂已建好，各企业都可以完整地了解彼此已建好的产能，以及行业中企业的总数目。

---

① 在本例子中考虑企业数目是离散取值，在一般例子中我们会将其作为连续变量分析。

因企业是事前同质的,假设总需求 $Y$ 按平均分配的法则在各企业中进行分配,继而企业会尽可能地在产能约束下,按分得的需求 $q_i \leqslant k_i$ 进行生产和销售,获得市场收益。最后,为着重研究企业数目不确知这一因素对投资过程及其后续结果的影响,我们假设在各企业决定产能建设时,均已确知未来的总需求 $Y$ 及单位价格 $p$;到下一节我们将允许价格与需求量为内生决定。

### 1. 均衡的描述

各企业在第一阶段进行建厂决策,并在第二阶段实现收益。在此用逆向归纳的思路进行分析:

所有企业(同时)完成产能决策后,待建厂完毕,进入生产销售阶段。此时各个企业均确知行业中企业实际数目及彼此建立的产能。注意到,这个例子中企业在第二阶段不需进行任何实际决策,只需按平均分配的法则得到需求,进行生产和销售。于是,企业在第二阶段获得的市场收益只与企业实际数目与已建立的产能有关,记为 $\Pi_i(k_i, k_{-i}; n) = p \cdot q_i(k_i, k_{-i}; n)$。

在第一期,预期到上述生产回报,各企业进行产能决策最大化如下期望利润:

$$E_n U_i(k_i, k_{-i}; n) = E_n \Pi_i(k_i, k_{-i}; n) - C(k_i)$$
$$= E_n \{p \cdot q_i(k_i, k_{-i}; n)\} - c \cdot k_i$$

求取上式中的期望值需要各企业对于企业数目 $n$ 形成主观猜测;上面设定中已经说明,本文假设所有参与者都有同样的主观猜测,并且等于客观概率分布。由于企业的同质性,自然地,我们考虑对称均衡——均衡时行业内各企业选择建立同样大小的产能 $k^*$。更具体地,均衡的结果应该满足:给定行业内其他企业(无论实现数目多少)均选择均衡产能 $k^*$,任一企业 $i$ 采取均衡 $k^*$ 可使其期望利润 $E_n U_i(k_i, k_{-i})$ 达到最大。

## 2. 求解对称均衡

给定其他企业均有相同产能 $k_0$，考虑其中任一企业 $i$ 的建厂决策。记 $n_0 = Y/k_0$，为 $i$ 亦选择 $k_i = k_0$ 时，总产能恰好等于总需求的企业实际数量。当 $E_n U_i(k_i, k_{-i})n \leqslant n_0$，企业 $i$ 的产能可得到充分利用，即分得需求量 $q_i(k_i = k_0, k_0; n) = k_0 = k_i$；否则当实际企业数量较大时，$i$ 的产能为 $q_i(k_i = k_0, k_0; n) = Y/n < k_i$，只能部分被利用。对称均衡下该企业期望市场收益为：

$$E_n U_i(k_i = k_0, k_0; n) = E_n\{p \cdot q_i(k_0, k_0; n)\} - c \cdot k_0$$
$$= F(n_0) \cdot pk_0 + \sum_{n > n_0} \left( \Pr\{N = n\} \cdot p \frac{Y}{n} \right)$$

考虑 $i$ 偏离 $k_0$ 的结果：若从某产能水平 $k_i \geqslant k_0$（边际上）增加一单位产能，$i$ 可以从增加产能中得到好处当且仅当原来的产能水平限制了 $i$ 的生产，即企业实际数目较小（满足 $n < Y/k_i \leqslant n_0$）。这种情况出现的可能性为 $F([Y/k_i]) \leqslant F(n_0 - 1)$。[①] 于是，增加一单位产能使期望市场收益提高 $p \cdot F([Y/k_i])$，花费建厂成本增加 $c$。总而言之，当 $p \cdot F([Y/k_i]) > c$ 时，这个边际上增大产能的决策是严格有利可图的。类似地可以考虑从某产能水平 $k_i \leqslant k_0$（边际上）缩减单位产能的结果。当 $p \cdot F([Y/k_i]) < c$ 时，缩减产能会严格增大企业的期望利润。

经由上面的分析，我们有如下均衡结果：[②]

命题 1（对称均衡）：这个例子的对称均衡为：行业内每个企业均建立相同产能 $k^* = Y/n^*$。其中，$n^*$ 为企业数目边界值，满足 $F(n^* - 1) \leqslant \dfrac{c}{p} \leqslant F(n^*)$。

---

[①] 这里 $[x]$ 表示不大于 $x$ 的最大整数。

[②] 假设使用 $k^*$ 时各企业的期望利润非负，即：$E \prod {}^*(k^*) \geqslant c \cdot k^*$。

证明略（此命题及之后各结论证明均见附录）。

上述命题中的 $n^*$ 即为均衡时行业总产能恰被充分利用的企业数目边界值。[①]按照博弈均衡的定义，均衡状况下各企业可能估计到这一边界值，但在决策时不知企业具体数目 $n$。当企业数目 $n$ 超过边界值 $n^*$ 时，行业中便会有产能过剩发生。进一步，行业发生产能过剩的概率为 $1-F(n^*)$，由上述命题，此概率约为 $1-c/p$。当价格 $p$ 与建厂成本 $c$ 的差异增大，即行业变得更加有利可图，会以更大可能发生产能过剩。

### 3. 对本节例子的简要解释

这个例子阐述了本文对于以"潮涌现象"为代表的产能过剩的发生的基本解释：产能过剩来源于企业投资建厂时对行业中其他投资状况（具体化归为企业实际数目）的不确知，难以互相协调；于是只能在期望意义上决策建厂。行业实现的总产能与总需求的关系依赖于实际的企业数目：当企业实际数目较大 $(n>n^*)$ 时，行业会出现产能过剩，致使每个企业可实际生产的产量较小，产能利用不足，甚至入不敷出 $[p \cdot q_i(k^*;n)-c \cdot k_i < 0]$ 造成企业破产。

当全社会对某一个或几个行业的前景形成良好共识时，全社会投资集中涌入相关行业，投资来源也更加分散，这种不确知和协调困难将更加突出，这个背景条件恰与本文第二节对于我国现实状况的描述相吻合。针对此情形，政府通过加强投资情况等信息的搜集和发布，或在适当时候对市场准入进行限制或提高门槛，可以缓解"潮涌现象"的发生。

此外，例子说明，随产能建立成本 $c$ 的减小或外生市场价格

---

① 由于 $0<c<p$，这里的 $n^*$ 总存在；特别地，本例子设定中 $n$ 的取值为自然数，此处 $n^*$ 也取自然数值。

$p$ 的上升，总产能被充分利用的企业数目临界值 $n^*$ 降低，行业中会有更大可能性出现产能过剩。于是，预知到行业外部有相应的较好前景时，"潮涌现象"更可能发生。与之对应的，对于较可能发生产能过剩的行业，政府也可以通过提高投资中自有资金比例，或对环保、能耗等水平加以要求等方式以提高建厂成本，也可能达到缓解产能过剩的目的。

从本节例子中可以看到，即使保留理性框架，也不考虑由少量寡头占领的行业中存在的策略性过度建厂行为，仍然可以解释产能过剩的出现。同时，以"潮涌现象"为代表的这种产能过剩的频仍出现，虽不来源于经济波动，但可能严重加剧相关经济体中的经济波动，是相应宏观理论和政策层面上均不可忽视的重要问题。

为进一步描述投资规模的影响，及内生决定的产品市场价格等重要因素，并使讨论更加严谨和完善，下一节我们将提出更为一般的模型。

## 四、引入市场竞争机制的一般模型

为了更清楚地描述市场竞争，以及对价格等重要因素进行讨论，本节在上一节简单例子的基础上，加入产能实现后企业间的寡占竞争。模型分为两期：在第一阶段，各个企业同时建立产能（建厂）。企业确切数目在第一阶段仍不被各企业所知，假设代表企业总数的 $N$ 为连续随机变量，分布服从 $F(n) = \Pr\{N \leqslant n\}$，没有质点（no point mass）。[①]各企业建立产能成本为 $C(k_i)$，

---

① 本文采用这个常见假设只为简化计算和表述，不会对模型性质造成影响。存在质点的情况将是本节连续模型与上节离散模型的混合。在此 $F$ 可以取有界或无界分布。下节命题 2 中的伽玛分布即为无界的例子。

满足如下条件：$C'(\cdot)>0$，$C''(\cdot)\geqslant 0$；$C'(0)<A$，$C'(\infty)=\infty$。第二阶段为生产销售阶段，[1]本阶段开始前企业实际数目 $n$ 及建厂情况 $\{k_l\}_{l\leqslant n}$ 已成为所有企业的共同知识。随后各企业[2]面对事先已知的反需求函数 $p=\alpha\cdot(A-Q)$（其中 $Q=\sum_{l\leqslant n}q_l$）及产能限制 $q_l\leqslant k_l$ 进行古诺竞争。[3]注意到反需求函数中 $A$ 为描述行业需求的指数；而 $\alpha$ 可以描述在总需求、供给不变时其他影响价格的因素。较大的 $A$ 或 $\alpha$ 意味着较好的行业前景，也将是下文比较静态分析中讨论的重点。仍假设第二阶段成本为零。以上架构和信息均为所有参与者的共同知识。

以下我们讨论均衡的定义与求解问题。

---

[1]  这里我们考虑只有一期生产、消费的情况，主要是为了简化计算和便于在框架中明晰地定义"产能过剩"，生产阶段中产能没有被充分利用。在现实经济中建立产能后常常有多期的生产过程，此时需要考虑总需求的变化、库存量等因素，从而在动态上评估产能过剩的发生。本文"单期化"的化简并不对结果产生质的影响。

　　当然，动态的框架也会蕴含一些单期框架无法讨论的因素，譬如追逐短期利益而漠视长期过剩，或在退出压力下进行产能竞赛等，都可能影响到行业产能过剩的状态。在第五部分的"进一步工作"中我们将进行初步讨论。

[2]  为简化计算，本文假设各企业是同质的，同时帮助我们将文章讨论的重点集中在"企业数目不确知"这个基本因素上。当企业大小存在差异时，"总数量"便不再是一个充分的指标；此时我们可以推广本文模型去分析各种规模企业的数目，或另外定义以大小为权数的数量加总指标，本文结果不会发生质的改变。

　　企业的异质性还可能包含一些其他情况，如盈利能力的差异，及对不确定信息（这里指企业数目和投资总量）存在信念差异等；前者将是一个重要的研究课题，因为企业投资者作决策时，常常"不看市场总量，只看相对竞争优势。认为无论市场需求的总量怎样变，只要自己拥有的成本优势不变，就不可能被挤出局"（对铁本创办人戴国芳的访谈，参见周其仁（2007））；而关于信念差异将在第五部分"进一步工作"中进行初步讨论。当纳入这两个可能的因素时，不仅不影响本文的机制，并且投资潮涌和产能过剩还可能更加"系统性"地发生。

[3]  选用古诺竞争框架主要为了描述市场价格随产量的负向变化，文章主要结果不依赖于竞争框架的选择。

定义（均衡）：称一组每个厂商在第一期选择产能决定，第二期在产能已知情况下选择产量的策略组合 $\{k^*, q_i^*(\vec{k})\}_i$，为这个人数不确知的两期模型的一个（对称）均衡，若它满足：给定任一可能的厂商数目实现值 $n$ 及与之相符①的一组产能 $\vec{k}$，$\{q_i^*(\vec{k})\}_i$ 为该有产能限制的古诺模型的均衡结果；并且给定其他企业均使用 $k^*$，及第二期的反应 $\{q_i^*(\vec{k})\}_i$，任一企业都在（对不确知人数的）期望意义不愿偏离产能 $k^*$。②

与例子中的讨论相似，我们仍用逆向归纳法进行讨论。旨在分析对称均衡，③我们需分析在第一期，给定其他企业建立同样产能，某一企业的建厂决策问题，即讨论已建立产能组合满足 $\vec{k} = \{k_i, k_j = k_0(\forall j \neq i)\}$ 形式的子博弈。见如下引理：

引理 1（子博弈的均衡）：第二期，各企业在该产能限制下的古诺竞争。均衡结果 $\vec{q}^*(\vec{k}; n)$ 依赖于已在第一期末成为共同知识的企业实际数目 $n$ 及各企业已建立的产能组合 $\vec{k}(\dim(\vec{k}) = n)$。特别地，当各企业在第一期建立同样大小的产能 $k_0$ 时，子博弈下任一企业 $i$ 的均衡产量及生产销售带来的市场收益分别为：④

---

① "与之相符"指 $\vec{k}$ 的维度是 $n$。

② 具体地指，$\{k^*, q_i^*(\vec{k})\}_i$ 满足如下两个条件：

(1) $q_i^*(\vec{k}) \in \arg\max\limits_{q_i} \pi_i(q_i, q_{-i}^*(\vec{k})) = \arg\max\limits_{q_i} \alpha(A - \sum\limits_{j \in -i} q_j(\vec{k}) - q_i) \cdot q_i$，$1 \leqslant i \leqslant n$；

(2) $k^* \in \arg\max\limits_{k_i} E_n \Pi_i^*(k_i, k_j = k^*(\forall j \neq i, j \leqslant n); n) - C(k_i)$。其中 $\Pi_i^*(\vec{k}; n) = \pi_i(\vec{q}^*(\vec{k}); \vec{k})$，$n = \dim(\vec{k})$。

③ 由脚注②中条件(1)给出定义。

④ 这里实际给出了在（对称）均衡路径上的子博弈结果。在之后均衡的求解和验证中，还需要用到其他企业建立相同产能而某一企业在第一期偏离（设立不同产能）的情况，详见附录。

$$q_i^*(\vec{k}; n) = \begin{cases} k_0 \text{ if } n \leqslant n_0 \\ A/(n+1) \text{ if } n_0 < n \end{cases}$$

$$\Pi_i^*(\vec{k}; n) = \begin{cases} \alpha(A - nk_0)k_0 \text{ if } n \leqslant n_0 \\ \alpha(A/(n+1))^2 \text{ if } n_0 < n \end{cases} \quad (\text{其中 } n_0 = A/k_0 - 1)$$

给定各企业在子博弈中的均衡策略,亦采用与例子中讨论相似的思路,我们进一步讨论某个企业在第一期时给定其他企业采取相同产能,产能决策边际调整对期望市场收益的影响:

引理 $2$:在第一阶段,给定其他企业均采取同样的产能 $k_j = k_0 (\forall j \neq i)$ 并在第二期中总采取子博弈均衡产量;企业 $i$ 的产能建设对期望市场收益的影响满足,$\dfrac{\partial E_n \Pi_i^*}{\partial k_i} > 0$, $\dfrac{\partial^2 E_n \Pi_i^*}{\partial k_i^2} < 0$;且有 $\dfrac{\partial E_n \Pi_i^*(k_i = k_0, k_{-i} = \vec{k}_0)}{\partial k_i} = \displaystyle\int_0^{n_0} \alpha(A - (n+1)k_0) \mathrm{d}F(n)$.

上述引理给出了一个自然的结果:第一阶段产能提升对期望市场收益有正的影响,同时也满足边际收益递减的特性。此时即可得到我们的主要定理如下,它叙述了这个模型的均衡结果,在均衡产能 $k^*$ 时各企业的期望利润非负。

定理(对称均衡):这个模型存在一个对称均衡,其中每个企业在第一阶段均建立相同产能 $k^*$,并在第二阶段的子博弈(有产能限制的古诺竞争)中总是选择均衡产量 $\{q_i^*(\vec{k})\}_i$(特别地,在均衡路径上使用 $q_i^* = \min\{k^*, A/(n+1)\}$)。这里 $k^*$ 满足如下条件:$\partial E_n \Pi_i^*/\partial k_i|_{k_i = k^*} = C'(k^*)$,即 $\displaystyle\int_0^{n^*} F(n)\mathrm{d}n = C'(k^*)/(\alpha k^*)$(其中 $n^* = A/k^* - 1$)。

推论:成本函数为二次形式 $C(k) = \dfrac{c}{2}k^2$ 时,均衡产能 $k^*$

满足 $\int_0^{n^*} F(n)\,\mathrm{d}n = \dfrac{c}{\alpha}$。

与上一节例子相似，整个模型并不打破理性预期的框架，因而假设对企业数目的预期不出现系统性的偏误，即预期到"行业中产能可能过剩"。但由于企业投资建厂时协调困难、对企业数目不确知，只能在期望意义下进行产能决策，因而在投资完成后，可能发生严重的产能过剩。在这个意义下，"产能过剩"的发生存在一定的随机性；[①]这也与现实观察相符，并不是所有前景好的行业均会发生事后的产能过剩。然而，对良好行业前景的强烈共识将会使得潮涌现象和产能过剩更为严重，具体指概率上有更大的可能性发生，以及过剩的规模更加剧烈。也就是说，在良好行业前景的共识引领下，企业家期望最优决策与社会最优决策可能存在更大的差距。本文接下来便着眼于产能过剩的发生概率和可能规模这两个重要的因素，经由一系列比较静态分析来说明外部前景对行业中投资潮涌的影响。

五、均衡性质分析

本节中，我们基于上述一般模型中得到的结果进行一系列讨论，刻画产能过剩及市场价格等重要因素在均衡下的性质，并讨论成本、企业数量先验分布等外生变量对均衡结果的影响。

一般来说，当一个行业的总产能没有被充分利用时，称为有产能过剩存在。由于本文的企业特征及均衡结果都具有对称性，允许我们在此采用更强的产能过剩定义，即行业中每一个企业的产能都没有被完全利用。具体来说，在行业内产能建立完成，开

---

① 具体地，若行业内企业数目较大 $n > n^*$，则会发生产能过剩的结果。

工生产后,若所有企业在生产阶段的实际产量均低于已建立的产能,即 $q_i^*(\vec{k}) < k_i$,$\forall i$,则称这个行业存在"全面的产能过剩"。

在上一节描述的对称均衡下,行业内的各个企业会建立同样的产能 $k^*$,并在第二期生产数量为 $q^*(\vec{k}^* ; n)$ 的产品。企业实际总数目较多时,每个企业在古诺竞争中的产量都会较小,并可能小于其已建立的产能。具体地,当行业内实际企业总数目满足 $n > n^* = A/k^* - 1$ 时,各企业的产能都不会得到有效利用,行业会出现全面的产能过剩。事前来看,行业总会以正的概率 $1 - F(n^*) > 0$ 发生全面产能过剩。①作为本文中直接描述产能过剩的因素,上述的实际总数目和发生产能过剩的概率将是我们在下面讨论的两个重点。一方面,我们会分析实际总数目对于产能利用率、市场价格等事后实现的因素的影响;另一方面也会讨论各外生变量的变化对产能过剩概率的影响,尤其是随着可预知行业前景的变好和强烈社会共识的存在,对于产能过剩发生可能性的影响。当然,讨论也会包括各外生变量对产能利用率、市场价格等因素的作用。

首先,我们描述行业中企业实际数目对事后结果的影响:由于各企业建立产能时不确知实际总数目,只能在期望利润最优化的意义上建立产能。而实际企业数目对进入生产销售(古诺

---

① 本文中,在参与企业数目不确知的框架下,行业一定有正概率出现产能过剩。注意到这种对潮涌现象的解释包含着一些"随机性";若对总数目 $n$ 的先验分布是无偏差的,行业以一定概率出现产能过剩,但也有可能出现产能适当甚至不足的事后结果。虽然看起来这种"以一定概率出现"产能过剩的结果与用需求不确定性解释产能过剩的文献有一些相似,但从经济含义上讲,它们是完全不同的机制:在需求不确定的模型中,对产业前景中的总需求(或其他因素)本身的预测困难是逻辑的关键;而本模型中产业前景(如总需求、产业升级阶段等)有可预见性,全社会对其形成共识,是由于行业内各企业间的彼此信息不对称、协调不一致(在此表现为对竞争者数目的不确知)造成产能过剩。

竞争)阶段后实现的产能利用率、市场价格与企业销售收益等因素有直接的影响：

命题 2(企业实际数目 $n$ 对市场均衡结果的影响)：随企业数量增加，

(2.1) 各企业均衡产量和产能利用率下降：$\partial q^*(n)/\partial n < 0(n > n^*)$，$\lim_{n \to \infty} q^*(n) = 0$；

(2.2) 市场竞争加剧，价格下降甚至趋于零[1]：$\partial p^*(n)/\partial n < 0(n > n^*)$，$\lim_{n \to \infty} p^*(n) = 0$；

(2.3) 企业均衡销售收益下降，甚至趋近于零：$\partial \Pi^*(n)/\partial n < 0$，$\lim_{n \to \infty} \Pi^*(n) = 0$；且当 $n$ 足够大时，企业会亏损 ($\Pi^*(n) - C(k^*) < 0$)。即实际企业数目较大时，市场竞争加剧，各企业产能利用率下降甚至逼近为零，市场价格下降，投资回报远低于预期甚至造成大规模企业破产。

接下来讨论先验分布 $F(\cdot)$[2]对结果的影响，它无偏地描述着行业内的企业数目。随着可预知市场前景的变好，或社会共识的加强，会有更多企业涌入到行业中，对其的无偏估计也体现为较高的先验分布，对产能建立及随后过程影响如下：

命题 3(先验分布 $F(\cdot)$ 变化的影响)：定义 $k_i^*$，$n_i^*$，$p_i^*(n)$ 为对应先验分布 $F_i(\cdot)$(为共同知识)的均衡结果。若 $F_2$ 一阶随机占优于 $F_1(F_2(n) \leqslant F_1(n)$，$\forall n)$，即 $F_2$ 意味着企业数目大的可能性较高，则有：

(3.1) 均衡产能 $k_2^* \leqslant k_1^*$，即企业估计到较高的分布后会相应调整，减小产能；

(3.2) 考虑二次成本函数 $C(k) = 0.5ck^2$，先验分布为任意

---

① 注意模型中已假设生产成本为零。
② 注意此先验分布始终为共同知识。

伽玛分布①$F_i \sim \Gamma(l, \theta_i)$ ($l > 0$, $\theta_i > 0$)。有 $F_2$ FOSD $F_1 \Leftrightarrow \theta_2 > \theta_1 \Leftrightarrow 1 - F_1(n_1^*) < 1 - F_2(n_2^*)$，即较高的先验分布下出现产能过剩的可能性也较大。

以上结果说明，即使对先验分布的估计总是无偏的，不同先验分布也会影响企业的产能建立决策，甚至行业出现潮涌现象的概率。在并不苛刻的条件下，无误且较乐观的市场预期（对应较高的分布）会导致较大的产能过剩的可能性。

在本文第二节提到，体现行业外部环境的因素包括国际市场价格、行业总需求和建厂成本等。接下来我们逐一分析这些外生变量的变化对结果的影响。②首先是国际市场价格环境，本文中用反需求函数 $p/\alpha = A - Q$ 刻画：给定总需求指数和国内总产量不变，较高的 $\alpha$ 对应着较高的市场价格。③

命题 4（市场价格环境 $\alpha$ 变化的影响）：随外部价格环境变好，

(4.1) 各企业建立的均衡产能加大：$\partial k^* / \partial \alpha > 0$；

(4.2) 行业发生产能过剩的概率增大：$\partial (1 - F(n^*)) / \partial \alpha > 0$；

(4.3) 产能利用率减小，产能过剩更加剧烈：$\partial (q^*(n)/k^*(n)) / \partial \alpha < 0 (n > n^*)$。

相似地我们可以讨论总需求的影响：

命题 5（总需求 $A$ 变化的影响）：随着社会总需求 $A$ 的提升，

---

① 这个结论对绝大多数形状相似、大小尺度不同的一组分布都成立；具体来说对满足 $F_i(x) = G(x/\theta_i)$ 的任一组分布都成立，这里 $\theta_i$ 为刻画分布函数大小尺度的参数。详见附录的相关证明。当讨论无界的先验分布，即在 $[0, +\infty)$ 上的连续分布时，伽玛分布为其中最典型的代表（且结论对各形状的伽玛分布均成立）。许多组有界的分布函数也满足这样的性质，譬如一组在 $[0, \bar{N}/\theta_i]$ 均匀分布等。

② 以下对于每个变量的讨论中，都假设其他因素（包括先验分布）不变。

③ 可能的原因包括较有利的汇率变动、国际市场价格上升等。

（5.1）企业会建立较大的均衡产能：$\partial k^{*}/\partial A > 0$；

（5.2）给定同样的企业数目，各企业均衡产量提升上升：$\partial q^{*}(n)/\partial A > 0$①；

（5.3）给定同样的企业数目，市场价格上升：$\partial p^{*}(n)/\partial A > 0(n > n^{*})$；

（5.4）给定同样的企业数目，各企业销售收益上升：$\partial\Pi^{*}(n)/\partial A > 0$。

上述结果说明，给定相同的实际总数目，均衡产能的增加并不会完全破坏较好需求带来的好处。应注意到，这些结果都是假设总需求上升已在建厂决策前被正确估计到，并且假设没有造成更多企业的涌入即企业实际数目和对其的估计都不改变的情形。之前的讨论已经提到，考虑到总需求提升会引发更多企业涌入时，这一良好外部环境带来好处可能会被破坏。最后考虑建厂成本的影响，在此我们主要讨论建厂的边际成本：

命题6（建厂成本的影响）：当建厂的边际成本 $C'(\cdot)$②增加时，

（6.1）各企业建立的均衡产能 $k^{*}$ 减小；

（6.2）行业发生（全面）产能过剩的概率 $1-F(n^{*})$ 减小；

（6.3）产能利用率 $q^{*}(n)/k^{*}$ 增大（当 $n > n^{*}$），产能过剩相对缓和。

以上结果说明，建厂边际成本增加会使得企业建立较小的产能，降低产能过剩发生的概率，并减缓产能过剩的剧烈

---

① 在本文提出的一般模型中，总需求变化本身对产能过剩概率的直接影响并不确定，与 $\partial/\partial k^{*}(C'(k^{*})/k^{*})$ 的符号有关：为正时，$A$ 上升造成产能过剩概率减小；为负时，$A$ 上升造成产能过剩概率加大；特别地，当 $C(k)=0.5ck^{2}$ 时有 $\partial/\partial k^{*}(C'(k^{*})/k^{*})=0$，$A$ 的变化对产能过剩概率没有影响。

② 称边际成本 $C_1'(\cdot)$ 小于 $C_2'(\cdot)$，若 $C_1'(k) < C_2'(k)$，$\forall k$。

程度。

上述的模型分析在不违背个人理性框架的前提下,为"对行业良好前景的社会共识引起大量企业和投资涌入,导致产能建立完成后行业中出现产能过剩"的潮涌现象提供了一个可能的微观机制:随着行业外部前景的变好,行业中产能过剩发生的可能性会直接增加;同时对较好外部前景的社会共识还会引起更多的企业涌入,对应于较高的先验分布,间接地增大产能过剩发生的概率。

在本文模型框架的基础上,今后的工作可以进一步考虑两个主要方向:首先,在现实中,各企业对不确知信息的主观估计常常可能与客观分布发生偏差,并可能出现异质的看法,在对行业外部前景存在很好的社会共识,社会中大量企业和投资涌入时,企业很可能低估涌入的规模,对应为主观上对企业数目先验分布的低估;特别是一些不正规的、地方的企业更因缺乏整体信息优势和产业经验系统性地低估总投资量,在企业间自然地产生异质性的信念。低估的偏误会引发更激进的投资决策,此时产能过剩发生的概率会高过本文描述的客观概率。[①]此外,各企业建厂决策往往不是同时进行的,并且发现到"某个行业有前景"也可能有时间先后的不同。由于建厂需要一定周期,时间因素的影响可能更加显著:企业建厂时又不确知是否有其他企业更先建厂,而较早进入行业会带来额外的益处(譬如在所有产能均建成前享受一段竞争较缓和的市场环境、预先在市场上竞争优势等),抱有"比别人先看到机会"、"比别人先进入"的投机想法,对短期利益的追逐,可能驱动各企业明知会存在长期过剩仍涌入行业。考虑到这些因素,"潮涌现象"便会更加"不可避免"

---

① 另一些对投资量估计比较充分的企业也无力扭转这一局面,甚至考虑到其他企业的激进决策,可能在对市场占有率等因素的追逐下也更激进地投资。

地发生。进一步地,在动态框架下,当行业已出现产能过剩,各企业意识到最终一定有企业被挤出市场,于是可能追加产能建设以便在规模竞赛中获胜,可能使产能过剩状况持续下去并更趋剧烈。①

## 六、现实意义讨论和政策启示

上述讨论表明,产能过剩可能独立于行业外部条件或经济周期波动的影响,而主要由个体理性投资的"潮涌"引发。少数情况下,这样的情形也可能发生在发达国家,例如上世纪90年代的信息产业和互联网,众多企业同时看好某个产业并大量涌入,导致了巨大的投资泡沫和产能过剩。与之相对,发展中国家的经济发展处于世界产业链内部,沿资本和技术密集程度不同的产业台阶,由低到高逐级而上不断升级。于是经济的每一次发展,企业要投资的大多是已在发达国家发展成熟、技术相对稳定、产品市场已经存在的产业,"后发优势"使得它们得以通过对发达国家相关产业发展历程等及已有技术、市场情况的分析,很容易对产业的前景正确预知并达成共识。②良好的社会共识引发经济中的资金、企业大量涌入某个行业,出现投资的"潮涌";而发展中国家的经济常常以投资拉动,并且投资来源相对分散,更加增大了投资规模并加剧了企业对其他投资情况的估计和协调难度。于是,在发达国家偶然出现的产能过剩,在快速发展的

---

① 以我国为例,各地方之间自然地形成竞争态势,都希望本地企业能维持下去;而"扶优汰劣"、"促进兼并重组"的结构调整相关政策也使企业有动力为存活下来而进一步新增产能,造成产能竞赛。参考国发[2006]11号文件。

② 但上述"优势"并不能帮助解决对企业总数量的估计及企业间协调上困难,因为在发达国家的发展历程中相关行业一般处于世界产业链的前沿,对前景的预知一般没有"社会共识"形成,罕有一轮社会投资集中在某个或某几个行业的现象。

发展中国家不但表现严重,还可能在一系列行业一波接一波地出现。造成众多产业普遍产能过剩,开工不足,市场竞争激烈,大量企业亏损破产;导致普遍的银行呆坏账上升甚至伴随着金融危机的严重结果。如果政府不进行任何引导,完全靠市场调节投资,发展中国家的国民经济很可能出现比发达国家更大而频仍的周期波动与经济危机。

在产业政策层面,鉴于"潮涌现象"对快速发展的发展中国家的重要影响,需要相应的产业服务与政策对其进行必要的预防,并对已发生的产能过剩问题予以解决。基于前面各节的讨论,可以形成如下几个层次的产业政策启示:

第一,加强对于新进入企业与新开工项目的服务,奠定对行业形势进行判断和管理的基础。一方面,应积极提供必要的服务,降低行政成本,使合格的企业更容易参与到规范化程序中;另一方面,严厉控制查处违规违法企业,保证尽量多的企业和项目处于合法、规范的体系中。

第二,积极建立信息发布服务制度,发挥政府的总量信息优势,并着手建立识别、评估产能过剩的体系。与个别企业或金融机构相比,政府对于行业内的企业总数目、供需情况、产能利用率及投资、信贷等总量信息具有信息优势;同时,总量信息的收集具有典型的外部性,应当作为政府服务来提供。因而政府应定期、及时、详尽地收集和发布这些信息,提示产能过剩风险,缓解投资者因信息不完全和协调困难引发的投资偏误,[①]更好地

---

① 注意到本文模型中,出现产能过剩的原因正是企业在建厂时对行业其他企业产能建立情况不了解,特别是对企业数目的不确知。若政府能规范管理并及时搜集、实时发布信息,各企业决策时就能实时掌握行业中其他企业的数量,乃至其他企业已建、在建产能的总量信息,消除投资层面的信息不完全,从而避免本文描述的这种产能过剩的发生。

发挥市场资源配置的基础性作用。对产能过剩的识别,也应以这些信息为依据,进行充分的核算和论证,以避免过于随意或不恰当的政策干预。此外,详细扎实的信息收集工作也是政府形成其他产业政策所必要的参考和根据。

第三,对产能过剩或潜在过剩的产业,可以通过采用适当的环保和能耗标准;适度降低相关补贴,或采取相应的金融政策进行控制。金融政策包括增大自有资金比重、对金融和信贷机构加强监管,引导和督促金融机构完善信贷审核。在环保和能耗部分,积极开展评估服务。理论上看,这些政策都直接或间接地起到提高建厂成本的作用,由本文前几节分析,可以缓解产能过剩的现象。

第四,企业退出决策仍应以市场机制主导;当产能过剩或潜在过剩问题严重时,应积极提供良性市场竞争环境而避免政府过度干预。首先,提供相关服务,引导企业依市场机制退出或转产,以充分发挥市场的选择作用。其次,即使需要直接淘汰产能时,必须以是否合法合规、是否满足环保能耗标准等作为前提,而不宜以企业大小作为淘汰的决定因素,[①]更不应草率地以调控政策代替市场直接进行资源配置或关闭某些企业。进一步,给定有进行政策引导产能淘汰和推进兼并重组的必要时,应当以严格合理地控制新建、在建产能为前提,并保障市场退出机制;否则这些政策本身将可能成为企业进行产能竞赛的诱因,致使在业已过剩的情况下发生更大规模的过剩。

在宏观经济层面,理解由投资"潮涌"引发的产能过剩,有助于更准确地判断经济形势,更全面地思考宏观经济政策:

第一,存在产能过剩的情况下,应对刺激经济的举措加以区

---

① 从经济竞争与公平的角度来看,在合法合规以及相似的环保能耗等标准下,如果中小型企业并没有表现出效率的劣势,就不应列为直接限制的对象。

分,避免投资进一步流入业已过剩的行业中。按照以凯恩斯理论为代表的已有经济理论,当一个国家经济陷入失衡状态时,应用赤字财政直接创造投资和消费,才能启动市场、创造就业、促进经济增长。这在当今经济形势下就有着突出体现,金融危机影响下各国经济跌至谷底,2009 年年初以来纷纷启动大规模刺激经济的投资举措。"潮涌现象"的存在提醒我们,对这些刺激经济的举措应加以区分,在中国这样已存在产能过剩的发展中国家尤其要注意"结构"的差异:对于可以增加国内就业和消费、扩大国内市场(包含产能过剩行业下游或终端市场)需求的政策,和可以克服制约成长各种瓶颈的措施,只要执行得好,理论上并无疑义(参见林毅夫,2008;Lin,2010)。但若刺激经济的投资大规模流向已存在产能过剩的行业或其上游产业,则会进一步加剧这些行业的产能过剩,可能把经济引入更大的困境。注意到上述投资举动在短期可略解燃眉之急,并使国民经济在一段时期内表现为较快增长和较低通胀率这样通常被认为是"良好态势"的局面,很容易误导政府和社会对其长期后果疏于警惕,而不采取必要的防范措施,甚至进一步加强实施方向错误的政策。

第二,在市场配置资源的基础上,在产业升级过程中发挥政府因势利导的作用,引导带动适宜的新兴产业,培育新的经济增长点。首先在要素禀赋结构提升到一定阶段时,政府应因势利导推进产业升级过程;当然此时应以自身要素禀赋结构特征为根据,充分利用自身的比较优势和后发优势,避免盲目推动赶超或鼓励不适宜的新技术、新产业。并且,处在特定要素禀赋阶段,可选择的产业往往也不唯一,此时政府可进一步发挥服务和引导作用,及时发布信息,缓解和避免社会资金潮涌进入一个或几个特定的行业中。

# 七、结　论

金融危机使得产能过剩问题广泛显现,成为理论和政策上尤为重要的问题。在林毅夫(2007)的基础上,本文放松了宏观经济学经典理论中"国民经济中下一个新的、有前景的产业何在是不可知的"这一重要暗含假设,考虑在对国民经济中产业的兴旺前景可正确预知、存在社会共识时,社会投资可能集中涌入某行业的"潮涌现象"。这样,产能过剩不仅是经济周期的直接产物,更可能是由(在对投资总量和其他企业行为)不完全信息下的投资决策所引发、在发展中国家中频仍出现和必须应对的问题。本文结果有助于更深入理解产能过剩现象,并作为政策制定的启发和实施的参考。

模型讨论表明,良好的社会共识引发社会投资大量集中于相关行业,即使投资企业均是个体理性的,但分散的企业之间在投资时难于协调的事实(在本文具体化为各企业对行业内企业总数量的不确知)仍然会导致在投资项目建成之后,发生产能过剩的可能性。随着实际企业数目的增大,行业中产能过剩的情况越发严重,激烈竞争导致价格大幅下跌,投资回报低落,甚至大量企业亏损破产乃至金融机构呆坏账持续上升等后果。

随着社会对行业良好前景的共识更加强烈,或预期中的行业前景进一步变好(本文中表现为产业的升级、较低的成本或较好的价格弹性等),涌入的企业数目和社会投资会更多,企业间相互了解、协调的难度也随之加大,行业会以更大的可能性和更剧烈的程度发生产能过剩。即使假设这种涌入已被各企业无偏地估计到,本文仍可以描述以较大可能发生的产能过剩,并伴随着更加严重的后果。

这种由投资层面引发的产能过剩,在投资拉动快速增长的发展中国家尤其严重,但却为大多数已有理论所忽视。理解这种产能过剩现象的机制,有助于更清楚地判断经济形势、制定相应的产业及宏观经济金融政策。在产业层面包括对企业和项目加强管理和服务,积极搜集和发布信息,制定适当的环保、能耗标准,完善企业退出机制等,而需慎行政府替代市场对产能进行直接干预。在政府的服务和引导下,应充分发挥市场的资源配置作用。宏观层面包括在应对危机时对刺激经济政策加以区分,避免投资流入已过剩行业,并在产业调整和升级中根据自身禀赋特征,发挥政府因势利导的作用,培育更多适宜的新兴行业和经济增长点,以此应对产能过剩对发展中国家经济带来的挑战。

## 附录:各节结论证明

**第三节:**

**命题 1** 证明:由对称性,在此考虑企业 1 的决策(后面证明中亦然)。给定行业内的其他企业均采用 $k^* = Y/n^*$,企业 1 若偏离 $k^*$,选取较大产能 $k_1 > k^*$,则(边际上)每提高单位产能只在 $n \leqslant n^*$ 时带来一单位产品价格的额外收益,期望收益增量不超过 $p \cdot F(n^* - 1) \leqslant c$,无法弥补多建产能的单位成本 $c$。若选取较小产能 $k_1 < k^*$,当 $n \geqslant n^*$,(边际上)每降低单位产能会带来损失,期望损失不小于 $p \cdot F(n^*) \geqslant c$,即节省的建厂成本无法弥补收益的期望损失。故企业没有(严格)动机偏离 $k^*$。命题成立。

**第四节:**

**引理 1** 证明:若 $n \leqslant n_0$,给定其他企业均充分利用产能生

产 $k_0$，企业 1 在子博弈（生产阶段）中的最优化问题为 $\max\limits_{q}\alpha(A-(n-1)k_0-q)q$ s.t. $q\leqslant k_0$，最优解为 $q^*=\min\{k_0,(A-(n-1)k_0)/2\}=k_0$。

若 $n>n_0$，给定其他企业均生产 $A/(n+1)$，企业 1 在子博弈（生产阶段）中的最优化问题为 $\max\limits_{q}\alpha(A-(n-1)\cdot A/(n+1)-q)q$ s.t. $q\leqslant k_0$，最优解为 $q^*=\min\{k_0,A/(n+1)\}=A/(n+1)$。

即子博弈均衡产量如引理 1 所示，市场收益经简单计算可得。

**引理 2** 证明：首先，参照引理 1 证明可知，当第一阶段其他企业 $j\neq 1$ 均建立产能 $k_0$，而企业 1 建立产能 $k_1\neq k_0$ 时，子博弈均衡产量及企业 1 的收益如下述（记 $n_0=A/k_0-1$，$n(k_1,k_0)=(A-2k_1)/k_0+1$）：

若 $k_1>k_0(n(k_1,k_0)<n_0)$：

$$(q_1^*,q_j^*)=\begin{cases}(k_1,k_0) & \text{if } n\leqslant n(k_1,k_0)\\((A-(n-1)k_0)/2,k_0) & \text{if } n(k_1,k_0)<n\leqslant n_0,\\(A/(n+1),A/(n+1)) & \text{if } n_0<n\end{cases}$$

$$\Pi_1^*(\vec{k};n)=\begin{cases}\alpha(A-(n-1)k_0-k_1)k_1 & \text{if } n\leqslant n(k_1,k_0)\\\alpha(A-(n-1)k_0)^2/4 & \text{if } n(k_1,k_0)<n\leqslant n_0\\\alpha(A/(n+1))^2 & \text{if } n_0<n\end{cases}$$

若 $k_1<k_0(n(k_1,k_0)>n_0)$：

$$(q_1^*,q_j^*)=\begin{cases}(k_1,k_0) & \text{if } n\leqslant n_0\\(k_1,(A-k_1)/n) & \text{if } n_0<n\leqslant n(k_1,k_0),\\(A/(n+1),A/(n+1)) & \text{if } n(k_1,k_0)<n\end{cases}$$

$$\Pi_1^*(\vec{k};n)=\begin{cases}\alpha(A-(n-1)k_0-k_1)k_1 & \text{if } n\leqslant n_0\\\alpha k_1(A-k_1)/n & \text{if } n_0<n\leqslant n(k_1,k_0)\\\alpha(A/(n+1))^2 & \text{if } n(k_1,k_0)<n\end{cases}$$

基于此计算在给定其他企业均建立产能 $k_0$ 时，企业 1 建立产能 $k_1$ 带来的期望收益及相应的一阶条件：

若采取 $k_1 > k_0$，企业 1 的期望收益为：

$$E_n\Pi_1^*(k_1 > k_0, k_0) = \alpha\int_0^{n(k_1, k_0)} (A - (n-1)k_0 - k_1)k_1 \mathrm{d}F(n) +$$
$$\int_{n(k_1, k_0)}^{n_0} (A - (n-1)k_0)^2/4\mathrm{d}F(n) +$$
$$\int_{n_0}^{\infty} A^2/(n+1)^2 \mathrm{d}F(n)$$

一阶导为 $\partial E_n\Pi_1^*/\partial k_1 \mid_{k_1>k_0} = \int_0^{n(k_1, k_0)} (A - (n-1)k_0 - 2k_1)\mathrm{d}F(n) > 0$，随 $k_1$ 递减。

若采取 $k_1 < k_0$，企业 1 的期望收益为：

$$E_n\Pi_1^*(k_1 < k_0, k_0) = \int_0^{n_0} (A - (n-1)k_0 - k_1)k_1 \mathrm{d}F(n) +$$
$$\int_{n_0}^{n(k_1, k_0)} \left(\frac{A - k_1}{n}\right)k_1 \mathrm{d}F(n) +$$
$$\int_{n(k_1, k_0)}^{\infty} \left(\frac{A}{n+1}\right)^2 \mathrm{d}F(n);$$

一阶导 $\partial E_n\Pi_1^*/\partial k_i \mid_{k_1<k_0} = \int_0^{n_0} (A - (n-1)k_0 - 2k_1)\mathrm{d}F(n) +$ $\int_{n_0}^{n(k_1, k_0)} (A - 2k_1)/n\mathrm{d}F(n) > 0$，亦随 $k_1$ 递减。

注意到当 $k_1 = k_0$ 时，$n(k_1, k_0) = n_0$，$A - (n-1)k_0 - 2k_1 = (A - 2k_1)/n$，有如下结果：

$$\frac{\partial E_n\Pi_1^*}{\partial k_1}\bigg|_{k_1<k_0} > \frac{\partial E_n\Pi_1^*(k_1 = k_0, k_{-i} = \vec{k_0})}{\partial k_1}$$
$$= \int_0^{n_0} \alpha(A - (n+1)k_0)\mathrm{d}F(n) >$$

383

$$\left.\frac{\partial E_n\Pi_1^*}{\partial k_1}\right|_{k_1<k_0}$$

再由各段中一阶导数随 $k_1$ 递减的性质,有全局的二阶性质: $\partial^2 E_n\Pi_i^*/\partial k_i^2 < 0$。

定理证明:给定其他企业均建立产能 $k_0$,及上述子博弈均衡,企业 1 进行产能决策的最优化问题为 $\max\limits_{k_1} E_nU_1(k_1, \vec{k}_0; n) = E_n\Pi_1(k_1, \vec{k}_0; n) - C(k_1)$。取 $k_0$ 满足 $C'(k_0) = \partial E_n\Pi_1^*(k_1 = k_0, k_{-i} = \vec{k}_0)/\partial k_1 = \int_0^{n_0} \alpha(A-(n+1)k_0)\mathrm{d}F(n) = \int_0^{n_0} \alpha k_0 F(n)\mathrm{d}n(*)$。由引理 $2 k_1^* = k_0$,均衡条件得证。

下面证明均衡的存在性,即(*)式有解:由模型设定,产能建设的成本边际递增(即 $k_1^* = k_0 C''(k) > 0$),而 $\dfrac{\partial}{\partial k_0}\int_0^{n_0} \alpha k_0 F(n)\mathrm{d}n$

$$= \int_0^{n_0} \alpha F(n)\mathrm{d}n + \frac{\partial n_0}{\partial k_0}\cdot \alpha k_0 F(n_0) = \alpha\cdot\left(\int_0^{n_0} F(n)\mathrm{d}n - \frac{A}{k_0}F(n_0)\right)\leqslant$$

$\alpha F(n_0)\cdot\left(n_0 - \dfrac{A}{k_0}\right) < 0$ 再验证边界条件即可知(*)式存在(唯一)解,为 $k_0 = k^*$。定理得证。

推论证明:当 $C(k) = 0.5\mathrm{d}k^2$ 时,如上述定理直接计算而得。

## 第五节

**命题 2** 证明:均衡中,$q^*(n) = A/(n+1)$(当 $n > n^*$),$p^*(n) = \alpha A/(n+1)$,销售收益 $\Pi^*(n) = \alpha A^2/(n+1)^2$。易知 (2.1) 至 (2.3) 的结论。另由 $C(k^*) > 0$,当 $n > \sqrt{\alpha A^2/C(k^*)} - 1$ 时,$\Pi^*(n) - C(k^*) < 0$,企业亏损。

**命题 3** 证明:由定理 $k_i^*$ 满足 $\alpha k_i^* \int_0^{n_1^*} F_i(n)\mathrm{d}n = C'(k_i^*)$,

反设 $k_2^* > k_1^*$。由定理证明 $\dfrac{\partial}{\partial k_i^*}\alpha k_i^*\displaystyle\int_0^{n_i^*} F_i(n)\mathrm{d}n < 0$，再由条件

$F_2(n) \leqslant F_1(n), \forall n$，有：$C'(k_2^*) = \alpha k_2^*\displaystyle\int_0^{n_2^*} F_2(n)\mathrm{d}n <$

$\alpha k_1^*\displaystyle\int_0^{n_i^*} F_2(n)\mathrm{d}n \leqslant \alpha k_1^*\displaystyle\int_0^{n_1^*} F_1(n)\mathrm{d}n = C'(k_1^*)$。

而 $C''(k) > 0 \Rightarrow C'(k_2^*) > C'(k_1^*)$。矛盾！故反设不成立，有 $k_2^* \leqslant k_1^*$，即结论(3.1)。

接下来对 $F_i(x) = G(x/\theta_i)$ 的一般情形证明(3.2)：二次成本函数，由第四节推论 $\displaystyle\int_0^{n_i^*} F_i(n)\mathrm{d}n = c/\alpha$。代入 $F_i(n) =$

$G(n/\theta_i)$ 得 $c/\alpha = \displaystyle\int_0^{n_i^*} G(n/\theta_i)\mathrm{d}n \Rightarrow \displaystyle\int_0^{n_i^*/\theta_i} G(n_i^*/\theta_i)\mathrm{d}(n_i^*/\theta_i) =$

$c/(\alpha\theta_i)$。由 $G(\cdot)$ 单调增，有 $\displaystyle\int_0^{n_i^*/\theta_i} G(n_i^*/\theta_i)\mathrm{d}(n_i^*/\theta_i)$ 随 $\theta_i$ 递

减；故 $F_i(n_i^*) = G(n_i^*/\theta_i)$ 随 $\theta_i$ 递减。即 $F_2$ FOSD $F_1 \Leftrightarrow \theta_2 >$

$\theta_1 \Leftrightarrow 1 - F_1(n_1^*) < 1 - F_2(n_2^*)$。伽玛分布有 $F_i(x) =$

$\gamma(l, x/\theta_i)/\Gamma(l)$，符合 $F_i(x) = G(x/\theta_i)$ 形式，证毕。

**命题 4** 证明：类似上述结论(3.1)的证明，采用反证法：反设对任意 $\alpha_1 > \alpha_2$，反设 $k_2^* \geqslant k_1^*$。相应不等式为：$C'(k_2^*) =$

$\alpha_2 k_2^*\displaystyle\int_0^{n_2^*} F(n)\mathrm{d}n \leqslant \alpha_2 k_1^*\displaystyle\int_0^{n_1^*} F(n)\mathrm{d}n < \alpha_1 k_1^*\displaystyle\int_0^{n_1^*} F(n)\mathrm{d}n =$

$C'(k_1^*)$，即可推出矛盾，(4.1)得证。

由 $k_2^* < k_1^*$ 知 $n_2^* > n_1^*$，故 $1-F(n_2^*) < 1-F(n_1^*)$，即有结论(4.2)。

由引理 1，当 $n > n^*$，$q^*(n) = A/(n+1)$，独立于 $\alpha$。因而当 $\alpha$ 增大，$k^*$ 增大，$q^*(n)/k^*(n)$ 减小。

**命题 5** 证明：对(5.1)，仍采用反证法：反设有 $A_1 > A_2$ 使

$k_2^* \geqslant k_1^*$，将推出矛盾。注意相应不等式变为下式：$C'(k_2^*) = \alpha k_2^* \int_0^{\frac{A_2}{k_2^*}-1} F(n)\,\mathrm{d}n \leqslant \alpha k_1^* \int_0^{\frac{A_2}{k_1^*}-1} F(n)\,\mathrm{d}n < \alpha k_1^* \int_0^{\frac{A_1}{k_1^*}-1} F(n)\,\mathrm{d}n = C'(k_1^*)$，已将 $n_i^* = A/k_1^* - 1$ 带入。由引理 1，各企业在第二期的均衡产量满足 $q^*(n) = \min\{A/(n+1), k^*\}$，两项均随 $A$ 递增，故有(5.2)。进而，当 $n > n^*$ 时，有 $p^*(n) = \alpha(A - nq^*(n)) = \alpha A/(n+1)$，随 $A$ 递增，即(5.3)。由(5.2)和(5.3)可得(5.4)。

**命题 6** 证明：反设有 $C_2'(\cdot) > C_1'(\cdot)$ 使 $k_2^* \geqslant k_1^*$，则 $C_2'(k_2^*) = \alpha k_2^* \int_0^{n_2^*} F(n)\,\mathrm{d}n \leqslant \alpha k_1^* \int_0^{n_1^*} F(n)\,\mathrm{d}n = C_1'(k_1^*)$；但 $C_2'(k_2^*) \geqslant C_2'(k_1^*) > C_1'(k_1^*)$。矛盾！故 $k_2^* < k_1^*$，(6.1)成立。进而有 $n_2^* > n_1^*$，故 $1 - F(n_2^*) < 1 - F(n_1^*)$，即(6.2)。

当 $n > n^*$，$q^*(n) = A/(n+1)$ 独立于 $C'(\cdot)$。因而随 $C'(\cdot)$ 增大，$k^*$ 减小，$q^*(n)/k^*(n)$ 增大，即有(6.3)。

**参考文献**

林毅夫，2007：《潮涌现象与发展中国家宏观经济理论的重新构建》，《经济研究》第 1 期。

林毅夫，2008：《经济发展与转型——思潮、战略与自生能力》，北京大学出版社。

卢锋，2010：《治理产能过剩》，天则经济研究所 399 次学术报告会纪要。

王长胜（主编），2007：《2007 年：中国与世界经济发展报告》，社会科学文献出版社。

中华人民共和国国家统计局，2001—2009：《中国统计年鉴》，2000—2008 年。

周黎安，2004：《晋升博弈中政府官员的激励与合作——兼论我国地方保护主义和重复建设问题长期存在的原因》,《经济研究》第 6 期。

周其仁,2007:《"产能过剩"的原因》,载于《世事胜棋局》,北京大学出版社。

Barham, B. and R. Ware, 1993, "A Sequential Entry Model with Strategic Use of Excess Capacity", *Canadian Journal of Economics*, 26 (2):286—298.

Benoit, J. and V. Krishna, 1987, "Dynamic Duopoly: Prices and Quantities", *Review of Economic Studies*, 54(1):23—35.

Banerjee, A. , 1992, "A Simple Model of Herd Behavior", *Quarterly Journal of Economics*, 107(3):797—817.

Levin, D and E. Ozdenoren, 2004, "Auctions with Uncertain Number of Bidders", *Journal of Economic Literature*, 118(2):229—251.

Lin, Justin Yifu, 2010, "New Structural Economics: A Framework for Rethinking Development", The World Bank Policy Research Working Paper WPS5197.

Myerson, R. , 1998, "Population Uncertainty and Poisson Games", *International Journal of Game Theory*, 27(3):375—392.

McAfee, R. and J. McMillan, 1987, "Auctions with a Stochastic Number of Bidders", *Journal of Economic Theory*, 43(1):1—19.

Paraskevopoulos, D. , E. Karakitsos and B. Rustem, 1991, "Robust Capacity Planning under Uncertainty", *Management Science*, 37 (7): 787—800.

(原载《经济研究》2010 年第 10 期)

# 对《"潮涌现象"与
# 产能过剩的形成机制》一文的评论

## 聂辉华

（中国人民大学经济学院）

中国在处于计划经济向市场经济转轨的过程中,各地区经常发生大量的重复建设、过度竞争和产能过剩,这阻碍了中央政府的宏观调控,更重要的是导致了大量资源的错误配置(misallocation)。然而,很多出现产能过剩的行业并非夕阳行业,而通常是符合国际发展潮流的朝阳行业,需求比较旺盛,存在较大的盈利空间。林毅夫(2007)将这类需求前景良好的行业出现的大量产能过剩现象称为"潮涌现象"。在此基础上,林毅夫、巫和懋和邢亦青(2010)通过构建一个企业博弈模型为这种现象提供了微观经济学解释。他们认为,面对良好的市场前景,大量企业同时进行投资,但由于信息不对称而无法协调,每个企业都不清楚行业中企业的确切数目,最终导致事前的重复建设和事后的产能过剩。

林毅夫等人2010年的《"潮涌现象"与产能过剩的形成机制》这篇文章,关注了中国转型时期的一个重要现象,而且这个现象在其他发展中国家也普遍存在,因此抓住了真实世界中的重要问题。作者对"潮涌现象"的解释具有较好的逻辑自洽性,确实能够从企业协调失灵的角度对这类宏观现象提供有力的微观解释。从这个角度讲,这篇文章也提供了采取微观经济分析方法透视宏观现象并提供宏观政策启示的一个成功模板。当前,无论是学术界,还是企业界以及传媒界,人们对宏观经济现象似乎比以往更加关注。但是,对宏观问题进行扎实分析的研究文献却并不多,为宏观现象提供微观基础的文献就更少。我以为,在这个意义上,本文分析问题的方法和视角比本文的结论本身更加重要。

在建模技术上,作者有四个关键假设:(1)企业是同质的;(2)企业同时进行投资;(3)企业不清楚行业内企业的确切数目;(3)企业在产品市场上进行古诺竞争。通过逆向归纳法,作者求解了均衡并得到了一些命题。最主要的结论是,随着企业数目的增大,市场竞争加剧,价格近似于零,很多企业会破产。我认为,后续的研究可以通过修改上述假设,得到新的结论。例如,如果企业之间是异质的,并且在产品市场上进行伯川德价格竞争,由于规模经济的作用,那么就会出现大企业兼并小企业的情况。此时产能可以作为一个企业进入行业的信号,那些小企业如果预料到在事后没有成本优势,在事前就会选择退出。在这种情况下,也许产能过剩现象就不会那么严重。从经验上,我们可以使用行业层面的数据检验,是否在那些具有显著规模经济的行业,产能过剩出现的概率更少?此外,真实世界中的企业在进行投资时,通常会考察行业内的预期产量和其他企业的投资决策,这意味着企业并不是真正同时进行投资,而是序贯投资。那么,从这个角度讲,"羊群效应"应该是存在的。对应于经验检验,在那些进入壁垒较高的行业更容易形成序贯投资,它与同时投资导致的产能过剩有什么不同的影响渠道和结果? 对这些扩展问题的解答会形成更加具体的结论,也有利于提供更有针对性的政策建议。

　　当然,"横看成岭侧成峰,远近高低各不同"。对于产能过剩这样重要、频繁发生在我国的现象,学者们从不同的角度会得到不同的看法。较早的时候,江小涓(1995,1998)对国有企业的产能过剩和"过度竞争"进行了深刻的分析,并以纺织行业和冰箱制造业为例进行了讨论。她认为,国有企业的退出壁垒、企业之间的不公平竞争以及要素市场和产品市场的不协调导致了产能过剩现象。考虑到本文所分析的产能过剩主要发生在钢铁、电解铝、多晶硅等国企主导的重工业,我认为江小涓的分析仍然适用。此外,还有不少学者从其他角度进行了分析。但遗憾的是,本文的作者并没有注意到上述研究,至少在文章中没有提及上述重要文献。事实上,本文提及的几篇中文参考文献(不含数据或报告)全部是北大学者的成果,这多少有失偏颇。在其他视角中,我更看重对地方政府行为的分析。众所周知,20世纪90年代之后,基于分税制的财政分权和基于经济绩效的晋升竞争使得地方政府高度重视能够带来大额增值税的重工业项目,而国企正是实现重工业项目投资的关系纽带,这是导致各地方重复建设和产能过剩的根本原因。没有地方政府的政绩驱动,没有国有企业对地方政府的配合,单纯的民营企业竞争不太可能导致重工业的产能过剩,最多导致轻工业的产能过剩。但轻工业的产能过剩带来的沉没成本的损失会小于重工业的损失。作者注意到了这类观点,但是认为聚焦于企业数目竞争会更具一般性。我对此不敢苟同:一方面,由于地方政府和与之关联的国有企业是背后的驱动力量,作者为了抽象出一般性原因而舍弃了对地方政府和国企的分析,这可能抓住了次要原因而漏掉了主要原因。另一方面,发展中国家在赶超过程中都会充分利用政府对产业政策的重要影响,例如早期的日本、韩国,政府对产业发展的角色不可忽视。这说明,重视地方政府的作用并不意味着使得"潮涌现象"的分析失去了一般性。

## 参考文献

林毅夫,2007,《潮涌现象与发展中国家宏观经济理论的重新构建》,《经济研究》,第1期。

林毅夫、巫和懋、邢亦青,2010,《"潮涌现象"与产能过剩的形成机制》,《经济研究》,第10期。

江小涓,1995,《国有企业的能力过剩、退出及退出援助政策》,《经济研究》,第2期。

江小涓,1998,《市场化进程中的低效率竞争》,《经济研究》,第3期。

# 宏观经济学专题

# 消费决定与投资结构调整：
# 中国的经验及其含义[*]

### 许月丽
（浙江理工大学、浙江大学管理学院）

### 战明华
（浙江理工大学）

### 史晋川
（浙江大学经济学院）

## 一、引　言

　　近几年来，提高国内居民消费需求，以减少经济增长对外贸与投资的依赖，被认为是中国经济转型的根本出路。从中国的实际出发，深入分析消费决定背后的经济动因，是实现这一目标的关键。为了寻求解决问题的思路，有必要先来回顾一下关于消费决定问题及以中国为具体对象的关于这一问题的相关研究。

　　现代消费决定理论至少可以追溯至 Keynes（1936），在其著名的《就业、利息与货币通论》中，提出了当期消费取决于当期收

---

[*]　本研究得到了国家社科基金重大项目"贯彻落实科学发展观与加快转变经济发展方式——基于经济结构调整视角的研究"（编号：07&ZD008）、浙江省自然科学基金（编号：Y6080177）的资助，特此致谢。

入的论断,并对二者的具体关系进行了探讨。但是,凯恩斯的理论很快在现实中遇到了解释能力不足的困难,于是 Friedman (1957)的永久收入理论便应运而生。在这一理论中,Friedman 将消费的决定归因于生命期内的所有收入。尽管这种观点得到了广泛的支持,但关于其有效性的争论仍在继续(Huang et al.,2008;DeJuana and Seaterb,2007;Miki and Charles,2006)。与此前的确定性环境下的研究不同,Hall(1978)在不确定条件下给出了消费决定的随机游走假说。这一假说认为现期收入变化引起的消费变化对未来有着持久性的影响,而不是永久收入假说所预期的那样只有短期的影响,但是这一理论并未得到经验分析的有力支持(Campbell and Mankiw,1989;Haug,1991;Nakamura and Small,2007)。其后的研究则主要是致力于将影响消费的其他因素引入模型,这些因素包括利率(Mankiw,1981;Hall,1988;Langlais,1995)、风险资产投资(French and Poterba,1991;Trojani and Vanini,2002;Waggle and Johnson,2008)、流动性约束(Zeldes,1989;Holod and Peek,2007;Engelhardt and Kumar,2008)等。不过,深入地分析可以发现,无论这些理论的具体形式如何,均隐含着一个假定:家庭部门的收入是外生给定或是完全可预期的。这种局部均衡分析对于在一定范围内透彻地理解某一现象有着重要的意义,但从全局的视角来看,其缺陷是容易忽略一些重要的因素。然而,这并非问题的全部,因为建立在一般动态均衡基础之上的 Ramsey-Cass-Koopmans 模型以及代际交叠模型均考虑了投资与消费的动态决定问题。不过,这些模型仍然给定了一个假设:不存在城乡经济分割和经济中的投资是同质的。因而,与古典储蓄规则一样,这些理论也认为消费与投资具有替代关系。显然,这一假设与中国的经济事实并不相符。

针对于中国的具体经济环境,国内学者对中国的消费决定问题进行了深入研究。臧旭恒(1994,1995)与余永定和李军(2000)较早地从收入期限结构、居民跨时预算约束和制度等视角系统考察了中国居民消费函数的特征。在此基础上,此后的学者从不同角度对此做了进一步的研究(臧旭恒、曲创,2002;臧旭恒等,2007;廖成林、青雪梅,2005;李鲲鹏,2006;李武,2007)。有的学者则从不同角度指出了制约中国居民消费不足的深层原因,并探求了解决路径(刘国光,2002;张东辉、司志宾,2006;田学斌,2008)。由于经济现象的复杂性,已有研究对于诸如投资的严重非同质性等一些中国特质的关注仍较缺乏,而从动态的视角看,这类因素对消费决定的影响是明显的。

基于以上的分析,本文拟从一个新的视角——非农部门投资的非同质性出发,对中国的消费与投资的关系进行动态的解释,并利用面板数据测定不同形式投资对消费的影响效应。基本观点是:不同于一般的自然演进二元经济转型增长过程,中国的投资与消费的关系由于非农部门内部投资的严重非同质性而具有了与传统理论不同的特殊性。这种特殊性的具体表现是不同投资形式对消费率变化的影响具有相当大的差异,且所有投资形式对提高消费率的影响均随时间推移而减弱,只有个体与私人(下文简称个私)投资始终对提高消费率具有正效应。不同投资形式对消费影响所表现出差异的深层次原因在于政府干预或利润分配形式不同所造成的不同投资形式下可分配资本边际产出的不同。由此,本文研究的意义在于:不同于通常的投资与消费具有替代关系的传统理论,在投资非同质条件下,对通过调整投资结构可以提高消费率的观点进行了系统的分析与验证。

文章后面部分结构安排如下:第二部分在一个二元转型增

长模型中对投资与消费的关系进行比较静态考察;第三部分从非农部门内部的投资非同质性出发分析投资与消费的动态关系;第四部分对中国的投资与消费进行一个描述性统计考察;第五部分利用分省面板数据对中国的投资与消费关系进行经验检验;最后是结论与政策含义。

## 二、消费比重降低是否是二元转型的必然：
### 一个比较静态的简单考察

发展中经济的一个典型特征是经济的二元性,经济发展的一个主要表现即是不断进行的二元转型,因而消费与投资的变化及其关系也是在这一背景下体现的。本部分试图在一个简单的二元转型增长框架下来分析消费与投资的关系,目的是为进一步的分析提供一个基准。

### (一)经济环境假设

假设经济中存在农业与工业两个部门,农业部门只包括将生产与消费合二为一的同质农业家庭且存在着大量的剩余劳动力,工业部门则由同质的生产部门、工人家庭与资本家三者构成,其中工人家庭为生产提供劳动力并从中获取工资收入,资本家则从生产中获取利润并将利润所得全部转化为资本。工业部门的生产追求产出最大化,其生产函数 $Q = F(K, L)$ 严格正则拟凹。经济通过农业部门不断向工业部门转移多余的劳动力而实现转型,转型的过程分为两个阶段:$[t_0, t_1]$ 和 $[t_1, t_2]$,其中 $t_1$ 点是所谓的"刘易斯拐点"。在 $[t_0, t_1]$ 时段内,农村劳动力的边际产出为 $0$,因而工业部门的工人保持不变的工资水平 $\overline{W}$;在 $[t_1, t_2]$ 时段,农村劳动力的边际产出不再是 $0$,因而工人的工资水平随转型的深入而不断提高,即满足 $W'(t) > 0$。

398

### (二) 消费与投资关系的几个命题

**命题 1:**若不考虑工业与农业之间的部门交换以及农业部门的消费,且生产技术与规模收益不变,那么随着经济中投资的上升,消费占总产出的比重呈先不变后上升的变化趋势。

情形 1: $t \in [t_0, t_1]$。根据假设,若初始时期工业部门的劳动与资本投入分别为 $L$、$K$,则工人家庭部门的消费水平为:$C_{11} = \overline{W}L$,其占总产出的比重为:

$$\theta_{11} = C_{11}/Q_{11} = \overline{W}L/F(K, L) \tag{1}$$

现假定工业部门的资本增加为 $\sigma K (\sigma > 1)$,则由于技术及规模收益不变、农业部门可以以不变价格无限提供劳动力,故最优技术效率要求工业部门的劳动力数量增加为 $\sigma L$,于是此时工人家庭部门的总消费占比为:

$$\begin{aligned} \theta_{12} &= C_{12}/Q_{12} = \sigma \overline{W}L/\sigma F(K, L) \\ &= \overline{W}L/F(K, L) = \theta_{11} \end{aligned} \tag{2}$$

情形 2: $t \in [t_1, t_2]$。此时工人工资水平为 $W(t)$ 且有 $W'(t) > 0$,故在初始时期工人的总消费占比是:

$$\theta'_{11} = W(t)L/F(K, L) \tag{3}$$

若在 $t'(t' > t)$ 时期资本扩大 $\sigma$ 倍,类似于上面的推导可知,工人的消费占比为:

$$\begin{aligned} \theta'_{12} &= \sigma W(t')L/\sigma F(K, L) \\ &= W(t')L/F(K, L) > \theta'_{11} \end{aligned} \tag{4}$$

命题 1 得证。

**命题 2:**若考虑工业与农业部门的交换且交换仅在工人与农民之间进行,单位工人交换农产品的数量以及农业产出不变,那么随着投资的增加,经济中总消费与总产出之比会呈不断下降的趋势,但下降速度会不断减慢。

假设工业部门与农业部门之间的贸易条件为 $d = Pa/P_i$,其中 $Pa$ 和 $P_i$ 分别为农业与工业产品价格水平。工业部门用数量为 $Q_{i2}$ 的工业品从农业部门交换了数量为 $Q_{a2}$ 的农产品。于是有:

情形 1:$t \in [t_0, t_1]$。由于此时农业部门存在大量剩余劳动力,即农业产出保持不变,故初始时经济中用货币价值表示的总消费为:

$$C_{21} = (\overline{W}L - Q_{i2}P_i + Q_{a2}P_a) + [F_a(L_a) - Q_{2a}P_a + Q_{2i}P_i]$$
$$= \overline{W}L + F_a(L_a) \tag{5}$$

这里 $F_a(L_a)$ 是农业部门生产函数,$L_a$ 是其劳动投入,$F'_a(L_a) = 0$。在工业部门的资本积累扩大 $\sigma$ 倍后,有:

$$C_{22} = \sigma(\overline{W}L - Q_{i2}P_i + Q_{a2}P_a) + [F_a(L_a) - \sigma Q_{a2}P_a + \sigma Q_{2i}P_i]$$
$$= \sigma \overline{W}L + F_a(L_a) \tag{6}$$

于是,两个时期的消费占比分别为:

$$\theta_{21} = \frac{\overline{W}L + F_a(L_a)}{F(K, L) + F_a(L_a)} \text{ 和 } \theta_{22} = \frac{\sigma \overline{W}L + F_a(L_a)}{\sigma F(K, L) + F_a(L_a)} \tag{7}$$

由于 $F(K, L) > \overline{W}L$,因而易知,在分子、分母分别增加 $(\sigma - 1)\overline{W}L$ 和 $(\sigma - 1)F(K, L)$ 后,分子比原来值增大的比例要小于分母,故 $\theta_{22} < \theta_{21}$。

情形 2:$t \in [t_1, t_2]$。同样在两个时点 $t$、$t'$($t < t'$)内考虑问题,利用与情形 1 相似的推导过程可得两个时点的消费占比分别为:

$$\theta'_{21} = \frac{W(t)L + F_a(L_a)}{F(K, L) + F_a(L_a)} \text{ 和 } \theta'_{22} = \frac{\sigma W(t')L + F_a(L_a)}{\sigma F(K, L) + F_a(L_a)}$$
$$\tag{8}$$

400

由于 $W'(t) > 0$，因而与上面的逻辑类似，由于此时在时点 $t'$ 分子增大的比例要大于情形 1，故虽有 $\theta'_{21} > \theta'_{22}$，但变化幅度小于情形 1。命题得证。

**命题 3:** 假定不考虑部门间的交换及农业部门的消费、资本收益是递减的且规模收益对于有效生产要素保持不变，那么随着资本积累的增加，劳动增进型的技术进步有助于提高消费，资本增进型的技术进步会减少消费。不过，从长期均衡的视角来看，技术进步不会造成消费在收入占比的降低。

情形 1: $t \in [t_0, t_1]$。假设初始时刻 $t$ 没有发生技术进步时的生产函数为：$Y_t = F(K, L)$，而在资本积累扩大 $\sigma$ 倍的 $t$ 时发生技术进步后的生产函数形式为：[①]$Y_t' = F(\sigma K, \sigma A L) < \sigma A F(K, L)$，[②]$\sigma$、$A > 1$。于是此一时段内两个时刻的消费占比分别为：

$$\theta_{31} = \overline{W}L / F(K, L) = \theta_{11} \tag{9}$$

$$\theta_{32} = \sigma A \overline{W}L / F(\sigma K, \sigma A L) > \sigma A \overline{W}L / \sigma A F(K, L) = \theta_{12} \tag{10}$$

式(10)表明，由于技术进步增大了劳动在整个收入中所占的相对份额，因而在新的技术条件下，资本积累增加的结果是消费在经济总产出中比重的提高。

易证，在情形 2($t \in [t_1, t_2]$) 的情况下，随着资本积累的增多，劳动增进型的技术进步不仅相对于情形 1 进一步提高了消费在经济中的占比，而且使消费占比高于没有技术进步的命题 1 的情形。

---

① 由于生产函数的形式未变，故在规模收益不变的假定下，最优技术效率要求生产要素的比例恒定。

② 在生产函数形式不变的情况下，最优技术效率要求生产要素有一个恒定的比例。

同样可证明技术进步是资本增进型的情形。由于在通常的条件下,能保证长期均衡存在的技术进步必定是劳动增大型的(舒元、谢识予,1998),因而命题的最后一个结论得证。

通过上面几个简单的命题可知,在二元经济条件下,由于存在着农村劳动力向城市的不断转移,因而在大多数情况下,随着转型的推进,消费占总产出的比重将随着经济中资本积累而增加,或至少其下降幅度不断降低,而这一点即使在考虑到部门间的交换与技术进步时也成立。由 Kuznets(1966,1980)关于现代经济增长特征的归纳可知,命题中的结论基本与其相符。

## 三、非农部门内部二元性与消费投资动态

对经济的广泛干预是发展中经济的另一重要特征,这种干预的具体表现之一即是政府直接参与企业投资或对不同企业实行选择性的优惠,从而造成企业竞争事实上的不平等。这意味着,发展中经济在存在农村与城市总体二元性的同时,工业部门内部也由于企业非同质而存在着二元性:一部分企业只能在竞争性市场上获取资金与生产产品,因而资本边际产出较高但人均资本较低;而另一部分企业由于政府提供担保或创造各种租金而造成在相应领域的投资过度并在非竞争性的市场上进行生产,因而资本边际产出较低但人均资本较高。本部分将分析这种结构性特征对消费与投资关系的影响。

### (一) 经济环境

经济仍分为农业与工业两大部门,但工业部门不再是同质的,而是分为部门 1 与部门 2,其中部门 1 有政府资金支持而部门 2 没有。部门 1 平均吸收 1 单位劳动力所用资本 $\psi_1(t)$ 和资

本边际产出 $F_1'(K_{1t})$ 要分别大于部门 2 的 $\psi_2(t)$ 和小于等于部门 2 的 $F_2'(K_{2t})$,①两个部门均遵循资本边际产出递减规律。假定工业部门仅由生产部门与工人家庭两者构成,除政府投入外,生产部门的投资来自工人家庭的储蓄,工人家庭则根据长期动态最优化来决定每期的消费与储蓄数量。不考虑广义技术进步和农业部门家庭。

**(二) 经济动态**

我们只分析确定性条件下的情况,即工人家庭将决定收入的未来变量看做是给定的。另外,假定工人家庭的数量 $H$ 保持不变,但农业部门以速率 $n$ 不断向工业部门转移劳动力且工人家庭在部门 1 与部门 2 之间按资本吸收能力配置劳动力。这意味着工业部门的家庭实际是随着劳动力的跨部门转移而不断增大的,但从现实来说,由于可能从农业部门进入工业部门的潜在劳动力对工业劳动力具有竞争性,因而这种劳动力的转移严格来说并不会增加理性工业部门家庭的效用。不过由于本部分一般动态均衡分析的逻辑是:研究目的是增长的均衡状态,而增长决定于部门资本与劳动的积累,资本与劳动的积累则取决于储蓄,储蓄决定于收入在部门 1 与部门 2 之间的分配以及家庭的储蓄率。因而从直观上来看,最终决定经济稳态的因素是收入的部门间分配与储蓄率,故在此处,我们仅假定家庭的效用取决于收入,而忽略劳动力市场的竞争性给家庭带来的不快。据此,典型家庭的长期消费最优决策可如下刻画:

---

① 资本边际产出假设的目的在于抓住政府会影响资金竞争性配置这一主要特征,这也使得本文的两部分划分假设区别于一般的工业类型的划分。比如,竞争条件下的重工业人均资本高,但资本边际产出却未必低。人均资本的假设源于中国存在许多与政府干预有关的行业产能过剩的现实(龚刚、林毅夫,2007)。

403

$$\max \int_{t=0}^{\infty} e^{-\rho t} u(c_t) e^{nt} \, \mathrm{d}t \tag{11}$$

$$\text{s. t.} \int_{t=0}^{\infty} e^{-rt} c_t e^{nt} \, \mathrm{d}t = \int_{t=0}^{\infty} e^{-rt} \frac{K_{1t}}{H\psi_1} w \mathrm{d}t + \int_{t=0}^{\infty} e^{-rt} \frac{K_{2t}}{H\psi_2} w \mathrm{d}t \tag{12}$$

各变量含义：$c_t$ 为家庭的消费，$\rho$ 为时间偏好率，$r$ 为利率水平，$w$ 为工资水平，[1]$K_1$ 为部门 1 的总资本积累，$K_2$ 为部门 2 的总资本积累，$r = \alpha F_1'(K_{1t}) + (1-\alpha) F_2'(K_{2t}) = \alpha f_1'(\psi_1) + (1-\alpha) f_2'(\psi_2)$，[2]其中 $\alpha = K_{1t}/(K_{1t} + K_{2t})$，假定家庭的初始资产为 0。

在效用函数取特殊的 CRRA 形式 $U(c_t) = c_t^{1-\gamma}/1-\gamma$，$\gamma \geqslant 0$，$\gamma \neq 1$ 的条件下，式(11)、式(12)所决定的家庭跨期消费最优化的欧拉方程为：

$$\frac{\Delta c_t}{c_t} = \frac{r-\rho}{\gamma} = \frac{\alpha f_1'(\psi_1) + (1-\alpha) f_2'(\psi_2) - \rho}{\gamma} \tag{13}$$

另外，不考虑折旧，经济中资本积累的动态为：

$$\dot{\psi_1}(t) = f_1(\psi_1) - \theta\left(\psi_1, \psi_2, \frac{K_1}{K_2}\right) c_t - n_1 \psi_1(t) \tag{14}$$

$$\dot{\psi_2}(t) = f_2(\psi_2) - (1-\theta) c_t - n_2 \psi_2(t) \tag{15}$$

这里 $\theta = (K_1/\psi_1)/[(K_1/\psi_1) + (K_2/\psi_2)]$，$0 < \theta < 1$，$n_1 + n_2 = n$。假定新增劳动力按不同部门的吸收能力平均分配到不同部门中去，那么有 $n_1 = \Delta K_1/H\psi_1$、$n_2 = \Delta K_2/H\psi_2$。在消费和两部门资本稳定增长的条件下，由式(13)、式(14)、式(15)可得：

---

① 假定部门间劳动力市场是连通的，因而部门间工资水平是相同的。

② 小写是以人均形式表示的函数。

$$\alpha f_1'(\psi_1) + (1-\alpha)f_2'(\psi_2) = \rho \qquad (16)$$
$$c_t = f_1(\psi_1) + f_2(\psi_2) - (n_1\Delta K_1/H + n_2\Delta K_2/H) \qquad (17)$$

假定 $\Delta K_i$ 与 $\psi_i$ 不相关,即劳均资本与投资总量无关,这意味着两个部门的经济均不能分享规模扩张所带来的专业分工好处。在此条件下,基于研究的目的,下面我们通过相图来研究经济整体的人均资本 $\psi = (\psi_1 + \psi_2\delta)/(1+\delta)(\delta = L_2/L_1)$ 和人均消费 $c_t$ 的动态变化。出于比较分析的目的,我们通过假定初始消费为稳定增长时,存在一个固定的 $\psi_1$、$\psi_2$。图1给出了两个变量的各种可能的稳定增长轨迹。

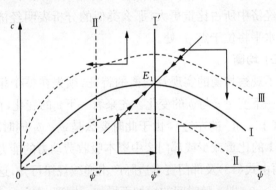

**图1　人均消费与人均资本的稳定增长变化轨迹**

图1中的Ⅰ、Ⅱ、Ⅲ表示人均消费 $c_t$ 的三种可能稳定增长路径,一个具体但不太正规的解释如下:若 $\psi_1$、$\psi_2$ 持续等比例同时增大,那么根据前面两部门资本边际产出递减的假设及式(17)可知,单位 $\psi_1$、$\psi_2$ 的增大将引起 $c_t$ 的变化沿不断减少的轨迹运行,即 $c_t$ 关于 $\psi_t$ 的斜率不断减少,图中的Ⅰ反映了这种变化;若 $\psi_1$ 增大、$\psi_2$ 不变 $(\psi = (\psi_1 + \psi_2\delta)/(1+\delta)$,$\delta = L_2/L_1)$,即新的资本积累全部集中于部门1,那么由于部门1的资本边际

产出递减而部门 2 的不变且 $f_1'(\psi_1) < f_2'(\psi_2)$，以及部门 1 对劳动的吸收能力相对更弱，故消费将按 II 所示的低于 I 的稳定路径运行；类似地，由于部门 2 的资本边际产出更大，因而在 $\psi_1$ 不变、$\psi_2$ 增大的情形下，消费将按 III 的高于情形 I 的稳定路径运行。

I′、II′表示人均资本 $\psi_t$ 的可能稳定增长路径，对此两种选择的解释是：若 $\alpha$ 较大，即部门 1 在整个经济中所占比重较大，那么由于 $\rho$ 是一个常数且 $f_1'(\psi_1) < f_2'(\psi_2)$ 以及资本边际产出递减，因而要保持式(16)成立，唯有加权之后整个经济的人均资本 $\psi$ 保持较低的水平，即位于点 $\psi^{*\prime}$；同样，若 $\alpha$ 较小，即部门 2 在整个经济中所占比重更大，那么类似的分析表明经济中的人均资本水平将位于点 $\psi^*$ 处。

### (三) 均衡

为了观察均衡的实现及均衡的特征，须先在整个相图的象限内看一下变量 $c$ 与 $\psi$ 的变化。先来看一下 $c_t$ 的变化，在 $\dot{c}_t = 0$ 的左边（I′、II′的左边），由于此时要么是 $\psi_1$、$\psi_2$ 同时减少，要么部门 1 的比重减少或部门 2 中资本吸收劳动力的能力进一步增强，而由式(13)及部门资本边际产出递减规律可知，这都意味着 $\Delta c/c > 0$，即 $c_t$ 随时间的增加而增加。同理，在 $\dot{c}_t = 0$ 的右边（I′、II′的右边），$c_t$ 随时间的增加而减少。再看 $\psi_t$，由式(14)、式(15)，无论是 $\dot{\psi}_{1t}$ 还是 $\dot{\psi}_{2t}$，它们关于 $c_t$ 的导数均小于是 0，故无论是何种情况，在 I、II、III 曲线的上方，$\psi_t$ 是不断减少的，而在它们的下方，$\psi_t$ 是不断增加的。总起来看，变量随时间变化的方向如图 1 中箭头所示。[①]

根据式(12)所决定的横截条件（非蓬齐对策条件）及曲线

---

① 这里仅给出的是曲线 I 和 I′的情形。

406

Ⅰ、Ⅰ′分别关于$c_t$和$\psi_t$是连续变化的可知(Romer，2001)，经济存在一个鞍点均衡，图1中给出了惟一的一条可以实现均衡的流线。由于现在的目的是分析部门1与部门2相对比重变化对均衡路径及均衡实现的影响，故先来看一下经济的可能均衡路径与均衡点。由前面对$c_t$和$\psi_t$的稳定增长路径分析可知，经济中部门结构的组合有以下几种：一是两个部门均增大；二是部门1增大占主导；三是部门2增大占主导。这三种情况分别对应如下的曲线组合：（Ⅰ，Ⅰ′）、（Ⅱ，Ⅱ′）和（Ⅲ，Ⅰ′），由此决定的三条均衡的路径$P_1$、$P_2$、$P_3$见图2。

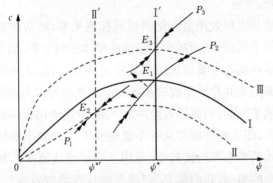

**图2　投资结构调整与均衡增长的转型**

由图2，如果初始经济中部门1占主导且资本的积累主要由其完成，那么在消费者跨期决策最优和家庭长期预算约束须被满足等条件下，经济只能沿着路径$P_1$运行，并在点$E_2$实现均衡。也就是说，经济将稳定在一个低人均资本、低人均消费的水平。类似地，如果经济中两个部门的比例均衡，那么经济将沿路径$P_2$运行并在一个相对高人均资本与人均消费的点$E_1$实现均衡；如果部门2占主导，那么即使人均资本不变，经济也将最终稳定在更高人均消费水平的点$E_3$。由此，比较三个均衡点$E_2$、

$E_1$ 和 $E_3$ 可知,部门 1 与部门 2 的扩张效应是不同的:部门 1 扩张主要导致人均资本增加效应,部门 2 扩张则主要导致人均消费增加效应。对于产生这种差异背后动因的直观解释是:如前面假设,虽然由于政府直接投资或政府通过创造租金可以诱致资金进入某一行业而增加了其资本形成,然而由于这一行业的资本边际产出较低,因而即使按要素边际贡献来分配产品,这些产出用于消费的部分也会相对较低,即在宏观上表现为部门 1 扩张所导致的主要是资本积累的形成,而非消费的增长。相对于部门 2,部门 1 扩张的结果是经济中的人均消费与人均投资之比更低。

虽然从家庭效用最大化的福利标准来看,经济中部门 1 的存在降低了消费,从而减少了经济的整体福利水平,然而对于以结构性非均衡为主要特征的发展中经济而言,图 2 中所示的部门 1 与部门 2 共存所形成的多重均衡现象却同时为经济的转型增长提供了可能:只要随着经济的发展,发展中国家不断地调整投资结构,那么经济就可从一个低相对人均消费水平均衡不断向高人均消费水平均衡转变(见图 2 中的虚线箭头),从而提高整个社会的福利,我们称其为"消费的投资结构效应"。结合上一部分的分析,这实际上意味着,对发展中国家而言,在通过实现农业向非农二元转型来提高经济中的消费占比的同时,还应特别注意非农部门内部的投资非同质性对消费与投资比例关系的影响。

### (四)简单的数值模拟

相图分析的过程相对笼统,而且分析过程还要基于对诸如总量投资 $\Delta K$ 和劳动资本 $\psi$ 不相关的假设,为了更直观的展示两个部门相对比例对消费动态的影响,下面我们拟用 matlab 6.1 软件来对式(13)、式(14)、式(15)组成的微分方程组进行数值模拟。模拟步骤为：一是写出式(13)、式(14)、式(15)的解析表达式；二是对各个参数按实际情况进行设定；三是给出初始值。

假定效用函数是对数线性的($\gamma = 1$)，即 $U(c_t) = \ln c_t$。再假定两个部门的生产函数均为 Cobb-Douglass 形式的，于是有 $f_1(\psi_1) = \psi_1^{\alpha_1}$，$f_2(\psi_2) = \psi_2^{\alpha_2}$，$f_1'(\psi_1) = \alpha_1 \psi_1^{\alpha_1 - 1}$，$f_2'(\psi_1) = \alpha_2 \psi_2^{\alpha_2 - 1}$，这里 $\alpha_1$、$\alpha_2$ 分别为部门 1 和部门 2 资本对产出的贡献率。这两个参数的设定采取了如下方法：依据 2008 年《中国统计年鉴》数据，首先计算了北京、山西、吉林、浙江、江西、湖北和云南等几个代表性样本地区的劳动者报酬占 GDP 的比重，计算出其平均值为 0.41，由此得资本报酬率约为 0.59。然后假定部门 1 的资本报酬率为 $\alpha_1 = 0.7$ 及其在资本总报酬中占比为 3%，则可得部门 2 的资本报酬 $\alpha_2 = 0.54$。劳动力增长率利用 2003—2007 年的就业增长率来近似代替，计算可得 $n = 0.84$。效用的时间偏好率近似用 2007 年的取整后的长期存款利率(5 年以上)来表示，即有 $\rho = 5\%$。两个部门的劳均资本初值计算过程如下：首先利用中国资本存量数据(单豪杰，2008)及 2007 年就业人员合计数据相除得平均劳均资本为 1.35 万元，然后计算国有与集体投资之和占总投资的比重为 30%，以此作为部门 1 占总资本比重的近似值，在设定 $\psi_1 = 1.8$ 万元的情形下，可得 $\psi_2 = 1.16$ 万元。人均消费初值取 2007 年的人均消费支出 0.71 万元。设定步长为 0.05，我们在两种情况下进行模拟：一是假定 2/3 的新增劳动力转移到部门 1，即 $n_1 = 0.56\%$、$n_2 = 0.28\%$，且假定消费增长主要源于部门 1，即 $\alpha = 0.7$；二是假定新增劳动力均转移到部门 2，且假定部门 1 的资本报酬率、对消费的贡献均与部门 2 相同。模拟结果见图 3 和图 4。

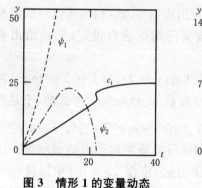 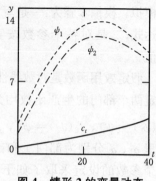

**图3　情形1的变量动态　　　图4　情形2的变量动态**

根据图3,在初始设定部门1占优的情况下,部门1的劳均资本有不断增大的趋势,而部门2的劳均资本则先增大,后减小,人均消费则呈现先增长,后平稳的态势。由图4,在通过对新增劳动力、人均资本变化和不同部门对消费的贡献重新设定后,不仅部门1和部门2之间的劳均资本差距变小且差距稳定,而且两个部门的劳均资本均呈先升后降的变化特征,与此同时,消费至少在模拟的时间内呈不断增长的态势。这表明,通过扩大部门2在经济中的比重,至少可使消费增长更长的时间。这一结论基本与前面的相图分析相一致。

## 四、中国的消费与投资:一个基本的描述性统计考察

与其他发展经济体一样,总体来看,改革开放以来中国经济增长的基本表现同样是由传统城乡二元经济向现代经济的转型。不过,深入地分析可以发现,中国的这一转型过程充满了自身的特色:转型不是一个自然演进的过程,因为初始的工业部门同样不是一个现代市场经济,故转型不仅包含着农业劳动力不断向工业部门转移的工业化过程,而且还包含原有

410

的根植于计划经济的工业部门运行机制的不断调整。那么，这种特殊的转型过程对消费与投资的关系会产生何种不同寻常的影响？本部分通过历史数据来简单的考察这一问题。

利用 2007 年《中国统计年鉴》及《新中国五十五年统计资料汇编》上的数据，图 5 和图 6 分别给出了 1978—2006 年中国各种消费率及投资率变化，表 1 则给出了其统计特征。由图 5 看，投资率与居民消费率呈现基本相反的变化趋势：投资

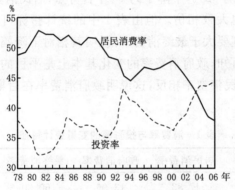

图 5　消费率与投资率变化比较

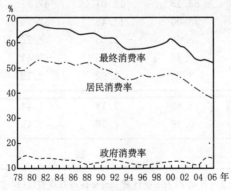

图 6　消费率的变化

率波浪式上升,居民消费率则在波浪式下降。更为引人注意的是,虽然通常人们认为投资是经济中最重要的波动因素,但从表1中的标准差与峰度值来看,中国的居民消费率的波动居然比投资率的波动还要大!从总体意义上来说,中国的居民消费率下降的幅度要大于投资率上升的幅度。由图6看,三种消费率的总体变化特征如下:最终消费率与居民消费率总体均呈不断下降趋势。其中前者约从1978年的62%减少到2006年的52%,下降了约10个百分点,居民消费率下降的绝对幅度也大致相仿。但由表1中的统计指标可见,居民消费率的峰度要大于最终消费率,说明其相对下降幅度要更大。由标准差可知,政府消费率的变化基本上是平稳的,但偏度值为正,与居民消费率相反,这说明政府消费率在后期总体上是上升的。

**表 1  消费率与投资率的变量统计特征**

| 统计指标 | 居民消费率 | 政府消费率 | 最终消费率 | 投资率 |
|---|---|---|---|---|
| 平均值 | 47.83 | 13.06 | 60.90 | 38.01 |
| 中间值 | 48.17 | 13.10 | 61.68 | 37.40 |
| 最大值 | 53.13 | 15.07 | 67.51 | 44.63 |
| 最小值 | 38.00 | 11.43 | 52.36 | 32.07 |
| 标准差 | 3.96 | 1.03 | 4.22 | 3.42 |
| 偏　度 | −0.86 | 0.05 | −0.41 | 0.33 |
| 峰　度 | 3.24 | 2.02 | 2.28 | 2.51 |
| Jarque-Bera 值 | 3.63 | 1.18 | 1.44 | 0.83 |
| $P(J-B<Z)$ | 0.16 | 0.56 | 0.49 | 0.66 |
| 样本容量 | | 29 | | |

注:这里 $P(J-B<Z)$ 表示统计量 Jarque-Bera 在原假设(相应变量服从正态分布)的条件下小于其样本观测值的概率,$Z$ 是抽样观测值。

从具体的时段来看,在整个20世纪80年代,无论是最终消费率还是居民消费率,都比改革开放前有所提高,二者提高了2—5个百分点;但从20世纪90年代开始,最终消费率与居民消费率开始持续地低于改革开放前,不过这一时期下降幅度还不大,约1—3个百分点;进入21世纪后,最终消费率与居民消费率下降的幅度开始增大,特别是2002年以后,这两个指标每年下降了约2个百分点。与此相反,投资率在经过整个20世纪80年代的幅度不大的下降以后,从20世纪90年代开始不断上升,尤其是2002年以来,更是以每年近2个百分点的速度递增。

总结一下上面的分析并与前面的理论相对照:从总量的角度来看,始于改革开放后的中国二元转型增长过程始终未出现如Kuznets所总结的消费相对于投资在国民收入中占比不断升高或至少其下降幅度不断减小,而是表现出总体不断下降且越到后期下降幅度越大的悖异特征。显然,从中国的发展水平来看,这一现象很难用Bell(1973)的"后工业化"理论来解释。那么,是什么原因导致了这一现象的出现?是城乡二元转型过程的必然结果还是有其他更深层次的原因?

## 五、消费率变化与投资结构变迁:
### 不同阶段面板数据的证据

根据前面理论部分的分析,非农内部投资结构的不同会引起投资与消费关系的不同,而改革开放以来非农内部存在着差异明显的投资主体是中国的基本事实。这一特征能否用于解释上述投资率与消费率相对变化所呈现出的特异性?本部分将利用不同时段的样本数据考察这一问题。

### （一）模型设定、检验假设与数据说明

从中国投资结构的实际出发，为了解决上述问题及获得大样本的统计量渐近效果，这里采用面板数据进行分析，基本模型设定如下：

$$conrat_{rit} = \alpha_{it} + \beta_1 pir_{it} + \beta_2 nscir_{it} + \beta_3 reir_{it} + \beta_4 ir_{sit}$$
$$+ \beta_5 ftir_{it} + \beta_6 jssir_{it} + \beta_7 hmtir_{it} + \beta_8 scir_{it}$$
$$+ \beta_9 AGDP_{it} + \beta_{10} mon_t + \beta_{11} R_t + \beta_{12} T + \varepsilon_{it} \qquad (18)$$

各变量含义：$\alpha_{it}$ 为未观测效应，$conrat_{rit}$ 为居民消费率，$pir_{it}$ 为个私部门投资占总投资比重，[①]$nscir_{it}$ 为剔除了个私投资的非国有部门投资占总投资比例，$reir_{it}$ 为房地产投资额与全社会总投资之比，$ir_{sit}$ 为全社会总投资增长率，$ftir_{it}$ 为外商投资占比，$jssir_{it}$ 为股份制经济投资占比，$hmtir_{it}$ 为港澳台经济投资占比，$scir_{it}$ 为国有或国有与集体二者之和投资占总投资比重，$AGDP_{it}$ 为人均国民收入水平，$R_t$ 为实际利率水平，$mon_t$ 为货币化水平（$M_2/GDP$），$T$ 为用于剔除时间趋势，$\varepsilon_{it}$ 为随机扰动项。

我们将传统二元转型概略地界定为前面比较静态分析中所隐含的，市场机制作用下非农部门投资不断增长的自然演进过程。据此，可以用私有与非国有部门固定资产投资占总投资比例 $pir$、$nscir$ 两个指标来近似表示传统二元转型的进程。[②]同时，用 $pir$ 和更广义的 $nscir$ 以及 $scir$ 来表示转轨过程中工业非同质的两个部门，其中前二者表示部门 2，后者表示部门 1。于是，根据理论，这里要检验的原假设为 $H_0 : pir > 0$、$nscir > 0$ 或 $scir < 0$。

---

① 这里的投资均是固定资产投资，下同。

② 没有引入劳动力转移指标的原因有二：一是因实行户籍制度，城市化率与工业化水平并不一致；二是由于存在地区劳动力的流动，无法获得准确的非农劳动力数据。

另外,$reir$、$ftir$、$jssir$、$hmtir$ 等变量的引入是为了进一步探察投资结构的具体影响;$ir$、$AGDP$、$R$ 等变量的作用在于控制经济总量增长、人均国民收入和实际利率水平对消费率的影响;模型中的变量 $T$ 有助于防止省略变量中与解释变量具有相同时间趋势而可能引起的伪回归。在模型中引入货币化指标 $mon$ 是考虑到流动性约束对居民消费行为的影响。[①]其中 $pir_{it}$ 和 $scir_{it}$ 的系数是我们主要关注的参数。如果前面的理论预期是正确的,那么前者的系数应为正,而后者为负。

样本选择来自两个区间:1984—1988 年和 2000—2006 年。作这种时段划分的原因有二:一方面,从统计意义上来说,选择两个较短时段有助于减轻解释变量的内生性问题;另一方面,从现实角度看,是基于改革开放以来中国经济体制改革的阶段性特征:一是从 1984 年通过《中共中央关于经济体制改革的决定》至 1992 年,国有企业内部经营机制进行了较大幅度的转变,其面临的经济环境也由计划快速向市场转变(田纪云,2008)因而我们认为,这一时期的经济增长趋势应大致具有传统二元转型的特征;二是从 20 世纪 90 年代后期开始的股份制改革尽管从企业内部治理结构来看更进一步趋近于现代企业,但要素市场及再分配方式的改革却没有跟上这一步伐。这主要是由于此时土地配置方式开始了由地方政府主导的改革,因而地方政府在为以房地产业为代表的某些行业提供超额租金机会的同时,自身也可以获得更多的收入,并将之用于支持国有企业。不仅如此,由于国有企业上市具有更大的优先权与优势,因而在资金要素的获取方面,国有企业所获优势反而有所加强,故这一段时间表现为"国进民退"(陈志武,2008)。也正因如此并为避免统计

---

[①] 理论上,货币化程度的提高有利于消费者通过借贷来平滑各期的消费,从而减少流动性约束。

上的多重共线性,从分析的经济目的出发,我们在不同时段的估计中将在模型中选择式(18)的部分变量。

在境内 31 个省份中去掉了北京、上海、天津、重庆和海南,共 26 个样本省份。1984—1988 年时段数据来自《新中国五十五年统计资料汇编》(2005);2000—2006 年时段数据来自《中宏数据库》,其中 2006 年的个私投资额来自 2007 年的《中国统计年鉴》。价格水平用《中国统计年鉴》(2007)中的零售价格指数表示。

**(二) 经验分析结果**

首先要说明的是,在模型的估计过程中,出于两个原因同时给出了固定效应与随机效应结果:一是利用估计参数及参数协方差矩阵在 Excel 上计算 Hausman(1978)统计量的结果表明,难以从统计上判断或拒绝随机效应与固定效应统计量在一致性上有显著的差异;二是在我们的样本数据结构中,时序数量 $T$ 相对于截面数量 $N$ 要小得多,而这会导致随机效应与固定效应在组内离差变换过程中有较大差异,从而使两种方法的估计结果不一致。不过,从直观的角度来看,由于时间跨度较短,因而确实存在诸如各个省份的消费文化、社会保障体系、经济结构、国民收入分配结构等这些随时间变化不大,但却又影响其他解释变量的非观测解释变量,而这会导致随机效应估计量的非一致性。故综合以上的考虑,我们对模型结果进行取舍的原则是:为了尽可能提高估计参数的稳健性,在关注参数估计值的选择上,首先采取两种方法一致性原则;在二者估计结果有显著差异的情况下,以固定效应估计法为准。在具体方法选择中,固定效应估计法选择了考虑截面可能存在异方差的截面加权估计法(cross section weights),无论是固定效应还是随机效应法,均对估计参数提出了迭代收敛要求。另外,考虑到某些解释变量的滞后效应,还给出了其一阶滞后值为解释变量的估计结果。表2 和表 3 给出了 1984—1988 年和 2000—2006 年两个时期的不同情形下的回归结果。

表 2　投资结构与消费率变化的关系(1984—1988 年)

| 自变量 | 固定效应法 | 随机效应法 | 自变量 | 固定效应法 | 随机效应法 |
|---|---|---|---|---|---|
| $pir?$ | 0.021 | 0.432 | $pir?_{-1}$ | 0.371 | 0.613 |
| | (0.006 5) | (0.107) | | (0.010) | (0.233) |
| $ir?$ | −0.182 | −0.119 | $ir?_{-1}$ | 0.189 | 0.241 |
| | (0.017) | (0.093) | | (0.012) | (0.136) |
| $nscir?$ | 0.345 | −0.214 | $nscir?_{-1}$ | 0.061 | −0.324 |
| | (0.071) | (0.202) | | (0.043) | (0.197) |
| $AGDP?$ | 0.004 5 | 0.006 | $AGDP?_{-1}$ | 0.000 1 | −0.001 |
| | (0.000 8) | (0.004) | | (0.001 1) | (0.006) |
| $mon$ | 8.42 | 10.83 | $mon_{-1}$ | −0.484 | −2.159 |
| | (5.91) | (32.56) | | (0.327) | (1.975) |
| $R$ | −4.89 | −5.48 | $R_{-1}$ | 0.506 | 1.638 |
| | (2.73) | (17.26) | | (0.298) | (1.806) |
| $T$ | −30.02 | −41.402 | $T_{-1}$ | −1.086 | −1.341 |
| | (20.81) | (121.085) | | (0.87) | (0.712) |
| ADR | 0.99 | 0.81 | | 0.99 | 0.77 |
| D.W. | 2.04 | 1.72 | | 2.34 | 1.93 |
| Breusch-Godfrey LM 检验($\chi^2(2)$) | 13.5 | 11.3 | | 16.1 | 12.9 |

注:括号内值为参数估计量的标准误。"?"是截面变量的通识符,表示"某省";无"?"的变量,表示各省取值相同,下同。Breusch-GodfreyLM 统计量检验的是在假设残差生成过程为 $arma(p, q)$ 时的相关性,服从自由度为 $\max(p, q)$ 的卡方分布。之所以取最大滞后阶是 2,是考虑到经济行为的滞后影响一般不会超过 2 年。在 1984—1988 年时段内引入 $nscir$ 而在 2000—2006 年时段内引入 $scir$ 的原因在于,在前一时段内,乡镇集体企业被认为是相对国有企业更为有效的企业组织形式,但这种经济组织形式在后一时段内被认为有效性大大减弱,即在不同时期,它们属于非完全相反的投资结构范畴。另外一个原因是,在后一时段时,我们对 $nscir$ 进行了更具体的剖分。

表 3　投资结构与消费率变化的关系(2000—2006 年)

| 自变量 | 固定效应法 | 随机效应法 | 自变量 | 固定效应法 | 随机效应法 |
|---|---|---|---|---|---|
| *pir*? | 0.612 | 0.623 | *pir*?$_{-1}$ | 0.415 | 0.517 |
| | (0.203) | (0.871) | | (0.308) | (0.807) |
| *scir*? | −0.203 | −0.321 | *scir*?$_{-1}$ | −0.082 | −0.264 |
| | (0.052) | (0.113) | | −0.057 | (0.106) |
| *reir*? | −0.489 | −0.526 | *reir*?$_{-1}$ | −0.860 | −0.753 |
| | (0.043) | (0.102) | | (0.052) | (0.098) |
| *ir*? | 0.004 | 0.017 | *ir*?$_{-1}$ | −0.019 | −0.011 |
| | (0.011) | (0.041) | | (0.011) | (0.040) |
| *ftir*? | −0.073 | 0.013 | *ftir*?$_{-1}$ | −0.163 | −0.092 |
| | (0.051) | (0.221) | | (0.041) | (0.225) |
| *jssir*? | −0.310 | 0.367 | *jssir*?$_{-1}$ | −0.042 | −0.280 |
| | (0.079) | (0.103) | | (0.057) | (0.112) |
| *hmtir*? | −0.132 | −0.358 | *hmtir*?$_{-1}$ | −0.373 | −0.492 |
| | (0.084) | (0.213) | | (0.071) | (0.229) |
| *AGDP*? | 1.12E-05 | −0.000 3 | *AGDP*?$_{-1}$ | 0.000 2 | −1.52E-06 |
| | (0.000 1) | (0.000 1) | | (0.000 1) | (0.000 2) |
| *mon* | 5.379 | −3.431 | *mon*$_{-1}$ | 3.916 | 0.464 |
| | (2.076) | (11.052) | | (1.785) | (7.620) |
| *R* | −1.906 | −2.741 | *R*$_{-1}$ | −0.256 | −0.033 |
| | (0.795) | (3.934) | | (0.501) | (1.372) |
| *T* | −1.274 | −0.572 | *T*$_{-1}$ | −1.847 | −1.506 |
| | (0.150) | (0.681) | | (0.208) | (0.401) |
| ADR | 0.99 | 0.95 | | 0.99 | 0.95 |
| D.W. | 1.93 | 1.87 | | 2.09 | 1.90 |
| Breusch-GodfreyLM 检验($\chi^2(2)$) | 13.5 | 11.3 | | 15.2 | 13.6 |

　　第一,无论在哪一个时段,用于验证理论的原假设基本得到了验证。由表 2、表 3 中的回归结果可以看出,如果仅用 *pir* 来

表征自然二元转型的过程,那么两个时段个私投资率的增长都会导致居民消费率的提高,这与命题 1 的分析结果相吻合。而如果用 scir 或 1-nscir-pir 及 pir 分别表示部门 1 和部门 2 的两种投资,那么回归结果表明,前者对居民消费率的影响是负的,后者是正的,二者相反,这与命题 2 的结论基本一致。

第二,在所有投资形式中,唯有个私投资占全社会固定资产投资的比率在两个时段对消费率的提高都有正的影响,但时期 1(1984—1988 年,下同)比时期 2(2000—2006 年,下同)的影响效应更显著。表 2 和表 3 表明,虽然从绝对数值上看,时期 2 的 pir 变量对消费费率的影响甚至比时期 1 略大,但 T 统计量的结果表明,在时期 1,无论是当期值还是一期滞后值,也无论用何种方法,pir 对消费率提高均有着显著的正向影响;相比较而言,在时期 2,除用固定效应法估计的当期值外,其他情况下的 pir 对消费率提高的影响显著性不高。

第三,其他形式的非国有投资在时期 1 与个私投资一样,投资比率的提高也有助于居民消费率的提高,但二者的影响效果与作用机制有所差异。但在后一时期,这些投资形式对居民消费率的影响均不显著。根据经验分析结果,二者差异如下:无论在当期还是滞后一期,个私投资均对居民消费率有显著的正向影响,而且其滞后效应比当期效应更为明显。由表 2,若当期个私投资占总投资比重增长 1%,那么将使得当期居民消费率增长 0.021%,并导致后一期的居民消费率增长 0.432%;相比较而言,其他形式非国有投资占总投资比重的当期值增长 1%,将导致当期居民消费率增长 0.35%,而对居民消费率的后一期值影响不显著。也就是说,在 20 世纪 80 年代,包括集体经济在内的非国有部门投资的占比增长对居民消费率具有正向的影响,但与个私投资相比,这种影响不具有持续性。另一方面,与 20

世纪 80 年代完全不同的是,后一时期无论何种形式的非国有投资占比提高,均对居民消费率的变化产生不显著甚至是负的影响。

第四,国有部门的投资在任何时期、任何情况下对居民消费率提高的影响均是负向的。根据估计结果,虽然在时期 1 没有引入国有投资变量,但由于国有投资占比与非国有投资占比之和为 1,故据此可知,在时期 1,当期国有投资占比增长 1%,会导致当期居民消费率显著地降低 0.63%,而在时期 2,这会导致当期居民消费率显著地降低约 2%。不过,国有投资占比的提高对居民消费率变化的持续性影响不显著。

## 六、结论与结论背后的经济动因

前面结果分析表明,转轨时期的中国经济基本符合理论预期,由此我们可以对中国的投资与消费关系做一个什么样的总结?更进一步,分析结果还得出了一些诸如不同类型投资、甚至同一投资在不同时段均对居民消费率变化不相同这样更具体的结果,那么应如何从中国转轨过程的具体背景对此加以解释?本部分即试图回答这些问题:

第一,不同于一般理论关于投资与消费关系的阐述,对中国投资与消费关系不能从简单的总量角度去理解,而应从结构角度去理解。由于投资来自于储蓄且投资被认为是未来的消费,因而已往的总量理论大多认为投资与消费具有替代关系。但是本文的研究结果表明,仅从总量上来理解中国的投资与消费关系是远远不够的,不同类型投资对消费的影响有着相当大的不同。对于产生这一现象的背后动因,我们认为应从不同形式投资所享受的政策优惠程度、信用可得性及企业内部分配机制所决定的可用于初次分配的资本边际产出不同等方面进行理解。

第二,政府大规模的参与初次收入分配及再分配过程的非均衡,是导致后一时期各种投资形式对消费率提高作用减弱,甚至变成负效应的重要原因。回顾前面动态分析过程可知,模型所隐含的一个假设是:所有的产出均为初次分配,政府所主导的再分配过程被忽略,即模型中的资本边际产出指的是从企业层面看可以直接用于要么投资、要么消费的单位资本产出。一个合理的推断是,如果政府的再分配过程大致是均衡、有利于平滑风险且是保护弱势群体的,那么再分配过程的加入不仅不会降低消费率,而且有助于消费率的提高。但纵观样本期的两个时段,尽管政府来自预算内的财政收入占 GDP 的比重在时期 2 比时期 1 有所降低,即由原来的约平均 21％下降至约 16％,但这尚未将始于 1989 年征收的土地出让金计算在内,而根据对内部资料的调查显示,在许多地区,土地收益至少是预算内收入的 1 倍。故由此可以推断,政府实际收入占 GDP 的比重并未降低,甚至还有所提高。与此同时,随着改革的深入,尽管政府逐步减少原来所承担的社会责任,然而用于其他真正有助于提高消费的政府支出比重并未有实际性增加。例如,2004 年,政府用于支农财政资金约仅为预算内财政资金的 6.4％,而 1986 年为 5.8％,二者相差很小;文教、科学和卫生投入 1986 年与 2004 年各均约为 18％左右。问题是这些数据并非以政府全部收入为基数计算所得,可以想象,如果以政府全部收入计算,那么 2004 年的这两个指标均要比 1986 年为低。与此同时,政府的行政管理费却由 1986 年占财政收入的约 8％,上升到 2004 年的约 16％,整整提高了 1 倍。可见,随着转型的深入,政府在再分配过程中的自身功能定位方面确实显得有一些滞后,这无疑阻碍了消费率的提高。

第三,从整个转型时期来看,只有个私投资对消费率的提高一直具有促进作用,但个私投资占总投资的比例却始终未有相应的提高。根据前面的分析,关于个私投资的检验结果表明,中国的投资与消费的关系大致符合理论部分比较静态分析结果。然而,尽管个私投资占比的提高对消费率的增加具有显著得多的作用,但是在整个转型阶段,个私投资占全社会总投资的比重却呈倒"U"型分布,即在改革开放初的 20 世纪 80 年代上半期,个私投资占总投资的比重一直处于上升阶段,而从 20 世纪 90 年代开始,个私投资又开始下降,至 2005 年大致又下降至 1981 年的水平。为何会产生这一现象?

我们认为,可以从两方面进行解释:一是个私企业面临的市场竞争环境的变化;二是个私企业的信用可得性。从前者来看,由于改革开放初期个私企业面对的是"卖方市场",因而其利润率水平较高,再考虑到个私企业的准入规模要求一般较小,因而此时投资增长迅速;而在后一期,随着商品市场进入"买方市场"及个私企业进入资本要求门槛较低,因而其面临竞争程度迅速加强,利润率也很快下降,于是对资本进入的吸引力降低。对于后者,虽然在改革开放初期个私企业同样很难获得金融机构的信用支持,然而高的利润流支撑了个私企业相对于其他形式经济体的高投资率。但在后一时期,尽管个私企业投资更加依赖于外部信用的可得性,但由于个私企业规模较小和缺乏抵押品,而国家也一直未能建立起对中小企业的有效信用担保机制和适宜为中小企业提供信用的金融机构,因而相对于其他形式的经济体,信用约束导致个私企业投资下降。

根据本文的研究,如果从提高整个国家总量效用水平角度来看,由于不同投资形式对居民消费率的影响不同,因而投资结构变化对于这一目标的实现具有重要意义,其中提高个私投资的比重对于实现这一目标的促进意义最为明显。然而,分析却表明,个私投资在信用可得性方面与其所发挥的作用却很不相称,而解决这一问题不应仅是针对于中小企业信用过程中的信息、风险特性来发展适宜于中小企业融资的金融机构,还应跳出金融发展金融,即从调整部分要素的价格形成机制、改变政府行为等角度入手解决问题。

不过,本文研究最为重要的现实意义也许是对当前经济环境下中国政策选择的参考价值。容易看出,为了应对国际金融危机所带来的外贸出口大幅减少的严峻问题,中国采取的基本措施仍主要是大规模提高政府投资来弥补外贸需求的减少,这一凯恩斯式的需求管理措施与应对 1997 年东南亚金融危机所采取的政策大致类似。显然,在短期内无法大幅提高消费需求的情况下,采取迅速增加国内投资的政策是极为必要的。然而,与此同时,仍有两个问题值得深入思考:

一是由于当今中国与 1997 年所面临的内外部经济环境有着相当大的不同,因而不可对本次提高投资解决问题的效果估计过高。一方面,1997 年中国拥有大量未开拓的海外市场,而发达国家在那次危机中并未受实质性影响,故中国可以通过改变外贸出口体制和政策来促进出口的迅速增长以解决问题;另一方面,当时交通基础设施不足确实是中国经济增长的一个瓶颈。与 1997 年相比,这两个因素要么不存在,要么变得不是那么紧迫。因此,我们认为,从有效和可持续发展角度看,在提高总量投资的同时,应对本次危机的更有效方法似乎是大规模加强结构调整的力度。从投资的角度来看,就是通过制度创新,利用中国丰富的资金优势,将信用更多地引导到以个私投资为主的中小企业方面,从而促进国内居民消费需求的有效提高。

二是国有投资对提高消费率具有消极作用的结果表明,应努力改变本次政府投资的形成机制。相对于国有投资,个私投资对消费率提高具有更强大作用的一个原因,是这种形式的投资具有明晰的产权、竞争程度更高和完全自负盈亏。以往政府投资往往是由与政府有密切关联的公司来承担,这一部分投资是属于国有投资的一部分,故从个私投资的经验出发,应努力改变政府投资机制,以提高投资效率和达到增进国内居民消费需求的目的。

## 参考文献

陈志武(2008):《新形势的国进民退不利经济转型》,《南方周末》2008年3月6日。

龚刚、林毅夫(2007):《过度反应:中国经济缩长之解释》,《经济研究》第4期。

廖成林、青雪梅(2005):《基于协整理论的中国宏观消费函数分析》,《经济科学》第1期。

李鲲鹏(2006):《中国存在稳定的消费函数吗——兼谈对 E-G 两步法的误用》,《数量经济技术经济研究》第11期。

李武(2007):《基于凯恩斯消费函数的我国城乡居民消费差异实证分析》,《统计研究》第6期。

刘国光(2002):《促进消费需求提高消费率是扩大内需的必由之路》,《财贸经济》第5期。

舒元、谢识予(1998):《现代经济增长模型》,复旦大学出版社。

田纪云(2008):《经济改革是怎样搞起来的》,《共产党员》(下半月)第2期。

田学斌(2008):《消费需求扩张的制度变革路径:消费能力视角》,《消费经济》第4期。

单豪杰(2008):《中国资本存量 K 的再估算:1952—2006》,《数量经济技术经济研究》第10期。

余永定、李军(2000):《中国居民消费函数的理论与验证》,《中国社会科学》第 1 期。

张东辉、司志宾(2006):《收入分配、消费需求与经济增长》,《福建论坛》第 9 期。

臧旭恒(1994):《居民跨时预算约束与消费函数假定及验证》,《经济研究》第 9 期。

——(1995):《制度变迁与中国消费函数研究》,《经济纵横》第 9 期。

臧旭恒、曲创(2002):《公共物品供给不足对我国消费需求的制约》,《经济理论与经济管理》第 6 期。

臧旭恒、王立平、吕萍(2007):《消费波动、收入约束与资产收益》,《经济学动态》第 9 期。

Bell, D. *The Coming of Post-industrial Society a Venture in Social Forecasting.* Heinemann Educational Books, London, 1973.

Campbell, John Y. and Mankiw, N. Gregory. "Consumption, Income, and Interest Rates: Reinterpreting the Time Series Evidence." *NBER Macroeconomics Annual*, 1989, volume 4, pp. 185—216.

DeJuana, Joseph P. and Seaterb, John J. "Testing the Cross-section Implications of Friedman's Permanent Income Hypothesis." *Journal of Monetary Economics*, 2007, 54, pp. 820—849.

Engelhardt, Gary V. and Kumar, Anil. "Money on the Table: Some Evidence on the Role of Liquidity Constraints in Saving." *Economics Letters*, 2008, 99, pp. 402—404.

French, Kenneth R. and Poterba, James M. "Investor Diversification and International Equity Markets." *American Economic Review*, 1991 May, 81, pp. 222—226.

Friedman, Milton. *A Theory of the Consumption Function.* Princeton, NJ, Princeton University Press, 1957.

Hall, Robert E. "Intertemporal Substitution in Consumption." *Journal of Political Economy*, 1988, 96 (April), pp. 339—357.

——. "Stochastic Implications of the Life Cycle-Permanent Income Hypothesis: Theory and Evidence." *Journal of Political Econmy*, 1978

December, 86, pp. 971—987.

Haug, Alfred A. "The Random Walk Hypothesis of Consumption and Time Aggregation. " *Journal of Macroeconomics*, 1991, Autumn 13 (4), pp. 691—700.

Hausman, J. A. "Specification Tests in Econometrics. " *Econometrica*, Nov. 1978, Vol. 46, No. 6, pp. 1251—1271.

Holod, Dmytro and Peek, Joe. "Asymmetric Information and Liquidity Constraints: A New Test. " *Journal of Banking & Finance*, 2007, 31, pp. 2425—2451.

Huang, Yu-Lieh; Huang, Chao-Hsi and Kuan, Chung-Ming. "Reexamining the Permanent Income Hypothesiswith Uncertainty in Permanent and Transitory Innovation States. " *Journal of Macroeconomics*, 2008, 30, pp. 1816—1836.

Keynes, John Maynard. *The General Theory of Employment, Interest and Money*. Cambridge University Press, February 1936.

Kuznets, S. "Employment Absorption in South Korea. " *Philippine Review of Economics and Business*, 25 (1—2), 1980.

Kuznets, S. *Modern Economic Growth, Rate and Structure*. New Haven, CT: Yale University Press, 1966.

Langlais, Eric. "A Measure of the Sensitivity of Saving to Interest Rate Uncertainty with Non-expected Preferences. " *Economics Letters*, 1995, 48, pp. 325—330.

Mankiw, N. Gregory. "The Permanent Income Hypothesis and the Real Interest Rate. " *Economics Letters*, 1981, 7, pp. 307—311.

Miki, Kohara and Charles, Yuji Horioka. "Do Borrowing Constraints Matter? An Analysis of Why the Permanent Income Hypothesis Does Not Apply in Japan. " *Japan and the World Economy*, 2006, 18, pp. 358—377.

Nakamura, Tomomichi and Small, Michael. "Tests of the Random Walk Hypothesis for Financial Data". *Physica A*, 2007, 377, pp. 599—615.

Romer, David. *Advanced Macroeconomics*, Second Edition, McGraw-Hill

Education (Asia) Co. and Shanghai University of Finance & Economics Press, 2001.

Trojani, Fabio and Vanini, Paolo. "A Note on Robustness in Merton's Model of Intertemporal Consumption and Portfolio Choice." *Journal of Economic Dynamics & Control*, 2002, 26, pp. 423—435.

Waggle, Doug and Johnson, Don T. "Homeownership and Mixed-asset Portfolio Allocations." *The Quarterly Review of Economics and Finance*, 2008.

Zeldes, Stephen P. "Consumption and Liquidity Constraints: An Empirical Investigation." *Journal of Political Economy*, 1989 April, 97, pp. 305—346.

（原载《世界经济》2010 年第 5 期）

# 长期均衡、价格倒逼与货币驱动
## ——我国上中下游价格传导机制研究[*]

张成思

（中国人民大学财政金融学院、
中国财政金融政策研究中心）

## 一、引　言

近年来，我国居民消费价格指数（CPI）出现了比较明显的涨落交替，国民经济在生产、消费及投资等领域都不同程度地受到 CPI 起伏波动的影响。正因为如此，CPI 成为公众和决策层最关注的通胀指标。然而，CPI 只是国民经济运行众多环节中的一个环节（消费环节），所以其变化只是反映了消费领域的价格走势，是生产—消费链上的下游价格指数。而诸如工业生产等其他环节的价格指数也同样对国民经济发展与宏观政策制定具有重要意义。

同时，从生产到消费这一链条上，不同价格指标之间是否存在动态传导效应对宏观政策的动态调整具有重大意义。例如，如果处在上游的生产者价格指数（PPI）对 CPI 有显著动态传导

---

＊　本研究受到教育部"新世纪优秀人才支持计划"资助。

效果,那么当 PPI 高企而 CPI 尚未明显上涨的时候,决策层就可以依据二者之间的动态时效与量化驱动程度来确定未来政策走向,实现有效的前瞻性政策调控目标。显然,不同阶段价格指数之间的动态传导机制是宏观经济分析领域值得深入研究的重要课题。

最近有学者注意到这一问题。例如,贺力平等(2008)专门研究了 2001—2008 年 PPI 与 CPI 的彼此驱动方向问题,经验结果显示处于下游的 CPI 是上游 PPI 的单向格兰杰因果关系。这一结果意味着,我国居民消费价格的涨跌要发生在工业生产价格之前,CPI 的变化对 PPI 具有倒逼机制,而 PPI 对 CPI 却没有显著传导效应。价格链的正向传导不明显,却只有价格反向传递的倒逼机制,这似乎不符合价格传导规律。

贺力平等(2008)对此作了解释,认为这一结果暗示在影响以 CPI 来衡量的国内通胀率中,需求层面的因素相对大于供给层面的作用。但是根据价格传导的基本规律,整体价格水平的波动一般首先出现在生产领域,然后通过产业链向中下游扩散,最后传导到消费品价格。因此即使需求因素在价格形成机制中占主导地位,反映生产环节价格水平的 PPI 也应该对反映消费环节价格水平的 CPI 具有一定程度的驱动作用。当然,由于 CPI 不仅包括消费品价格,还包括服务价格,这与 PPI 在统计口径上不完全一致,因此 PPI 与 CPI 出现暂时不一致的情况是可能的。但 PPI 与 CPI 的传递规律长期处于背离状态,这显然不符合价格传导规律。

另外我们注意到,已有研究在对不同价格进行动态传导分析的模型中,只包含 PPI 和 CPI,这可能无法全面反映不同阶段价格指数之间的动态互动效果,从而削弱经验结果的稳健性。更重要的是,已有研究在格兰杰因果关系检验中忽略了价格序列非平稳性的处理,因此对应的统计推断不够精确。这一点我们在本文的经验分析中还将具体讨论。

申银万国研究所(2008)也集中研究了 PPI 与 CPI 的互动关系,但得出的结论与贺力平等(2008)的结果不一致。申银万国研究所认为,2003 年以前属于通货紧缩时期,所以将 2003 年作为分割点,利用简单的相关性分析方法分别判断 1996—2002 年以及 2003—2008 年期间 PPI 与 CPI 的传导关系。他们的主要结论是 PPI 的变化对 CPI 的影响已经体现在当期的 CPI 中,对未来 CPI 的影响不大。但需要注意的是,以通缩或通胀作为价格传导机制的分割点,缺乏科学严谨的统计理论依据。而且简单的相关性分析无法表明不同价格指数之间是否存在显著的动态传导关系。另外,申银万国的分析同样没有全面考虑不同阶段价格之间的动态影响。

为了使研究结论更具全面性,有必要对已有研究进行拓展和深化。特别是随着我国各个环节价格指数的统计体系日趋完善,从生产、流通到消费不同环节有层次鲜明的不同价格指标。例如,在原材料购买环节有原材料购进价格指数(RMPI),在工业生产环节有生产者价格指数(PPI),在企业商品批发环节有企业商品交易价格指数(CGPI),在消费环节有我们熟悉的居民消费价格指数(CPI)。不同环节的价格统计指标分别涵盖了国民经济从原料购买、工业生产、企业批发到居民消费的上中下游的价格水平,形成了比较完整的价格统计指标体系。

对于以上四大类价格指数,从生产流通消费的价值链排序角度来看,首先是企业购进生产原材料,然后企业生产产品,再经过企业对企业的商品交易以及其他中间流通环节,最终进入消费领域。因此,RMPI 居于 PPI 的上游,PPI 居于 CGPI 的上游,而 CPI 则处于链条的下游。如果上、中、下游价格传导机制遵循传统的层次顺序,那么 RMPI 的变化将引起 PPI 相应变化,再引起 CGPI 变化,进而将推动 CPI 变化。当然,不同价格之间的传导关系可能并非直觉上这么简单。例如,当特定的外生冲击造成 CPI 不断攀升的时候,市场对未来的预期可能会显著影响原材料以及工业产品等的定价,从而形成下游价格倒逼上游价格的情况(Weinhagen,2005;Frey and Manera,2007)。

另外,原料购买、企业生产以及居民消费对应不同的生产消费阶段,而货币因素对不同阶段价格的驱动机制如何,至今学界还鲜有研究[①]。而无论上中下游价格之间的传导机制还是货币对不同价格的驱动机制,都对判断未来总体价格波动趋势和正确的货币政策走向至关重要。

因此,本文在已有研究的基础上对不同阶段的多个价格指标的动态关系进行了长期均衡、价格倒逼以及货币驱动机制的深入分析。在此基础上,本文集中研究以下三个问题:第一,上中下游价格之间是否存在稳定的长期均衡关系;第二,不同价格之间的动态预测与驱动机制如何;第三,货币因素对不同价格的驱动机制是否存在差异。

对以上三个问题的回答,直接关系到如何判断未来几年我国价格波动的总体趋势。同时,对以上三大问题的深入分析,能够为决策层提供关于我国各类价格指数通胀率彼此之间的动态驱动效应的信息,从而有助于相关部门在制定政策过程中更好地进行科学判断和科学决策。并且,货币对不同价格分层次的驱动关系(即直接驱动与间接驱动),为科学判断当前形势下宏观经济决策的进一步走向提供了重要的经验依据。

---

[①] 赵留彦和王一鸣(2005)发现我国货币存量与价格水平存在协整关系,但陈彦斌等(2009)认为我国货币因素对价格变化没有影响。但这些研究没有考虑货币与上中下游价格之间的动态关系。

在结构安排上,本文其余部分组织如下:第二部分对中国四大类不同价格的动态路径进行描述性分析;第三部分依据四类价格指标构建多变量动态模型系统,进行协整检验、误差修正以及格兰杰因果关系检验;第四部分在已有动态模型系统内加入货币因素,重点分析了货币供给增长率对上中下游价格指标的不同驱动效果;第五部分总结全文,并归纳本文结果的政策含义与启示。

## 二、价格数据及其动态路径描述

### (一) 数据说明

本文所考察的四大类价格指数,包括原材料购进价格指数(RMPI)、生产者价格指数(PPI)、企业商品交易价格指数(CGPI)和居民消费价格指数(CPI)。为了更好地分析各个价格指数之间的动态传导机制,我们首先简要介绍四大类价格指数的基本构成和内涵,了解不同指标反映的内容和统计口径:

第一,RMPI 根据工业部门所消耗各种物资(动力类原材料、黑色金属和有色金属材料类等九大类近 500 种产品)的价格进行核算,是反映工业企业进行生产活动所消耗物资(即购进的原材料)的价格变动情况的指数。

第二,PPI 根据全部工业产品出厂价格进行核算,核算基础是用于制造业和生产消费品的原材料的价格。目前,我国 PPI 核算过程中涵盖的调查产品有 4 000 多种,覆盖 39 个工业行业大类。PPI 是衡量工业品出厂价格变动趋势和变动程度的指数。

第三,CGPI 根据企业间的商品集中交易的价格情况进行核算,由中国人民银行调查统计的在国内生产并且在国内销售的物质商品,涵盖 791 种、1 700 个规格商品,是反映国内企业之间物质商品交易批发价格变动情况的指数。

432

第四，CPI是我国最常用的价格指数，根据指定的一篮子消费商品的价格进行核算（包括食品、烟酒及用品、衣着、家庭设备用品及服务、医疗保健、交通和通信、娱乐教育文化用品及服务、居住八大类），是反映与居民生活有关的产品及劳务价格的重要价格指数。CPI变化率通常作为观察国民经济总体通胀水平的重要指标，也是目前我国制定和调整宏观政策的重要依据。

在数据来源方面，四大类价格指数中CPI、PPI和RMPI的原始数据来自中国国家统计局，CGPI的数据来自于中国人民银行，样本区间为1998年1月至2009年6月。需要注意的是，目前我国官方公布的各类价格指数统计数据一般都是基于上年同月或同期为100的结果，所以这里的四大类价格指数实质上是价格指数增长率（即通胀率），而不是严格意义上的指数指标。在下面的论述过程中，为方便说明，我们使用RMPI、PPI、CGPI和CPI分别代表上述四大类价格指数（通胀率）。因为所有价格指数的数据均以上年同月为基准，即同比增长率，所以在经验分析中不再对数据进行季节性调整。

### （二）动态路径描述

不同价格彼此之间的动态驱动关系对判断总体通货膨胀走势非常重要，我们这里首先对比分析四大类价格指数的总体动态路径情况。图1对比了1998年1月至2009年6月CPI、PPI、CGPI和RMPI数据的时间序列图。为了更好地区分不同价格指数的动态轨迹，我们将CPI绘制成柱状形式，从而使其他三大价格指标在各个时期与CPI的对比更加清晰。

从图1中我们可以看到，不同价格指数的动态路径存在明显差异。例如，在2000年之前，PPI、CGPI和RMPI一般都低于CPI的水平，尤其以RMPI的表现最为突出。而在2000—

2001年期间,不同价格指数的动态走势出现明显转变。PPI和RMPI分别在2000年中后期就达到了各自在分析样本内的第一个高峰期,对应的水平分别为5％和8％左右,而CPI和CGPI在这一时期仍然处在缓步爬升阶段,虽然CPI在2000年初开始出现正增长,但此间最高值也不超过2％,而CGPI的基本水平还表现为负数。所以,在此期间学术界普遍认为中国经济出现了通货紧缩,政府也针对通货紧缩问题实施了积极的财政政策和扩张的货币政策。

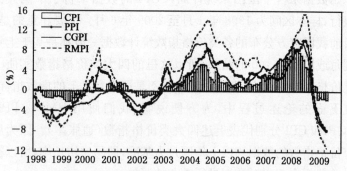

**图1　中国四大类价格指数通胀率:1998年1月—2009年6月**

但是,自2003年以后,上中下游价格指数的动态演进过程又出现了更引人注意的变化。仔细观察图1可以发现,从2003年至2007年初,CPI的上升一般都在其他三种价格之后,但CPI的回落似乎要先行于其他价格。在2007年之后,CGPI的增长仍然领先于CPI,但PPI和RMPI上涨的态势变得滞后于CPI的增长,并且这种态势持续到2008年初。值得注意的是,在2009年以后上中游价格(即RMPI、PPI和CGPI)的回落态势先行于CPI,而且回落幅度远远超过CPI。从整个样本区间来看,上游产品价格(RMPI和PPI)在下跌过程中的跌幅和上升过程中的涨幅都要明显大于中游价格（CGPI）和下游价格（CPI）。

图 1 中不同价格指标表现出的差异性动态路径，反映了不同时期不同商品在不同阶段的价格变化状况。不过，如果从总体趋势上看，四大类通胀指标的动态演进过程还是比较相近的，都在 1999 年、2002 年、2006 年和 2009 年出现波谷，而在 2000年、2003 年、2005 年和 2008 年出现波峰。从波动水平上看，原材料购进价格指数（RMPI）的波动幅度最大，CPI 最小，其他两类价格的波动性介于二者之间。

（三）数据平稳性检验

另外，我们对四大类价格指数的数据进行了平稳性（单位根）检验。在实践中，我们分别对四类价格指数通胀率序列是否含有确定性趋势（即时间趋势）进行了检验，传统的 ADF 单位根检验和 Phillips-Peron（PP）检验都表明时间趋势假设被拒绝，因此单位根检验对应的模型均不含有时间趋势变量。表 1 归纳了四类价格指标及其一次差分项的单位根检验结果。由于 PP 检验结果与 ADF 检验结果完全一致，因此表 1 只报告了 ADF 检验的结果。

表 1　中国四大类价格指数单位根检验
结果：1998 年 1 月—2009 年 6 月

| | ADF 检验 | | ADF 检验 | 结　论 |
|---|---|---|---|---|
| CPI | 0.488 | ΔCPI | 0.000 | CPI 为 I(1) |
| PPI | 0.221 | ΔPPI | 0.000 | PPI 为 I(1) |
| CGPI | 0.054 | ΔCGPI | 0.013 | CGPI 为 I(1) |
| RMPI | 0.135 | ΔRMPI | 0.000 | RMPI 为 I(1) |

注：ADF 检验原假设为变量含有单位根；表中报告的是检验统计量对应的伴随概率（$p$ 值）；I(1)表示 1 阶单整。

从表 1 中的结果可以看到,对于四类价格指数的原始序列进行 ADF 单位根检验,对应统计量的 $p$ 值均大于 $5\%$(第 1 列 ADF 检验),说明在 $5\%$ 的显著性水平下,各价格指标含有单位根的原假设不能被拒绝。当进一步对各个价格指数序列进行一次差分后再进行单位根检验,对应检验统计量的 $p$ 值(第 2 列 ADF 检验)都小于 $5\%$,并且除了 $\Delta CGPI$ 之外一般都小于 $1\%$。这说明价格指数的一次差分项不含有单位根。综合以上检验结果,我们可以判定四类价格指数均为一阶单整过程(非平稳过程)。基于价格数据的非平稳性特征,我们下面运用协整分析方法研究各价格指标之间的长期均衡关系及其动态传导机制。

## 三、协整检验、误差修正与格兰杰因果关系

### (一) 协整检验

对于不同价格指数动态传导机制的分析,首先需要设立多变量动态模型系统。一般情况下,如果所研究的变量为平稳时序,那么可以直接通过设立向量自回归模型(VAR),如

$$\Phi(L)Y_t = C + \varepsilon_t \tag{1}$$

进而运用传统的估计与推断方法,获得分析结果。在模型(1)中,向量 $Y_t$ 含有所研究的变量,$C$ 表示常数项,$\Phi(L)$ 表示向量形式的滞后算子多项式,$\varepsilon_t$ 表示向量白噪音过程。

但是,从前面的数据分析中我们已经看到,本文所研究的四类价格均为非平稳序列。而对于含有多个一阶单整非平稳序列系统的动态传导机制分析,我们需要首先运用 Johansen 协整分析方法来检验变量之间是否存在长期均衡关系。因此,多变量动态模型的设立需要将模型(1)进一步转化。我们将含有 $n$ 个

变量的 VAR($p$)模型重新写成如下形式：

$$\Phi^*(L)\Delta Y_t = C + \Pi Y_{t-1} + \varepsilon_t \tag{2}$$

其中，

$$\begin{cases} \Pi = -\Phi(1) = \sum_{i=1}^{p} \Phi_i - I_n \\ \Phi^*(L) = I_n - \sum_{i=1}^{p-1} \left(-\sum_{j=i}^{p} \Phi_j\right)L^i \end{cases} \tag{3}$$

在实际回归过程中，VAR($p$)模型的最优滞后阶数 $p$ 需要通过 2 个基本诊断检验共同来进行确定，一个是系数排除性检验，另一个是 VAR 模型残差的序列相关性检验。对于 VAR 模型这样的动态系统进行回归估计，模型滞后阶数的选择不仅要通过系数排除性检验，而且还要满足残差没有序列相关性，才能确保估计结果和随后进行的各种检验（如格兰杰因果关系）有效。

在以上定义中，($n \times n$)维矩阵 $\Pi$ 的属性是 Johansen 协整关系检验的核心。简单地讲，Johansen 协整检验实际上是一个循环检验过程，从检验第一个总体假设 $r = \text{rank}(\Pi) = 0$ 开始（rank 表示矩阵的秩），这个假设对应的是 VAR 系统内的所有变量都是非平稳的，且不存在协整关系。接下来再检验 $r = \text{rank}(\Pi) = 1$ 的情形，依此类推，一直到一个平稳系统对应的 $r = \text{rank}(\Pi) = n$。这个循环过程用来检验向量系统内是否以及存在多少个协整关系。当此过程在不能拒绝的点 $H_{0r}$ 停止时，对应的协整关系个数的估计值就是 $r$。

根据 Johansen 协整分析方法，如果设矩阵 $\Pi$ 的特征根是 $\lambda_i(i = 1, 2, \cdots, n)$，那么以下两个统计量都可以用来检验向量协整关系的个数，即

$$\text{迹统计量} = - T \sum_{i=r+1}^{k} \ln(1 - \hat{\lambda}_i), \, r = 0, \, 1, \, \cdots, \, n-1 \quad (4)$$

$$\text{极大特征根统计量} = - T \ln(1 - \hat{\lambda}_{r+1}), \, r$$
$$= 0, \, 1, \, \cdots, \, n-1 \quad (5)$$

其中,$\hat{\lambda}_i$ 指的是矩阵 $\Pi$ 的特征根的估计值,$T$ 是有效样本大小。如果迹统计量或者极大特征根统计量显著不为 0,那么就拒绝对应的原假设 $H_{0r}$。需要注意的是,这两个统计量的传统假设检验结果不能直接用来进行统计推断。这是因为在原假设条件下,相关统计量的分布与传统分布不同。问题的根源在于传统的统计推断要假设变量为平稳序列,而这里在原假设条件下,变量是非平稳的。因此,在实际检验过程中,我们使用 MacKinnon 等(1999)运用仿真方法计算的相应统计量的 $p$ 值。

根据以上介绍的方法,表 2 报告了 Johansen 协整检验结果。[①]不难看出,无论是迹统计量还是极大特征根统计量,在循环检验的第一轮(即协整个数为 0 的原假设下),所对应的 $p$ 值都小于 5%,说明在传统显著性水平下,没有协整关系的原假设被拒绝。而对于至多 1 个协整关系的原假设,对应统计量的 $p$ 值都高于 10%,表明四类价格存在 1 个协整关系的原假设不能被拒绝。作为比较,表 2 还报告了循环检验的第三轮结果,即针对至多 2 个协整关系的原假设检验结果。不难看出,在传统显著性水平下,至多 2 个协整关系的原假设也不能被拒绝。但基于循环假设检验的顺序与停止原则,这里判定 RMPI、PPI、CGPI 和 CPI 存在 1 个协整关系比较

---

① 在 Johansen 协整模型的设立中,我们根据张成思(2008)提出的协整分析模型中确定性趋势设立的标准,假设 VAR 模型系统内的组成变量都不含有确定性趋势,而协整向量中含有确定性趋势。

合理。

**表 2　四类价格指数的 Johansen 协整个数检验结果**

| 原假设（协整个数） | 迹统计量（$p$ 值） | 极大特征根（$p$ 值） |
|---|---|---|
| 无 | 0.035 ** | 0.005 *** |
| 至多 1 个 | 0.736 | 0.897 |
| 至多 2 个 | 0.363 | 0.743 |

注：** 和 *** 分别表示在 5% 和 1% 的显著性水平下对应统计量具有统计显著性。

综合表 2 报告的结果表明，我国上中下游价格之间存在一个长期均衡关系。所谓长期均衡关系，意思是说从长期来看，不同价格之间存在一个稳定的一一抵换关系。这样，即使在短期内不同价格之间的联系出现偏离这一均衡的现象，这种偏离所形成的时间序列也是平稳序列，并且从长期看正负偏离的程度彼此抵消（期望值为 0）。

当然，以上过程只是检验了上中下游价格之间是否存在协整关系以及协整关系的个数，但并没有反映出协整关系的具体特征。要刻画这种长期均衡关系的特点，还需要估计出反映协整关系特征的向量误差修正（VEC）模型。我们下面进行具体阐述。

**（二）误差修正模型**

误差修正模型的设立与估计主要涉及协整向量和调整系数，前者刻画了系统内变量之间的长期均衡关系，后者反映了出现偏离均衡状态后协整系统的修正特征。为便于说明，我们根据标准的时序分析理论，将模型（2）重新写成：

$$\Phi(L)\Delta Y_t = C + \Pi Y_{t-1} + \varepsilon_t = C + AB'Y_{t-1} + \varepsilon_t \qquad (6)$$

其中，矩阵 $B$ 代表协整向量（$B'$ 表示矩阵转置），$A$ 表示调整系

439

数矩阵。

在这样的定义框架下,如果令 $Z_{t-1} = B'Y_{t-1}$,则不难看出向量 $Z_{t-1}$ 是向量 $Y_{t-1}$(含有四类价格指数)通过协整向量 $B$ 的作用形成的误差序列。当 $t-1$ 期出现这种误差(即偏离长期均衡状态)后,协整系统将在下一期(即 $t$ 期)对此进行修正,从而确保长期均衡关系的稳定存在。那么修正的幅度有多大?这就是模型(6)中所定义的调整系数矩阵 $A$ 所反映的内容。因此,误差修正模型体现的是一种动态的修正机制。

事实上,只要向量协整关系的个数 $r$ 检验完毕之后,协整向量 $B$ 和调整系数矩阵 $A$ 的估计就是 Johansen 协整分析过程中的一个附产品。因此,通过上面介绍的 Johansen 协整分析方法,在特征根 $\lambda_i$ 估计出之后,矩阵 $B$ 的列就是对应的特征根向量。这样,$Z_t = B'Y_t$ 对应的 $r$ 个元素就可以被估计出来了。基于以上说明,误差修正模型可以写成:

$$\Phi(L)\Delta Y_t = C + AZ_{t-1} + \varepsilon_t \tag{7}$$

传统的统计推断可以应用于调整系数矩阵 $A$,也适用于动态系数矩阵 $\Phi(L)$。这得益于误差修正模型系统内的 $Z_{t-1}$ 是平稳序列的特性。

根据上述理论分析,表 3 报告了 Johansen 误差修正模型估计的经验结果。结果中包括协整向量 $B$ 和调整系数矩阵 $A$ 的估计值。注意,因为要识别协整向量 $B$,所以模型系统中第一个变量(RMPI)对应的系数标被准化为 1。这样,$B' = (1\ -1.404\ \ -0.551\ \ 0.849)$ 刻画了我国四类价格指数之间的长期均衡关系,并且这种均衡关系在 1% 的显著性水平下具有统计显著性。

表 3  **Johansen 误差修正模型估计结果(小括号为标准差)**

| 协整向量 $B$ | | | |
|---|---|---|---|
| RMPI | PPI | CGPI | CPI |
| 1.000 | $-1.404^{***}$ | $-0.551^{***}$ | $0.849^{***}$ |
| | (0.083) | (0.124) | (0.166) |
| 调整系数矩阵 $A$ | | | |
| $-0.139^{*}$ | 0.085 | $-0.018$ | $-0.201^{***}$ |
| (0.089) | (0.062) | (0.049) | (0.054) |

注:*、** 和 *** 分别表示在 10%、5% 和 1% 的显著性水平下对应统计量具有统计显著性(下同)。

对于调整系数矩阵,$A' = (-0.139 \quad 0.085 \quad -0.018 \quad -0.201)$,表明当系统内变量之间在短期内出现正向非均衡状态时(正的偏离误差),PPI 会同向修正,但修正幅度不大(0.085),并且不具有统计显著性;其他三种价格均会出现反向修正,其中 CPI 的修正幅度最大($-0.201$),其次是 RMPI 和 CGPI。

从调整系数的估计结果来看,上中下游价格的长期均衡关系一旦出现暂时性的偏离,那么最下游(CPI)与最上游价格(RMPI)的反向修正最为明显,二者主导了模型系统由暂时性非均衡向长期均衡调整的动态机制。这也从一定程度上暗示出上下游价格之间很可能存在显著的动态互动效应。当然,这种动态互动也可能涉及处于二者之间的其他价格。要厘清不同价格之间的这种动态传导机制,需要在误差修正模型的基础上进行格兰杰因果关系检验。[①]

---

① 由于计量经济学发展的历史原因,"格兰杰因果关系"(Granger Causality)沿袭其创始人格兰杰在其经典文献中使用的名字。但这一名称并非指一般意义上的因果联系。事实上,格兰杰因果关系是检验变量之间是否存在动态预测关系,即某一变量的历史信息是否对预测另一变量未来走势具有统计显著性,而非因果关系。

### (三) 格兰杰因果关系

在协整分析的框架下,格兰杰因果关系检验是在已建立的误差修正模型基础上进行相应的显著性检验。当然,要进行这一检验,需要将模型(7)进行适当的变形,即

$$\Delta Y_t = C + A Z_{t-1} + \Phi'(L) \Delta Y_{t-1} + \varepsilon_t \qquad (8)$$

其中 $\Phi(L) = I - \Phi'(L)L$。这样,格兰杰因果关系检验就是对矩阵 $\Phi'(L)$ 中对应系数的联合显著性水平进行检验。以 $\Delta Y_t$ 中的 $\Delta CPI_t$ 为因变量的等式为例,检验其他价格指数是否是其格兰杰因果关系就是检验回归等式(8)右侧其他价格的各自滞后项系数分别是否为 0。

按照以上说明的检验原理,表 4 报告了以模型(8)为基础的格兰杰因果关系检验结果,其中 lag($\Delta CPI$) 表示回归等式右侧 $\Delta CPI$ 的滞后项,其他符号的定义与此类似。表 4 中第一列报告的结果是以 CPI 为因变量的检验结果。从第一列的结果可以看出,在 5% 的显著性水平下,PPI、CGPI 或 RMPI 分别不是 CPI 的格兰杰因果关系的原假设都可以被拒绝。也就是说,其他三类价格都是 CPI 的格兰杰因果关系,即上中游价格指数对下游 CPI 的动态走势都具有显著的预测效应。

**表 4　四类价格指数的格兰杰因果关系检验结果**

|  | $\Delta CPI_t$ | $\Delta CGPI_t$ | $\Delta PPI_t$ | $\Delta RMPI_t$ |
|---|---|---|---|---|
| lag($\Delta CPI$) |  | 0. 000 *** | 0. 321 | 0. 220 |
| lag($\Delta CGPI$) | 0. 026 ** |  | 0. 028 ** | 0. 031 ** |
| lag($\Delta PPI$) | 0. 000 *** | 0. 923 |  | 0. 001 *** |
| lag($\Delta RMPI$) | 0. 008 *** | 0. 643 | 0. 271 |  |

注:检验所依据的 VAR 模型最优滞后阶数由 VAR 模型残差的序列相关性与系数排除性检验共同确定为 2(最大设定为 6);lag($\Delta CPI$)代表格兰杰因果关系检验中等式右侧所有 CPI 项的滞后期(其他价格指数表示法类似);原假设是没有格兰杰因果关系;表中报告的是 Wald 显著性检验统计量的 $p$ 值。

表4中第二列报告的结果是检验哪些价格指数是PPI的格兰杰因果关系。结果显示中游价格CGPI是PPI的格兰杰因果关系,而上游的RMPI和最下游的CPI不是PPI的格兰杰因果关系。从预测角度说,CGPI对PPI的动态走势具有预测效果,但RMPI和CPI对PPI的走势则不具有预测效应。按照同样的逻辑,第三列对应的结果说明,CPI对CGPI有预测效果,而RMPI和PPI对CGPI并不具有显著预测效应。最后一列的结果表明,PPI和CGPI对RMPI具有预测性,但CPI对RMPI的动态走势没有预测效应。

综合表4中的检验结果我们发现以下几点值得注意:第一,上中游价格(RMPI、PPI和CGPI)向下游价格(CPI)的传导是显著的;第二,下游价格CPI只对中游价格CGPI存在倒逼机制,而对其他价格均没有反向传递性;第三,中游价格CGPI对上游的PPI和RMPI具有倒逼效果;第四,PPI对RMPI具有反向倒逼机制。

我们的第一点发现与贺力平等(2008)的截然不同,原因并不在于分析样本的细微差别,而在于格兰杰因果关系检验中非平稳序列的处理。贺力平等(2008)虽然也正确地判断出我国价格变量的非平稳性,但在格兰杰因果关系检验中仍使用价格序列的水平值进行统计检验。而我们的分析充分注意到价格序列的非平稳性特征,格兰杰因果关系的检验是基于误差修正模型的正确设立基础上进行的,因此这里的经验结果更具有稳健性。

四、货币驱动下的价格传导机制

在上文中,我们将RMPI、PPI、CGPI和CPI纳入到一个动态向量模型系统内,分析了上中下游价格彼此之间的动态传导机制。这些分析主要集中在价格之间的互动关系,尚未考虑货币因素对价格传导机制的影响。但从历史发展经验来看,货币增长率与通胀率存在紧密联系的观点(如弗里德曼提出的"通货膨胀永远是货币现象")对分析价格传导机制具有重要启发意义。

为此,我们这里将中国 M2 增长率(同比)纳入到前面设立的向量系统内,通过与前面类似的经验分析过程,来判断货币因素对我国上中下游价格的动态驱动效果,检验货币因素直接驱动了哪些价格指标。同时,对加入货币因素的增广模型进行分析,还可以考察前文分析结果是否具有稳健性。

在进行回归分析之前,我们需要首先说明 M2 增长率(以 M2GR 表示)的数据来源以及平稳性特征。M2GR 原始数据来源于中国人民银行,样本区间与价格指数的区间一致,从 1998 年 1 月到 2009 年 6 月。在这一样本区间内对 M2GR 及其一阶差分形式进行 ADF 单位根检验,统计量对应的 $p$ 值分别是 0.13 和 0.000。这说明在传统显著性水平下,我们可以判定 M2 增长率为一阶非平稳序列(即 I(1)序列)。这为下面的协整分析提供了可行的理论基础。另外,我们在本文开始部分已经说明,所有价格指数实质上是增长率(通胀率)的形式,因此使用 M2 增长率与四类价格序列构建 VAR 模型符合变量指标数据处理的一致性原则。

基于以上对 M2GR 数据的分析,我们首先按照第三部分介绍的 Johansen 协整检验过程,对四类价格指数与 M2GR 所组成的 VAR 模型进行协整个数检验,结果报告在表 5 中。从中我们可以看到,对于没有协整关系的原假设,迹统计量和极大特征根统计量对应的 $p$ 值分别为 0.061 和 0.069。这表明,虽然四类价格以及 M2GR 所组成的向量系统不存在协整关系的原假设在 5％的显著性水平下不能被拒绝,但在 10％的显著性水平下仍然可以被拒绝。而对于协整个数的第二轮检验,即存在至多 1 个协整关系的原假设在传统显著性水平下不能被拒绝。

**表 5　增广模型的 Johansen 协整个数检验结果**

| 原假设(协整个数) | 迹统计量($p$ 值) | 极大特征根($p$ 值) |
| --- | --- | --- |
| 无 | 0.061* | 0.069* |
| 至多 1 个 | 0.394 | 0.589 |
| 至多 2 个 | 0.483 | 0.865 |

综合起来看,表 5 的检验结果暗示,在 1998—2009 年的样本区间内,我国货币供给增长率与上中下游价格之间存在一个协整关系。有了这样一个长期均衡关系作为基础,我们就可以进一步对模型系统内的变量进行格兰杰因果关系检验,从而考察货币供给因素与不同阶段的价格之间彼此驱动特征,并判断加入货币供给增长率后上中下游价格之间的传导机制是否发生改变。

按照这样一个思路,我们依据协整检验对应的误差修正模型系统,对四类价格与 M2GR 进行了格兰杰因果关系检验。表 6 归纳了加入 M2GR 的增广模型对应的格兰杰因果关系检验结果(检验过程与表 4 对应的过程完全一致)。基于我们的研究目的,表 6 中以下三点值得特别关注:第一,M2GR 对中下游的 CPI 和 CGPI 的格兰杰因果关系检验不具有统计显著性,但 M2GR 对上游 RMPI 和 PPI 具有显著的格兰杰因果关系(观察表 6 中结果的第 1 行);第二,与表 4 相比较,这里对加入 M2GR 的增广模型进行检验,除了 RMPI 对 CPI 的格兰杰因果关系由原来的显著变为不显著之外(表 6 中结果的第 2 列),上中下游价格之间的动态传导效应均没有显著改变;第三,所有价格对货币供给增长率没有显著的格兰杰因果关系（表 6 中结果的第 1 列）。

**表 6　加入 M2GR 的增广模型格兰杰因果关系检验结果**

|  | ΔM2GR | ΔCPI | ΔCGPI | ΔPPI | ΔRMPI |
|---|---|---|---|---|---|
| lag(ΔM2GR) |  | 0.816 | 0.297 | 0.003 *** | 0.018 ** |
| lag(ΔCPI) | 0.733 |  | 0.001 *** | 0.431 | 0.452 |
| lag(ΔCGPI) | 0.406 | 0.001 *** |  | 0.001 *** | 0.001 *** |
| lag(ΔPPI) | 0.896 | 0.048 ** | 0.820 |  | 0.002 *** |
| lag(ΔRMPI) | 0.261 | 0.238 | 0.303 | 0.922 |  |

注:VAR 模型最优滞后阶数由 VAR 模型残差的序列相关性与系数排除性检验共同确定为 4(最大设定为 6)。

以上结果有三点重要启示:

第一,货币供给增长率对我国上游价格具有直接的动态驱动效果,而对中下游价格没有显著的直接动态传递效应,也就是说系统性的货币政策变化没有直接反映在下游 CPI 价格上。但是我们看到,货币供给增长率对上游价格的动态传导是显著的,而上游价格又对下游 CPI 具有显著的驱动效应。这说明,从货币供给增长率到下游价格的传导链可以经过上游价格进行传递。因此,货币因素对上游价格是直接驱动的,而对中下游价格则可以看成是一种间接驱动形式。

第二,从不同价格的动态传导机制来看,加入货币供给增长率变量,只对 RMPI 与 CPI 的格兰杰因果关系带来细微影响。这可能是由于向量模型系统因变量增加而影响了回归估计中的自由度和共线性程度。但从总体上看,增广模型对应的结果基本上没有改变前文的研究结论。因此,本文所发现的上中下游价格传导特征具有稳健性,特别是价格传导方向与第三部分的结果完全一致。

446

第三,价格变化对我国货币政策调整的动态影响并不显著。这一点暗示着,我国央行在调整货币政策中介目标(如 M2)的过程中,在由价格和经济增长等因素所组成的信息集中,更多关注的仍然是经济增长。当然,这与我国每年新增相当规模待就业人口的基本国情是一致的。因为只有确保一定水平的经济增长,才能有效吸纳就业人口,合理调控失业率。

需要说明的是,本文在以上各种检验中依托的是线性模型系统,没有考虑价格传导关系的相关结论是否在非线性模型系统下依然成立。同时,我们也没有考虑所设立的模型在研究样本区间内是否存在结构性变化。为了使研究结论具有稳健性,我们首先遵循已有研究(如刘金全等,2009)的处理方法,在原有误差修正模型的基础上引入非线性平滑迁移机制,将线性 VEC 模型拓展为 Logistic 平滑迁移模型(LSTVEC)。在构建 LSTVEC 模型的具体形式过程中,我们遵循学界标准的处理方式,选择在 $\gamma = 0$ 附近用 1 阶泰勒近似展开式替代 Logistic 函数,从而获得 LSTVEC 模型的解析表达形式,并据此在非线性模型系统下进行格兰杰因果关系检验。[1]

然后,我们运用 Andrews 和 Ploberger(1994)的未知断点结构性变化检验方法,并结合 Hansen(1997)提出的非标准分布函数来计算检验统计量对应的 $p$-值,分别对表 4 和表 6 中对应的两个模型系统内的各个等式进行未知断点结构性变化检验。这里的结构性变化检验是在回归样本的中间 70% 区域进行未知结构断点搜索,计算在该域内所有可能断点对应的一系列

---

① 从理论上说,高阶展开比 1 阶展开更充分,但是使用高阶展开获得的 LSTVEC 模型解析表达形式更加复杂,从而造成实际回归过程中的自由度损耗问题更加严重(尤其是在当前处理的多维动态模型中)。因此本文采用 1 阶近似展开形式获得非线性模型。

Wald 检验统计量,搜索域内获得的最大 Wald 统计量对应的时点即为结构断点。

第一个稳健性分析的结果显示,尽管在非线性系统下货币供应变化率对上游价格的驱动效应没有线性系统下的明显(可能由于自由度损耗等引起),但是线性系统下所发现的上中游价格正向传递以及下游价格对中游价格和中游价格对上游价格的反向倒逼机制,在非线性系统下仍然成立。第二个稳健性分析的结果表明,在传统显著性水平下,本文的模型系统不存在结构性变化,从而说明以上实证结果具有稳健性。

## 五、结 论 与 启 示

本文对 1998 年 1 月至 2009 年 6 月我国上中下游价格传导机制进行了经验分析,并考察了货币因素对不同价格的驱动特征。通过动态模型系统的协整检验、误差修正以及格兰杰因果关系检验,本文回答了引言部分提出的三个重要问题:一是上中下游价格之间是否存在稳定的动态驱动关系;二是不同价格之间的动态传导机制;三是货币供给对上中下游价格的不同驱动效应。

从研究结果来看,我们对于第一个问题的回答是肯定的,我国原材料购进价格、生产者价格、企业商品交易价格以及居民消费价格之间存在长期均衡关系。这说明上中下游价格之间的动态驱动机制是稳定存在的,不同价格之间的动态联系即使在短期内出现偏离,但最终必将回复到长期均衡状态。

在此基础上,我们分析了不同价格之间的动态传导机制。经验结果显示,我国不同价格指标之间的传导特征仍然符合基本的价格传导规律,上中游价格对下游价格具有显著的动态传导效应。同时,下游价格对中游价格存在反向倒逼机制,这种倒逼机制也体现在中游价格对上游价格的反向传导效果上。以上结论在非线性系统下具有稳健性。倒逼机制的出现说明,尽管传统的价格传导规律对通胀预测和前瞻性宏观决策具有借鉴意义,但价格传导链条的反向倒逼机制在宏观决策中更加值得认真考虑。特别是下游价格容易通过居住、教育、医疗以及高端消费等刺激市场预期,从而推动倒逼机制的出现。因此,对各大类价格指数的内部子成分的动态机制进行分析,厘清价格传导的微观机制,是未来值得深入研究的重要课题。

针对第三个问题,我们将货币供给增长率加入到四类价格组成的向量系统内,通过计量检验发现货币因素对上游价格的动态驱动效果最为显著,但并没有直接传导到下游价格。货币供给对上游价格的显著影响与直接驱动暗示,虽然货币政策的现时变化可能在一段时间内不会直接反映在下游的居民消费价格的变化上,但是却可以通过影响上游价格进而传导到下游价格。这种间接的动态传导效应可能使货币供给的通胀效应在短期内不易被察觉,但一段时期以后必然会显现出来。

本文的这些研究结果对未来一段时期我国通胀走势的准确判断以及宏观政策的科学调控具有重要启示。我们应该特别注意到,在全球金融危机之后,虽然 2009 年国内各种价格同比增长率连续出现负值,但是国际能源与大宗商品价格波动性加大,并且国际流动性随着美元汇率的波动也频繁进出。因此国内上游价格走势还存在相当大的不确定性。而从本文关于我国上中下游价格的传导规律的结果来看,这很可能会对未来一段时期下游价格的动态走势带来较大的波动性。而下游价格对上游价格的倒逼机制又增加了总体价格调控的难度。因此,未来几年我国的通胀风险依然不容忽视。当然,抑制通货膨胀并不是宏观政策调控的唯一目标,特别是在当前世界主要国家的经济发展尚未出现根本性好转的情势下,如何进一步增强中国经济增长的可持续性,也是管理层需要密切关注的重大问题。

最后,考虑到货币供给对价格传导的动态效应,决策层在防控通胀与刺激增长的政策权衡中,采取动态调整是宏观调控工作中值得考虑的现实策略。当然,要实现动态政策调整的理想效果,还需要进一步做好许多基础性工作,如建设全面科学的经济预测系统,在宏观政策分析框架中更多地引入动态随机一般均衡分析机制等。而在预测系统建立的实际工作中,上中下游价格的动态传导规律以及货币驱动下的价格传导规律,为预测整体价格动态走势提供了有益的信息渠道。这样,宏观政策调控与预测机制的进一步完善,将为我国经济健康平稳地向前发展提供重要的保证。

## 参考文献

陈彦斌、唐诗磊、李杜,2009:《货币供应量能预测中国通货膨胀吗》,《经济理论与经济管理》第 2 期。

贺力平、樊纲、胡嘉妮,2008:《消费者价格指数与生产者价格指数:谁带动谁》,《经济研究》第 11 期。

刘金全、隋建利、李楠,2009:《基于非线性 VAR 模型对我国货币政策非对称作用效应的实证检验》,《中国管理科学》第 3 期。

申银万国研究所,2008:《PPI 影响 CPI 的内在机制分析》,《上海金融报》8 月 22 日。

张成思,2008:《金融计量学——时间序列分析视角》,东北财经大学出版社。

赵留彦、王一鸣,2005:《货币存量与价格水平:中国的经验证据》,《经济科学》第 2 期。

Andrews, Donald, and Werner Ploberger, 1994, "Optimal Tests

When a Nuisance Parameter is Present Only under the Alternative", *Econometrica*, 62, 1383—1414.

Frey, Giliola, and Manera, Matteo, 2007, "Econometric Models of Asymmetric Price Transmission", *Journal of Economic Surveys*, 21, 349—415.

Hansen, Bruce, 1997, "Approximate Asymptotic P Values for Structural-Change Tests", *Journal of Business and Economic Statistics*, 15, 60—67.

MacKinnon, James, Haug, Alfred, and Michelis Leo, 1999, "Numerical Distribution Functions of Likelihood Ratio Tests for Cointegration", *Journal of Applied Econometrics*, 14, 563—577.

Weinhagen, Jonathan, 2005, "Price Transmission within the PPI for Intermediate Goods", *Monthly Labor Review*, 128, 41—49.

（原载《经济研究》2010 年第 6 期）

# 中国出口的收入和价格弹性

## 姚枝仲　田　丰　苏庆义
### （中国社会科学院世界经济与政治研究所）

## 一、引　言

　　贸易流量分析一直是国际经济学领域重要的经验研究主题。在引力模型出现以前，贸易流量的经验分析主要集中在贸易的收入弹性和价格弹性上。Goldstein 和 Khan(1985)认为导致这一现象的原因主要有三个：一是贸易数据比较完整；二是估计模型来自消费理论和生产理论，变量较少；三是有非常重要的宏观经济政策含义。事实上，收入弹性和价格弹性还有助于理解贸易理论、贸易结构与贸易的增长方式，这些新的作用也支撑了 20 世纪 80 年代以来对收入弹性和价格弹性持续的研究。然而，到目前为止，对于收入弹性和价格弹性的估计仍然存在一些理论、方法和数据方面的问题，相关的估计方法和理论解释仍然需要不断发展和完善。有关研究目前形成了一个基本的共识，即各国的收入弹性和价格弹性是存在差异的。理解这种差异成为 Houthakker 和 Magee(1969)、Krugman(1989)以来这一领域的重要主题。

　　对于中国来说，估计和理解出口的收入弹性和价格弹性在现阶段尤其重要。首先,美国 2007 年次贷危机引发的全球金融危机,已经对中国造成了非常严重的外部冲击。要了解这种冲击对中国到底有多大影响,在很大程度上依赖于对出口收入弹性的估计。其次,中国面临人民币升值的压力和劳动成本上升的趋势,这两个因素都会对出口价格造成一定影响。要理解这两个因素对出口的影响,在很大程度上依赖于对出口价格弹性的估计。再者,对出口收入弹性和价格弹性的研究,有利于更好地理解中国的贸易结构、贸易增长方式和贸易政策对出口、宏观经济以及社会福利的影响。本文试图在这一领域最新成果的基础上,结合中国出口的实际情况,形成一个有理论基础的新的估计方法,对中国出口的收入弹性和价格弹性提供一个符合经济学理论与数理逻辑的估计,并且对其估计值的政策含义进行解释。

本文第二部分评述已有的研究,包括相关的方法、模型以及进展;第三部分讨论模型和方法;第四部分为数据介绍和数据处理方法;第五部分提供估计结果;第六部分是一个简短的结论。

## 二、研 究 进 展

假设世界上只有"本国"和"外国"两个经济体,"外国"对"本国"产品的需求就是"本国"的出口需求。假定"外国"居民的总体效用函数为 $U(Q_X, Q_D)$,其中 $Q_X$ 为"外国"居民对"本国"产品消费量(或"本国"的出口量),$Q_D$ 为"外国"对自己生产的产品的消费量;"外国"居民的预算约束为 $P_X Q_X + P_D Q_D = R$,其中 $P_X$ 为"本国"产品在"外国"的价格,$P_D$ 为"外国"产品在自己国内的价格,$R$ 为"外国"居民的名义收入。将这一预算约束改写为 $Q_D$ 的表达式,并代入效用函数,则效用函数为 $U\left(Q_X, \dfrac{R - P_X Q_X}{P_D}\right)$。

解这个效用最大化问题,可得到"外国"对"本国"产品的需求函数:

$$Q_X = F(P_X, P_D, R) \qquad (1)$$

这也就是"本国"的出口需求函数。假定出口需求对收入和价格的弹性在考察期内固定不变,即可依据式(1)得到出口收入弹性和价格弹性的一个估计方程:

$$\ln(Q_X) = c + \sigma_y \ln(R) + \sigma \ln(P_X) + \sigma_D \ln(P_D) + \varepsilon \qquad (2)$$

其中 $\sigma_y$ 为出口需求的收入弹性;$\sigma$ 为出口需求的价格弹性;$\sigma_D$ 为出口需求的交叉价格弹性(cross-price elasticity),即出口需求对"外国"产品价格的弹性;$\varepsilon$ 为残差。

另外,观察预算约束 $P_X Q_X + P_D Q_D = R$,可以发现,当产品价格 $P_X$、$P_D$ 和名义收入 $R$ 同比例变化时,预算约束线将保持不变。同时,居民的效用函数 $U(Q_X, Q_D)$ 也与 $P_X$、$P_D$ 和 $R$ 这些名义变量无关。或者说,居民的无差异曲线不会随上述名义变量的变化而变化。这就说明,当产品价格 $P_X$、$P_D$ 和名义收入 $R$ 同比例变化时,居民的无差异曲线和预算约束线都不会变动,因而由两者相切点决定的效用最大化条件下的消费者需求也不变。在经济学上,这一特性表示消费者没有货币幻觉。在数学上,这意味着需求函数(1)是零次齐次的。于是,可以在式(1)的右边对每个变量同时除以 $P_D$,出口需求 $Q_X$ 保持不变,这样就可以得到一个新的出口需求函数:

$$Q_X = f\left(\frac{P_X}{P_D}, \frac{R}{P_D}\right) \qquad (3)$$

其中,$P_X/P_D$ 为"本国"出口产品与"外国"产品之间的相对价格;$R/P_D$ 为用"外国"国内产品价格平减的"外国"居民实际收入。根据式(3),可以得到一个用相对价格和实际收入来估计出口收入弹性和价格弹性的方程:

$$\ln(Q_X) = c + \sigma_y \ln\left(\frac{R}{P_D}\right) + \sigma\ln\left(\frac{P_X}{P_D}\right) + \varepsilon \tag{4}$$

当需求函数是零次齐次时,在式(2)中将有 $\sigma_D + \sigma_y + \sigma = 0$,利用这个表达式消去式(2)中的 $\sigma_D$ 可得到式(4)。可见式(2)和式(4)是等价的,能得到相同的收入弹性 $\sigma_y$,也能得到相同的价格弹性 $\sigma$。

式(2)和式(4)都是经常被使用的出口需求的收入弹性和价格弹性的估计方程。这两个估计方程可依据效用最大化这一基本的经济学原理推导出来,且只有四个常用的宏观变量,较好地兼顾了理论和数据可得性。

式(2)和式(4)的估计虽然简单方便,但也存在一些问题。

第一个问题,出口的数量和价格是由出口供给和需求共同决定的,是供需均衡的结果,出口数量和价格既在需求曲线上,也在供给曲线上,用供需均衡数据拟合的曲线不能认定为是需求曲线。这个问题首先由 Orcutt(1950)进行了详细说明,现在已经成为计量经济学上的典型估计问题:即自变量的内生性问题。由于不能认为内生变量与残差项无关,因而对参数的估计将是有偏和不一致的。

解决这个问题直接的办法是构建一个包含供需双方的联立方程组,然后选择合适的方法对这一联立方程组进行估计(如两阶段最小二乘法)。在贸易方程的估计历史上,联立方程的应用是非常普遍的。[1]

Goldstein 和 Khan(1985)指出,只要满足一定条件,对需求方程的单方程估计也可以获得无偏和一致的估计结果。这些条件包括:出口供给的价格弹性无穷大;或者在供给函数变动的情

---

[1] 具体情况可参见 Goldstein 和 Khan(1985)的综述。

况下,需求函数能保持稳定。第一个条件意味着价格由供给方决定,在出口需求函数中,价格是外生的,从而可以避免内生价格所产生的估计偏差。第二个条件看起来似乎有点费解,但参考 Orcutt(1950)的阐述,其实还是容易理解的。假定在只有出口数量和出口价格的二维空间中,需求曲线保持不变,则供给曲线移动所形成的均衡出口数量和出口价格的变动,实际上都是出口数量和出口价格在需求曲线上的移动。因此,由均衡的出口数量和出口价格变动所拟合的曲线正好就是需求曲线。可见,在第二个条件中,需求函数的稳定是至关重要的。要获得稳定的需求函数,一方面需要在需求函数中充分考虑引起需求变动的因素,增加适当的解释变量,比如需求函数(1)和(3)就比二维空间中的需求曲线更加稳定,更加适合单方程估计;另一方面,要求在需求函数中,各解释变量与被解释变量之间的关系是稳定的,尤其是不随时间的变化而变化,如在估计方程(2)和(4)中,要求各个待估计的参数保持稳定。

中国的出口情况大致满足上述两个条件:首先,要满足供给的价格弹性无穷大,需要出口部门存在大量未被充分利用的资源,使得在某一价格下,可以供给任意数量的产品。显然,中国大量的农村剩余劳动力说明这一条件在中国基本满足。其次,出口供给函数可能由于中国的产业结构和出口结构的变化而经常发生变动,而后面的计量结果显示,中国的出口需求函数基本上是稳定的。可见,虽然中国出口的变动主要受自身出口供给的变动影响,但是这些变动正好反映了出口价格和数量在出口需求函数上的移动。这些特征说明,用单方程估计中国出口的收入弹性和价格弹性是合适的。故以下不对联立方程组估计方法的有关问题进行讨论,而主要集中于对单方程估计方法的讨论。

Orcutt(1950)对第二个条件的阐述引出单方程估计方法的第二个问题,即参数的稳定性问题。如果参数不稳定,则均衡的价格和数量数据包含了供给曲线的信息,依据均衡价格和数量得到的估计方程不能认为是需求函数。参数稳定性的另一层含义是针对式(2)和式(4)这类特殊估计方程的。估计方程(2)和(4)中参数稳定意味着需求函数具有固定的收入弹性和价格弹性,这样的需求函数实际上是 Cobb-Douglas 形式的。有时候真实的需求函数是线性的、双曲线形式的或者是其他形式的,如果按照 Cobb-Douglas 函数估计,就得不到稳定的参数。在这种情况下,对需求函数(1)或者(3)的估计需要选择其他类型的函数形式。

检验参数是否稳定的一个简单的办法,是在可能出现参数变化的时间点增加虚拟变量,或者以该时间点为界进行分段估计。在早期的贸易方程估计中,分段估计是比较普遍采用的,如Heien(1968)和 Ahluwalia(1975)等人的估计。

参数稳定性问题不仅仅是出口需求函数估计中的一个问题,也是计量经济学中的一个普遍问题,计量经济学家发展了一些正式的方法进行检验,其中大家比较熟悉的是"邹断点检验"和"邹预测检验"方法(Chow,1960)。Hooper(1978)就曾使用"邹检验"来测试美国进口收入弹性和价格弹性的稳定性。不过,"邹检验"法、虚拟变量法和分段估计法,都需要事先判断参数可能发生变化的时间点(即"断点")。在有些情况下,这种判断是很困难的。为此,Brown 等(1975)提出了一个不需要事先识别"断点"的参数稳定性检验方法,即递归估计的方法。这一方法也曾用于出口需求函数的参数稳定性检验,如 Stern 等(1979)。要检验参数的稳定性,一般来说,可以根据递归估计原理,通过对递归残差、累积和(CUSUM)以及累积平方和

(CUSUMSQ)等统计量来观察参数可能出现变化的时间点,然后用"邹检验"法对该时间点做进一步检验,并用虚拟变量或者分段估计法来改善估计结果。

另一种参数不稳定的情况可能不是源于参数的突然变化,而是来自函数形式的设定错误。在这种情况下,式(2)和式(4)就不适用于估计需求函数,换一种函数形式(比如将对数线性函数改为线性函数),可能可以得到更加合适的需求函数估计方程,也能得到随时间或者随收入和价格变化而变化的收入弹性和价格弹性。Box和Cox(1964)提供了一个算法,该算法能够根据数据自身的情况来判断线性函数和对数线性函数到底哪个更为合适。Khan和Ross(1977)利用这一方法对美国、加拿大和日本的进口需求方程进行了估计。当然,需求函数也可能是线性和对数线性之外的形式,比如双曲线的形式,这是"Box-Cox转换"算法所难以识别的。"拉姆齐回归设定误差检验"(Ramsey RESET)则提供了一个综合检验函数形式设定错误的方法。[1]

与函数形式相关的另一个问题是模型的动态化。这也是单方程估计方法的第三个问题。式(2)和式(4)的单方程估计方法都是基于静态模型的,只考虑当期收入和价格对当期效用和需求的影响,而不考虑时间因素。一旦加入时间因素,模型可能存在两方面的变化。一是外国居民的需求决策不是以当期效用最大化为目标,而是以长期或者一生效用最大化为目标,同时,居民的预算约束也不再是当期收入等于当期支出,而是长期或者一生的收入等于长期或者一生的支出。在每一期,居民可以使用国际借贷来实现最优的支出。在这种情况下,每一期的产品

---

① 拉姆齐回归设定误差检验实际上是对各种设定错误进行综合检验,这些设定错误包括遗漏相关变量、函数形式不正确,自变量与残差相关等。

需求与当期收入和价格有关,与所有存续时期的价格和收入有关,并且还与国际借贷条件相关。这一类模型虽然看起来比较复杂,但是 Wu(2008)在跨期优化框架下得到的出口需求基础估计方程,与静态估计方程仍然是一样的。加入时间因素可能产生的第二个变化是需要考虑变量的滞后影响。在理论上,当需求的变动存在调整成本,价格和收入变动就可能对需求产生滞后影响。现实中,调整成本是广泛存在的,如合约有期限、违约有成本与重订合约也有成本,消费者不能无成本的获得价格变动信息等。因此,滞后影响被广泛使用于出口需求函数的估计中。

　　早期的估计一般假定价格和收入变动对出口的滞后影响呈几何衰减形式,这可以使用分布滞后模型并经"Koyck 转换"来方便地估计需求函数,[①]如 Houthakker 和 Magee(1969)、Goldstein 和 Khan(1976)等的估计。但是,滞后影响呈几何衰减形式是一个比较强的事先假定,这一假定意味着价格和收入变动对当期的需求影响是最大的,然后影响逐渐递减。如果滞后影响不是几何衰减形式时,则 Koyck 模型就不适用了。这时候,多项式分布滞后模型可能更加合适。但是多项式本身的阶数选择仍然意味着需要事先选择一个滞后影响的形式,这实际上还是用一个假定的滞后影响模型来进行估计。幸运的是,时间序列分析方法的发展,已经可以根据数据本身的特征来选择滞后项和适当的估计模型。在协整框架下,自回归分布滞后(ARDL)模型和动态最小二乘法(DOLS)均能较好地估计出带

---

① "Koyck transformation"来自荷兰计量经济学家 Koyck 在 1964 年的一篇论文中所提出的方法。这一方法的好处是可以将自变量的多阶滞后(或无限期滞后)转化为因变量的一阶滞后来进行估计。转换后的模型称为"Koyck 模型"。Koyck 模型主要用于估计广告对销售绩效的长期和即期影响。

动态影响的需求函数,如 Caporale 和 Chui(1999)、Wu(2008)等的估计。

在对收入弹性和价格弹性的估计中,还有一个比较重要的现象,就是各国的出口和进口收入弹性存在较大的差别。尤其是 Krugman(1989)发现,这种差别存在一个明显的特征,即一国的出口收入弹性和进口收入弹性之比,基本等于其本国的收入增长率与其外部收入增长率之比。这一特征被 Krugman 称为"45 规则"。该规则也意味着,一国的经济增长越快,其出口的收入弹性也越大。Krugman 认为导致这一现象的主要原因,在于快速增长的国家,其出口的增长主要是由产品品种增加引起在国际市场上的相对份额增长造成的。也就是说,当一个国家有新的产品进入出口市场时,即使外部收入只有小幅增长,其总出口也会较快增长。

产品品种增加对理解出口的收入弹性虽然很关键,但是现有的估计理论和估计方法并没有对产品品种数目或者新产品给予充分的考虑。首先,在总量效用函数 $U(Q_X, Q_D)$ 中,只有产品数量,没有产品品种,因而依据总量效用函数得到的需求曲线(1)和(3)与估计方程(2)和(4)并没有体现出产品品种变化的影响。尤其是当总量效用函数具有齐次特征时,出口的收入弹性总是等于 1。当依据总量效用函数得到的出口收入弹性估计值偏离 1 时,只能说明效用函数不具有齐次特征,不能得到出口产品品种数目变化的结论。其次,价格指数一般都是根据同质可比产品的价格波动来计算的,①当产品品种发生变化时,价格指

---

① 在很多情况下,进口和出口的价格指数不是根据"同质"产品,而是根据"同类"产品的平均价格变动来计算的,产品质量等变化对价格指数的影响并没有被排除掉。这些因素对出口方程估计结果的影响与新产品的影响类似。详见本文第三部分。

数就会有测度不准的问题。一旦价格指数测度不准确，数量指数也同样不会准确。从理论上讲，新产品本身的价格对新产品的需求和同质可比产品的需求均有重要影响，同质可比产品价格的变化除了对同质可比产品本身的需求有影响之外，也会通过交叉弹性或者替代弹性来影响新产品需求。可见，在需求函数的估计中，如果价格指数没有考虑新产品的影响，则价格弹性和收入弹性的估计可能就是不准确的。

Feenstra(1994)提出了一个考虑新产品的价格指数。但是，要得到包含新产品的价格指数，需要事先估计产品之间的替代弹性。Feenstra(1994)提供了一个估计进口产品替代弹性的严格的计量方法，该方法虽然也可以推广用于估计出口产品之间的替代弹性，但是不太适合用于估计出口需求方程。这主要是因为出口产品之间的替代弹性与出口的价格弹性存在一定的函数关系，事前估计的替代弹性和事后估计出的价格弹性不一定符合这种关系。

综上所述，在出口需求的收入弹性和价格弹性的估计中，虽然已经没有计量技术方面的障碍，但是现有的估计结果和估计数据、估计方法之间存在固有的矛盾，即收入弹性的特征可能主要源于新产品进入了出口市场，但是在估计数据和估计方法中，并没有考虑新产品的影响。本文的主要工作就在于从理论上识别根据同质可比产品的价格指数来估计需求函数所产生的估计误差，提出考虑了新产品的出口需求函数估计方法，并根据这一方法对中国出口的价格和收入弹性进行估计。

## 三、模型与方法

为了考察新产品对收入弹性和价格弹性的影响，假定"外国"居民的总体效用函数 $U(Q_X, Q_D)$ 为不变替代弹性（CES）的形式，即：$U = (Q_X^\rho + Q_D^\rho)^{\frac{1}{\rho}}$。其中"本国"向"外国"的出口总量或者"外国"的进口总量为 $Q_X = (\sum_{i=1}^{n_X} a_{Xi} q_X^\beta)^{\frac{1}{\beta}}$；"外国"居民自产自销的产品数量为 $Q_D = (\sum_{i=1}^{n_D} a_{Di} q_D^\gamma)^{\frac{1}{\gamma}}$。这里 $q_{Xi}$ 为"外国"居民进口（"本国"出口）商品 $i$ 的数量，$q_{Di}$ 为"外国"居民自产自销商品 $i$ 的数量；$a_{Xi}$ 和 $a_{Di}$ 为表示偏好的系数；$n_X$ 和 $n_D$ 分别为"外国"居民进口和自产自销的商品种类数目；$\sigma_X = -\dfrac{1}{1-\beta}$ 为"本国"出口商品之间的替代弹性，$\sigma_D = -\dfrac{1}{1-\gamma}$ 为"外国"自产商品之间的替代弹性，$\sigma = -\dfrac{1}{1-\rho}$ 则为"本国"出口商品和"外国"自产商品之间的替代弹性。由于效用函数必须是凹的，任意商品的边际效用为正且边际效用递减，故上述三个表示替代弹性的系数 $\beta$、$\gamma$、$\rho$ 均必须满足小于 1 的条件。

效用函数之所以采用上述嵌套的 CES 形式，主要有四点理由：其一，根据上述效用函数得到的出口需求函数与估计方程（2）和（4）类似。也就是说，可以根据 CES 效用函数得到一般化的计量方程。其二，CES 函数提供了一个加总产品数量的方法，且其总量商品数量以及与其相对应的总量商品价格具有良好的特性：总量商品数量和价格的乘积等于单个商品数量和价格乘积的加总，即有 $\sum_{i=1}^{n_X} p_{Xi} q_{Xi} + \sum_{i=1}^{n_D} p_{Di} q_{Di} = P_X Q_X + P_D Q_D = PQ = R$。这一等式也可以作为"外国"居民的预算约束，其中 $p_{Xi}$、$p_{Di}$ 分别为"本国"出口产品 $i$ 和"外国"自产产品 $i$ 的价格，$P_X$、$P_D$ 和 $P$ 分别为"本国"出口商品总价（或"外国"进口商品总价）、"外国"自产自销产品总价和"外国"国内消费的所有商品的总价，$Q$ 为"外国"居民消费总量，且有 $P_X =$

$(\sum_{i=1}^{n_X} a_{Xi}^{-\sigma_X} p_{Xi}^{\sigma_X+1})^{\frac{1}{\sigma_X+1}}$, $P_D = (\sum_{i=1}^{n_D} a_{Di}^{-\sigma_D} p_{Di}^{\sigma_D+1})^{\frac{1}{\sigma_D+1}}$, $P = (P_X^{\sigma+1} +$ $P_D^{\sigma+1})^{\frac{1}{\sigma+1}}$, $Q = (Q_X^{\rho} + Q_D^{\rho})^{\frac{1}{\rho}}$。其三,依据上述总量价格和数量来计算的价格指数和数量指数符合 Samuelson 和 Swamy(1974)关于经济价格指数和经济数量指数的基本定义,并且 Sato (1976)还证明了 CES 效用函数能使用一种对数形式的理想价格和数量指数,这一理想指数经过 Feenstra(1994)的扩展之后,可以用于计算包含了新产品的价格指数,而新产品对收入弹性和价格弹性的影响正是本文考察的重点。其四,嵌套的 CES 函数允许存在三个不同的替代弹性。这种假定不仅更加符合现实情况,而且是本文的分析所必需的。要让理性的消费者接受一个新产品,其效用函数中的系数设定一定有 $0 < \beta < 1$ 这一条件。[1]但是,对于"本国"产品与"外国"产品之间替代弹性以及"本国"产品在"外国"的需求价格弹性,除了假定其一定为负之外,不能事先施加任何其他限定。也就是说,$\rho$ 可以为$(-\infty, 1)$之间的任意值。尤其是当计量结果出现 $\rho < 0$ 时,在效用函数中允许存在不同的替代弹性就成为一个必需的设定了。另外,允许存在三个不同的替代弹性,还有助于考察本国产品之间的替代弹性和出口需求弹性之间的关系。

"外国"居民在上述效用函数和预算约束下,其效用最大化选择使得对"本国"产品的需求符合下列函数形式:

$$q_{Xi} = \frac{R}{P}\left(\frac{P_X}{P}\right)^{\sigma}\left(a_{Xi}^{-1}\frac{p_{Xi}}{P_X}\right)^{\sigma_X} \tag{5}$$

$$Q_X = \frac{R}{P}\left(\frac{P_X}{P}\right)^{\sigma} \tag{6}$$

---

[1] 若 $\beta < 0$,则消费新产品会导致效用下降,因而消费者永远不会选用新产品。

式(5)即为本国某单一产品 $i$ 的出口需求函数,式(6)为本国出口总量的需求函数。根据式(6)可得到"本国"出口收入弹性和价格弹性的估计方程:

$$\ln(Q_X) = c + \sigma_y \ln\left(\frac{R}{P}\right) + \sigma \ln\left(\frac{P_X}{P}\right) + \varepsilon \tag{7}$$

式(7)和式(4)是基本一致的,其主要区别在于:式(4)用"外国"自产自销产品的价格 $P_D$ 来计算"本国"出口商品的相对价格和作为名义收入的平减系数,而式(7)则用"外国"的国内总价格水平 $P$ 来计算"本国"出口商品的相对价格和作为名义收入的平减系数。这种细微的区别使得式(7)在实际估计中比式(4)具有更大的优势。这一方面是因为在估计过程中往往比较容易得到一个国家的总体价格指数,而很难得到只包含自产自销产品的价格指数;另一方面,用总体消费价格 $P$ 平减的收入才是真正意义上的实际收入,因而在收入弹性的估计过程中使用"外国"国民收入的实际增长指数才具有逻辑上的合理性。

在式(6)中可以发现,出口需求对实际收入 $Y = \dfrac{R}{P}$ 的弹性是等于 1 的,即在式(7)中应该得到估计结果 $\sigma_y = 1$。这是所有齐次效用函数的必然结果。CES 函数是典型的一次齐次函数,因而出现这一结果并不例外。但是,上述 CES 效用函数是关于产品消费量的一次齐次函数,一旦假定产品的种类数目是可以变动的,即当 $n_X$ 和 $n_D$ 是变量时,CES 函数对所有变量的一次齐次性就不再成立了。在这种情况下,如果假定"外国"收入的增长,会引起"本国"出口产品种类数目的增加时,收入弹性就不再必然是 1 了。

为了理解新产品的引入对收入弹性的影响,可以考虑一个比较极端的情况。假定本国出口的所有产品均具有相同的数量

464

$\bar{q}_{Xi}$ 和价格 $\bar{p}_{Xi}$，根据式(5)得到每一产品的需求函数为：

$$\bar{q}_{Xi} = Yn_X^{\frac{\sigma - \sigma_X}{\sigma_X + 1}}\left(\frac{\bar{p}_{Xi}}{P}\right)^{\sigma} a_{Xi}^{-\sigma_X \cdot \frac{\sigma + 1}{\sigma_X + 1}} \tag{8}$$

加总 $\bar{q}_{Xi}$ 得到本国的出口总量：

$$Q_X = Yn_X^{\frac{\sigma}{\sigma_X + 1}}\left(a_{Xi}^{-\frac{\sigma_X}{\sigma_X + 1}}\frac{\bar{p}_{Xi}}{P}\right)^{\sigma} \tag{9}$$

考虑到实际收入 $Y$ 的变化将引起出口产品种类数目 $n_X$ 的变化，并令 $\sigma_n = \dfrac{\partial n_X/n_X}{\partial Y/Y}$ 为出口产品种类数目对收入的弹性，依据式(9)可以得到出口的收入弹性：

$$\sigma_y = 1 + \frac{\sigma}{\sigma_X + 1}\sigma_n \tag{10}$$

由于 $\sigma < 0$，且当 $\sigma_n > 0$ 时，一定有 $0 < \beta < 1$，$\sigma_X < -1$，[①] 故式(10)表明：当 $\sigma_n > 0$ 时，一定有 $\sigma_y > 1$。这就说明，当出口产品种类随着收入增长而增加时，出口的收入弹性一定会大于1。

从式(10)还可以看出，新产品出现得越快，出口的收入弹性就会越大。在相同的外部收入变化情况下，一个国家新产品进入出口市场的快慢，决定了其出口增长速度的快慢。一般来说，经济增长速度比较快的国家，其新产品出现的速度也比较快。故在现实情况中，经常看到经济高速增长的国家其出口增长也快的情况。这种情况往往被认为是供给能力在影响出口需求，因而在出口需求函数的估计中，曾增加一些反映出口国供给能

---

① $0 < \beta < 1$ 实际上也表示效用函数具有偏好多样性的特征。收入增加意味着市场扩大，更多的企业和产品可以进入外国市场，即产品种类的出口供给数目可能增加。一旦消费者面临更多的产品种类，偏好多样性的假定就会使得消费者一定会选择新产品，即出现 $\sigma_n > 0$ 的情况。

力变化的指标。如 Sato(1977)将出口国的产出在世界总产出中的份额作为出口国的非价格竞争力指标纳入出口需求函数的估计方程中；Gagnon(2003)则直接将出口国的实际产出作为反映出口国供给能力的指标纳入出口需求函数中。式(10)表明，收入弹性本身就包含了供给面的因素，因而在出口需求函数的估计中另外再增加其他反映供给面因素的指标是不必要的。①

然而，新产品不仅对收入弹性造成影响，而且会对价格造成影响，并进而影响到对价格弹性的估计。根据出口价格 $P_X$ 的计算公式可知，在其他产品价格不变的情况下，任何新产品的出现（或 $n_x$ 的增加和新的 $p_{Xi}$ 的加入），均会导致总体出口价格水平的下降。按照 Feenstra(1994)的理解，消费者购买了新产品，相当于新产品的价格从无穷大下降到了某个市场价格，因而使得价格总水平也下降了。新产品会引起价格总水平的下降也符合 Samuelson 和 Swamy(1974)对经济价格指数的定义。在经济学上，价格总水平被认为是获得单位消费量（或者单位效用）的最低支出额或者最低成本。当出现新产品时，意味着同样的名义收入可以消费更多的产品和获得更高的效用，因而单位效用的支出额就下降了，这也意味着价格总水平下降了。

为了分析新产品对价格总水平的影响以及在出口需求估计中的作用，有必要对包含了新产品的价格指数做进一步的考察。

一般来说，价格总水平的变动是用价格指数来衡量的。然而，CES 函数形式的价格总水平包含了替代弹性的信息，难以直接用于计算价格指数。幸运的是，Sato(1976)已经发现，CES

---

① 正如本文第二部分指出的，当主要是供给因素的变化（供给曲线的移动）在决定均衡的价格和数量时，实际价格和数量正好全部落在同一条需求曲线上，这正是可以用均衡的价格和数量来估计需求曲线的一个重要依据。

效用函数可以使用一种对数变换的理想价格指数。[①]这种价格指数按照以下方式进行计算：

$$\widetilde{P}'_{Xt} = \prod_{i=1}^{n_X} \left(\frac{p_{xit}}{p_{xi0}}\right)^{\phi_i} \tag{11}$$

其中 $\widetilde{P}'_{Xt}$ 表示 $t$ 期相对于基期 0 的价格指数（本文以后均用加波浪线的字母表示指数）。在价格指数中，每种商品的权重为：

$$\phi_i = \frac{(\omega_{it} - \omega_{i0})/(\ln \omega_{it} - \ln \omega_{i0})}{\sum_{j=1}^{n_X} (\omega_{jt} - \omega_{j0})/(\ln \omega_{jt} - \ln \omega_{j0})} \tag{12}$$

式(12)中的 $\omega_{it}$ 为商品 $i$ 在 $t$ 期的出口额占当年出口总额的比重。因此，在理想价格指数中，每个商品的权重实际上是该商品在 $t$ 期和基期的出口份额的一个合成。这种计算方式可以确保每个商品在数量指数中的权重和价格指数中的权重一致。

权重公式（12）还有一个重要特征，即：$\phi_i(\omega_{it}, 0) = \phi_i(0, \omega_{i0}) = 0$。[②]这个特征意味着，不管是新产品还是淘汰产品，在价格指数式(11)中的权重均为 0，按式(11)计算的价格指数只考虑同种产品的价格变化，新产品和淘汰产品均只出现在一期，不具有可比性，故没有纳入价格指数的计算范围。这个特征与计算价格指数时使用同质可比性原则是一致的。本文以下称 $\widetilde{P}'_{Xt}$ 为相同产品集的价格指数，在式(12)中，$\omega_{it}$ 也仅为产品 $i$ 在 $t$ 期的出口额占相同产品集 $t$ 期出口总额的比例。

新产品的出现对真实的价格指数是有影响的，简单地在价格指数中排除掉新产品，不能准确地衡量消费者购买到等量效

---

① 简单地说，理想价格指数是指加权平均的价格指数和数量指数在计算过程中用相同的权重。

② 用其极限值表示。

用或者等量生活水平时的最低支出。为了弥补这一缺陷，Feen-stra(1994)以 CES 效用函数为基础，开发了一个可以考虑产品种类变化的价格指数计算方法，即：

$$\widetilde{P}_{Xt} = \widetilde{P}'_{Xt} \left( \frac{\lambda_t}{\lambda_0} \right)^{-1/(\sigma_X + 1)} \tag{13}$$

其中：

$$\lambda_j = \sum_{i \in I} (p_{Xij} q_{Xij}) / \sum_{i \in I_j} (p_{Xij} q_{Xij}), \quad j = 0, t \tag{14}$$

式(14)中的 $I$ 为 0 期和 $t$ 期的相同产品集，[①]$I_j$ 为 $j$ 期的出口产品全集。从该式可以看出，$(1-\lambda_t)$ 即为 $t$ 期的新产品出口额在 $t$ 期出口总额中的比例，$(1-\lambda_0)$ 为 $t$ 期已被淘汰的产品在 0 期的出口额占 0 期出口总额的比例。$\lambda_t/\lambda_0$ 实际上可以作为一个出口产品种类变动指数。当新产品的出口份额 $(1-\lambda_t)$ 高于淘汰产品的出口份额 $(1-\lambda_0)$ 时，$\lambda_t/\lambda_0 < 1$，会引起价格指数下降。

收入的变动会引起产品数目的变动，产品数目的变动又会引起价格的变动，这说明收入变动与价格之间存在某种相关性。在这种情况下，如果按照式(6)和式(7)进行估计，就不能得到一致、无偏的估计结果。因此，在估计时需要事先排除收入和价格之间的这种关联。

实际上，将式(6)指数化，并考虑式(13)，可得：

$$\widetilde{Q}_{Xt} = \widetilde{Y}_t \left( \frac{\widetilde{P}'_{Xt}}{\widetilde{P}_t} \right)^{\sigma} \left( \frac{\lambda_t}{\lambda_0} \right)^{-\sigma/(\sigma_X + 1)} \tag{15}$$

---

① 严格地说，这里的"相同产品集"是指"同质可比产品集"，而不仅仅是指产品种类相同的产品集合。所有种类变化和偏好系数 $(a_{Xi})$ 变化的产品都应该排除在"相同产品集"之外。偏好系数的变化，不仅仅可以反映消费者对该产品偏好的变化，也可以反映产品质量等的变化。价格指数式(13)为 Feenstra(1994)的命题 1，详细证明见其论文。

令 $\sigma_\lambda = \dfrac{\partial \ln\left(\frac{\lambda_t}{\lambda_0}\right)}{\partial \ln(\tilde{Y}_t)}$ 为产品种类变动指数对收入的弹性,则上式可变换为:

$$\tilde{Q}_{Xt} = C \cdot \tilde{Y}_t^{1-\frac{\sigma}{\sigma_X+1}\sigma_\lambda} \left(\frac{\tilde{P}'_{Xt}}{\tilde{P}_t}\right)^\sigma \tag{16}$$

其中 $\tilde{Q}_{Xt}$ 为"本国"的出口数量指数,$Y_t$ 为"外国"的实际收入指数,$\tilde{P}_t$ 为"外国"总体物价指数,$C$ 为一常数。这里值得注意的地方在于:$\tilde{P}'_X$ 是相同产品集的价格指数,按照式(11)计算;而 $\tilde{Q}_X$ 是包含了产品种类变化的数量指数,该指数按如下公式计算:

$$\tilde{Q}_{Xt} = \frac{\tilde{E}_t}{\tilde{P}_{Xt}} = \tilde{Q}'_{Xt}\left(\frac{\lambda_t}{\lambda_0}\right)^{\sigma_X/(\sigma_x+1)} \tag{17}$$

上式中的 $\tilde{Q}'_{Xt}$ 为相同产品集的数量指数,其加权方法与权重公式和式(11)、式(12)相同。$\tilde{E}_t$ 为出口总额指数。

根据式(16)可以得到一个新的估计方程:

$$\ln(\tilde{Q}_{Xt}) = c + \sigma_y\ln(\tilde{Y}_t) + \sigma\ln\left(\frac{\tilde{P}'_{Xt}}{\tilde{P}_t}\right) + \varepsilon_t \tag{18}$$

其中:

$$\sigma_y = 1 - \frac{\sigma}{\sigma_X+1}\sigma_\lambda \tag{19}$$

当收入增长引起居民消费更多的新产品时,$\sigma_\lambda < 0$,此时 $\sigma_y > 1$。

比较式(18)与式(7)可以发现,这两个估计式仅仅存在细微的差别。但是这种差别使得式(18)比式(7)具有更大的合理性。首先,式(18)排除了收入指数通过产品种类变化对价格指数的影响,其估计结果比式(7)更加可靠。其次,按照式(18)估计的收入弹性,可以显著偏离 1,尤其是当新产品在出口增长中起到了比较重要的作用时,收入弹性可以显著大于 1。最后,尽管在价格指数中排除了新产品的影响,但是根据式(18)估计的价格弹性,与考虑了新产品的价格弹性是一样的。

式(18)中数量指数 $\widetilde{Q}_{Xt}$ 的计算方法是得到正确的收入弹性的关键。数量指数与价格指数的乘积总是等于出口总额指数,故数量指数可以用价格指数平减出口总额指数来得到。如果价格指数不对,数量指数也会是不准确的。目前没有一个国家编制和公布了考虑产品种类变化的价格指数,已有的出口价格指数一般都是依据同质可比性原理来计算的,或者就是单位价值指数,因而依据这些价格指数平减得到的出口数量指数也是不对的。用这些指数估计得到收入弹性将存在明显的偏差。依据相同产品集的价格指数 $\widetilde{P}'_{Xt}$ 平减得到的出口数量指数为 $\widetilde{Q}''_{Xt} = \dfrac{\widetilde{E}_t}{\widetilde{P}'_{Xt}} = \widetilde{Q}_{Xt}\left(\dfrac{\lambda_t}{\lambda_0}\right)^{-1/(\sigma_X+1)}$。显然,这一数量指数既不是考虑了产品种类变化的真实的出口数量指数 $\widetilde{Q}_{Xt}$,也不是相同产品集的数量指数 $\widetilde{Q}'_{Xt}$。从式(15)和式(16)可以看出:

$$\widetilde{Q}''_{Xt} = C \cdot \widetilde{Y}_t^{1-\frac{\sigma+1}{\sigma_X+1}\sigma_\lambda}\left(\frac{\widetilde{P}'_{Xt}}{\widetilde{P}_t}\right)^\sigma \tag{20}$$

如果用数量指数 $\widetilde{Q}''_{Xt}$ 代替式(18)中的 $\widetilde{Q}_{Xt}$ 进行估计,得到的价格弹性将与式(18)相同,得到的收入弹性 $\sigma'_y$ 则与式(18)中的 $\sigma_y$ 存在一个差额:

$$\sigma_y - \sigma'_y = \frac{\sigma_\lambda}{\sigma_X+1} > 0,\ 如果\ \sigma_\lambda < 0 \tag{21}$$

式(21)表明,如果“外国”收入增长引起“本国”更多种类的产品进入出口市场,则用 $\widetilde{Q}''_{Xt}$ 代替式(18)中的 $\widetilde{Q}_{Xt}$ 进行估计,将低估真实的收入弹性。低估程度用式(21)表示。新产品进入市场的速度越快,新产品在出口总额中的比例增长得越快,$\sigma_\lambda$ 的绝对值越大,收入弹性的低估程度就会越大。

由此可见,当新产品在出口增长中发挥较大作用时,只有按照式(18)进行估计,才能得到准确的收入弹性和价格弹性。因此,本文将式(18)作为估计出口需求函数的基础方程。

但是,在式(18)中,按照式(17)计算的因变量 $\widetilde{Q}_{Xt}$ 需要有事先的替代弹性 $\sigma_X$ 的数据。正如式(19)显示的,替代弹性和价格弹性、收入弹性之间存在一个函数关系,事先估计的替代弹性和事后估计的价格弹性、收入弹性之间不一定能满足式(19)所表示的函数关系。

要解决这一问题,可在式(18)的估计过程中,按照式(19)所表示的函数关系对参数设定限制,参数被限制后的估计方程为:

$$\ln\left(\frac{\widetilde{E}_t}{\widetilde{P}'_{Xt}}\left(\frac{\lambda_t}{\lambda_0}\right)^{\frac{1-\sigma_y}{\sigma-\sigma_\lambda}}\right) = c + \sigma_y\ln(\widetilde{Y}_t) + \sigma\ln\left(\frac{\widetilde{P}'_{Xt}}{\widetilde{P}_t}\right) + \varepsilon_t \quad (22)$$

上述方程的估计是根据迭代原理来实现的。根据迭代原理,实际上也可以直接对式(18)进行迭代估计。具体地说,首先假定一个任意的小于-1 的 $\sigma_X$ 值,并按照式(17)计算出每一期的 $\widetilde{Q}_{Xt}$,根据式(18)估计出初始的收入弹性 $\sigma_y$ 和价格弹性 $\sigma$,将这两个估计值代入式(19)计算出新的 $\sigma_X$,然后按照新的 $\sigma_X$ 重复前面的计算和估计,直到用于计算 $\widetilde{Q}_{Xt}$ 的 $\sigma_X$ 和根据估计结果并按式(19)计算的 $\sigma_X$ 一致,即事前假设的 $\sigma_X$ 和事后估计的 $\sigma_X$ 能够收敛,估计过程才算结束。

## 四、数据与指标计算

利用式(18)或者式(22)进行估计，需要有出口总额指数 $\tilde{E}_t$、相同产品集的出口价格指数 $\tilde{P}_{Xt}^t$，产品种类变动指数 $\left(\dfrac{\lambda_t}{\lambda_0}\right)$、外国实际收入指数 $\tilde{Y}_t$ 以及外国的物价指数 $\tilde{P}_t$。本文使用的数据样本期为 1992—2006 年，所有指数均以 1992 年为基期进行计算。选择这个样本期，是因为产品种类变动指数和价格指数是在 HS 六位码分类基础上计算的，而中国海关从 1992 年开始才有 HS 六位码分类的统计数据。另外，HS 的编码在 2007 年有重大调整，调整前后的产品分类有较大区别，不利于计算产品种类的变动，故样本的截止期为 2006 年。在以上五个指数中，出口总额指数 $\tilde{E}_t$ 是最简单的，直接用中国历年的出口总额计算，数据来源于中国海关统计。另外四个指数均使用了特定的计算方法。

外国实际收入指数 $\tilde{Y}_t$ 和外国物价指数 $\tilde{P}_t$ 是根据中国出口目的地的实际收入指数和物价指数加权而成。其中实际收入指数用 GDP 增长指数表示，物价指数用 CPI 表示。本文仅选取中国目前所有 200 多个贸易伙伴中的 93 个，在样本期内中国对这 93 个贸易伙伴的出口额占中国出口总额的比例平均为 90.7%。本文选取出口目的地的标准是：在样本期内中国对这些目的地均有出口，且在国际货币基金组织的国际金融统计(IFS)上有 GDP 增长指数和 CPI 数据的国家或地区。加权方法仍然根据 Sato(1976)提供的理想指数的计算方法。需要说明的是，IFS 上的外国物价指数都是用当地货币表示的，而中国的出口价格指数却是用美元价格计算的，故用贸易伙伴的 CPI 合成外国物价指数时，均需要根据当地货币对美元汇率变动进行调整，最终

的外国物价指数 $\widetilde{P}_t$ 是指用美元价格表示的加权物价指数。其中汇率数据来自 IFS 上各国或者地区货币对美元的年平均汇率。

相同产品集的出口价格指数 $\widetilde{P}'_{Xt}$ 和产品种类变动指数 $\left(\dfrac{\lambda_t}{\lambda_0}\right)$ 的计算均涉及对相同产品集的识别。严格意义上的相同产品集是指同质可比产品集,是产品种类、产品质量以及消费者对该产品的偏好均没有发生变化的产品集合。在实际数据中,要识别严格意义上的相同产品集是非常困难的。因为现有的海关统计数据中,即使在最详细的商品分类下,其商品的质量等也可能出现随时间变化而变化的情况。

在贸易理论与经验研究文献中,同一产品贸易额的增长被称为贸易增长的"深度边际"(intensive margin),产品种类变化引起的贸易增长被称为贸易增长的"广度边际"(extensive margin)。贸易额的增长可分解为深度边际和广度边际两个部分,深度边际又可以分解为价格变动和数量变动两个部分。如果将 $\widetilde{E}'_t = \widetilde{P}'_{Xt} \cdot \widetilde{Q}'_{Xt}$ 作为相同产品集的出口总额增长指数,根据定义式(14),则可以得到 $\widetilde{E}_t = \widetilde{E}'_t \left(\dfrac{\lambda_0}{\lambda_t}\right)$。可见,相同产品集的出口总额指数 $\widetilde{E}'_t$ 就是衡量深度边际的指标,而产品种类变动指数 $\left(\dfrac{\lambda_t}{\lambda_0}\right)$ 可作为衡量广度边际的一个指标。[1]

本文尝试从两个标准来识别相同产品集:

第一个标准是根据海关统计的 HS 六位码分类数据,凡是在考察期与基期内出口额均大于 0 的产品类别计入这两个时期内的相同产品集。按这个标准识别的相同产品集,记为 $I$。$I$ 仅

---

[1] 需要说明的是,这里关于深度边际和广度边际的衡量指标仅仅是一种近似,不能精确对应。

仅排除了 HS 六位码基础上的种类变化,同一六位码产品的质量变化和组成该六位码产品的细分类别变化均被包含在 $I$ 之内,所以 $I$ 是一个较宽泛的相同产品集。

要获得更加精确的相同产品集,可以考虑使用分类更加细致的贸易数据,比如使用 HS 八位码甚至十位码的数据。不过,中国的八位码和十位码海关统计数据时序过短,同时,在八位码和十位码基础上,商品分类标准频繁调整,商品种类变化难以从分类标准的调整中识别出来。为此,本文尝试另外的识别方法。

一般来说,产品质量的变化和消费者对产品偏好的变化均可能会引起产品价格的变化。产品质量提高或者消费者更偏好该产品,会使得消费者从该产品上获得更高的效用,因而愿意付出更高的价格来获得该产品。在效用函数上,出口产品质量提高和消费者的偏好增强均表现为系数 $a_{Xi}$ 的上升。在其他条件不变的情况下,$a_{Xi}$ 的上升会提高该产品的边际效用,消费者的最优选择会使得该产品的价格等于其边际效用,故其产品价格也会上升。因此,产品价格变化很有可能就反映了产品质量和消费者偏好的变化。

依据上述原理,似乎可以从价格变化上提出识别相同产品集的第二个标准:在 $I$ 内,凡是任意一年的价格变化超过了某个幅度的产品均被认为是产品质量或者消费者偏好发生了重大变化的产品。而价格变化在该幅度之内的产品被认为是品种、质量和偏好均未发生重大变化的真正的相同产品集,该产品集记为 $I_w$,$w$ 为价格的变化幅度。

在第二个标准内,关键问题是要确定究竟多大的价格变化才能被认为是质量和偏好有重大变化。在没有明显的好办法之前,可以对这一幅度进行敏感性分析。为此,本文尝试以 $\pm 25\%$、$+25\%$ 和 $\pm 15\%$ 三个幅度,分别表示价格变化幅度为外国物价总水平的变化率±25、+25和±15个百分点,其相应的相同产品集分别记为$I_{\pm25}$、$I_{+25}$和$I_{\pm15}$。

表1总结了按照上述四个相同产品集对1992—2006年中国出口增长的分解情况。

表1    1992—2006年中国出口增长分解

| | 1992年出口额(亿美元) | 2006年出口额(亿美元) | 相对1992年出口总额的倍数 | 出口结构(%) | 价格指数 | 数量指数 |
|---|---|---|---|---|---|---|
| 出口总额 | 849 | 9 689 | 11.4 | 100.0 | | |
| 品种变动 | 109 | 2 171 | 2.6 | 22.4 | | |
| 产品集 $I$ | 740 | 7 518 | 8.9 | 77.6 | 173 | 587 |
| 质量变动 | 488 | 5 723 | 6.7 | 59.1 | | |
| 产品集 $I_{\pm25}$ | 252 | 1 795 | 2.1 | 18.5 | 119 | 598 |
| 质量变动 | 461 | 5 437 | 6.4 | 56.1 | | |
| 产品集 $I_{+25}$ | 279 | 2 081 | 2.5 | 21.5 | 104 | 716 |
| 质量变动 | 655 | 7 027 | 8.3 | 72.5 | | |
| 产品集 $I_{\pm15}$ | 85 | 491 | 0.6 | 5.1 | 117 | 496 |

资料来源:根据联合国COMTRADE数据库中1992年版HS六位码出口数据计算。

表1的数据显示,即使仅根据HS六位码的分类,品种变动也对中国的出口增长产生了重大影响。新品种的出口占2006年出口总额的22.4%,且是1992年出口总额的2.6倍。对相同产品集$I$的进一步分解可以看出,不管是从哪个口径,质量与偏好变动引起出口额的增长都是最主要的,即使在最宽的"±25%"的口径内,质量与偏好变动产生的出口额也占2006年出口总额的56.1%。另外,在所有的相同产品集内,出口额均有大幅度的增长,且出口额增长均以数量增长为主,在最小的相同产品集$I_{\pm15}$内,数量也增长了将近5倍。

由于在质量变动的识别中,具体的价格变动幅度标准有一定的任意性,因此,下一步需要进一步考察在上述四个相同产品集中,到底哪一个更接近真正的相同产品集,哪一个更适于分析产品变动对需求函数的影响。

在真正的相同产品集内,产品的品种、质量以及消费者的偏好均没有任何变化,如果消费者的收入也没有变化,那么在理论上,这些产品只有依靠降低价格才能实现出口数量的增长。由于在同一时段内,相同产品集内的所有产品均面对相同的收入变动环境,因此,价格下降幅度越高的产品,其出口数量应该增长越快,反之,价格上升越快的产品,其出口数量应该减少越多。也就是说,在真正的相同产品集内,产品的价格变化与数量变化应该呈明显的反向关系。这一特征可以作为真正的相同产品集的基本属性。凡是不符合这一特征的产品集,均不具有相同产品集的基本属性,不应作为相同产品集。

依据这一标准可以发现,只有产品集 $I$ 才具有上述基本属性(见图 1)。本文也仅根据产品集 $I$ 来计算价格指数 $\tilde{P}'_{Xt}$ 和产

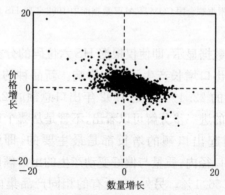

注:图中的数量与价格增长数据为 2006 年的数量与价格指数(1992 年为 100)的对数。

资料来源:根据 COMTRADE 六位码 HS 分类数据计算。

**图1 相同产品集 $I$ 内产品的价格与数量增长:1992—2006 年**

品变动指数 $\left(\dfrac{\lambda_t}{\lambda_0}\right)$。另外三个产品集内,产品的数量变化与价格变化之间均没有明显的反向关系,因此,产品集 $I_{\pm25}$、$I_{+25}$ 和 $I_{\pm15}$ 均不适于当作相同产品集来进行分析。[①]这三个产品集不具有真正相同产品集基本属性的原因,一方面可能是因为价格变动幅度标准的选取具有任意性,另一方面可能是因为价格变动不是衡量产品质量变化的良好指标。比如,产品的质量提高并没有体现为该产品的价格上升,而是体现为该产品的出口量增加。

## 五、结果及其含义

使用时间序列数据进行估计,首先需要对序列的平稳性进行检验。表 2 总结了本文使用的各个序列的单位根检验结果。所有变量的原序列均不能显著拒绝有单位根的原假设,但所有变量的一阶差分序列均可拒绝单位根假设。不过由于本文的样本观测值只有 15 个,而 ADF 检验的临界值和显著性水平是根据 20 个观测值计算的,故表 2 列出了单位根检验方程中系数的估计值和标准差,其结果支持 ADF 值的检验结论。可见,表 2 列示的所有变量的原序列均为非平稳的单位根过程,而其一阶差分为平稳序列。因此,表 2 中的变量适合进行协整分析。

当然,并不是所有的非平稳序列都存在协整关系,本文使用 Johansen 协整检验方法来检验序列之间是否存在协整关系。表 3 总结了本文使用的五组变量的协整关系检验结果。迹(Trace)统计量及其 $P$ 值显示,每组序列在 5% 的显著性水平下,均能拒绝没有协整关系的原假设,即至少存在一个协整关

---

① 如果尝试将其当做相同产品集来分析,按照本文的方法来估计出口需求函数时,其估计出来的价格弹性不能显著异于零。

表 2　序列平稳性检验

| 变　量 | $\ln\left(\dfrac{\widetilde{E}_t}{\widetilde{P}'_{Xt}}\right)$ | $\ln(\widetilde{Y}'_t)$ | $\ln\left(\dfrac{\widetilde{P}'_{Xt}}{\widetilde{P}_t}\right)$ | $\ln(\widetilde{P}'_{Xt})$ | $\ln\left(\dfrac{\lambda_t}{\lambda_0}\right)$ | $\ln(\widetilde{Q}^0_{Xt})$ | $\ln(\widetilde{Q}^1_{Xt})$ |
|---|---|---|---|---|---|---|---|
| ADF(原序列) | 0.58 | 0.42 | −0.88 | −0.46 | 0.32 | 0.99 | 1.08 |
| ADF(一阶差分) | −3.46** | −3.29** | −4.66*** | −4.38*** | −3.76** | −3.11* | −3.02* |
| X(−1) | 0.03 | 0.02 | −0.20 | −0.09 | 0.02 | 0.04 | 0.04 |
| | (0.06) | (0.05) | (0.23) | (0.19) | (0.06) | (0.04) | (0.04) |
| DX(−1) | 1.04** | 1.02** | 1.29*** | 1.24*** | 1.15*** | 0.93*** | 0.91** |
| | (0.30) | (0.31) | (0.28) | (0.28) | (0.30) | (0.30) | (0.30) |

注：(1)$\widetilde{Q}^0_{Xt}$ 是根据 $\sigma_X$ 为 −1.22 计算的 $\widetilde{Q}_{Xt}$；$\widetilde{Q}^1_{Xt}$ 是根据 $\sigma_X$ 为 −1.16 计算的 $\widetilde{Q}_{Xt}$。(2)1%、5%和10%显著性水平的 ADF 临界值分别为−4.0、−3.1、−2.7。但是该标准是以 20 个观测值为基础计算的。由于本文的观测值低于 20 个，故这里提供了对 $DX = \alpha + \beta X(-1) + \varepsilon$ 和 $D(X,2) = \alpha + \beta DX(-1) + \varepsilon$ 中系数 $\beta$ 的估计结果，其中 $DX$ 表示变量 $X$ 的一阶差分，$D(X,2)$ 表示变量 $X$ 的二阶差分，$X(-1)$ 表示变量的一阶滞后。(3)\*、\*\* 和 \*\*\* 分别表示系数满足 10%、5%和 1%的显著性水平。括号中的值为标准差。

### 表 3　协整关系检验(Trace 统计量)

| 原假设 | (a) | (b) | (c) | (d) | (e) |
|---|---|---|---|---|---|
| 没有协整关系 | 51.5 | 49.0 | 32.8 | 32.2 | 28.1 |
| | (0.000) | (0.000 1) | (0.022) | (0.026 3) | (0.000 4) |
| 最多一个协整关系 | 16.3 | 17.0 | 13.8 | 15.1 | 8.2 |
| | (0.038 1) | (0.029 9) | (0.088 7) | (0.057 7) | (0.004 2) |

注：Trace 统计量下方括号中的数据为 P 值。第一行括号中的字母表示该列的协整检验是针对表 4 相应方程中使用的变量组。

系；每组变量在 10%的显著性水平下，均能拒绝最多只有一个协整关系的原假设，即可能至少有两个协整关系。确认了序列之间的协整关系后，本文使用自回归分布滞后模型（ARDL）对需求函数的估计。

表 4 中方程(a)和(b)是对传统估计方程(20)的估计结果。

表4 ARDL 估计结果

| | 方程(a) | 方程(b) | 方程(c) | 方程(d) | 方程(e) |
|---|---|---|---|---|---|
| | $\ln\left(\dfrac{\widetilde{E}_t}{\widetilde{P}'_{Xt}}\right)$ | $\ln\left(\dfrac{\widetilde{E}_t}{\widetilde{P}'_{Xt}}\right)$ | $\ln(\widetilde{Q}^0_{Xt})$ | $\ln(\widetilde{Q}^1_{Xt})$ | $\ln\left(\dfrac{\lambda_t}{\lambda_0}\right)$ |
| $C$ | −4.40 | −4.81 | −4.11 | −6.28 | 6.11*** |
| | (3.05) | (3.17) | (4.18) | (4.36) | (0.21) |
| $\ln(\widetilde{Y}_t)$ | 1.99* | 2.07* | 1.67 | 2.34* | −0.32*** |
| | (0.90) | (0.94) | (1.12) | (1.19) | (0.04) |
| $\ln(\widetilde{P}_{Xt}/\widetilde{P}_t)$ | −0.52** | | −0.45* | | |
| | (0.20) | | (0.23) | | |
| $\ln(\widetilde{P}'_{Xt})$ | | −0.56** | | −0.65** | |
| | | (0.23) | | (0.27) | |
| Dummy | 0.26*** | 0.23*** | 0.25*** | 0.23** | |
| | (0.06) | (0.06) | (0.07) | (0.07) | |
| AL(1) | 0.49** | 0.55** | 0.68*** | 0.69*** | 0.50* |
| | (0.20) | (0.20) | (0.20) | (0.19) | (0.25) |
| $\bar{R}^2$ | 0.99 | 0.99 | 0.99 | 0.99 | 0.95 |
| Jarque-Bera | 1.12 | 2.35 | 1.10 | 0.69 | 0.14 |
| | [0.57] | [0.31] | [0.58] | [0.71] | [0.93] |
| LM 值 | 0.47 | 0.90 | 3.40* | 3.50* | 0.06 |
| | [0.51] | [0.37] | [0.09] | [0.10] | [0.80] |
| ARCH(F 值) | 0.82 | 0.90 | 0.22 | 1.08 | 1.76 |
| | [0.39] | [0.36] | [0.65] | [0.32] | [0.21] |
| Ramsey | 2.90 | 3.32 | 0.04 | 0.04 | 0.20 |
| RESET(F 值) | [0.13] | [0.11] | [0.84] | [0.85] | [0.67] |

注:(1)$\widetilde{Q}^0_{Xt}$ 是根据 $\sigma_X$ 为−1.22 计算的 $\widetilde{Q}_{Xt}$;$\widetilde{Q}^1_{Xt}$ 是根据 $\sigma_X$ 为−1.16 计算的 $\widetilde{Q}_{Xt}$;$\sigma_X$ 是满足式(19)的收敛值。(2)Dummy 为虚拟变量,2002 年之前数值为 0,从 2002 年开始数值为 1。(3)AL(1)表示滞后一阶的自回归项。(4)*、**和 ***分别表示系数满足 10%、5%和 1%的显著性水平。(5)圆括号中的值为标准差,方括号中的值为 P 值。

传统估计方程能够得到看上去很完美的估计结果，而且两个方程的估计结果非常接近。但是正如前文所指出的，方程（a）和（b）的估计结果将低估收入弹性的估计值。本文的主要目的就是希望通过对式（18）的估计得到更准确的估计结果。

我们要得到式（18）的数量指数，需要先估计 $\sigma_\lambda$。表 4 中的方程（e）提供了 $\sigma_\lambda$ 的估计结果。其估计值为 $-0.32$，说明新产品出口额确实随着外部收入增长而稳定增长。

表 4 中方程（c）和（d）是使用迭代估计方法对式（18）的估计结果。初始的 $\sigma_X$ 值是根据表 4 中方程（a）和（b）的收入弹性和价格弹性估计值计算的，两个方程的初始 $\sigma_X$ 值均为 $-1.17$。方程（c）的 $\sigma_X$ 收敛值为 $-1.22$，方程（d）的 $\sigma_X$ 收敛值为 $-1.16$。

方程（c）中估计得到的收入弹性为 1.67，小于方程（a）和（b）的估计值。正如式（21）所指出的，这在 $\sigma_\lambda$ 小于零的情况下是不合理的。而且其标准差太大，使得即使在 10％的显著性水平下，其收入弹性也并没有显著异于零。出现这一问题的原因，可能是外国物价指数干扰了计量结果。如果在方程（a）和（c）中，将相对价格拆分成出口价格指数和外国物价指数两个独立的自变量进行估计，均发现出口数量对外国物价指数的交差价格弹性不能显著异于零。因此，在方程（b）和（d）中提供了只用出口价格指数，而不用外国物价指数的回归结果。方程（d）能够得到显著大于零的收入弹性，且其收入弹性的估计值大于方程（a）和（b）的估计值，符合前面的理论预测。

所有估计方程中，在初始估计时均设定变量带二阶滞后项，然后根据施瓦茨准则（SC）、赤池信息准则（AIC）和变量的显著性进行简化，最终每个方程均只留下有显著影响的一阶自回归项。

考虑到加入 WTO 可能使中国从 2002 年开始面临不同的

市场环境,故在需求函数的估计方程加入虚拟变量,以测试常数项和各变量的系数是否从 2002 年开始发生变化。[①]结果发现,在四个需求函数中,反映常数项变化的虚拟变量均能在 1% 或者 5% 的显著性水平下对出口增长有正的影响,而且该虚拟变量能够有效改善估计结果;反映各变量系数变化的虚拟变量则均不显著,在表 4 的估计方程中均被剔除。这一结果说明,加入 WTO 虽然改善了中国的出口环境,促进了出口增长,但是并没有改变中国出口的收入弹性和价格弹性。

表 4 还列示了对残差的正态性检验(根据 Jarque-Bera 统计量)、同方差性检验(根据 ARCH 检验)以及对方程的设定无误检验(根据 Ramsey RESET 检验)结果,显然不能拒绝"残差 $\varepsilon_t$ 是同分布的均值为 0 的正态分布"这一原假设。但是,对残差的自相关性检验(根据 LM 检验)发现,方程(c)和方程(d)均能在 10% 的显著性水平下拒绝残差没有自相关性的原假设。在方程(d)中,如果加上外国物价指数作为自变量,则能显著改善残差的独立性,在 10% 的显著性水平下就能接受残差没有自相关性的假设。不过,基于以下四个理由,在方程(d)中放弃外国物价指数可能更加合理。

第一,在方程(d)中加入外国物价指数,将使收入弹性的估计值不能满足 10% 的显著性水平要求,且外国物价指数的自身系数不能显著异于零(系数为 -0.39,标准差为 0.50)。第二,SC 和 AIC 值显示,放弃外国物价指数能改善估计结果。第三,Ramsey RESET 检验发现,放弃外国物价指数的方程并没有出现设定错误。第四,放弃外国物价指数尽管导致 LM 统计量比

---

① 反映常数项变化的虚拟变量为表 4 中的 Dummy 项;反映各变量系数是否变化的虚拟变量为 $(X_t - X_{2001}) * Dummy$。其中 $X$ 为待测变量,$X_{2001}$ 为待测变量在 2001 年的取值。

较大,但是仍然能在 5% 的显著性水平下接受残差没有自相关的假设。综上所述,在方程(d)中,可以在 5% 的显著性水平下接受其残差是"独立同分布的、均值为 0 的正态分布假设"。因此,方程(d)的估计是可靠的。

根据方程(d)的估计,可以认为中国出口需求的短期收入弹性均值为 2.34,短期价格弹性均值为 −0.65;其 95% 的置信区间分别为[−0.28, 4.95]和[−1.24, −0.06];其 90% 的置信区间分别为[0.20, 4.47]和[−1.14, −0.17]。

较高的收入弹性说明中国的出口需求较容易受外部收入冲击的影响。当外部经济比较繁荣、外部收入增长较快时,中国的出口会以较快的速度增长,对国内经济的拉动作用会比较大;当外部经济陷入衰退、外部收入开始萎缩时,中国的出口会以较快的速度收缩,对国内经济的负面冲击较大。中国过去几年在世界经济比较景气时出现了出口导向型的经济繁荣,而在美国金融危机时出现了出口急剧下降引起的国内经济大幅度下滑,这些都是较高的出口收入弹性发生了作用的表现。需要说明的是,收入弹性大,反映的不完全是出口市场需求的特征,更重要的是反映了中国出口供给方面的特征。收入弹性大是表明在中国的生产结构中,不断地有新产品进入出口市场的状况。

绝对值低于 1 的价格弹性也有明显的政策含义。

首先,试图通过货币贬值或者升值等价格手段来促进出口或者减少出口,可能会出现适得其反的结果。货币贬值虽然可能通过降低出口产品价格引起出口数量的上升,货币升值也可能通过提高出口价格引起出口数量减少,但是由于出口价格弹性的绝对值低于 1,即出口数量的变化幅度总是低于反方向的出口价格变化幅度,因而出口额的变化总是与出口价格同方向变化。试图通过货币贬值降低出口价格来增加出口的做法,结果可能会引起出口额的下降;反之,试图通过货币升值提高出口价格来降低出口的做法,结果可能会引起出口额的上升。当然,货币贬值或者升值对贸易差额的影响,还需要进一步考察进口的价格弹性。

其次,通过出口退税这类政策来促进出口增长,不仅可能导致出口额的下降,而且还会引起较大的福利损失。假定企业把获得的出口退税全部用于降低价格以增加出口,则企业来自出口的收入不仅不会增加,反而会减少。也就是说,企业将以价格补贴的方式将一部分出口退税转移给外国消费者。外国人不仅少了支出,而且还多获得了产品。中国则正好相反,不仅多消耗了资源,将更多的产品卖给了外国人,还少得到了收入。虽然出口企业在这个过程中多获得了收入(包括出口退税),但是国家总体上获得的收入减少,支出的成本更高了。

另外,出口需求的一阶滞后项是显著大于 0 的,说明收入和价格变动除了对当期的出口需求有影响之外,还对未来各期的出口需求有滞后影响,不过其影响力呈几何形式衰减。综合起来看,出口需求的长期收入弹性总和可达 7.55,长期价格弹性总和可达－2.10。长期收入弹性和长期价格弹性均显示收入和价格的变化对出口需求有重大影响。但是,对长期弹性数据要慎重使用。这是因为出口需求的一阶自回归项主要反映了出口需求自身随时间变化而变化的特点,这种长期的变化并不一定是收入和价格变化引起的,任意一个冲击都会对出口需求有长期影响。而且,收入与价格变化对出口需求的长期影响机制和准确的衡量方法还没有进一步的理论认识,还需要进一步挖掘。

## 六、主 要 结 论

在中国的出口增长中,产品种类增加和质量提高起了很大作用。2006年中国出口总额是1992年的11.4倍,其中HS六位码分类基础上的新品种带来的增长大约为2.6倍,质量变化带来的增长为6.4至8.3倍。新产品出口额在2006年的出口总额中占22.4%,质量变化产品出口额在2006年的出口总额中占59.1%至72.5%。不过,根据产品价格的变化来识别质量变化的方法可能存在一定的问题。

现有的出口需求估计方程没有考虑产品种类的变化。按照同质可比产品计算的价格指数和数量指数来估计出口的收入弹性和价格弹性,将低估出口的收入弹性,而且新产品进入市场的速度越快,低估的程度越大。利用 Feenstra(1994)提出的新价格指数,并在估计方程中排除收入通过新产品变动对价格指数的影响,可以在一个嵌套的 CES 效用函数中推导出一个能够考虑新产品的出口需求估计方程。

依据新的估计方程,对中国1992—2006年的出口需求函数进行估计,发现中国出口的短期收入弹性大约为2.34,短期价格弹性大约为一0.65。

这两个弹性均有特殊的政策含义。较高的收入弹性说明中国的出口较容易受外部经济的影响。绝对值小于1价格弹性则说明,利用汇率变化、出口退税等通过影响出口价格的政策来试图改变出口状况、贸易平衡状况的企图均可能取得适得其反的效果,尤其是通过降价来促进出口的政策有可能导致较大的福利损失。

## 参考文献

Ahluwalia, I. and Hernandez-Cata, E. "An Econometric Model of US Merchandise Imports under Fixed and Fluctuating Exchange Rate, 1959—73." *IMF Staff Papers*, 1975, 22, pp. 791—824.

Brown, R. L.; Durbin, J. and Evans, J. M. "Techniques for Testing the Constancy of Regression Relationships over Time. " *Journal of the Royal Statistical Society.* Series B ( Methodological ). 1975, Vol. 37, No. 2, pp. 149—192.

Box, G. E. P. and Cox, D. R. "An Analysis of Transformations. " *Journal of Royal Statistical Society,* 1964, 26, Series B; 211—243.

Caporale, GuglielmoMaria and Chui, Michael K. F. "Estimating Income and Price Elasticities of Trade in a Cointegration Framework. " *Review of International Economics,* 1999, 7, pp. 254—264.

Chow, G. C. "Tests of Equality Between Subsets of Coefficients in two Linear Regressions. " *Econometrica,* 1960, 28, pp. 591—605.

Feenstra, Robert C. "New product Varieties and the Measurement of International Prices. " *American Economic Review,* March. 1994, Vol. 84, No. 1, pp. 157—177.

Gagnon, Joseph E. "Productive Capacity, Product Varieties, and the Elasticities Approach to the Trade Balance". International Finance Discussion papers, Board of Governors of the Federal Reserve System. 2003, Number 781.

Goldstein, Morris and Khan, Mohsin S. "Large versus Small Price Change and the Demand for Imports. " *IMF Staff Papers,* 1976, 23, pp. 200—225.

Goldstein, Morris and Khan, Mohsin S. "Income and Price Effects in Foreign Trade," in R. W. Jones and P. B. Kenen, Edited, *Handbook of International Economics,* 1985, Vol. II, pp. 1041—1105.

Heien, D. M. "Structural Stability and the Estimation of International Import Price Elasticities. " *Kyklos,* 1968, 21, pp. 637—677.

Hooper, P. "The Stability of Income and Price Elasticities in U. S. Trade, 1957—1977. " International Finance Discussion paper No. 99, Board of Governors of the Federal Reserve System, June 1978.

Houthakker, H. S. and Magee, Stephen P. "Income and Price Elasticities in World Trade. " *The Review of Economics and Statistics,* May

1969, Vol. 51, No. 2, pp. 111—125.

Khan, M. S. and Ross, K. Z. "The Functional Form of Aggregate Import Equation. " *Journal of International Economics*, 1977, 7, pp. 149—160.

Krugman, Paul. "Differences in Income Elasticities and Trends in Real Exchange Rates. " *European Economic Review*, 1989, 33, pp. 1031—1054.

Orcutt, Guy H. "Measurement of Price Elasticities in International Trade. " *The Review of Economics and Statistics*, May 1950, Vol. 32, No. 2, pp. 117—132.

Samuelson, P. A. and Swamy, S. "Invariant Economic Index Numbers and Canonical Duality: Survey and Synthesis. " *American Economic Review*, Sep. 1974, Vol. 64, No. 4. pp. 566—593.

Sato, Kazuo. "The Ideal Log-Change Index Number. " *The Review of Economics and Statistics*, May 1976, Vol. 58, No. 2, pp. 223—228.

——. "The Demand Function for Industrial Exports: A Cross-Country Analysis. " *The Review of Economics and Statistics*, Nov. 1977, Vol. 59, No. 4, pp. 456—464.

Stern, Robert M. ; Baum, Christopher F. and Greene, Mark N. "Evidence on Structural Change in the Demand for Aggregate U. S. Imports and Exports. " *The Journal of Political Economy*, Feb. 1979, Vol. 87, No. 1, pp. 179—192.

Wu, Yi. "Growth, Expansion of Markets, and Income Elasticities in World Trade. " *Review of International Economics*, 2008, 16(4), pp. 654—671.

（原载《世界经济》2010 年第 4 期）

# 经济史专题

# 明代 GDP 及结构试探

管汉晖

（北京大学经济学院、清华大学中国与世界经济研究中心）

李稻葵

（清华大学经济管理学院、清华大学中国与世界经济研究中心）

## 一、引　　言

　　对一个国家的经济史进行定量化的整体研究,从而对经济发展和演变进行长时段梳理,是经济学的一个重要研究领域。[①]对中国这样一个发展中的大国来说,对古代经济进行系统研究,了解当时的经济发展状况,比较当时中国和世界其他国家的经济发展水平,明确中国在世界上的地位并总结中国经济发展或者不发展的原因,更是有着极强的学术意义。只有对一个国家某一历史阶段的经济从不同侧面,例如 GDP、人口增长、人均 GDP、经济结构、政府规模、资本积累等进行全面了解,才能完整把握整个经济的全貌,进而以此为起点,更好地理解这个国家经济发展的历程,对中国古代经济史的研究也应该按照这一原则进行。进一步而言,对古代社会生活水

---

[①] 例如,英国对整体经济(包括 GDP)的研究追溯到了 17 世纪,美国则追溯到 19 世纪上半期。

平的判断是对其他经济和政治活动判断的基础。例如,如果古代社会的生活水平(人均 GDP)非常低,古代人对生命价值的理解可能与现代人完全不同,相比于现代人,他们更有可能用生命换取其他的需要。此外,完整和准确地认识古代的经济发展状况,才能使我们对中华民族的发展路径有更深刻的理解。我们不仅要知道未来"向何处去",更要弄清过去"从哪里来"。

进行这样的研究存在很多困难,主要表现在古代历史典籍中系统记录的经济数据非常有限,[①]一些与经济活动有关的记载散见于不同的文献中,它们彼此之间有时还是互相矛盾的,要从这些汗牛充栋的古籍中寻找和发掘对研究有用的资料和数据,诚非易事。在中国古代经济史研究的数量化方面,前辈学者做了很多有意义的工作,例如李伯重对明清江南地区经济的研究,吴承明对明清时期市场一体化的研究,何炳棣对人口和可耕地面积的详细考证,黄仁宇对明代财政的研究,吴慧和郭松义等对粮食亩产量的研究,彭信威对货币史的系统研究,全汉升对明代中央政府收入和支出以及明中期以后美洲白银流入对中国经济影响的研究,王业键对清代粮食价格的研究,等等。这些学者的研究或者考证深刻,或者史料翔实,或者论证充分,或者集某一问题研究之大成,总结这一问题的研究成果,并得出可靠的结论。但是,上述研究的对象只是一个朝代总体经济的某一方面,或者纵向考察某个朝代的某一问题在整个历史长河中的地位。迄今为止,还很少有学者从一个朝代出发,对包括 GDP 和人均 GDP 在内的主要经济变量进行定量研究,从而弄清这个朝代的

---

① 黄仁宇在研究明代历史时,曾指出中国古代不是一个通过数字化方式或数学手段进行精确管理的国家,存在以道德代替法律的倾向,参见《万历十五年》(黄仁宇,1997)。

整体经济发展状况。[1]

在对中国古代整体经济进行定量分析上,国外学者作了很多努力,例如麦迪森(Angus Maddison)估算过中国古代经济的总量和人均收入水平。根据他的估计,在总量上,公元1世纪的中国汉朝和欧洲的罗马帝国处于同一发展水平,直到1820年,中国仍是世界最大的经济体,GDP总量占世界份额的32.4%。[2]就人均水平来说,麦迪森估算出中国公元50年、960年、1280年、1700年的人均GDP,按照1990年的美元计值,大约在450—600美元之间,中国人均收入领先于世界的时间一直持续到15世纪。从纵向的历史看,中国的人均收入在公元960年和公元50年是相当的,在宋朝增长了大约1/3,在1280年后直到1820年则几乎没有增长。[3]麦迪森对中国古代经济的研究成果被其他学者广为引用,但是,他的研究存在很多不足:第一,他的研究目的是从长时段出发,探讨中国经济的未来走向,由于

---

[1] 对中国历史上的整体经济进行定量研究的较早成果,大概要算张仲礼在20世纪50年代出版的《中国绅士的收入》中对1888年中国国民收入所做的估算(张仲礼,2001,附录)。对古代经济比较早的研究应是刘瑞中对中国18世纪的国民收入和人均国民收入所做的估算(刘瑞中,1986,第105—120页),最近的研究包括刘光临从古代货币经济的发展描绘了中国自宋至清的经济发展水平总体图像,这是对中国经济史进行长时段研究的有益尝试(Liu, 2006)。但是,上述研究并不是对一个朝代或者一个时期的经济进行整体研究,而且研究方法也存在不足。例如,刘瑞中对18世纪人均国民收入的估算仅限于1700年、1750年、1800年这三个点,他的估算采用比例推算法,即从组成国民收入的几个大的产业部门收入分别在总收入中所占的比例,来推算总的国民收入,这样的计算方法虽然在估算前工业化社会的产值时,有一定的合理成分,但用来估算几个年份可行,用来估算一个较长的时期就显得过于简略。刘光临从货币量出发估算中国古代的经济规模,这需要货币流通速度不变及经济中货币化程度不变的假设,对古代社会,这一假设无疑太强。

[2] 见《中国经济的长远未来》(麦迪森,1999,第57页)。

[3] 同上(第25页)。

时间长、跨度大，难免薄古厚今，对古代经济的研究过于简略；第二，他对 GDP 的估算，方法比较简略，总 GDP 是用人均水平乘以总人口得到的，这两个数据中如果有一个准确性存在问题，最后的结果就难以做到准确可靠，因此，他的估算并不是采用现代国民经济核算方法，可信度存在一定问题；第三，他的估算只是包括了总 GDP 和人均 GDP，缺乏产业结构、政府规模和资本积累方面的数据，不能算是对古代经济的整体研究，我们无法从中得出中国古代经济的完整图像。

无论是横向的在整个人类社会发展的大背景下考察，还是就中国自身经济发展演变的纵向历史看，明代经济史的研究都有着极其重要的地位。从人类社会发展演变的大背景看，15 世纪、16 世纪是整个人类从传统社会走向现代社会的转折点：一方面，随着地理大发现和环球航行，世界上各个国家和地区从彼此孤立、隔绝到开始发生密切联系，世界逐渐成为一个整体；另一方面，在西欧，社会经济发生了前所未有的根本变化，新的资本主义生产方式不断扩大市场交换的范围，侵蚀着农本经济的领地，并突破地理的自然界限和疆域的限制，最大限度为其商品开拓市场。在重商主义政策的指引下，殖民活动为西欧国家带去了巨大财富，西方发生了商业革命和价格革命，政治和社会体制向着有利于新兴阶级的方向转变，现代社会的各种制度安排随之而产生，中国历史上与这个人类历史发生重大转折相对应的朝代正是明朝。就中国经济自身的发展演变来看，不同学者对明代中国的经济发展水平以及在世界经济中的地位有着极大的分歧，许多学者在麦迪森研究的基础上，认为宋代是中国古代经济的高峰，从明代开始，中国经济趋于停滞，于是在英国发生工业革命并扩展到西欧其他国家后，中国经济迅速从领先于西方变为远远落后于西方（艾德荣，2005；文贯中，2005）。还有学者认为明清时期中国经济仍有增长,但是所取得的成就主要靠大规模投入劳动力获得,并没有劳动生产率的提高(黄宗智,1993)。与之相反的是,另一派学者认为,在明中后期以及清代中国,虽然没有出现技术上的巨大突破,但经济总量、劳动生产率都有提高,经济发展水平与同时期的西欧国家相比毫不逊色,在制度、可供投资的剩余以及劳动力的受教育水平上也都达到相当高的成就,如果不是由于资源约束,在中国的某些地区存在着走向近代工业化的可能性。[1]由以上论述可见,研究明代整体经济,对我们弄清当时中国经济的发展水平,理解学者们认识上的分歧,有着极为重要的意义。此外,正如英国因为受到外部力量作用较小,社会演变的路径具有典型意义而成为制度经济学家感兴趣的研究对象,明代中国大多数时间政治稳定,缺乏与其他国家进行竞争的意识,受外部因素的影响不大,中国古代的许多重要制度在明代都得以实施,因此,研究明代经济对研究中国古代经济史也具有典型意义。

基于以上原因,本文广泛查找、收集和整理《明实录》、《明史食货志》、《大明会典》、《万历会计录》等古代历史典籍以及地方志中关于明代经济活动的数据记载,充分吸收和借鉴前人对明代经济史定量研究的成果,利用现代国民经济核算方法,对明代 GDP、人均 GDP、经济结构、政府规模、经济中的总消费和积累率等变量进行估算,从而对明代的整体经济进行描述,并将 1402—1626 年的明代经济与 1700—1760 年工业革命之前的英国经济对比,[2]在

---

[1] 认为中国明清时期经济发展水平并不逊色于同时期西方国家的学者,在美国被称为"加州学派",在中国则以李伯重为代表,关于其观点的更详细解释参见《理论、方法、发展趋势:中国经济史研究新探》(李伯重,2002,第 36—38 页)。

[2] 一些外国学者,例如 Chao Kang、Eberhard Wolfram、Elvin Mark、Needham Joseph、Tang Anthony 等都认为,18 世纪中叶英国工业革命的主要条件,中国早在 14 世纪的明朝初年就已几乎全部具备了,因此,将明代中国与工业革命前的英国对比是有意义的。对这些外国学者观点的论述,可参见《李约瑟之谜、韦伯疑问和中国的奇迹:自宋以来的长期经济发展》(林毅夫,2007,第 5—22 页)。

系统解释中国古代经济史上进行初步探索。通过对明代整体经济的定量研究,我们发现,在我们所研究的 220 多年时间里,中国经济增长速度并不快,平均年增长率为 0.29%,增长的来源主要是要素投入的增加;虽然总体经济规模有所增长,人均收入并没有明显变化,基本维持在 6 公石小麦上下(下限为 5.7 公石,上限为 6.1 公石),相当于今天的 391 公斤;以 1990 年美元计值的人均收入平均在 230 美元左右(下限为 223 美元,上限为 239 美元),最高的年份也不到 280 美元,远低于麦迪森估算的 600 美元的水平;在经济结构中,农业占据了主导地位,所占比重平均在 88%左右(下限为 86%,上限为 90%),手工业和商业在中后期有所发展,但最高时也没有突破 20%,到末期比重又下降了;政府收入在经济中所占的比重虽然不大,在 3%—9%,平均为 5%左右,但支出主要用于宫廷和宗藩的消费,特别是高额的军费开支,明中叶以后军费占到了中央政府支出的 60%—90%;经济中的储蓄率非常低下,年均积累率低估值为 5.3%,高估值为 9%。以上这些结论都是探索性的,还有待进一步验证,这些现有的结论似乎证明了上文第一派学者的观点,即在明代中国的经济发展水平下,发生英国式的工业革命可能存在着一定困难。

我们的研究在许多方面都是尝试性的,因此一定存在诸多不足,例如,由于数据获得上的困难,很多问题只能估算,这样的估算难以做到非常准确;有些数据,例如手工业某些部门的数据根本无法获得,所以只能缺失,这使得经济中的某些部门比重偏低;还有很多经济活动由于没有进入货币计算体系,历史典籍中关于这些活动的记载非常少或者根本没有,因此对这样的经济活动我们只好放弃,这使得我们对整体经济的把握存在一定的偏差。虽然存在这样一些问题,但我们还是认为这样的研究是有意义的,主要表现在:第一,我们将现代国民经济核算中的生产法引入对古代经济的定量研究,这是一个值得探索的研究方向;第二,如前所述,我们第一次不局限于古代经济的某个侧面,而是从一个朝代的主要经济变量出发,从整体上对这个朝代的经济作了描述,使读者可以得到一个完整的图像;第三,在研究中,我们充分借鉴了前人的研究成果,并作了选择性的使用,而且说明了选择的理由,对有些缺失数据利用经济学原理作了估测,对估测方法作了比较详细的说明,这样可以为以后的类似研究提供一个出发点,使批评者可以比较容易地找到批评的依据,也使我们以后可以对研究结果不断改进和完善。

本文以下的内容是这样安排的:第二部分对明代 GDP 进行估算,在此基础上描述实际 GDP 的发展趋势;第三部分描述明代实际人均 GDP 发展趋势,并结合总 GDP 发展趋势探讨明代经济增长的来源;第四部分按照国际通用的标准,将明代人均 GDP 以 1990 年美元表示,并进而与麦迪森的研究进行对比;第五部分在第二部分的基础上,研究明代的经济结构;第六部分估算政府收入和支出,探讨政府规模以及财政支出的方向;第七部分估算明代的总消费,在此基础上探讨经济中的总剩余和积累;第八部分是结语,在以上研究的基础上,总结本文的基本结论。

## 二、明代实际 GDP 发展水平

本节在对 GDP 进行系统估算的基础上,描述了明代实际 GDP 的发展水平。我们先分部门估算各部门的 GDP,首先估算明代农业 GDP,其次是手工业主要部门的 GDP,然后是商业 GDP,将以上加总得到名义总 GDP。利用价格指数对名义 GDP 进行平减后,我们得到实际 GDP,再将实际 GDP 的发展水平与工业革命之前的英国比较。

## (一) 对明代农业 GDP 的估算

对古代农业产值的估算有两种方法:一种是将一个代表性居民的年粮食消费量乘以当年人口,另一种是利用可耕地面积乘以粮食单产量,刘瑞中(1986)利用这两种方法对清代 1700 年、1750 年、1800 年的粮食产量作了估计,发现前者远没有后者准确。就明代的具体情况而言,我们认为以年粮食消费量乘以总人口的计算方法可能会遗漏很多重要的内容,因此,我们对明代农业产值的估算以后一种方法进行,采用这种方法,需要可耕地面积和粮食单产量的数据。

研究中国古代可耕地面积数据一直是经济史学者不得不面对的一个难题,虽然在官方历史典籍中有着田地数据的完整记载,例如明代从《太祖实录》卷 140 到《熹宗实录》卷 79 记载了1381—1626 年的田地数,但这些数据并不能直接用来进行农业产值的计算。何炳棣通过大量考证,证明中国古代的耕地面积记载只是与赋税征收有关的税亩,不能等同于实际的可耕地面积。[①]珀金斯(Perkins, 1967)通过广泛阅读地方志,对明代的耕地面积作了重新估计,他的结论是:在 1400 年,中国的耕地面积为 4.2 亿多明亩,合 3.7 亿市亩,到 1600 年增加到 5 亿市亩。[②]珀金斯在研究明代的人口和耕地面积上作出了开创性的贡献,他的研究结论是以后这一领域研究的起点。王业键认为珀金斯对 1600 年的估计数过低,他的估计值是 6.7 亿亩。[③]以上只是几个关键年份的数据,在连续时间数据上,我们采纳 Paul K. C. Liu 和 Kuo-shu Hwang 的研究结果,他们对 1400 年以后中国耕地面积和人口的估算,在关键年份上充分吸收了以上这些学

---

[①] 见《南宋至今土地数字的考释和评价》(何炳棣,1985,第 125—160 页)。

[②] 见《中国农业的发展:1368—1968 年》(珀金斯,1984,第 310 页)。

[③] 见《清代经济史论文集》(王业键,2003,第 20 页)。

者的估计值,同时又以官方统计数据为依据,他们的计算和此前学者们对明代可耕地面积的估算是充分一致的,麦迪森在估算中国古代的 GDP 时,引用了他们对人口的估计值(Liu and Hwang,1977)。我们采用 Paul K. C. Liu 和 Kuo-shu Hwang 估算出的 1400 年后每隔 10 年连续的耕地数据,再利用插值法得到每年的可耕地面积数据,图 1 显示了明代耕地的增长趋势。

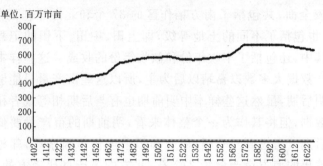

单位:百万市亩

资料来源:"Population Change and Economic Development in Mainland China since 1400"(Liu and Hwang,1977:p. 81),in *Modern Chinese Economic History*,edited by Chi-ming Hou and Tzong-shian Yu。

**图 1 明代耕地增长趋势(1402—1626 年)**

对明代的粮食单产量,有很多学者作了估计,例如珀金斯、余也非 1980、唐启宇(1985)、曹贯一(1989)、姜守鹏(1996)、吴慧(1985)、李伯重(2002,2003)、郭松义(2001)、史志宏(1994)等,[1]

---

[1] 分别见《中国农业的发展:1368—1968 年》(珀金斯,1984,第 17 页);《中国历代粮食平均亩产量考略》(余也非,1980);《中国农史稿》(唐启宇,1985,第 7 章第 13 节);《中国农业经济史》(曹贯一,1989,第 23 章第 11 节,第 19 章第 12 节);《明清北方市场研究》卷 2(姜守鹏,1996);《中国历代粮食亩产研究》(吴慧,1985,第 173、189 页);《理论、方法、发展趋势:中国经济史研究新探》(李伯重,2002,第 104、109 页);《明清时期的粮食生产与农民生活水平》(郭松义,2001,第 373—396 页);《清代前期的小农经济》(史志宏,1994,第 196、197 页,其中也涉及明代的粮食亩产量)。关于学者们在明清粮食亩产量的研究上得出的不同结论,可参见《明代后期粮食生产能力的提高》(张显清,2005,第 97 页)。

这些估计多从地租率中推算出来,数据之间差别较大,但是我们仍然可以从中看出一个总体的趋势,即明代比前代有了提高,明后期比明前期也有了提高。以上学者的研究中,以吴慧和郭松义的史料最为翔实,我们觉得与其他学者相比,吴慧得出的数字偏高,相对来说,郭松义的数字比较适合当时的情况。因为郭松义的估算样本点比较多,涉及的内容也比较全面,共包括了南方稻作区的 37 个和北方旱作区的 8 个,也包括了不同的土地等级,即上田、中田、下田的记载都在其中,还包括了丰收年份和歉收年份的收成。这些样本的亩产数据大多数以嘉靖以后为主,所以这些亩产量只能够代表明后期,虽然这些样本中明前期也有与后期相等或者稍高的数据,但将其作为一个整体来看,明前期的亩产量要低于明后期。考虑到双季稻、稻麦和稻杂连作等因素后,郭松义估算出的南方亩产量为 272 石,北方的亩产量比南方的低,将南北方按照耕作面积加权平均后的亩产量为 1.88 石,合 256 市斤。这是明代后期的亩产量,以此为依据,再来估算明前期的粮食亩产量,大概在 220—240 市斤。将可耕地面积中的粮食播种面积数乘以粮食单产量,就得到每年的粮食收成。[1]我们按照这一计算方法得到的 1600 年粮食收成为 171 520 000 市斤,这与郭松义估算的明万历年间 171 601 741 市斤的粮食总产量非常接近。[2]彭信威的《中国货币史》记载了明代每隔 10 年连续以白银计值的米价数据,小麦的价格虽然历史记载不多,但是好在根据已有的文献,在整个明代,小麦的价格大体相当于米价的 80%。[3]根据粮食播种面积的权重,

---

[1]　粮食播种面积数为总耕地面积的 92.35%,理由见下页第二段。

[2]　见《明清时期的粮食生产与农民生活水平》(郭松义,2001,第 391 页)。

[3]　明代米麦比价参见《中国货币史》(彭信威,1988,第 700 页)。

再根据这些米麦价格,①我们可以算出加权的粮食价格,将粮食收成乘以这些粮食价格数据,我们可以得到粮食的总产值。以上估算出来的只是总值,对我们的研究而言,我们需要的是净值。在古代社会,农业的中间投入主要是种子和肥料,②迄今为止我们还没有找到明代历史典籍中关于农业中种子肥料投入的数据记载。我们用经济史学家方行先生(1996)根据清代姜皋的农书《浦柳农咨》以及陶煦的农书《租核》中关于清代道光和光绪年间松江府和苏州地区农民生产投入的历史资料,估算出一个生产投入占产值的比例,再假设明代这个比例与清代相同,在总的粮食产值中减去这个中间投入的固定比例,就得到粮食的净产值。具体的计算方法是,按照清代光绪年间的记载,在南方水稻产区每亩耕地共需投入种子肥料1 560文,而根据郭松义《明清时期的粮食生产与农民生活水平》,当时同一地区的亩产量大约为每亩3石,折合市价为8 400文。根据上述记载,我们认为,种子肥料占农业产出的比重大约为18.57%,用总产值减去这一比例,就得到每年农业的净产值。我们计算的明代时间跨度达225年,这段时间米价的波动幅度非常大,以上计算出的只是当期名义价格的粮食产值,如果需要计算实际的粮食产值,我们将每一期的价格除以基期,得到一个价格指数,再用每一年的粮食产量除以这一价格指数,或者直接将每年的收成乘以

---

① 郭松义的粮食单产量包括了除米麦之外的其他粮食,我们没有找到这些粮食的具体价格,根据张仲礼(2001)以及刘大中和叶孔嘉(Liu and Yeh, 1965, p.130)对近代的研究,这些杂粮和米的比价基本是0.5:1左右,我们无法从总粮食产量中区分出这些杂粮的产量,只能将这些杂粮的价格看做和小麦一样,这可能会高估整个粮食的产值,但目前还找不到更好的办法。

② 巫宝三(1947)对1933年国民收入的估算,在计算粮食的净值时减去的生产投入包括种子、肥料、农具和农舍,我们将农具、农舍作为资本计算,在计算净值时只减去种子和肥料的价值。

基年的粮食价格,具体采用哪种计算方法,取决于我们计算的目的。

　　以上是对粮食产值的估算,农业中除了粮食之外,还有其他经济作物。在清代,吴慧估计粮食作物与经济作物占耕地面积的比重为 85％：15％,[①]这个数字比明代要高。郭松义认为,明代的可耕地,北方旱作区约占 45.6％,南方稻作区约占 54.4％;经济作物的种植面积,北方约占 7％,南方约占 8.2％,我们以此为依据,加权平均之后为 7.65％。对经济作物收入的估计,我们采用刘瑞中的划分,即第一类是需要占用耕地的,第二类是不需要占用耕地的。第一类经济作物包括棉花、大豆、油菜、花生、烟草、甘蔗、甜菜、麻、蚕桑等。根据很多清代史料,经济作物的单位面积亩产收入是粮食作物平均收入的两倍,[②]我们假设明代的情况与清代相同。因此,我们将这一类作物的耕地面积,乘以前述粮食作物单位亩产平均收入的 2 倍,就得到这一类经济作物的总收入。第二类经济作物包括茶、水果等。由于明代史料中有比较详细的关于茶课的记载,因此我们用茶作为这一类作物的代表,而忽略其他的收入。

　　在明代农业中,茶业占有比较重要的地位,历史典籍中关于茶业的记载比较多,数据也相对容易获得。明代政府对茶业经济控制很严,规定对茶户茶园实行“每茶十株,官取其一,征茶二两”的制度,[③]也就是说,明代对茶的生产征收的税率是 10％。《太宗实录》卷 15 到《熹宗实录》卷 79 记载了明代大部分年份的茶课。根据上述税率,从这些茶课数据中我们可以推算出明代

---

① 见《中国历代粮食亩产研究》(吴慧,1985,第 187 页)。

② 关于这类作物亩产收入的详细史料,见《十八世纪中国人均国民收入估计及其与英国的比较》(刘瑞中,1987,第 111 页)。

③ 见《明太祖实录》卷 72(1962),“洪武五年二月乙巳”条。

大多数年份的茶产量,缺乏数据的年份我们根据上一年的数据补齐。与粮食产量一样,我们在得到茶产量的数据后,再根据明代的价格记录将茶产值统一以白银来表示,由此得到茶的总产值。在得到总产值以后,还需要计算茶业的净值,在明代史料中我们无法找到关于茶业中间投入的记载,我们只能够根据巫宝三(1947)对1933年国民收入的估算中对于茶业经济净值的估算方法,大致估算其比例。明代的产茶府县主要集中在南直隶、浙江、江西、湖广、四川、陕西等,我们在巫宝三的计算中找到这些相应的省份,将其总值和净值分别加总,再相除,得到净值占总值的比例为0.85。考虑到茶的种植投入主要是劳动力,虽然明代和1933年相差较远,但是技术水平应该相差不大,我们估算明代茶业净值占总值的比例为0.83—0.87,这一比例应该符合当时的实际情况,将这一比例乘以总产值,我们可以得到茶业经济的净所得。

这样的计算只是考虑了与政府记载有关的茶业经济,与实际的茶产值之间可能存在着一定的误差。误差主要表现在:一方面,官茶课的数量并不一定完全按照朝廷指定的茶课额来执行;另一方面,除了官茶课之外,可能还存在着私人种植但没有统计到官茶课中的产值。虽然存在上述问题,但考虑到明代茶业经济由政府严格统制,还涉及与西北少数民族的茶马贸易,具有安定西北边境和保持与少数民族友好关系的战略意义,因此,就茶课与茶的实际产量而言,1:10的比例关系应该可以成立。同时虽然也有私茶业的存在,但是在总的经济中所占的比例应该不会太大,因此,我们的估算应该大致可以反映明代茶业经济的水平。

在农业中,除了粮食和经济作物的种植外,还有与农业有关的副业,如畜牧业、水产业、林业以及其他杂项,关于这些收入的历史记载很少,我们只能够估算它们相当于农业收入的一个大致比例。珀金斯估计在民国时期,畜牧业收入相当于作物类收入的11%左右,刘瑞中由此认为清代的畜牧业、水产业、林业以及其他杂项农业收入相当于作物类收入的12%。[1]明代的比例应该比这个比例低,我们估算在明代,所有的副业收入大致相当于农作物收入的8%—10%,[2]将这个比例乘以农作物的收入,再相加,于是我们得到所有的农业总收入。

## (二)对明代手工业 GDP 的估算

明代手工业门类众多,但由于历史资料的限制,我们不可能估算所有的手工业部门,因此选择了那些比较重要、在古代经济结构中所占比重较高,或者数据相对容易获得的部门进行估算,我们选择的手工业部门主要有采银业、制盐业、丝织业、棉织业、冶铁业、制瓷业、采煤业,因此我们先对这几个部门进行估算。

### 1. 采银业

尽管白银被普遍用作货币开始于明代,但明代历史文献中关于白银产量的数据非常缺乏。《明太宗实录》卷15到《明武宗实录》卷194记载了政府每年的银课收入数字,这些银课收入可以作为我们计算明代银矿开采业的依据。全汉升通过大量考证,认为在明代,银课约占银产量的30%左右。[3]据此我们可以推算出明代银矿开采业的产值,对实录中缺少的年份,仍然按照上一年的数据补齐。在得到银产值后,需要减去开采所使用的器具、原料、燃料等中间投入,以得到净产值。按照《明实录》中

---

[1] 见《中国农业的发展:1368—1968 年》(珀金斯,1984,第 385 页),《十八世纪中国人均国民收入估计及其与英国的比较》(刘瑞中,1987,第 112 页)。

[2] 在我们所研究的 220 多年的时间里,这个比例保持不变,这一定不合乎实际的历史情况,但因为缺乏分阶段比例方面的历史资料,所以这一缺陷只有留待以后改进。

[3] 见《明代的银课与银产额》,录于《中国经济史研究》(全汉升,1991,第 141 页)。

的记载："以十分为率,除三分纳于官课,以五分给办器具、密陀僧、白炭、料物、饮食之类,其余二分以偿矿甲人等公力之资。"[1]由此可见,明代采银业的中间投入大约为总产量的一半,从总产值中减去中间投入,我们由此得到整个时期的银矿开采业净产值。

2. 制盐业

制盐业在明代经济中占有重要地位,和茶业一样,明代国家对盐业经济进行严格的统制。盐的种类,以其生产方法划分,主要有海盐、池盐和井盐,海盐的主要产盐区是两淮、两浙、长芦、山东、福建、广东、海北以及辽东;池盐的主要产地是河东和陕西灵州;井盐则分布在四川和云南。根据《诸司职掌》的记载,明代共设有 156 个盐课司,至少有 106 个府州县是主要的盐产区。对制盐业的产额,可以采用两种方法进行估算:第一种是根据盘铁和锅铦的数量,以及它们的实际生产能力进行估算;第二种是根据盐课银计算。这两种估算方法可以互相验证。按照历史记载,盘铁的生产能力,一昼夜的产量为 2 400 斤,锅铦的产量为 600 斤。[2]但是我们只知道两淮在明初、弘治年间以及明末的盘铁和锅铦的数量,因此这一方法无法用于估算明代整个时期的盐产量,相比较而言,用盐课来计算明代的盐业产值更具有可行性。但是,尽管在官方文献中记载了盐课的统计数据,对明代盐课进行准确的计量也不是一件容易的事情。因为:第一,官方的盐课记载,例如《明史食货志》、《明实录》、《大明会典》中各个盐区的数据不一致;第二,在计算盐课时,很多余盐没有计算进去,因此,官方的盐课记载,仅仅是每年应该征收的赋税,并不是盐

---

① 见《明世宗实录》卷 194(1962),第 1 页,嘉靖十五年十二月乙酉。或见《中国经济史研究》(全汉升,1991,第 139 页)。

② 见《中国盐业史古代编》(郭正忠,1997,第 518 页)。

的实际产量和销售量。

对以上问题,我们采取如下对策:第一,我们仍然采用《明实录》中关于盐课的记载来近似等于明代盐的产量,因为实录中的统计远远比《明史》和《大明会典》中的记载年份要多,相对来说更加全面;第二,就具体年份来说,这几种典籍的记载相差不大,也可以互相补充;第三,太仓库设立后,其岁入的记载中包括有余盐银的记载,将盐课收入加上这些余盐银的记载,大致可以表示明代食盐的产量;第四,虽然事实上存在着私盐,但是如前所述,明代对盐业经济实行严格统制,更重要的是,由于明代在盐的生产和销售中实行开中法,将其和国防联系起来,盐的销售和生产因此与茶一样,具有战略意义,此外,《大明律》对贩卖私盐的处置非常严厉。基于以上认识,我们认为私盐不至于成为一个严重的问题,实录中的盐课记载加上太仓库中的余盐记载可以近似看做明代盐的产量。我们根据史籍中的食盐价格以及钞相对银的比价,将实录中的盐课统一以白银表示,这样得到了明代大多数年份的盐业总产值,和其他的计算一样,对没有记载的年份,我们以上一年的记载作为下一年的近似。

关于制盐业净值占总值的比例,我们仍然参考巫宝三的计算方法,在巫宝三(1947)的计算中,1933年海盐、池盐、井盐在总产量中所占的比例是85%、5%、6%,这个比例与明代相差不大,因此,明代盐业和1933年在计算时的权重应该相差不多。根据广东坎白盐场的晒盐成本、四川自贡盐场的井盐成本以及池盐成本,巫宝三估算1933年净值占总值的比例是62%,我们估计明代制盐业净值占总值的比例在58%—62%,将这个比例乘以上述明代的盐产值,我们可以得到制盐业的净产值。

  3. 丝织业

丝织业计算起来相对比较复杂,明代的丝织业分为官营

504

和民营两个部分,官营丝织业分布很广,分为中央和地方两个部分。①属于中央的有南京内织染局、南京工部织染所、南京供应机房、南京神帛堂、北京内织染局、北京工部织染所;属于地方的有浙江的杭州府、绍兴府、严州府、金华府、衢州府、台州府、温州府、宁波府、湖州府、嘉兴府,南直隶的镇江府、松江府、苏州府、徽州府、宁国府、广德府,福建的福州府、泉州府,山东的济南府,江西、四川、河南布政司。②在中央所属的织染机构中,南京工部织染所、南京供应机房、北京内织染局或者由于规模较小,地位无足轻重,或者数据难以获得,没有进行统计。根据范金民等的研究,南京内织染局每 10 年料造各色绢 2 万匹,布 3 万匹,南京神帛堂每 10 年料造帛 13 690 段,北京工部织染所每 10 年染练绢 15 万匹。③

在范金民和金文(1993)的研究中,官营地方丝织业的苏州织染局、松江织染局、镇江织染局、杭州织染局、嘉兴织染局、湖州织染局六个织染局共有约 1 150 张织机,每年生产丝绸11 000 匹左右,其产量占官营地方丝织业的 1/3 左右,由此我们可以得到所有官营地方丝织业的产量,加上上述官营中央织造机构的产量,我们可以得到明代官营丝织业的产量,以上产量基本上是工部每年指派的定额数量。除此之外,自明中期开始后,政府还在很多织造局进行大规模加派,④将加派数目加上计划产量,即为所有的官营丝织业的产量。民营丝织业由于历史资料的限制,数据难以获得,只能够根据织机的数量和官营丝织业

①　对明代官营丝织业机构的区分主要来自李东阳等撰(1989)《大明会典》《工部》。
②　见申时行等修(1989)万历《明会典》卷 201《工部·织造》。
③　以上数据主要来自于《江南丝绸史研究》(范金民和金文,1993,第 105—116 页)。
④　《江南丝绸史研究》中有明代丝织业加派的数据(同上,第 121—122 页表 7-1)。

的产量来推测,推测的范围限于江南地区,推测为明前期民间丝织业每年产值为 127 000 两,嘉靖以后为 380 000 两。[1]彭信威的《中国货币史》记载有明代绢的价格,[2]由此我们可以得到明代丝织业的产值、净产值占总产值的比例,我们参考巫宝三的估算取值为 30%—40%。[3]

4. 棉织业

棉纺织业在明代是非常重要的手工业部门,经历了元朝黄道婆等人在技术改进上作出的贡献之后,棉布正是在明代才成为广大中下层民众广为使用的衣料,松江成为明代全国的棉纺织业中心。关于明清时期棉纺织业的研究,迄今已有一些重要的研究成果,例如严中平的《中国棉纺织史稿》、赵冈和陈钟毅的《中国棉业史》。徐新吾的《江南土布史》在史料上的贡献非常突出,李伯重、何泉达、侯杨方等人也对明代棉花的种植、棉纺织技术以及当时的劳动生产率进行了研究。但是,由于历史记载中数据的缺乏,以上这些关于棉花和棉布产量的定量研究成果不多,关于全国棉布产量的定量研究成果就更是付诸阙如。在我们掌握的资料中,只有吴承明和徐新吾估计过明代晚期松江府的棉布产量为 2 000 万匹左右,到清代乾嘉时期则发展到了 3 000 万匹,[4]这两个数据一直

---

① 推测的依据是,江南民间丝织业最兴盛时,南京、苏州和杭州的织机为 5—5.5 万张,盛泽等市镇和乡村约为 1.5 万张,再加上镇江、嘉兴和湖州,以及乌镇等市镇,总共为 8 万张,而官营织机大约为 3 500 张。见《江南丝绸史研究》(同上,第 203 页)。

② 见《中国货币史》(彭信威,1988,第 711 页)。

③ 在巫宝三等人关于手工丝织业的估算中,原料占总值的 50%,10% 为其他物料消耗,10% 为资本消耗和其他杂项费用,因此净值占总值的比例为 30%,见《中国国民所得:一九三三年》(巫宝三,1947,第 106 页),考虑到明代丝织业更多地依靠人力,因此我们将上限放宽到 40%。

④ 见《中国的现代化:市场与社会》(吴承明,2001,第 111—143 页)。

506

为后来的研究者所沿用。但是这一估计涉及的年份比较少，最初的史料来源数据并不可靠，①由此进行的估算也就不可能很准确。

如李伏明所论，对棉布产量的估算一般采取三种方法：第一种是通过棉花产量来估算棉布产量和销售量；第二种是由一个代表性消费者对棉布的需求乘以人口数来估算；第三种是利用劳动者的数量、劳动时间和劳动生产率来估算。由于棉花产量的数据也很难得到，根据已有的史料和数据，采用第三种方法得出的结论可能更加准确，因此，我们主要运用第二种和第三种方法来估算明代的棉布产量。我们对明代棉织业的估算根据以下步骤进行：第一步先采用李付明的办法算出江南地区的棉布产量；第二步根据方行的每人棉布消费数据，再乘以棉布消费的人口数得出总消费，假设总消费等于总生产；第三步根据江南地区崇祯年间的产量和第二步估算出的总产量得出一个比例，假设这个比例在所有的年份都相等，于是根据各年的江南棉布产量得到每年的全国棉布总产量。

我们首先估算明代松江地区的棉布产量，再加上江南其他主要棉布生产地区的产量，即为整个江南地区的总产量。如前所述，棉布的生产能力主要由从事棉布生产的劳动力数量、每个劳动力的劳动时间以及劳动生产率决定，要确定从事棉布生产的劳动力数量，我们首先需要知道人口数量。关于明代松江人口的数据，能够找到的来源主要有两种：第一种是万历《大明会典》卷19《户部》中关于洪武二十六年（1393）的记载，第二种是

① 李伏明认为吴承明和徐新吾的估算来自于一个地方官员钦善的"松之为郡，售布于秋，日十五万匹焉"这一记载，而这一记载是钦善"闻之苏贾焉"，见其著作《制度、伦理与经济发展：明清上海地区社会经济研究：1500—1840》（李伏明，2005，第57—58页）。

正德《松江府志》卷6《户口》中洪武二十四年(1391)的记载。这两种记载的人口数、户均人口数和性别比差别不大。曹树基根据地方志中的记载,研究了明代松江府主要年份的人口数,并分别估算了全国和南方的人口增长率。根据他的估算,明代全国人口年平均增长率为0.41%,南方则在0.3%到0.4%,①松江府的人口增长率我们采用0.4%的数据。根据以上这些数据我们可以算出松江府每年的人口数字,再根据每户人口数4.88,②可以算出松江府的户数。根据历史记载,明代上海地区的农家普遍纺纱织布,但是这一手工劳动基本由妇女承担,再加上一些老人和儿童,男子则将主要精力放在耕作上。③根据徐新吾的估计,平均每户有1.5个标准劳动力从事棉纺织生产。④他还估计清代大约有90%的家庭从事棉纺织业。我们假设明代这一比例与清代相同,由此我们可以得到松江从事棉纺织业的劳动力数量。

以上估算出了明代松江的人口数据,并进而得到了从事棉纺织业的劳动力数量,要进行棉布产量的估算,还需要劳动时间和劳动生产率。徐新吾认为:清康熙年间以前,每个成年农妇大约需要7个工作日才能完成一匹布的生产;康熙以后由于技术改进,劳动生产率提高,生产一匹棉布大约需要6个工作日。他还进一步估计,1760年时松江农妇一年从事纺织的时间为265日,比全国平均数高出一倍。⑤李伯重指出,这一比例太高,从近代的调查来看,江南以及上海的农妇一年从事棉纺织业的时间

---

① 见《中国人口史,第四卷,明时期》(曹树基,2001,第235页)。

② 同上(第149页)。

③ 参见《"男耕女织"与"半边天"角色的形成》,录于《多视角看江南经济史》(李伯重,2003)。

④ 见《江南土布史》(徐新吾,1992,第215—216页)。

⑤ 见《江南土布史》(徐新吾,第51、53、211、215—216页)。

最多为 200 天左右。①我们采用李伏明的计算,取其中值,假定每个农妇每年从事棉纺织业生产的时间为 220 天,那么,明代每个农妇每年可以织布 31.5 匹,由此,我们可以推算出明代松江每年的棉布产量。明代江南地区棉织业除了松江,常熟和嘉定等地区的棉布产量也较大,常熟棉布"行贾于齐鲁之境常十六,彼民之衣缕往往为邑工也"②;嘉定棉布,"商贾贩鬻,近自杭歙清济,远至蓟辽山陕"③,"妇女勤纺织,早作夜休,一月常得四十五匹"。④由此,我们将松江以外江南其他地区的棉布产量估计为明前期年产 300 万匹,后期年产 500 万匹,⑤两项加总,就可以得到整个江南地区的棉布产量。

　　根据方行《清代江南农民的消费》中的研究,明末清初江南农民棉布支出为粮食消费的 0.167,我们假设总消费等于总生产,同时假设总人口中 90% 的人口存在着对棉布的需求,1600年总棉布消费合大米 66 914 531 石,江南棉布生产合大米 29 290 724 石,我们由此得到江南地区棉布生产占总生产的比例为 0.438,同上文一样,我们将取值范围放宽到 0.418—0.458。按照这个比例,我们从每年的江南棉布产量可以估算出每年的棉布总产量,再根据彭信威的棉布和白银的比价关系,⑥我们可以得出明代的全国棉纺织业产值、棉织业净产值占总产值的比例。我们仍然参考巫宝三的计算,根据明代的具体情况,我们取

①　参见《明清江南棉纺织业的劳动生产率》,录于《多视角看江南经济史》(李伯重,2003)。
②　见嘉靖《常熟县志》卷四《食货志》(1996)。
③　见万历《嘉定县志》卷六《物产》(1987)。
④　同上,卷二《风俗》。
⑤　参见《明清江南商业的发展》(范金民,1998)。
⑥　见《中国货币史》(彭信威,1988,第 712 页),这些布米比价只有 9 年,但是差别并不大,我们在每两个年份之间的所有年份都按照上一年份取值。

净值为总值的比例为 38%—42%。①

这样的计算存在着两个问题:第一,完全根据人口数、户均人口数和人口的性别比例来估算劳动力,而且人口数根据线性增长的假设算出,这样的计算没有包括人口的迁移;第二,根据劳动生产率进行的估算,必须假设所有的生产能力得到充分利用,也就是说,估算的生产能力等于实际的生产能力,不存在原料和市场需求上的制约,这在现实生活中不一定能够做到。我们认为,根据明代的实际情况,这两个问题不至于非常严重:第一是因为松江地处南直隶的边缘,这里基本没有发生大的战乱和动荡,人口增长基本按照自然增长率进行;第二是作为全国最大的棉纺织业中心,这里的棉花供应和棉布需求不存在问题,如果需求决定供给,那么生产的潜力应该能够得到充分利用。

5. 冶铁业

冶铁在明代是非常重要的手工业部门,铁的产量不仅超过中国古代的任何朝代,在当时的世界上也是遥遥领先,已经探明的铁矿产地有 245 处,比元代 45 处增加 5 倍多,比清代前期的137 个多 1.8 倍,在这些铁矿产地的基础上,明初建立了官营铁冶所 15 所。②明初的年生铁产量相当于唐代的 8.9 倍,北宋的2.8 倍,南宋的 8.1 倍,元代的 3.1 倍。明代洪武年间,甚至因为铁的库存太多,曾两次下诏罢停各处官营铁冶,从此以后,官

---

① 对棉织业净值的估算,见《中国国民所得:一九三三年》(巫宝三,1947,第 100页)。在手工棉织业中,主要的投入品是棉纱,除此之外,杂项费用以及资本折旧数字都很小,分别为 0.3% 和 1%。巫宝三的估算是净值占总值的比例是29%,但是,在他的估算中,原料中有机制棉纱,其平均价格比手工纺纱要高,如果我们将其原料中所有的棉纱都按照手工纺纱的价格计算,则净值占总值比例为 38%。因此我们取明代棉织业净值占总值比例为 38%,同丝织业一样,再将其放宽到 42%,这应该符合当时的实际情况。
② 《大明会典》卷 194《铁课》记载了这些铁冶所所处的位置(1989)。

510

营铁冶逐渐减少,民营铁冶所大量出现。我们对冶铁业的估算主要根据《明实录》、《大明会典》卷194《遵化冶铁事例》和《嘉靖广东通志初稿》中关于铁课的记载,以及黄启臣的研究成果进行。①明代铁的生产分为官铁和私铁,官铁主要为遵化铁产量。《明会典》卷194《遵化铁冶事例》记载,成化十九年曾经令"岁运京铁30万斤";正德四、六年产量最高,每年共炼生铁486 000斤,熟铁208 000斤;②到万历九年,由于在当时市场上买铁比官营铁冶要便宜得多,因此政府封闭了遵化铁厂。按照这些史料,1402—1571年,我们将遵化的铁产量取为30万斤,正德四年到六年则取为80万斤。私铁的产量缺乏记载,我们主要根据官方记载中铁课的数据进行估算,《明成祖实录》卷25到《明英宗实录》卷186记载了1402—1463年间铁课的数据,明代的铁课按照十五取一的税率征收,③据此我们可以推算出1402—1463年的私铁产量。明嘉靖以后,"明实录"中没有铁课数据记载,别的史书中也没有数据可以参考,全国的铁产量无法计算,我们只能够利用《嘉靖广东通志初稿》关于广东铁课的数据来估算广东的铁产量,并以此作为全国铁产量的替代。据《嘉靖广东通志初稿》记载:"生铁万斤税银八钱,熟铁万斤税银一两二钱,俱以充两广军费。"④同时嘉靖年间,平均每年课税5 817两。按照这一税率和税额推算,则广东铁产量平均每年为1 939万斤,最高的年份产量达2 764万斤。⑤嘉靖元年至十三年,我们按照《嘉靖广

---

① 见《十四—十七世纪中国钢铁生产史》(黄启臣,1989,第2—18页)。
② 见《大明会典》卷194《遵化冶铁事例》(1989)。
③ 《明太祖实录》卷242载,"诏罢各处铁冶,令民得自采炼,而岁输课程,每30分取其2"。
④ 见《嘉靖广东通志初稿》卷三十《铁冶》((明)戴璟、张岳等纂修,1996年影印本)。
⑤ 同上注,《嘉靖广东通志初稿》卷三十《铁冶》记载了从嘉靖六年到十三年的铁课额,最低为银3 604两,最高为8 294两,平均为5 817两。

东通志初稿》中记载的铁课换算成铁产量,嘉靖十三年后则按照这段时间的平均值 1 939 万斤计算。将官铁和私铁加总,得到总的铁产量,乘以价格之后,我们得到铁的总产值。关于铁的净值占总值比例,在巫宝三对 1933 年生铁产量的估算中,生铁的冶炼也使用的是土法,他的计算中净值占总产值的比例为 51%,考虑到 1933 年的冶铁虽然也使用土法,但是在生产成本中包括机器,而明代的冶铁更多依靠人力进行,将黄启臣著作中关于冶铁成本的描述与巫宝三的计算进行对比,我们认为明代冶铁业的净值占总值的比例 55%—60% 应该是一个合理的估计,将总产值乘以这个比例,我们由此得到铁的净产值。

在矿冶业中,除了冶铁业外,还有金、铜等,这些产量都不大。关于金的产量,《明实录》记载了 1402—1434 年的金课,我们按照"十取其二"的税率估算成实际的产量。宣德十年(1435)明英宗即位后,诏罢各处金银铜铁等官矿,封闭坑冶。这以后的金产量,史籍中很少记载,因此,我们将以上这些金产量按照金银比价以银两表示,然后按照 75% 的净值占总值比例计算出净产值。[①] 明代铜产量史籍中记载也不多,有些只能根据史料估测,在官铜方面,洪武初年,池州府采铜 15 万斤;[②] 宣德年间(1426—1435),江西德兴、铅山每岁产铜 50 余万斤;[③] 明中叶以后,云南铜产地位越来越重要,铜产量大约为 156 000 斤。[④] 基于以上史料,我们将 1402—1425 年的官铜产量取为 15 万斤,

① 明代金银比价见《中国货币史》(彭信威,1988,第 715 页),金的冶炼净值占总值的比例我们仍然参考巫宝三的估算,见《中国国民所得:一九三三年》(巫宝三,1947,第 53 页)。
② 见《明太祖实录》卷 77(1962)。
③ 见《明宣宗实录》卷 23(1962)。
④ 见《明代矿业的发展》,录于《中国资本主义萌芽问题讨论集》(白寿彝,1957,第 954 页)。

1426—1434 年取为 50 万斤,1434 年以后取为 15.6 万斤。民营铜矿业方面,实录记载了 1402—1434 年的铜课,我们仍然按照铜课"十取其二"的税率将铜课换算成铜产量。将官铜和民铜加总,可以近似表示明代的铜产量,我们按照银铜比价将铜产量用白银表示,然后按照 40%—50% 的净值占总值比例计算出净值。①

6. 制瓷业

制瓷业是明代重要的手工业部门,明代制瓷业无论在生产技术、产量还是质量上都比宋元有了很大发展:就烧窑所需时间来看,元代景德镇的瓷窑是"一日两夜"烧熟,明代只需一个昼夜;②明官窑每窑产量 1.5 担,与元代每窑产量相当,民窑则"制长阔大","每窑容烧小器千余件",③如果以一担 200 件计,则民窑每窑产量约 5 担,为元窑的 3.3 倍。明代主要的陶瓷产地是江西的景德镇,此外还有浙江处州、福建德化、河南禹州、北直隶曲阳、南直隶宜兴等地,其中以景德镇产量最为重要。虽然制瓷业在明代很重要,但相关数据的历史记载却不多,我们只能够利用这些不多的文献进行估算,主要估算景德镇的产量。

与本文大多数手工业部门的估算一样,对明代制瓷业的估算仍然按照官营和民营分别估算再加总的方式进行,官窑主要生产宫廷使用的瓷器,制造工艺较高,民窑则主要生产商品瓷器,大多是生活用品,产量远比官窑大,产品行销国内外市场。景德镇的官窑主要是官营的御器厂,御器厂的设置时间存在争议,嘉靖《江西省大志》卷七《陶书》认为设置于洪武三十五年,即

---

① 银铜比价和铜冶业的净值占总值比例来源同注 4。
② 见光绪《江西通志》卷 93《陶政》((清)谢旻等修,陶成等纂,1989 年),或见《中国资本主义发展史》第一卷(许涤新和吴承明,2007,第 570 页)。
③ 见光绪《江西通志》卷 93《陶政》。

1402年,我们采纳这一说法。关于御器厂产量的最早记载是《大明会典》卷194的宣德八年,即1433年派遣官员"往饶州烧造各样瓷器443 500件",1529—1607年,《江西省大志·陶书》、《大明会典》、《明实录》、《明史食货志》、《浮梁县志·陶政》记载了绝大多数年份的御器厂产量,由这些数据,再根据文献中御器厂生产状况的记载,我们可以得到官营制瓷业的产量。

民营制瓷业只能够根据民窑数量和平均每窑产量估算,明代景德镇有多少民窑,历史记载没有比较准确的数据,江西省轻工业厅陶瓷研究所主编的《景德镇陶瓷史稿》根据乾隆《浮梁县志》中记载的每三座窑编一名官匠,则总共三百名官匠必须有900座窑方可派出,由此估算的民窑数量是900座。许涤新、吴承明认为这一数据证据不足,他们认为明代民窑为300座,如果考虑到清代景德镇的民窑数量,例如光绪"江西通志"中所载雍乾年间驻景德镇的督陶官唐英所说"民窑二三百区",以及道光年间开工270至290个窑的说法,许涤新、吴承明估计的景德镇明盛时(万历初)和清盛时(乾隆)都估计为300座是可信的,我们采纳这一数据。[①]如果万历初年是300座,那么正德年间250座应该不至于相差太远,明中期开始,政府对官营制瓷业采取"官搭民烧"的办法,从民窑中选取20座作为"官搭民烧"窑,因此我们计算民窑的产值时从总数中减掉20座。民窑的产量,根据梁淼泰的研究,景德镇烧窑次数每月每窑平均3次多,不到4次,一年开窑时间是9个月,因此每窑每年烧窑次数平均32—33次,如果平均每窑产量为5担,以每年烧窑33窑计算,280座窑年产46 200担,230座窑则为37 900担,由此我们可以估算出正德和万历初年的民窑产量。正德以前的民窑产量,我们根

---

① 见《中国资本主义发展史》第一卷(许涤新和吴承明,2007,第577页)。

据政府的税课估算,根据地方志中的记载,景德镇洪武二十四年(1391)窑冶课钞 22 412 贯,折米 896.4 石。到了正德五年,窑冶课钞增加到 641 锭 2 贯 540 文,折米 1 283.016 石,比洪武二十四年增加了 43%。[1]我们假设这些税课是线性增长的,明代对制瓷业的税率基本是不变的,因此从正德年间的产量我们可以反推出正德之前的民窑产量。

计算明代景德镇瓷器的价格是个比较困难的问题,因为瓷器的种类不同,我们只能够按照平均价格计算。根据梁淼泰的研究,成化十四年即 1478 年,浮梁人方敏"凑银六百两,买得青白花边碗碟盆盏等项瓷器共 2 800 个",私运到广东出海贸易,因此平均每个 0.21 两,按成化年间江西米价以 2.5 钱一石计算,每个折米 8 斗 5 升余。[2]这个价格是精细瓷器之价,我们将官营制瓷业按照这一价格计算。民营制瓷业主要生产日常用瓷,其价格比这个价格低,根据日本学者佐久间重男的著作《景德镇窑业研究》,嘉靖年间日用瓷器 102 件其价为银 5 钱,约折米 1 石,即每件约折米 1 升,这个价格与《阅世编》所记瓷价丑者三五分银 10 只可相互印证,因此我们将民窑瓷器统一按照这个价格计算。因为以上两个价格都是以米衡量的实际瓷器价格,乘以米的白银价格,我们可以将其换算成名义价格,由此我们可以得出陶瓷业的实际产值和名义产值。

以上估算的只是景德镇的制瓷业产值,明代的其他陶瓷产地因为缺乏史料和数据,只能够估算其相当于景德镇的一个大致比例。据明末成书的《天工开物》记载:"合并数郡,不敌江西饶郡产,若夫中华四裔,驰名猎取者,皆饶郡浮梁景德镇之产

---

① 见正德《饶州府志》卷一《税课》((明)陈策等纂修,1989),或见《中国经济通史明代经济卷》(王毓铨,2000,第 588 页)。
② 见《明清景德镇城市经济研究》(梁淼泰,1991,第 15 页)。

也。"因此,我们估算其他所有陶瓷产地总产值相当于景德镇产值的一半,相乘再相加,得到明代制瓷业的总产值。

制瓷业净值占总值的比例,陶瓷烧造的主要原料是陶土和柴草,陶土的成本不高,关于烧造费用,《江西省大志·陶书》记载:"每次烧造,柴费居三分之一",加上其他费用,将制瓷业的中间投入估算为占产值40%应该不至于相差太远,我们估算时将净值占总值的比例取值为58%—62%。

### 7. 采煤业

采煤业也是明代比较重要的手工业部门,煤炭的开发利用得到了明显发展,李时珍在《本草纲目》中曾写道:"石炭,南北诸山产处亦多,今则人以代薪炊,锻炼铁石,大为民利。"[1]特别是利用煤炭作为燃料的冶铁、陶瓷、制盐等手工业的发展,促进了采煤业的发展,此外,由于人口增加,林木资源有减无增,取暖做饭对煤的需求越来越大,北京居民的燃料以煤为主,煤炭紧缺时有发生,顾炎武曾经在《天下郡国利病书中》说:"今京城百万之家,皆以石煤代薪。"一些用煤作燃料的手工业的发展,大大增加了用煤量,特别是冶铁业中普遍用煤作为燃料,宋应星在《天工开物》中记载:"煤炭普天皆生,以供锻炼金石之用","凡炉中冶铁用炭,煤炭居十七,木炭居十三"。[2]他还详细记载了在冶铁中使用煤的品种、使用方法、操作工艺等,其他如"熔铜、化石、升朱"、"燔石为灰与矾、硫"以及烧砖等都在很大程度上依赖煤炭,而且"燔灰火料,煤炭居十九,薪炭居十一"。[3]煤炭也是制盐业的重要燃料之一,历史记载四川自贡地区刘家滩,(威远)县西北七里,煤炭商艘多集此。嘉靖中,自流井初煎盐务需威远煤孔亟,邑民于此设立炭厂,盖取清溪通舟之便也。明代煤窑中,官

---

① 见《本草纲目》卷9《金石部》(李时珍,1954)。
②③ 见《天工开物》卷10,卷11(宋应星,1954)。

窑只占一小部分,大多是由民间经营开采、由政府抽分或收取课税的民窑,政府将解决燃料问题看做关系到社会安定的大事,对开发煤炭比较重视,采取了一些有利于煤炭发展的措施,虽然在洪武二十六年和永乐十三年规定了煤炭抽分,但是执行起来并不严格,正统十二年以后干脆免去税课。明代的煤炭产地以山西、河南为多,根据《大明一统志》的记载,山西主要有阳曲、太原等百数十处,河南有洛阳、偃师等地,除此之外,还有河北的邯郸、遵化,山东的淄博、泰安,陕西的商州、韩城,华中、西南、华南各省也有不少地方产煤。

虽然关于明代煤炭的历史材料很丰富,但相关的数据记载非常少,《中国古代煤炭开发史》的编写者在他们的研究中也承认明代各个时期的煤炭产量目前尚难以确切估计。如前文所述,宋应星曾经在《天工开物》中提到一个重要事实,即在冶铁业中70%的燃料是使用煤炭的,而冶铁业的数据相对丰富,我们已经作过估算,因此我们利用冶铁业的数据来大致估算明代的煤炭产值,方法如下:

在巫宝三关于1933年国民收入核算的冶铁业产值计算中找到铁的产值和在冶铁中使用的煤的产值,分别是6 977 015元和31 286 533元,由此计算出煤在冶铁中所占成本为0.223,明代的比例应该比这高,我们假设在明代这一比例为0.35,同时根据宋应星的记载,70%的冶铁使用煤炭作为燃料,由此我们可以估算出明代用于冶铁业燃料的煤的产值,假设陶瓷业和制盐业以及生活用煤所使用的煤炭价值为冶铁中使用煤炭价值的1/3,由此我们可以估算出所有的煤产值。巫宝三计算的净值占总值的比例是69%,明代69%—72%应该是一个合理的比例。

以上对手工业的估算只包括了七个部门,其他的手工业部门,例如造纸业、印刷业等,由于数据获得上的困难,我们无法进行核算,只能有待以后再行补充。这样的遗漏必然会影响我们加总数据的准确性,使得对手工业估算的绝对值偏低,但是根据历史典籍对明代手工业发展的记载,这些偏差应该不至于影响作为一个整体的手工业发展趋势。

### (三) 对商业 GDP 的估算

商业 GDP 的估算是本研究的一项难点,就国民收入统计而言,在古代社会,来自于商业的国民收入应该是商店的资本所得和从事商业活动的人员收入所得。由于中国古代政府对商业活动的轻视,官方历史典籍中很少有关于商店的数量、从事商业活动的人数及其收入等记载,我们能够找到的与商业活动有关的最丰富数据是《明实录》中有关商税的记载,因此只能够根据这些数据对商业国民收入进行近似估算。明代商税门类繁多,但总体上可以分为营业税和过境税两种,明初规定营业税的税率是三十税一,过境税则自十分抽一至三十分抽二不等,关于全国商税的记载只有弘治时期和嘉靖时期可以从《明实录》中找到,由于样本太少,无法用来估算商业国民收入。

巫宝三(1947)对 1933 年国民所得的估算给我们提供了一些启示,他将商业国民收入分为行商和坐商,再从其工资所得和资本所得中估算出国民所得。迄今为止我们所能够找到的关于明代商业最完整的数据是国内榷关或者钞关的税收,这主要是对行商征收的税收,这些税收的数据基本可以作为明代跨区域商品流通量的一个反映。也就是说,如果钞关的税率不变,那么我们可以认为流通中的商品量是与税收的数据同比例变化的,而来自于商业的国民收入又是和流通中的商品量同比例变化的,根据这些假设,我们可以进行商业 GDP 的估算。具体的计算方法是,我们假设 1480 年以后钞关税收与商业 GDP 的比例

不变,同时假设商业 GDP 与非商业 GDP 之比的下限是 0.07,
上限是 0.09,[1]并且这个比重取 1480 年的数字。1480 年钞关
税收总量为 12 万两,当年明代农业 GDP 下限和上限分别为
298 245 775 两和 303 779 390 两,再加上手工业 GDP 下限和上
限分别为 12 243 930 两和 13 967 966 两,可算得 1480 年商业
GDP 下限和上限分别为 21 734 279 和 28 597 262 两,由此钞关
税收与商业 GDP 比重上限为 0.552%,下限为 0.42%。假设这
一比重不变,我们可以利用 1480 年以后各年的钞关税收数字推
算出各年的商业 GDP。1480—1626 年钞关税收数据来自《明实
录》、《明会典》中的商税以及《皇明经世文编》中的一些记载,林
崴对这些数据进行了整理,[2]我们对缺失数据根据线性增长假
设补全。1480 年以前,由于数据缺失,我们简单假设商业 GDP
与非商业 GDP 的比值为 0.07—0.09,通过以上计算我们可以
推算出各年的商业 GDP。

以上对商业国民收入的估算不可避免地存在着一些问题,
例如,中国幅员辽阔,不同地区之间存在着商业水平和税额的不
一致现象,税额不一定能够完全反映商业水平的发展。明前期
经济的货币化程度远远没有后期高,税收中有一些是实物,没有
用货币来统计,这些实物税收没有反映到钞关税收中。我们利
用钞关税收的计算只能够代表来自行商的国民收入,没有包括

---

① 这个数字主要借鉴了麦迪森和巫宝三的研究成果,我们将麦迪森表 C21 中按行业
原始值计算的国内生产总值中的国内贸易一项除以农林渔业、手工业、采矿业,得
到商业产值占非商业产值的一个大致比例,具体的数据见《中国经济的长远未来》
(麦迪森,1999,第 254 页)。利用麦迪森 1890 年的数值计算的比例为 0.098 6,巫
宝三计算的 1933 年的比例为 0.107,见《中国国民所得(1933)》(巫宝三,1947,第
12 页)。我们假设 1480 年的比值在 0.07—0.09 这个区间。由于手工业的某些部
门无法估算,因此希望商业绝对值的高估可以部分抵消手工业的低估。
② 见《明代钞关税收的变化与商品流通》(林崴,1990 年,第 68 页)。

坐商在内,来自于坐商的国民收入不一定和来自行商的国民收入等比例变化。不是每个时间和每个地区,地方征税机构都会严格执行国家规定的统一税率,钞关税收的增加可能只是官员为了自己的私利提高了税率,并不能反映商业活动和商品量的增加。虽然存在以上这些问题,但我们认为,如果上文中的假设成立,即钞关税收的变化大致能够反映流通中商品量的变化,而来自于商业的国民收入又和流通中商品量的变化成正比,那么钞关税收的变化应该可以反映来自于商业的国民收入的增长趋势。随着历史研究的深入,我们期待有更好的计算方法取代我们目前采用的方法。

在对明代农业、手工业和商业产值进行估算后,我们将这些产值加总,并利用前述的价格指数进行平减。图2记录了平减之后的数据,它显示了1402—1626年以白银计值的明代实际GDP增长情况。[1]由图2中的数据可见,在这一时期的明代中

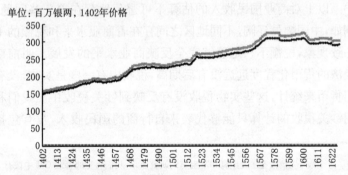

单位:百万银两, 1402年价格

资料来源:作者根据《明实录》、《明史食货志》、《大明会典》、地方志等历史典籍估算,价格指数数据主要来自《中国货币史》(彭信威,1988,第705页)。

**图 2　以白银计值的明代实际 GDP(1402—1626 年)**

---

[1] 《明实录》中的数据记载始自1368年,第二个年份是1398年,连续的记载始于1402年,终于1626年,所以我们的估算限于1402—1626年这一段时间。

国,实际 GDP 从永乐年间的 1.5—1.6 亿(这两个数据分别为下限和上限,后面的数据与此相同)多两白银开始逐渐稳步上升,到 16 世纪下半叶增加到最高的 3.1—3.3 亿多两白银,大约为起始年份的 2 倍,到明朝后期又回落到 2.9—3 亿多两白银的水平。

　　为了更清楚地了解明代经济发展状况,我们将这一时期的明代经济与 1700—1760 年工业革命之前的英国经济对比,图 3 显示了以英镑计值的英格兰和威尔士的实际国民产品,由图 3 可见,英国仅 1700—1760 年工业革命之前,实际 GDP 的增长已经将近 2 倍。[①]因此,即使不看英国工业革命开始之后的情况,而只是比较明代经济与工业革命之前的英国,明代中国在 220 年的历史时期,实际 GDP 的增长不到 2 倍,而英国在工业革命之前的 60 年,实际国民产品已经增长了将近 2 倍,由此我们可以认为从经济总量的增长趋势看,明代中国经济不如工业革命之前的英国经济。

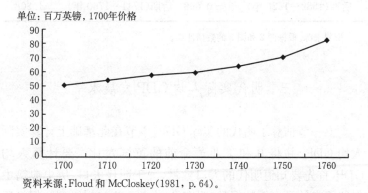

资料来源:Floud 和 McCloskey(1981,p. 64)。

**图 3　以英镑计值的英格兰和威尔士实际 GDP(1700—1760 年)**

---

① 工业革命期间,英格兰和威尔士的实际国民收入增长了 6 倍多,见 Floud 和 McCloskey(1981,p. 136)。

为了更好地对比明代中国和工业革命之前的英国经济,我们分阶段比较两个国家的经济增长率,对明代的分期根据汤纲和南炳文所著《明史》进行,以 1449 年土木堡之变和 1581 年张居正实行一条鞭法为界,分为前期、中期和后期;[①]1700—1760年的英国则平均 20 年为一个阶段。表 1 中的数据显示了两个国家分阶段比较的情况,由表 1 可见,中国在每一个时期的经济增长率都比同一阶段的英国低很多,特别是后期当英国增长率大幅度上升时,中国则是负增长。就长期趋势来说,中国的经济增长率是逐渐下降的,英国在经历了中期的小幅下降后,在工业革命即将到来时的后期则大幅度上升。

表 1　明代中国与工业革命前的英国分阶段经济增长率比较(%)

| 中　　国 | | 英　　国 | |
| --- | --- | --- | --- |
| 前期(1402—1449 年) | 0.410 | 前期(1700—1720 年) | 0.724 |
| 中期(1450—1581 年) | 0.382 | 中期(1721—1740 年) | 0.564 |
| 后期(1582—1626 年) | −0.098 | 后期(1741—1760 年) | 1.308 |

　　资料来源:根据图 2 和图 3 的数据计算。

## 三、明代实际人均 GDP 发展水平

　　上一节估算了明代的实际 GDP,本节在此基础上计算实际人均 GDP,并将其和工业革命前的英国对比。要计算人均GDP,首先要知道明代的人口数量,关于明代人口,历史典籍中保留下来的最全面数据是《明实录》中关于户、口的记载,但是历史学家通过大量考证发现,这些数据与实际的人口并不是一回

---

① 　见《明史》(上)(汤纲和南炳文,1985,第 205 页)。

事,和可耕地面积一样,这些记载只是纳税人口。如何利用实录和地方志中的记载,将这些数据还原为实际的人口数,是一项挑战性的工作,在这方面,何炳棣和珀金斯作了奠基性的工作。何炳棣通过对明代官方人口记录的研究,证明"明代后期某些地区和清代前期全国的所谓人口统计数只能视为纳税单位"[①],实录中真正有价值的数据只有洪武年间的记载,通过大量阅读地方志和明代文人的笔记,他认为"中国人口从 14 世纪后期的约 6 500 万增加到万历二十八年(1600)的约一亿五千万"[②]。珀金斯从官修史书和地方志资料的研读中得出结论:明初 1393 年的人口在 6 500 万至 8 000 万,明末 1600 年的人口在 1 亿 2 千万到 2 亿。[③]何炳棣和珀金斯的研究是对明代人口数量化的最早尝试,在这些工作的基础上,王业键将珀金斯的结果延伸到 1650 年的 1 亿 5 千万。[④]从明朝历史发展的一般情况看,珀金斯和王业键的明代人口数据与历史事实是吻合的,曹树基最近的工作也说明代人口的峰值出现在 1600 年前后,此后由于战乱和疾病瘟疫,明代人口数量开始下降。以上学者的研究所使用的方法不尽相同,但他们对明代人口数量增长趋势的看法是基本相同的。对我们的研究来说,珀金斯和王业键的研究间隔时间太长,也过于简略。和可耕地面积一样,在明代人口的数量化上,我们仍然采用 Paul K. C. Liu 和 Kuo-shu Hwang 的研究成果,他们在前述何炳棣、珀金斯和王业键研究的基础上,再结合《明实录》中的记载,估算出了 1400 年后每隔 10 年连续的人口数据,我们在此基础上,再运用插值法,得到了每年的人口数据。

---

① 见《明初以降人口及其相关问题》(何炳棣,2000,第 4 页)。

② 同上书(第 310 页)。

③ 见《中国农业的发展:1368—1968 年》(珀金斯,1984,第 15 页)。

④ 见《清代经济史论文集》(王业键,2003,第 20 页)。

图 4 显示了 1402—1626 年的明代人口增长趋势,利用这些人口数据和上节的实际 GDP 数据,我们可以得出以白银计值的实际人均 GDP。

单位:百万

资料来源:同图 1。

**图 4　明代人口增长趋势(1402—1626 年)**

在上一节中,我们对明代中国和工业革命前英国经济总量的比较,分别采用的是各自的计价单位白银和英镑,为了更好地进行人均收入的比较,我们使用共同的计价物作为计值人均收入的标准,其原因在于,使用一种共同的消费品作为同一种计价物,比用一般物价指数对两国产值进行平减更有利于对收入水平进行对比。彭信威认为,从明朝开始,可以从某一重要商品的价格来比较中国和英国的生活水平,明朝以前则无法进行这种比较,因为小麦在中国和英国都是主要的生活必需品,而且两国都大量生产,因此可以用小麦作为共同的计价物对两国生活水平进行比较。古典时期的经济学家洛克也认为,小麦的价格,在长期看来,最足以代表一般物价。亚当·斯密也认为小麦价格比任何其他价格更能表示实际价格或各种价值的真实关系。[1]

---

① 　见《中国货币史》(彭信威,1988,第 700、722 页)。

图 5 和图 6 提供了以小麦作为共同计价物的明代中国和工业革命前英国实际人均收入之比较。图 5 的信息显示出,中国在 1402—1626 年,以小麦计值的人均收入在王朝初期是 6—6.3 公石,在 15 世纪上半期的大多数时间,以及 15 世纪末 16 世

单位:公石

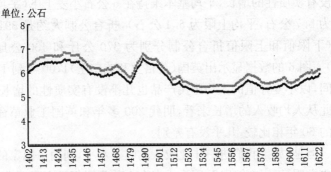

资料来源:实际 GDP 的数据同图 2,人口数据同图 4,小麦价格见《中国货币史》(彭信威,1988,第 701 页)。

**图 5　以小麦计值的明代实际人均 GDP(1402—1626 年)**

单位:公石

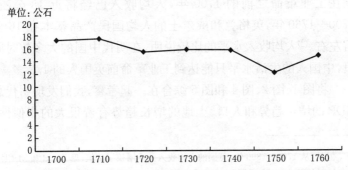

资料来源:总国民产品同图 3,人口数据见 Floud 和 McCloskey(1981,p. 21)。由此计算的人均国民产品是英镑,我们按照一盎司黄金等于 3.9 英镑将其换算成黄金,然后按照彭信威《中国货币史》第 867 页的比价 1 盎司等于 31.1 公分将黄金的盎司换算成公分,再按照彭信威《中国货币史》第 875 页的英国小麦价将英格兰和威尔士人均国民产品统一以小麦表示。

**图 6　以小麦计值的英格兰和威尔士实际人均国民产品(1700—1760 年)**

纪初,人均收入最高曾经达到大约 6.5—6.9 公石小麦的水平。在历史记载明代经济最繁荣的中后期,即图 5 中的 16 世纪后半期,人均国民收入下降到了 5.2—5.4 公石小麦,明朝后期基本稳定在 5.5—6 公石。由此可见,明代整个历史时期人均收入几乎没有实质性的增长,平均基本维持在 6 公石小麦上下(平均下限为 5.7 公石,平均上限为 6.1 公石),折合公制大约是 391 公斤(下限值和上限值折合公制分别为 370 公斤和 400 公斤左右)。图 6 的数据显示出英国(英格兰和威尔士)1700 年到 1760 年间,以小麦计值的人均国民产品也几乎没有实质性的增长。[①]因此从人均收入的增长来看,明代 200 多年和英国工业革命之前的 60 年相比较,几乎没有差别。

但是,如果我们进一步比较人均收入水平,则两个国家的差距非常明显。如前所述,因为小麦在中英两国都是主要消费品,我们可以以小麦为共同的计价物对两国的人均收入进行比较。明代整个时期以小麦计值的人均收入基本在 6 公石左右,而英国在工业革命之前的 1700 年,人均收入已经将近 18 公石,1700—1760 年,英格兰和威尔士的人均国民产品基本在 16 公石左右。[②]人均收入水平的比较说明,在明代中国的大多数时间里,中国人的生活水平只能达到工业革命前英国人的 1/3 多。[③]

将图 1、图 2、图 4 和图 5 综合在一起考察,我们发现明代总GDP 的增长趋势和人口、土地的增长趋势有着很大的相似性,

---

① 但是,从 1760—1860 年,英国的人均收入几乎增长了 2 倍,见 Floud 和 McCloskey(1981, pp. 21, 136)。

② 到工业革命结束的 1860 年则高达 35 公石,见 Floud 和 McCloskey(1981, p. 136)。

③ 我们用人均 GDP 衡量的研究结论与 Robert C. Allen 等以实际工资衡量的 18、19 世纪大多数时间中国和欧洲的生活水平比较有着较大一致性。具体见 Allen 等(2005)。

特别是16世纪20年代到17世纪初之间,人口增长迅速,超过GDP增长,所以,当总GDP增长时,人均GDP却下降。经济增长和人口、土地增长趋势相似,似乎说明明代经济增长的主要来源是人口和耕地面积的增长,另外,总经济规模有所增长,人均水平几无变化,这说明明代经济符合马尔萨斯经济的基本特征,即经济增长被人口增长抵消,人均收入保持不变,这也是前现代社会经济的基本特征。

## 四、以1990年美元计值的明代
## 实际人均 GDP 发展水平

上一节我们以小麦为共同计价物比较了明代中国和工业革命前英国的人均收入,为了对明代人均收入水平有一个更加全面的把握,同时与今天的生活水平对比,我们按照国际通用的1990年美元为标准估算明代的人均收入水平。估算的方法有两种:第一种是将明代以小麦计值的实际人均收入换算成黄金,然后再将黄金折合成1990年美元;第二种方法是找到明代产品以1990年美元表示的价格,将这些产品的产量乘以相应价格并加总。因为无法得到所有产品的1990年价格,[①]所以我们采取折中的办法,即将这些产品对应的明代价格乘以产量,加总后除以总产值,得到一个比例,将以1990年美元计算得到的加总产品的产值除以这个比例,即得到以1990年美元计值的总 GDP,除以人口,得到人均 GDP,表2列出了明代主要产品1402年白银和1990年美元的价格。这样计算的一个问题是,现代经济和传统经济存在着很大不同,现代经济中实物生产部门在总经济

---

① 因为某些明代产品今天美国并不生产,所以明代的商业产值也无法以1990年美元来计值。

中的比重和产品价格相对于传统经济不断下降的同时,服务业部门在经济中的比重和劳务价格却在不断上升,但是我们只能够计算明代实物生产部门以 1990 年美元计值的价值,无法直接计算明代服务业以 1990 年美元计值的价值。

表 2　明代主要产品 1402 年白银价格和 1990 年美元价格

| 产　品 | 1402 年白银 | 1990 年美元 |
|---|---|---|
| 大米 | 10.59 公分/公石 | 8.04 美元/担 |
| 小麦 | 8.472 公分/公石 | 2.61 美元/蒲式耳 |
| 白银 | 1 两/两 | 4.82 美元/盎司 |
| 盐 | 0.004 123 两/斤 | 114.93 美元/1 000 公吨 |
| 铜 | 0.003 125 两/两 | 123 美分/磅 |
| 黄金 | 5 两/两 | 385 美元/盎司 |
| 铁 | 0.12 两/斤 | 124 美元/百万公吨 |

资料来源:中国数据主要来自彭信威的《中国货币史》,美国数据来自美国人口普查局网站(http://www.census.gov)。

对这一难题,我们采用如下方法,推导出一个以 1990 年美元价格计值的实物生产部门产出在占总产出中所占的比重,然后用前者除以这个比重,就得到以 1990 年美元计值的实际人均产出,具体的推导过程如下:

我们以 $GDP_0$ 和 $GDP_1$ 分别代表明代以白银计值的总产值和以 1990 年美元计值的总产值,以 $P_0$ 和 $Q_0$ 分别代表明代实物生产部门和服务业部门平均价格,$P_1$ 和 $Q_1$ 分别代表以 1990 年美元计值的实物生产部门和服务业部门的平均价格,$M_0$ 和 $S_0$ 分别代表明代的实物生产部门和服务业部门产出,$M_1$ 和 $S_1$ 分别代表 1990 年一个典型现代经济的实物生产部门和服务业部门的产出。表 2 列出了大多数农业和制造业产品的价格,也就是说 $P_1$ 是我们已知的,但是我们无法知道服务业的价格 $Q_1$,

因此我们只能够间接得到以 1990 年美元计值的总产值,其方法是用以 1990 年美元计值的实物生产部门产出除以实物生产部门在总产出中所占的比例。

根据上述假设,我们有:

$$GDP_0 = P_0 M_0 + Q_0 S_0$$

$$GDP_1 = P_1 M_0 + Q_1 S_0$$

则 $GDP_1 = P_1 M_0 + Q_1 S_0 = \dfrac{P_1 M_0}{\dfrac{P_1 M_0}{P_1 M_0 + Q_1 S_0}} = \dfrac{P_1 M_0}{\dfrac{1}{1 + \dfrac{Q_1 S_0}{P_1 M_0}}}$

$$= P_1 M_0 \cdot \left[ 1 + \frac{Q_1 S_0}{P_1 M_0} \right]$$

而 $\quad \dfrac{Q_1 S_0}{P_1 M_0} = \dfrac{Q_1 S_0 (S_1/S_1)}{P_1 M_0 (M_1/M_1)} = \dfrac{Q_1 S_1}{P_1 M_1} \cdot \dfrac{S_0/S_1}{M_0/M_1}$

现代社会和传统社会的重要区别是,在传统社会的经济结构中,实物生产部门占据优势地位,服务业所占比重很小,明代实物生产部门和服务业部门分别所占比重大约是 90% 和 10%,现代经济这一比重分别是 30% 和 70%。因此,不失一般性,我们假设 $\dfrac{Q_1 S_1}{P_1 M_1}$ 为 7/3。在传统社会向现代社会转变的过程中,服务业部门增加的速度快于实物生产部门增加的速度,因此,一般情况下,$\dfrac{S_0/S_1}{M_0/M_1} = 1$,我们在此取其上限,即 $\dfrac{S_0/S_1}{M_0/M_1} = 1$。由此,以 1990 年美元计值的最大的 $GDP_1 = P_1 M_0 \cdot \left[ 1 + \dfrac{Q_1 S_0}{P_1 M_0} \right] = P_1 M_0 \cdot (1 + 7/3)$,即以 1990 年美元计值的总产值是以 1990 年美元计值的实物生产部门产值的 3.33 倍,再除以总人口,我们得到以 1990 年美元计值的明代人均 GDP,其发展情况如图 7 所示。

图 7 和图 8 显示了用两种不同计算方法得出的以 1990 年美元计值的明代实际人均 GDP:第一种方法是用黄金和美元比价算出的,第二种则用上述比例推算方法推算得来。因为黄金是历史上价值最稳定的商品,因此在第一种方法中,我们将以小麦计值的明代实际人均 GDP 换算为黄金,再根据 1990 年的黄金和美元比价得到以美元计的实际收入。由图 7 可见,直接以

资料来源:实际 GDP 的数据同图 2,人口数据同图 4,价格数据同表 2。

**图 7　以 1990 年美元计值的明代实际人均 GDP**
**(1402—1426 年,以黄金作为计价物换算)**

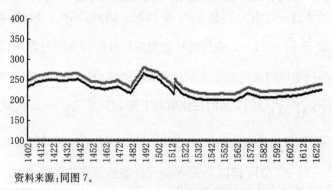

资料来源:同图 7。

**图 8　以 1990 年美元计值的明代实际人均 GDP**
**(1402—1626 年,以比例推算法计算)**

黄金作为计价物计算得出的明代实际人均 GDP 平均在 315 美元左右（人均 GDP 平均下限为 309 美元，上限为 323 美元）。

图 8 显示出以比例推算法算出的明代人均实际收入平均在 230 美元左右（平均下限值和上限值分别为 223 美元和 239 美元），最高的年份也不到 280 美元。由此可见，无论利用哪种计算方法，我们估算出的以 1990 年美元计值的明代实际人均 GDP，都低于麦迪森估算的明代人均收入 600 美元的水平。进一步将这两种计算方法进行比较，我们认为用比例推算法计算出的明代实际人均 GDP 更能够说明明代的生活水平，因为在第一种计算中，我们是将以小麦衡量的明代人均 GDP 先换算为黄金，再将黄金用 1990 年的美元价格表示，这种计算方法可能高估了明代人均 GDP 水平。其原因在于，在明代所处的 15、16 世纪到 1990 年这个漫长的历史时期中，与黄金联系在一起的小麦的劳动生产率大大提高，因此小麦的相对价格也大大降低。我们将明代以小麦衡量的人均 GDP 换算为黄金，再将黄金的价值以 1990 年美元来表示，这一计算过程没有包含上述因素。相对于第一种计算而言，第二种计算中的实物部门产出是直接用 1990 年美元计算得出的，服务业产出按照其在现代经济中所占的比重放大到了最大的比例，因此这个以 1990 年美元价格直接计算得出的明代人均 GDP 上限水平更符合明代的实际情况。

为了和英国比较，我们也按照第一种方法将英国的实际人均 GDP 以 1990 年美元来表示，图 9 显示了工业革命之前以 1990 年美元计值的实际人均 GDP，由图 9 可见，1700—1760 年间，英格兰和威尔士的人均收入一直在 800 美元以上，1700 年为 970 多美元，1760 年已经超过了 1 000 美元，因为计算方法相似，所以英国以 1990 年美元计值的实际人均 GDP 仍然为上述以第一种计算方法得出的明代中国实际人均 GDP 的两倍多。

麦迪森估计的 1700 年欧洲人均 GDP 水平是 870 美元,与图 9
显示的英国 933 美元非常接近。总之,以 1990 年美元计值的中
英两国人均收入的差异再一次说明,明代中国与工业革命之前
英国的生活水平存在着很大差别。

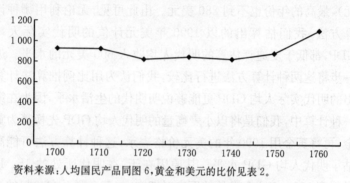

资料来源:人均国民产品同图 6,黄金和美元的比价见表 2。

**图 9　以 1990 年美元计值的英格兰和威尔士实际人均 GDP**

## 五、明代中国的经济结构

在本节中,用农业在总国民产值中所占的比例来表示明代
中国的经济结构,库兹涅茨(Simon Kuznets)对不发达国家的经
济结构进行了研究,他认为农业部门的收入占总收入的 70% 是
不发达国家工业革命之前经济结构比例的极限,①明代中国的
农业比重大大高于这一水平。图 10 的数据显示,中国 1402—
1626 年间基本是农业主导的经济结构,农业在整个经济中所占
的比重平均在 88% 左右(农业在总经济中所占比重平均下限和
平均上限分别是 86% 和 90%)。即使在传统经济史研究认为的
明代工商业最为发达的 16 世纪上半期,农业比重也没有下降到

---

① 　见《各国的经济增长:总产值和生产结构》(库兹涅茨,1985,第 160 页)。

80％以下。值得注意的是,从明中期开始,由于手工业和商业的发展,农业在经济中的比重呈现出显著下降的趋势,但到了明朝后期,农业比重又重新上升,手工业和商业最终没有发展壮大起来。

明代农业在总产值中所占的比重(1402—1626年)

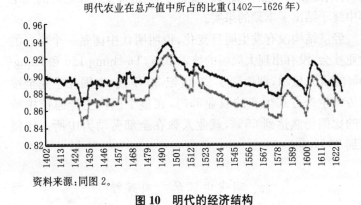

资料来源:同图2。

**图10　明代的经济结构**

图11是英格兰和威尔士的经济结构,由图11可见,1700—1760年,英国经济结构的变化非常明显。在工业革命开始之前的1700年,农业在英格兰和威尔士总经济中所占的比重只有

英格兰和威尔士农业占总国民产品的比例(1700—1760年)

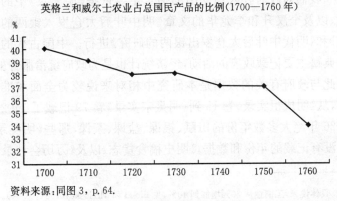

资料来源:同图3,p.64.

**图11　英格兰和威尔士的经济结构**

40%，这一比重远低于中国 90％的水平，到 1760 年则下降到 33％，这说明工业和商业在产出和就业中的相对重要性上升，农业则明显下降。[1]18 世纪上半期英国经济已经开始发生显著变化，特别是在纺织业和交通运输业方面，这种变化在之后的几十年中终于结出了丰硕的果实。

经济结构没有发生明显变化，说明明代中国是一个稳态的农业社会，没有出现大规模的技术革新，Ta-chung Liu 和 Kung-chia 的研究显示，即使到了 20 世纪 30 年代，中国几乎完全按照传统生产方式生产的农业部门，在整个国内生产总值中所占的比例仍然达到 65％，就业人数在全部劳动力中所占比例达到 79％。[2]

## 六、明代中国的政府规模

我们用政府收入占总产值的比例来度量明代中国的政府规模，并进而同工业革命之前的英国对比，在描述政府规模之前，首先需要对政府收入及支出进行估算。

我们对政府收入和支出的估算主要依据《明实录》中的记载，以及全汉升和李龙华的文章《明中叶后太仓岁入银两的研究》和《明代中叶后太仓岁出银两的研究》进行。中国古代的历史典籍主要记载政府的活动，经济统计也是为政府统治服务的，因此与政府有关的数据是本研究中相对来说较为全面和准确的，从《明成祖实录》卷 15 到《明熹宗实录》卷 79 记载了 1402—1626 年绝大多数年份的田赋、银课、盐课、茶课，那些《明实录》中没有记载的年份和数据，《明史稿食货志》以及《万历会计录》、

---

① 具体说来，工商业从 30％增加到 40％，见 Floud 和 Mccloskey(1981，p. 64)。
② 见 Liu 和 Yeh(1965，pp. 66—69)。

《皇明经世文编》、《春明梦余录》、《皇明世法录》、《罪惟录》中的记载可以作为补充。我们按照以下步骤对这些数据进行计算：第一，实录中所记载的税收包括本色和折色，我们按照各自的价格将这些数据全部折算成白银；第二，实录中记载了某些年份的减免天下税粮数，我们在相应的年份从田赋中减掉这些数字；第三，从 1435 年起，江南部分地区田赋不征米麦，而改为征收金花银，因此，1435 年之后，我们在田赋中减掉 400 万石，不按照当年价格计算，而统一计为 100 万两白银；第四，从 1442 年起，太仓库成立，此后太仓库的收入和支出逐渐增多，在田赋和太仓库收入中存在一定的交叉，[1]减掉这些交叉项，再加上太仓库的收入，我们便得到明代历年财政收入。利用同样的方法，我们将《明实录》中的赋税记载和太仓库的支出相加，再减掉中间的交叉项，便得到政府支出的数据。[2]这样的计算仍然和实际的政府收入和支出存在一定差距，因为不是除田赋之外的所有收入都会记载在太仓库的岁入中，例如解入太仓库的商税和钞关银只占总征收额的 70% 左右。但是，考虑到明代政府最主要的收入来源已经包括在我们的计算中，商税和其他的一些税收占的比重非常小，因此，这些漏算并不会改变我们的基本结论。

图 12 显示了明代的政府规模，从政府财政收入占总产值的比重来看，明代初期由于总体经济规模较小，还处在王朝初期的

---

[1] 全汉升、李龙华根据《万历会计录》中的记载对 1578 年太仓银库的各项岁入名称做了具体罗列，我们发现在实录中的记载和太仓银库记载中最大的交叉项是盐课，其他的交叉都很小，因此我们将两项记载相加后，再减去交叉项。见《万历会计录》((明)张学颜等撰，1988)，或见《明中叶后太仓岁入银两的研究》，《香港中文大学中国文化研究所学报》5 卷 1 期(全汉升和李龙华，1972，第 140 页)。
[2] 或者直接用《明实录》中的赋税记载加上太仓库的收入，再加上太仓库的赤字，赤字的数据见《明代中叶后太仓岁出银两的研究》，《香港中文大学中国文化研究所学报》6 卷 1 期(全汉升和李龙华，1973，第 205—206 页)。

恢复阶段,而频繁的对外战争以及多次大规模的下西洋活动使得政府开支居高不下,赋税水平也较高,因而政府财政收入占总产值的比重较高,在7%左右。自洪熙宣德年间以后,由于政府调整统治政策,减免田赋,停止对外战争,以及取消劳民伤财的海上远航,同时统治政策的调整也使得经济得到迅速发展,因此,政府财政收入占总产值的比重逐渐下降,到15世纪末和16世纪初期下降到不到4%。但是,从明代中后期开始,由于对外战争的重启以及赋税的加派,政府收入的增长速度远超过经济规模的增长,政府收入占总产值的比重又上升到5%以上,在征收"三饷"的最高峰时,①达到将近9%的水平,将全部年份加总后平均,政府收入占总产值的比重在5%—5.3%。

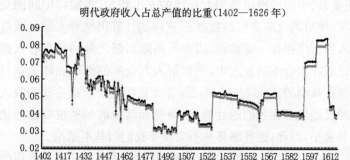

明代政府收入占总产值的比重(1402—1626年)

资料来源:总国民产值同图2,政府收入来源于历朝《明实录》,以及《明中叶后太仓岁入银两的研究》,《香港中文大学中国文化研究所学报》5卷1期(全汉升和李龙华,1972,第163—255页)。

**图12 明代的政府规模**

图13显示了英国的政府规模,英国在1740年,政府支出占总产出的比重是9%,经过1760年前后的上升之后,到1770年

---

① "三饷"指的是为了同辽东的满洲和内地的农民军作战而征收的"辽饷"、"剿饷"和"练饷"。

下降到 6% 左右,这个比例包括了政府转移支付的部分,如果扣除这一部分,那么这个比重在 1740 年是 7% 的水平,到 1770 年下降到 3% 左右。

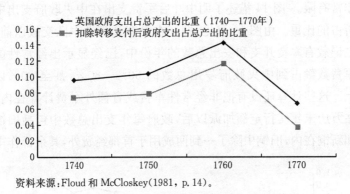

资料来源:Floud 和 McCloskey(1981，p. 14)。

**图 13　英国的政府规模**

将中国和英国进行比较,我们发现,总体来说,中国和英国的政府规模相差不大,但是,进一步从政府支出的用途来看,明代中国与工业革命前的英国存在很大差别。明朝中国的财政收入主要用于宫廷和皇族的奢侈性消费,以及巨大的军费开支,这一点在明代宗藩俸禄和王朝后期的"三饷"征收中表现得更加明显。明代宫廷财政与国家财政密不可分,国王与官僚共享物质财富,除了几次对黄河水患的整治之外,整个明代很少进行大的水利工程修建和其他基础设施建设。[①]政府提供的公共产品也严重不足,例如在明代总共 276 年的时间中,政府铸钱的次数只有 40 次,平均产量不超过 2 亿文,整个明代的铜钱产量只有 80 亿文,只相当于北宋两年的铸钱数量,政府也没有投资于道路的

———————————

① 对明代政府财政支出方向的批判,见《十六世纪明代中国之财政与税收》(黄仁宇,2001,第 416—426 页)。

修建和保养。①明政府的财政支出主要集中在军事费用,以及对宫殿和陵寝的修建上,并没有投资在农田水利、工业制造或者其他生产性的事业上,进行生产性的投资,因此对经济的推动作用非常有限。②图 14 描述了明中叶后军费支出在中央政府支出中所占的比重。由图 14 可见,即使在没有和满洲军队交战以前,在记载有军费开支和岁出总数的年份中,已经显示出经常性的军费数额占到中央政府岁出总数的 60%—80%,甚至 90% 以上。这些计算还没有把非经常性军费或者额外军费计算在内,在万历末年实行定额加派以后,政府每年支出总数中包括旧饷和新饷在内,旧饷中除了一到两成用于首都经费外,其余都作军

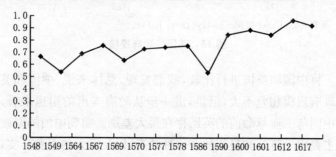

资料来源:《明代中叶后太仓岁出银两的研究》,《香港中文大学中国文化研究所学报》6 卷 1 期(全汉升和李龙华,1973,第 196—197 页)。

**图 14 明中叶后军费支出在中央政府支出中的比重**

---

① 关于明代财政支出方向的更详细讨论,参见《明代中叶后太仓岁出银两的研究》(全汉升和李龙华,1973,第 239—240 页)。

② 在明清两代,政府部门在经济中比重过低,是一个共同的问题,根据王业键的研究,整个清代政府部门的收入没有超过国民所得的 5%,大致相当于明代的平均水平,见 Land Taxation in Imperial China, 1750—1911(Wang, Yeh-chien, 1973, pp. 127—178, 131—133)。此外,政府收入很少用于基础设施的建设,公共产品的投资严重不足,这是中国前现代经济不发展的重要原因之一。关于这一问题,更详细的论述参见 Perkins(1967, pp. 478—492)。

事用途,数额超过旧饷的加派新饷中,100%都用于军费。英国的政府规模虽然不大,但是国家的财政收入主要用于公共工程的修建以及转移支付,政府的投资和转移支付带动了国内其他投资的上升,投资的乘数效应为 2.25,[1]这对整个经济增长起到了积极的推动作用。历史研究显示出,政府减少对经济活动的直接干预而改为更多地提供公共物品是英国经济增长的主要条件之一。[2]

## 七、明代中国的积累率

积累率为经济中的积累占总产值的比例,经济中的积累等于总产值减去总消费,具体到明代的情形,我们将总消费分为居民消费和政府消费,政府消费即政府支出,上一节已经做过统计。对居民消费的计算,我们根据历史资料,分别计算江南和华北地区一个代表性居民的消费,再分别乘以每年北方和南方的总人口,据此估算总消费水平,利用总产值减去总消费之后再相除,我们得到明代经济的积累率。

明代历史资料中与居民消费有关的记载极其少见,前辈经济史学家方行先生根据张履祥《补农书》中有关食物、衣服、住房、燃料的记载,对明末清初江南地区普通农民的消费作了数量分析,我们以此为依据估算明代江南地区的居民消费。具体的方法是,《补农书》中记载明末清初江南地区的农户五口之家,全

---

[1]　见 Floud 和 McCloskey(1981, p. 14)。

[2]　North 和 Weingast 在一篇著名的文章中曾经提到,光荣革命之后政府对自身权力的约束建立了一种可信的承诺,促进了英国金融革命的发生,不仅政府的借款利率大幅度下降,私人资本市场也得到发展,更具体的论述见 North 和 Weingast(1989, pp. 803—832)。

年人均粮食消费量是3.6石,副食即油盐菜蔬的支出是每年银1.4两,衣服的支出据明代崇祯年间浙江德清县知县谭元礼说,"至人生所需,岁不过布二匹"①,考虑到明末棉布还没有完全普及,农民还要穿用一部分麻布,将棉布和麻布合在一起考虑,全年用布支出为银3两,燃料支出大约也为银3两,我们将以上这些消费支出的记载和粮食消费都按照白银计价,再将这些消费除以粮食消费,可以得到这些消费占粮食消费的比例。具体是油盐菜蔬为粮食消费的0.389,棉麻布支出为粮食消费的0.167,燃料支出为粮食消费的0.167。以上是江南地区的消费,华北地区我们能够找到的只有清代的记录,我们据此来估算明代华北地区的消费水平。根据强汝询的估算,八口之家,人日禀米四合,率日食四升八合,一岁食米十七石二斗八升,根据这一记载,华北农民每户平均每人食米2.16石。包世臣的记载略高,合女口小口牵算,每人岁食米三石②。徐浩认为,考虑到华北农民的食品结构,每人3石的粮食消费大概合乎当时的实际水平,我们在计算中取这两个数据的中值。在衣物消费方面,华北农家岁用土布5匹左右,合人均一匹,华北农民消费的历史记录缺少副食和燃料,我们用江南地区的比例作为华北的近似。根据以上数字,以及明代江南农民平均粮食消费量为人均3.3石,③我们将总人口数分为北方人口数和南方人口数,用华北和江南地区的消费分别代表北方人口的平均消费和南方人口的平均消费,再乘以北方人口和南方人口并加总,可以得到明代居民

---

① 见《清代江南农民的消费》(方行,1996,第92页)。

② 见《求益斋文集》卷4《农家类序》(强汝询,1995),《安吴四种》卷26(包世臣,1968),或见《清代华北农民生活消费的考察》(徐浩,1999,第31页)。

③ 清代江南地区普通农民年均消费粮食3.6石,我们根据相关资料估算明代为3.3石,这个数字大致符合历史实际情况。

的总消费数字,用总产值减去总消费和政府消费,再除以总产值,可以得到经济中的积累。

上述估算存在着这样两个问题:第一,除了政府部门之外,将所有的人口都看做农民,忽略了占人口少数的一部分高收入者的消费;第二,江南和华北地区的农民消费是否能够代表全国的平均消费水平。巫宝三对1933年中国国民消费的估算,采用按不同区域和行业人口来划分的方法,按照农业人口和非农业人口的比例来计算总消费,由于难以得到明代消费的人口构成方面的史料,因此这一方法难以采用。但是,虽然存在上述问题,我们仍然认为这一估算可以看做明代国民消费水平的一个合理近似,原因如下:第一,在明代,农业人口占总人口的绝大部分。郭松义的研究显示,明代大约有90%的人口是农业劳动力,只有约10%的人口从事其他劳动,或者不直接参加生产劳动,例如官吏、士兵、地主、商人以及食利者阶层,他们在明后期和清乾隆中期约占10%,从乾隆末期到嘉庆年间才超过10%。①虽然有少数商人存在奢侈性消费,但是他们在总人口中所占的比例不大。第二,我们作为计算依据的江南和华北农民的消费,其消费水平应该比全国人口的平均消费水平略高,可以抵消掉一部分奢侈性消费。第三,在政府的支出中,已经包括了官吏和士兵的官俸和军费,也包括了一部分政府的奢侈性消费。

图15显示了明代经济中积累占总国民产值的比例,由图15可见,在明朝初期,积累占总产值的比例是上升的,但是,在经历了洪熙宣德年间短暂的持续上升之后,这一比例开始下降,虽然在15世纪和16世纪之交有过短暂的上升,但从那时开始直到明朝结束,积累占总产值的比例基本是处于下降通道中的,

---

① 见《明清时期的粮食生产与农民生活水平》(郭松义,2001,第388页)。

从 16 世纪 20 年代之后,甚至出现了负的积累。如果将明代经济作为一个整体来看,这段时期的年平均积累率低估值为 5.3%,高估值为 9%。罗斯托(Rostow)等一些经济学家认为,经济打破"均衡陷阱",进入起飞的临界水平所需要的积累占总产值的比例是 11% 左右。[1]也就是说,如果一个经济的积累在一段时间之内达到这一临界水平,并存在将积累转化为投资的制度安排,那么该经济有可能进入快速增长的通道。根据 Riskin 的估计,中国在 1933 年达到了这一水平。[2]就明代而言,中国无论是低估值 5.3% 还是高估值 9% 的年平均积累率距离这一水平还有很大差距。

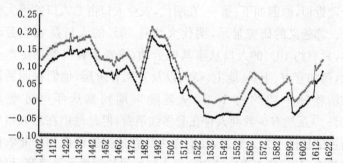

资料来源:政府消费数据同图 12,居民消费数据根据本节内容估算,总产值数据同图 2。

**图 15　明代经济的积累率**

在积累率上,我们仍然将明代中国与工业革命之前的英国进行对比,工业革命之前的英国已经是欧洲最富裕的国家,虽然这种富裕是传统意义上的,农业中科学方法没有普遍采用,工业中没有大量使用机器,商业的流通领域很小,但英国在经济起飞

---

① 　见《经济成长的阶段:非共产党宣言》(罗斯托,1962)。
② 　见 Riskin(1975)。

之前工场和农业已经存在稳定增长,农业价格相对其他价格在上升。图16的数据显示,虽然整个18世纪上半期英国总的产出增长率不高,但人口增长率显著低于产出增长率,而且,产出增长率呈现出越来越大于人口增长率的趋势。由于人口增长受到一些限制,例如晚婚,[①]这就防止了人口增长到维持生存的最高水平,从而允许了剩余的存在。更重要的是,当时英国经济中剩余的分配向着有利于扩大生产的方向发展,乡村银行、商业信贷、政府债务将剩余转化为资本形成。经济中的某些部门比平均水平发展更快,例如棉纺织业和冶铁业,市场一体化程度提高,类似英格兰银行这样的金融机构开始出现。

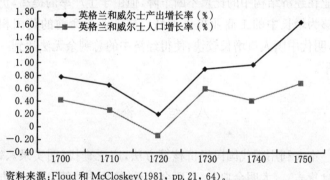

资料来源:Floud 和 McCloskey(1981,pp. 21,64)。

**图16 英格兰和威尔士产出增长率与人口增长率之比较**

将图16和图6、图9显示的英国人均国民产品结合起来,

---

[①] 1700—1750 年英国人的初婚年龄是男性 28.1 岁,女性 27 岁,中国古代的初婚年龄要早得多,在一个迭代模型的框架里,假设中英两国人口的平均寿命都是60 岁(明代中国平均死亡年龄在 63 岁左右,见曹树基,2001,398 页),中国人和英国人分别在 20 岁和 30 岁生育,那么中国和英国分别有三代人和两代人同时生存,生育年龄的差异可能是中英两国人口增长差异的主要原因。英国数据见 Floud 和 McCloskey(1981,p. 27)。

我们可以发现,英国之所以能够跳出传统社会的马尔萨斯陷阱,是因为人均收入在前工业化社会已经很高,人口增长率较低使得存在一个大的可投资的剩余,在当时的人口增长率水平下,不存在生存危机。如果人口一直上升,那么对净投资的压力将会很大,但即使按照20世纪的标准来看,18世纪上半期英国人口对净投资的压力也是很温和的,净投资的提高导致生产率的提高,在1700年只能解释3％的经济增长,到1770年则上升到5％或者6％。工业发展带来的技术进步和资本积累反过来又进一步提高了农业中的人均产出,来自于投资和创新导致的劳动生产率对农业的贡献每年是0.65％。[1]虽然图11显示出英国农业在经济结构中的比重不断下降,但由于生产率的提高,仍然能够为增长中的工商业提供食品。与工业革命前的英国相比较,明代中国人口增长较快,使得经济中的总剩余无法达到一定水平。

## 八、结 论

本文利用现代国民经济核算方法,广泛查找《明实录》、《明史食货志》、《大明会典》、《万历会计录》等历史典籍,以及地方志中对明代经济的数据记载,并吸收前人对明代经济数量化研究的成果,对明代的主要经济变量进行估算,从而对该朝代的整体经济状况进行描述。本文主要考察了1402—1626年的明代实际GDP发展趋势以及它与人口、土地增长的关系,以小麦计值和以1990年美元计值的实际人均GDP,经济结构即农业和工商业在总产值中所占的比重,政府规模即财政收入占总产值的

---

[1] 见Floud和McCloskey(1981, pp. 2—16)。

比重,积累率即经济中的积累占总产值的比重等。根据数据来源的具体情况,在估算 GDP 时我们主要采用生产法,即对每一项估算,都将其产量和价格相乘,得到总产值,再根据历史典籍中关于中间投入的记载,或者参考其他研究的估算,得到每个产品的净值,将所有的净值加总,得到明代 GDP 的估算值。在描述每一个变量的发展趋势时,我们都力图和工业革命之前的英国经济相应变量进行比较,通过这些描述和比较,我们对明代经济发展的总体特征,以及它在当时世界上的地位有了一个比较全面的把握。

本文只是在利用现代经济学方法研究中国古代整体经济这一学术领域进行了尝试性的工作。由于本研究涉及的面较广,难度较大,特别是中国历史典籍浩如烟海,要从中找出对本研究有价值的数据和资料,需要进行认真的甄别和筛选,虽然我们做了大量工作,仍难免存在遗漏和缺失。因此,从数据来源的准确性和全面性来看,本研究一定存在着很多不足,只是起到抛砖引玉的作用,我们诚恳地期待学界同仁批评指正,存在的很多问题只能有待于以后不断完善。虽然我们认为存在着上述不足,但是本研究的基本结论应该还是可以成立的。总体说来,以上从数据出发对明代经济的整体描述,以及将其同工业革命之前的英国进行比较,可以使我们得出以下结论:

在 1402—1626 年的明代,总 GDP 有所增长但速度并不快,平均年增长率为 0.29%,并且总体经济和人口、土地的增长趋势大致相似,这似乎说明经济增长的主要来源是人口和耕地面积的增长;人均收入没有发生明显变化,基本维持在平均 6 公石小麦上下(下限为 5.7 公石,上限为 6.1 公石),相当于今天的 391 公斤;以 1990 年美元计值的人均收入平均为 230 美元左右(下限为 223 美元,上限为 239 美元),最高的年份也不到 280 美元。无论以哪一个数据衡量,都远低于麦迪森估算的 600 美元的水平。总经济规模有所增长,而人均水平没有很大变化,说明明代经济符合马尔萨斯经济的基本特征,即经济增长被人口增长所抵消,人均收入保持不变,这也是前现代社会经济的普遍特征。

在明代经济结构中,农业在总经济中所占的比重平均为 88%左右(下限为 86%,上限为 90%),这一比重高于库兹涅兹提出的不发达国家工业革命之前农业在经济结构中所占比例为 70%的最高水平。明中期以后,虽然手工业和商业有所发展,但在经济中所占比重仍然没有超过 20%,这与工业革命前农业在英国经济中所占比重不到 40%形成鲜明对比。上述事实说明,明代中国是农业主导的经济结构,政府收入也主要来自农业。经济结构没有发生明显变化,说明明代中国基本上是一个稳态的农业社会,没有出现大规模的技术革新。

明代政府规模虽然不大,但政府部门在经济中所占比重在 3%—9%,平均为 5%左右。财政收入主要用于宫廷的奢侈性消费和军费开支,明中叶以后军费支出占到了中央政府支出的 60%—90%。政府在提供公共产品上所投入的财力非常有限,就政府所起的作用来说,远远没有为经济增长提供条件。

就经济中的积累来说,明代在经历了初期 40 年左右的积累上升后,到 15 世纪 40 年代转入下降,16 世纪 20 年代之后,随着人口的增长,积累甚至变为负数。在我们的估算中,将所有年代加总并平均,经济中的年均积累率低估值为 5.3%,高估值为 9%。低的积累率说明经济中的总剩余非常有限,结合明代很低的人均收入水平,使我们进一步明确了当时的经济处于马尔萨斯均衡之中。即低收入水平使得经济中的储蓄率较低,后者又隐含地说明低资本积累率和低的生产率增长,这反过来又导致了低的收入增长率,当这种低的收入增长不足以抵消迅速的人口增长时,经济又回到开始那个低的收入水平。

工业革命的最典型特征是人均收入的增长大大快于人口的增长,表现为人均收入的持续上升,与之伴随的是经济结构的明显变化,即农业在经济中所占的比重逐渐下降,越来越少的农业人口和越来越高的农业生产率使得农业产出可以支持工商业的迅速发展。同时政府减少对经济活动的直接干预,改为提供产权保护和公共产品。从这些角度将明代中国与工业革命前的英国相比较,我们估算的明代经济似乎证实了大多数前辈学者的观点,即当时的中国可能不具备英国式工业革命的初始条件。

## 参考文献

艾德荣:《职权结构、产权和经济停滞:中国的案例》,《经济学(季刊)》,2005 年第 4 卷第 2 期,第 541—562 页。

Allen, R., J. Bassino, D. Ma, C. Moll-Murata, and J. van Zanden, "Wages, Prices, and Living Standards in China, Japan, and Europe, 1738—1925", GPIH Working Paper, 2005.

安格斯·麦迪森:《中国经济的长远未来》,北京:新华出版社,1999 年。

包世臣:《安吴四种》卷 26,台北:文海出版社,1968 年。

Eberhard, W., "Data on the Structure of the Chinese City in the Pre-Industrial Period", *Economic Development and Cultural Change*, 1956, 4(3), 253—268.

曹贯一:《中国农业经济史》,北京:中国社会科学出版社,1989 年。

曹树基:《中国人口史,第四卷·明时期》,北京:复旦大学出版社,2001 年。

Chao, K., *Man and Land in Chinese History: An Economic Analysis*. Stanford: Stanford University Press, 1986.

从翰香:《试述明代植棉和棉纺织业的发展》,《中国史研究》,1981 年第 1 期,第 61—78 页。

Elvin, M., *The Pattern of the Chinese Past*. Stanford: Stanford

University Press，1973.

范金民:《明清江南商业的发展》,南京:南京大学出版社,1998 年。

范金民、金文:《江南丝绸史研究》,北京:农业出版社,1993 年。

方行:《清代江南农民的消费》,《中国经济史研究》,1996 年第 3 期,第 91—98 页。

Floud，R.，and D. McCloskey，*The Economic History of Britain Since 1700*. New York：Cambridge University Press，1981.

郭松义:《明清时期的粮食生产与农民生活水平》,录于《中国社会科学院历史研究所学刊》第一集,2001 年 10 月,第 373—396 页。

郭正忠主编:《中国盐业史古代编》,北京:人民出版社,1997 年。

何炳棣:《南宋至今土地数字的考释和评价》,《中国社会科学》,1985 年第 3 期,第 125—160 页。

何炳棣:《明初以降人口及其相关问题》,葛剑雄译,北京:三联书店, 2000 年。

黄启臣:《十四—十七世纪中国钢铁生产史》,郑州:中州古籍出版社, 1989 年。

黄仁宇:《万历十五年》,北京:三联书店,1997 年。

黄仁宇:《十六世纪明代中国之财政与税收》,阿风等译,北京:三联书店,2001 年。

黄宗智:《中国经济史中的悖论现象与当前的规范认识危机》,《史学理论》,1993 年第 1 期,第 42—60 页。

http://www.census.gov.

姜守鹏:《明清北方市场研究》,长春:东北师范大学出版社,1996 年。

李伯重:《多视角看江南经济史》,北京:三联书店,2003 年。

李伯重:《理论、方法、发展趋势:中国经济史研究新探》,北京:清华大学出版社,2002 年。

李伏明:《制度、伦理与经济发展:明清上海地区社会经济研究: 1500—1840》,北京:中国文史出版社,2005 年。

李洵校注:《明史食货志校注》,北京:中华书局,1982 年。

梁淼泰:《明清景德镇城市经济研究》,南昌:江西人民出版社,1991 年。

林崴:《明代钞关税收的变化与商品流通》,《中国社会科学院学报》,1990 年第 3 期,第 67—73 页。

林毅夫:《李约瑟之谜、韦伯疑问和中国的奇迹:自宋以来的长期经济发展》,《北京大学学报(哲学社会科学版)》,2007 年 7 月,第 44 卷第 4 期,第 5—22 页。

Liu, G., "Long-term Changes in Prices, Wages and the Size of the Monetary Economy in Pre-industrial China, 1000—1770",北京:中国金融与市场史专题学术研讨会工作论文,2006 年。

Liu, P., and K. Hwang, "Population change and Economic Development in Mainland China since 1400", in Hou, C., and T. Yu(eds.), *Modern Chinese Economic History*. Academia Sinica, 1977.

刘瑞中:《十八世纪中国人均国民收入估计及其与英国的比较》,《中国经济史研究》,1987 年第 3 期,第 105—120 页。

Liu, T., and K. Yeh, *The Economy of the Chinese Mainland: National Income and Economic Development, 1933—1959*. Princeton, NJ: Princeton University Press, 1965.

罗斯托:《经济成长的阶段:非共产党宣言》,国际关系研究所编辑室译,北京:商务印书馆,1962 年。

(嘉靖)《常熟县志》,《北京图书馆古籍珍本丛刊 27·史部地理类》,北京:书目文献出版社,1996 年。

(明)陈策等纂修:《江西省饶州府志》,台北:成文出版社,1989 年。

(明)戴璟、张岳等纂修:《嘉靖广东通志初稿》,北京:书目文献出版社,1996 年影印本。

(明)黄仲昭纂修:《八闽通志》,福州:福建人民出版社,1991 年。

(明)李东阳等撰,申时行等重修:《大明会典》,扬州:江苏广陵古籍刻印社,1989 年。

(明)林富、黄佐纂修:《嘉靖广西通志》,北京:书目文献出版社,1998 年。

(明)刘大谟、杨慎等纂修:《嘉靖四川总志》,北京:书目文献出版社,1996 年。

(明)陈仁锡:《皇明世法录》,1635 年,明崇祯八年刻本。

（明）李时珍：《本草纲目》，上海：商务印书馆，1954年。

（明）申时行等修：《明会典》，万历朝重修本，北京：中华书局，1989年。

（明）宋应星：《天工开物》卷10，卷11，上海：商务印书馆，1954年。

（明）王宗沐纂修：《江西省大志》，台北：成文出版社，1989年。

（明）闻人诠、陈沂纂修：《嘉靖南畿志》，北京：书目文献出版社，1989年。

（明）杨芳、詹景凤纂修：《嘉靖广西通志》，北京：书目文献出版社，1998年。

（明）张学颜等撰：《万历会计录》，《北京图书馆古籍珍本丛刊52·史部政书类》，北京：书目文献出版社，1988年。

《明实录》，台湾"中央研究院"历史语言研究所影印本，1962年。

Needham, J. , *Science and Civilization in China* , Volume 1. Cambridge: Cambridge University Press, 1954.

North, D. , and B. Weingast, "Constitutions and Commitment: The Evolution of Institutional Governing Public Choice in Seventeenth-Century England", *Journal of Economic History* , 1989, 49(4), 803—832.

（清）王鸿绪纂：《明史稿》，台北：文海出版社有限公司，1988年。

（清）孙承泽：《春明梦余录》，上海：上海古籍出版社，1993年。

（清）谢旻等修，陶成等纂：《江西省江西通志》，台北：成文出版社，1989年。

彭信威：《中国货币史》，上海：上海人民出版社，1988年。

Perkins, D. , "Government as an Obstacle to Industrialization: The Case of Nineteenth-Century China", *Journal of Economic History* , 1967, 27(4), 478—492.

珀金斯（Perkins, D. H. ）：《中国农业的发展：1368—1968年》，宋海文等译，上海：上海译文出版社，1984年。

强汝询：《求益斋文集》卷4，《农家类序》，上海：上海古籍出版社，1995年。

全汉升：《中国经济史研究》，台北：新亚研究所，1991年。

全汉升、李龙华：《明代中叶后太仓岁出银两的研究》，《香港中文大学中国文化研究所学报》，1973年第6卷第1期，第205—206页。

全汉升、李龙华：《明中叶后太仓岁入银两的研究》，《香港中文大学中国文化研究所学报》，1972年第5卷第1期，第163—255页。

佐久间重男，《景德镇窑业史研究》，东京：第一书房，1999年。

Riskin, C., "Surplus and Stagnation in Modern China", in Perkins, D. (ed.), *China's Modern Economy in Historical Perspective*, Stanford: Stanford University Press, 1975.

史志宏:《清代前期的小农经济》,北京:中国社会科学出版社,1994 年。

Tang, A., "China's Agricultural Legacy", *Economic Development and Cultural Change*, 1979, 28(1), 1—22.

汤纲、南炳文:《明史》(上)、(下),上海:上海人民出版社,1985 年。

唐启宇:《中国农史稿》,北京:农业出版社,1985 年。

唐文基:《明朝对行商的管理和征税》,《中国史研究》,1982 年第 2 期,第 19—32 页。

(万历)《嘉定县志》,台北:台湾学生书局,1987 年。

Wang, Y., *Land Taxation in Imperial China*, *1750—1911*. Cambridge, Mass: Harvard University Press, 1973.

王业键:《清代经济史论文集》,台北:稻乡出版社,2003 年。

王毓铨主编:《中国经济通史:明代经济卷》,北京:经济日报出版社,2000 年。

文贯中:《中国的疆域变化与走出农本社会的冲动:李约瑟之谜的经济地理学解析》,《经济学(季刊)》,2005 年第 4 卷第 2 期,第 519—540 页。

巫宝三主编,汪馥荪编:《中国国民所得:一九三三年》,上海:中华书局,1947 年。

吴承明:《中国的现代化:市场与社会》,北京:三联书店,2001 年。

吴慧:《中国历代粮食亩产研究》,北京:农业出版社,1985 年。

西蒙·库兹涅茨:《各国的经济增长:总产值和生产结构》,常勋等译,北京:商务印书馆,1985 年。

许涤新、吴承明主编:《中国资本主义发展史》第一卷,北京:社会科学文献出版社,2007 年。

徐浩:《清代华北农民生活消费的考察》,《中国社会经济史研究》,1999 年第 1 期,第 30—39 页。

徐新吾主编:《江南土布史》,上海:上海社会科学院出版社,1992 年。

余也非:《中国历代粮食平均亩产量考略》,《重庆师范学院学报》,1980

年第 3 期,第 8—20 页。

张显清:《明代后期粮食生产能力的提高》,《学术探索》,2005 年第 5 期,第 90—99 页。

张仲礼:《中国绅士的收入》,上海:上海社会科学院出版社,2001 年。

中国人民大学中国历史教研室编辑:《中国资本主义萌芽问题讨论集》(上),北京:三联书店,1957 年。

(原载《经济学(季刊)》2010 年第 9 卷第 3 期)

**图书在版编目(CIP)数据**

中国经济学. 2010/北京天则经济研究所编. —上
海:格致出版社:上海人民出版社,2012
ISBN 978 - 7 - 5432 - 2089 - 8

Ⅰ. ①中… Ⅱ. ①北… Ⅲ. ①经济学-中国-2010-
文集 Ⅳ. ①F120. 2 - 53

中国版本图书馆 CIP 数据核字(2012)第 076969 号

责任编辑　　李　娜
封面装帧　　王晓阳


中国经济学——2010
北京天则经济研究所 编


出　　版　世纪出版集团
　　　　　www.ewen.cc

格致出版社
www.hibooks.cn
上海人民出版社

(200001　上海福建中路193号24层)

编辑部热线 021-63914988
市场部热线 021-63914081

发　　行　世纪出版集团发行中心
印　　刷　苏州望电印刷有限公司
开　　本　850×1168 毫米　1/32
印　　张　18.75
插　　页　4
字　　数　429,000
版　　次　2012 年 6 月第 1 版
印　　次　2012 年 6 月第 1 次印刷
ISBN 978－7－5432－2089－8/F・533
定　　价　45.00 元